Verlag für Systemische Forschung
im Carl-Auer-Systeme Verlag

Thomas Latka

Topisches Sozialsystem

Die Einführung der japanischen Lehre vom Ort in die Systemtheorie und deren Konsequenzen für eine Theorie sozialer Systeme

2003

Carl-Auer-Systeme im Internet: **www.carl-auer.de**
Bitte fordern Sie unser Gesamtverzeichnis an:
Carl-Auer-Systeme Verlag
Weberstr. 2
69120 Heidelberg

Über alle Rechte der deutschen Ausgabe verfügt
der Verlag für Systemische Forschung
im Carl-Auer-Systeme Verlag, Heidelberg
Fotomechanische Wiedergabe nur mit Genehmigung des Verlages
Umschlaggestaltung: Drißner Design und DTP, Meßstetten
Printed in Germany 2003

Erste Auflage, 2003
ISBN: 3-89670-321-8

Bibliografische Information Der Deutschen Bibliothek
Die Deutsche Bibliothek verzeichnet diese Publikation in der
Deutschen Nationalbibliografie; detaillierte bibliografische Daten
sind im Internet über http://dnb.ddb.de abrufbar.

Diese Untersuchung wurde im Wintersemester 2002/03 von der Hochschule für Philosophie München, Philosophische Fakultät S. J., als Dissertation angenommen.

Inhaltsverzeichnis

Anmerkungen

- Die japanischen Autoren werden, wie es im Japanischen üblich ist, mit dem *Familiennamen* voran geführt, z.B. *Shimizu* Hiroshi.
- Japanisch wird nach Hepburn transkribiert, wobei aus typographischen Gründen lange Vokale nicht durch einen Überstrich (Makron-Akzent) sondern einen Zirkumflex (â, î, û, ê, ô) gekennzeichnet sind. Exemplarische Ausnahmen sind Ortsnamen (wie Tokyo) in bibliographischen Angaben, bei denen auf Längenmarkierungen verzichtet wird. Ausnahmen bilden auch Personennamen, bei denen sich eine abweichende Umschrift etabliert hat.
- Japanische Originalbegriffe werden zur Klärung den deutschen Begriffen kursiv in Klammern nachgestellt, z.B.: Ort (*basho*).
- Zitate aus deutschen Quellen folgen der Rechtschreibung des abgedruckten Originals, d.h. gewöhnlich der alten Rechtschreibung.
- Alle deutschen Zitate von Shimizu Hiroshi sind selbstständig vorgenommene Übersetzungen aus dem Japanischen. Andere eigenständige Übersetzungen sind in der Fußnote mit „(Übersetzung T.L.)“ markiert. Alle Übersetzungen orientieren sich möglichst streng am japanischen Original-Text, was in einigen Fällen dazu führt, dass die deutsche Übersetzung nicht gerade elegant ist.

Einleitung

Im Rahmen einer persönlichen Einleitung möchte ich zunächst kurz darlegen, wie es zu dieser Arbeit gekommen ist, da der Werdegang einiges über die Intention dieser Arbeit aussagt.

Im Herbst 1995 begab ich mich nach Japan, um neben dem Erlernen der japanischen Sprache nach Beiträgen zur Theorie sozialer Systeme zu suchen, welche die systemtheoretische Diskussion im deutschsprachigen Raum bereichern könnten. Ich suchte nach Beiträgen japanischer Philosophen und Soziologen, die sich direkt auf die westliche Diskussion beziehen, und verfolgte damit gerade nicht die Absicht, mich auf eine philosophische Diskussion einzulassen, die sehr stark auf Japan beschränkt ist. Die entsprechenden Beiträge zur Theorie sozialer Systeme wurden schnell gefunden und ich begab mich an das Studium von Imada Takatoshi[1], Ohba Takeshi[2], Tanimoto Kanji[3], Yoshida Tamito[4], Kawamoto Hideo[5] und anderen Autoren, die in der westlichen Diskussion nicht rezipiert werden, vermutlich deshalb, weil sie fast ausschließlich nur in japanischer Sprache publizieren und keine Übersetzungen vorliegen. Das Studium ging voran und ich war froh, so viele neue Gesichter und Namen kennen zu lernen.

Parallel zu den neuen Gesichtern und Namen der akademischen Welt lernte ich viele Gesichter und Namen der realen japanischen Alltagswelt kennen, vor allem in Form japanischer Studenten, die mich in einen frequentierten Studentenclub der Universität aufnahmen. So blieb es immer eine Zwei-Welten Beschäftigung, eine akademische und eine praktische soziale, in der ich zu kommunizieren, beobachten und überleben lernte.

Doch je mehr ich mich in die japanische Sozio-Kultur hineinbegab, d.h. zu kommunizieren und verstehen lernte, desto mehr verlor ich das Interesse an der geplanten akademischen Anschlussübung und beschäftigte mich mehr und mehr mit der Reflexion dessen, was ich im Umgang mit meinen japanischen Freunden eigentlich erlebt und gefühlt hatte.

Die Reflexion der alltäglichen Erfahrungen erweckte das Interesse an systemtheoretischen Beiträgen, die mehr Bezug nehmen auf die tatsächliche japanische Sozio-Kultur, als dies bei den Beiträgen der oben genannten

---

1 Imada 1986.
2 Ohba 1989; 1991; 1997.
3 Tanimoto 1993.
4 Yoshida 1990.
5 Kawamoto 1995; 2000; 2001.

Autoren der Fall ist. So stolperte ich ziemlich zu Ende meines 18-monatigen Japanaufenthalts über die Arbeiten von Shimizu Hiroshi, der die Systemtheorie aus der Perspektive der japanischen Sozio-Kultur zu erweitern versuchte. Das Vorhaben Shimizus ließ mich nicht mehr los, und so begann ich mich kritisch mit der Frage zu beschäftigen, inwieweit die westliche systemtheoretische Diskussion bereits verengt ist, und was die japanische Sozio-Kultur und insbesondere die japanische Philosophie des Ortes zur Auflösung dieser Verengung beitragen kann.

Die Bemühungen mündeten in diese Arbeit, deren Ziel es ist es, die japanische Lehre vom Ort (*bashoron*) in die Systemtheorie einzuführen, um damit den Grundstein für ein topisches Sozialsystem-Modell zu legen, das den Bogen zwischen universeller Systemtheorie und kulturspezifischer Lehre spannen kann und zugleich das Verhalten in japanischen Kleingruppen verständlicher machen soll als bislang bekannte Sozialsystem-Modelle. Um dieses Ziel zu verfolgen, ist die Arbeit in drei Hauptteile gegliedert.

Aufgabe des ersten Hauptteiles ist es, die japanische Lehre vom Ort in die systemtheoretische Diskussion einzuführen, um damit die japanische Lehre vom Ort anschlussfähig zu gestalten und zugleich die systemtheoretische Diskussion zu bereichern. Dazu werden zunächst die Grundlagen der Systemtheorie (1.1) sowie der japanischen Lehre vom Ort (1.2) dargelegt, um dann anschließend beispielhaft den Syntheseversuch von Shimizu Hiroshi (1.3) vorzustellen.

Im zweiten Hauptteil soll aufbauend auf den grundlegenden Erkenntnissen des ersten Teils zu einer Vorstellung eines topischen Sozialsystem-Modells hingeführt werden, welches sowohl Plausibilität für die japanische Sozio-Kultur hat, als auch Anschlussfähigkeit an die Diskussion der soziologischen Systemtheorie beanspruchen kann. Dazu werden die Grundlagen der Theorie sozialer Systeme (2.1) sowie die grundlegenden Eigenschaften und Selbstinterpretationen japanischer Gruppen (2.2) dargelegt. Anschließend wird erörtert, welche Nähe die verschiedenen Sozialsystem-Modelle zur japanischen Lehre vom Ort haben (2.3), um nach diesen Vorarbeiten die zentrale Frage stellen zu können, ob – und wenn ja, wie – die beschriebenen sozio-kulturellen Unterschiede systemtheoretisch erfasst werden können und welcher Gestalt ein topisches Sozialsystem-Modell sein kann, das japanisches Kleingruppenverhalten plausibel machen kann (2.4).

Nach diesem Aufzeigen eines „topischen Sozialsystem-Modells“ soll im dritten Teil der Arbeit Raum und Zeit für eine abschließende Reflexion bleiben, in der die unterschiedlichen Pro und Contras von Systemmodellen hinterfragt werden (3.1), und aus systemtheoretischer Perspektive die japanische Lehre vom Ort in Beziehung zu der Philosophie des Raumes und der Zeit gesetzt werden (3.2).

1. Die Einführung der japanischen Lehre vom Ort in die Systemtheorie

1.1 Grundlagen der Systemtheorie

Die Systemtheorie entstand aus dem Bemühen heraus, die Erkenntnisse vieler Einzeldisziplinen wie Medizin, Biologie, Soziologie, Informatik aufzugreifen und nach Gemeinsamkeiten der Gegenstandsbereiche zu suchen, um auf dieser Basis die verschiedenen Gegenstände als System einheitlich zu fassen und durch eine einheitliche Terminologie die Verständigung zwischen den Disziplinen zu erleichtern. Mit anderen Worten: Die Systemtheorie sucht das Generelle im Besonderen.

Die einzelnen Beiträge zur Systemtheorie unterscheiden sich jedoch so sehr, dass die meisten „Einführungen in die Systemtheorie" selten einen gemeinsamen Nenner finden. Um den Überblick in der systemtheoretischen Diskussion nicht zu verlieren, bietet es sich daher an, die verschiedenen Diskussionsbeiträge zu kategorisieren und nach der Einheit in der systemtheoretischen Vielheit zu suchen. Dazu soll in diesem Kapitel ein bescheidener Versuch unternommen werden, doch nicht, bevor eine kurze Bemerkung zum geschichtlichen Ursprung der Systemtheorie gemacht wurde.

Als geschichtlichen Urväter der modernen Systemtheorie gelten in der westlichen Diskussion gemeinhin: Ludwig v. Bertalanffy[6] (1901-1972), der seine Systemtheorie der Biologie zwischen den beiden Weltkriegen entwarf, und Norbert Wiener[7] (1894-1964), dessen Kybernetik als Theorie der Steuerung komplexer Systeme den gemeinsamen Feedbackmechanismus technischer und lebender Systeme beschreibt.

Ohne die geistesgeschichtliche Wirkung von Bertalanffy und Wiener hier in Frage zu stellen, muss nach genauerer Recherche jedoch angezweifelt werden, dass Bertalanffys und Wieners Beiträge tatsächlich die ersten systemtheoretischen Arbeiten ihrer Art waren. Denn der russische Wissen-

6 Ludwig von Bertalanffy, geboren 1901 in Wien, studierte Philosophie in Wien und promovierte und habilitierte dort bei Robert Reininger und Moritz Schlick. Sein systemtheoretisches Standardwerk erschien 1968 unter dem Titel „General Systems Theory".

7 Norbert Wiener, geboren 1894 in Columbia/Missouri, studierte in Harvard mathematische Logik. Er verbrachte einen Teil seiner Studienzeit in Deutschland an der Universität Göttingen und studierte bei David Hilbert. Sein systemtheoretisches Standardwerk heißt: „Cybernetics, or control and communication in the animal and machine" (1948).

schaftler Alexander Bogdanov (1873-1928), auch bekannt unter seinem Pseudonym „Malinovsky“, hat schon gut dreißig Jahre zuvor in seinem leider nur auf russisch erschienenen Werk „Tektologiya“[8] systemtheoretische Erkenntnisse publiziert, die denen von Bertalanffy und Wiener erstaunlich nahe kommen.[9] Auch wenn an dieser Stelle nicht darauf eingegangen werden kann und es der Fachdiskussion obliegt festzustellen, welche Beiträge hier mehr Originalität für sich beanspruchen können und ob Bertalanffy und Wiener von den Arbeiten Bogdanovs gewusst haben oder gewusst haben sollten, mag hier die Vermutung ausgesprochen werden, dass die systemtheoretische Diskussion schon damals gut daran getan hätte, wenn sie sich nach Beiträgen auch außerhalb ihrer westeuropäischen Welt umgeschaut hätte.

Um einen Überblick über die derzeitigen Beschäftigungsfelder der allgemeinen Systemtheorie zu erhalten, bietet es sich an, drei Kategorien der systemtheoretischen Beschäftigung zu unterscheiden: die interventionstechnische Systemtheorie, die Selbstorganisationstheorie und die architektonische Systemtheorie. Alle drei Gebiete der Systemtheorie ergänzen sich einander. Die unterschiedlichen Positionen und die damit verbundenen Auseinandersetzungen sind eher in den verschiedenen Gebieten zu suchen als zwischen ihnen.

1.1.1 Die interventionstechnische Systemtheorie: System als black box

Die Kernfrage der interventionstechnischen Systemtheorie lautet: Wie sind gezielte Interventionen in ein System möglich? Wie kann ein System gesteuert werden?

Zur interventionstechnischen Systemtheorie zählt die klassische kybernetische Tradition um Norbert Wiener (Kybernetik I) ebenso, wie neuere Ansätze zur Theorie nicht-trivialer Maschinen (Kybernetik II). Gemeinsames Anliegen der interventions-technischen Ansätze ist es, das System als black box zu betrachteten, und nur die Inputs und Outputs zu dieser black box zu analysieren, um daraus Regelmäßigkeiten ableiten zu können.

8 Von Bogdanovs „Tektologie” (1912) war schon 1928 eine vollständige deutsche Fassung verfügbar. Sowohl Bertalanffy als auch Wiener hätten diese Quelle nutzen bzw. angeben können. So wird spekuliert über die vermeintliche Doppelarbeit und die dadurch entstandenen „lost thirty years“. Die englische Übersetzung folgte 1996, also erst 68 Jahre nach der deutschen Fassung.

9 Vgl.: Biggart u.a. 1998a,b.

Beiträge zur interventionstechnischen Systemtheorie kommen sowohl aus der allgemeinen Systemtheorie, wie z.B. von Helmut Willke[10], aber auch vermehrt aus anwendungsbezogenen Disziplinen, wie z.B. der Familientherapie[11], der Organisationsberatung[12] oder der Medizin[13]. Gerade in diesem Bereich ist der Austausch zwischen allgemeiner Systemtheorie und systemtheoretisch inspirierter Praxis sehr stark und es finden lebhafte Diskussionen statt, die für beide Seiten anregend wirken.

1.1.2 Die Selbstorganisationstheorie: Die Mikro-Makro-Spaltung

Neben den Beiträgen zur interventionstechnischen Systemtheorie, die die Abläufe innerhalb des Systems bewusst ausklammert, gibt es die selbstorganisations-theoretischen Ansätze, die gerade den Blick auf die Vorgänge im System richten und versuchen zu beschreiben, wie sich aus mikroskopisch beobachtbaren Vorgängen eine makroskopische Ordnung bildet und das System als abgrenzbare Einheit überhaupt entsteht. Im weiteren Sinne interessiert sie nicht nur das Entstehen von Ordnung, sondern auch das Entstehen von Unordnung, also das Wechselspiel zwischen Ordnung und Unordnung, zwischen makroskopisch beobachtbarer Ordnung und mikroskopisch beobachtbarer Unordnung. Kennzeichen der Selbstorganisationstheorie ist es daher, zwischen einer mikro- und einer makroskopischen Systemebene zu unterscheiden und nach den Wechselwirkungen beider zu fragen.

Als Wegbereiter der Selbstorganisationstheorie gelten gemeinhin: der deutsche Physiker Hermann Haken[14] (geb. 1927), welcher mit seinem „Versklavungsprinzip" als Modell für die mikro-makroskopische Wechselwirkung bekannt geworden ist, und der Belgier Ilya Prigogine[15] (geb. 1917), welcher die Wichtigkeit von „Fluktuationen" für die systemimmanente Ordnungsbildung hervorgehoben hat und für seine Theorie dissipativer Strukturen 1977 den Nobelpreis in Chemie erhielt.

Schaut man nach Japan, so stellt sich jedoch auch hier die Frage, ob die von Haken und Prigogine vorgebrachten Ergebnisse tatsächlich so originär

---

10 Vgl.: Willke 1994.

11 Vgl.: Reiter 1986; Steiner/Reiter 1988; Kriz 1988, 1997; Böse/Schiepek 1989; Ludewig 1993.

12 Vgl.: Exner u.a. 1988; Borwick 1990; Königswieser u.a. 1995; Groth 1996.

13 Vgl.: Hucklenbroich 1990; Pietschmann 1988; Pischinger 1988; Lamoen 1991.

14 Vgl.: Haken 1977.

15 Vgl.: Prigogine/Nicolis 1977.

sind, wie häufig berichtet. Denn selbstorganisatorische Prozesse wurden schon sehr früh von dem japanischem „Wetter-Doktor" Fujiwara Sakuhei (1884-1950) hervorgehoben, welcher als Meteorologe schon um 1920 Wetterströmungen als selbstorganisatorische Vorgänge beschrieb und diese mit den Vorgängen in lebenden Systemen verglich, um damit zu einem allgemeinen Modell selbstorganisierender Systeme zu gelangen.[16]

1.1.3 Die architektonische Systemtheorie: Der Aufbau eines Systems

Als dritte Kategorie der systemtheoretischen Beschäftigung können Beiträge eingeordnet werden, die eine Antwort auf die Frage geben wollen, was ein System eigentlich ist. Es stehen folgende Fragen im Mittelpunkt: Was ist ein System? Wie soll man sich ein System vorstellen? Woraus besteht ein System? Wie kann man ein System nachbauen bzw. ein neues System erschaffen?

Im Unterschied zu den selbstorganisationstheoretischen Ansätzen wird nicht zwischen einer mikro- und einer makroskopischen Systemebene unterschieden und nach der Art und Weise gefragt, wie aus Ordnung Unordnung entsteht oder umgekehrt. Sondern es wird danach gefragt, welcher Art Ordnung und Unordnung eigentlich sind. Die systemarchitektonische Fragestellung liegt gewissermaßen vor bzw. quer zu selbstorganisatorischen und auch interventionstechnischen Fragestellungen.

Im folgenden sollen zwei idealtypische Antwortversuche auf die systemarchitektonische Frage vorgestellt werden, die uns durch die gesamte Arbeit begleiten werden. In gewissem Sinn handelt es sich um eine Systemtypik, die festgelegt wird, um zwei grundsätzlich verschiedene Typen von Systemmodellen zu unterschieden.

In die hier folgende Unterscheidung ist der Ansatz von Günter Schiepek eingeflossen, der zwischen zwei System-Begriffen unterscheidet und von einem Selbstreferenz-Begriff und einem Vernetzungs-Begriff des Systems spricht.[17] In Anlehnung an Schiepeks Unterscheidung wird auch in dieser Arbeit zwischen zwei unterschiedlichen Ansätzen in der architektonischen Systemtheorie differenziert, die – wie noch erläutert wird – mit „operativ" und „retiv" bezeichnet werden.

---

16 Vgl.: Fujiwara 1929; Nakamura 1988, 105.

17 Vgl.: Schiepek 1989, 229-241.

1.1.3.1 Operativer Ansatz: Das System als Operationskette

Luhmann, als einer der bekanntesten Teilnehmer der systemtheoretischen Diskussion, beschreibt seinen systemtheoretischen Ausgangspunkt als „operationsbasierte Systemtheorie“[18] oder auch als „operative Systemtheorie“[19]. Auch bei anderen Autoren finden sich Ausdrücke wie „operationalistisch“[20] oder „operationstheoretisch“[21], mit denen der systemtheoretische Ausgangspunkt Luhmanns bezeichnet wird. Alle diese Ausdrücke lassen erkennen, wie stark der Operationsbegriff zur Bestimmung des Luhmannschen Ansatzes bemüht wird. Um eine einheitliche Terminologie zu gewährleisten, sollen Systeme, welche im Luhmannschen Sinne verstanden werden, als „operative Systeme“ bezeichnet werden, und der zugrundeliegende Ansatz als „operativer Ansatz“[22] benannt werden.

Da zur Bestimmung operativer Systeme auch häufig der Begriff „Autopoiesis“ bzw. „Autopoiese“[23] gebraucht wird, werden operative Systeme nicht selten als autopoietische Systeme bezeichnet. Wie unterschiedlich man den Begriff „Autopoiese“ auch auslegen mag, autopoietische Systeme sind nach der hier gewählten Definition stets operative Systeme: „Ein autopoietisches System ist zunächst nichts anderes als sein Operationszusammenhang.”[24] Die genauere Bedeutung von Autopoiese wird weiter unten im Exkurs diskutiert.

Ebenso wie ein System über Operationen definiert ist, sind Operationen über das System definiert. Systeme sind daher nur über Operationen denkbar, ebenso wie Operationen nur über Systeme denkbar sind: „Nur ein System kann operieren, und nur Operationen können Systeme produzieren.“[25]

Stellt man die Frage, was Operationen eigentlich sind, dann kann als erste knappe Antwort gelten: „Operationen sind Ereignisse.”[26] Die Elemen-

---

18 Luhmann 1992a, 140; Luhmann 1994a, 478: „Die Weiche wird mit der Annahme eines operationsbasierten Ansatzes der Systemtheorie gestellt.”

19 Luhmann 1997d, 901: „Aus der Sicht einer operativen Systemtheorie, wie sie hier vertreten wird, ...”

20 Stark 1994, 38.

21 Reckwitz 1997, 328.

22 Die explizite Rede von einem „operativen Ansatz“ findet sich auch bei Luhmann (1984, 71).

23 Im Folgenden wird die eingedeutschte Fassung „Autopoiese” dem Ausdruck „Autopoiesis” vorgezogen.

24 Pfeiffer 1998, 17.

25 Luhmann 1995a, 27; Pfeiffer 1998, 15.

26 Fuchs 1995, 14. (Mit Verweis auf Luhmann 1990a, 37ff)

te operativer Systeme können daher in einer ersten Annäherung als „ereignishafte Elemente“[27] bezeichnet werden. Operationen können als Ereignisse thematisiert werden, ohne dass von einem „Operator“[28] oder einem „Operateur“[29] die Rede sein muss. Man kann daher von Operationen sprechen, ohne einen „Ausführenden“ der Operation thematisieren zu müssen. Aufgrund ihres Ereignischarakters sind Operationen „blind“, d.h. „[s]ie unterscheiden nicht und selegieren nicht, sondern sind darauf beschränkt, sich zu vollziehen, indem sie immer wieder das vollziehen, was sie vollziehen."[30]

Wegen ihres Ereignischarakters sind operative Elemente nur von sehr kurzer Dauer. Man spricht deshalb davon, dass die Systemelemente in operativen Ansätzen temporalisiert[31] und zeitgebunden[32] sind. Der operative Ansatz nimmt daher eine „radikale Verzeitlichung des Elementenbegriffs“[33] vor, eine „zeitliche Punktualisierung der Elemente als Ereignisse“[34]. „Punktualisierung“ der Elemente heißt, dass sie „... nur kurze Zeit dauern oder sogar ... überhaupt keine eigene Dauer haben, sondern im Entstehen schon wieder vergehen."[35]

> „Operationen sind Ereignisse, die mit ihrem Vorkommen schon wieder verschwinden und nicht wiederholt werden können. Operationen sind zeitpunktmarkierte (datierte) Ereignisse, denen nur andere Ereignisse folgen können. Das heißt nicht zuletzt, daß Ereignisse nur als Differenz beobachtet werden können, also nur im System eines Vorher und Nachher, durch das sie produziert und identifiziert werden.“[36]

> „[Operationen können] ... sich nicht selbst verdichten, sich nicht durch sich selbst bestimmen, sich nicht durch sich selbst überlagern. Sie sind im Moment ihres Erscheinens unbestimmt, opak, bedeutungslos, leer, und sie blei-

27 Reckwitz 1997, 324; Fuchs 1987, 216.

28 Fuchs 1995, 39.

29 Fuchs 1995, 14.

30 Esposito 1991, 40.

31 Vgl.: Schiepek 1989, 230: „Die Temporalisierung der Komponenten bedeutet, daß diese zeitabhängig sind, also nur für eine bestimmte Dauer existieren."

32 Vgl.: Luhmann 1984, 392: „Die Elemente müssen, da zeitgebunden, laufend erneuert werden; sonst würde das System aufhören zu existieren."

33 Luhmann 1984, 28.

34 Luhmann 1984, 390.

35 Luhmann 1984, 78.

36 Luhmann 1990a, 37 (Hervorhebungen im Original).

ben (vielmehr: verschwinden) so, wenn nichts folgt, das sie situiert, das sie (die schon vergangenen Ereignisse) an einen Zeitpunkt heftet, der eine Kippstelle im Zeitschema Vorher/Nachher markiert. – Das bedeutet, daß das aktuelle Ereignis nichts ›tun‹ kann außer: vorfallen für andere Ereignisse, für die es vorfällt, indem es selbst verfällt. Es hat keinen Motor, es stößt nichts an, es reibt an nichts, es sagt nichts über sich."[37]

Wegen dieser Punktualisierung operativer Elemente können Operationen weder als Substanzen noch als gegenständliche Einheiten verstanden werden.[38] Damit ist eine „De-ontologisierung des Elementbegriffs"[39] intendiert.

Doch woher bildet sich der Operationszusammenhang, die Einheit des Systems, wenn die Operationen keinen dauerhaften Bestand haben? Durch den Typ der Operation. Die ereignishaften Elemente eines operativen Systems zeichnen sich im Wesentlichen dadurch aus, dass sie alle „des gleichen Typs"[40] sind. Ein operatives System wird gewissermaßen über die „Typik der Elemente"[41] definiert. Für operative Systeme ist die „hinreichende Gleichartigkeit der Elemente"[42] konstitutiv. Operative Systeme sind „... auf eine hinreichende Homogenität der Systemoperationen angewiesen, und diese definiert die Einheit einer bestimmten Systemtypik."[43] Aus dem Gesagten kann geschlossen werden, dass es äußerst schwierig ist, sich ein operatives System vorzustellen, dessen Elemente verschiedenartig, inhomogen oder verschiedenen Typs sind.[44]

Die Typengleichheit operativer Elemente ist notwendige Bedingung für die Einheit eines operativen Systems, da es über keine Grenze im herkömmlichen Sinne verfügt. Spricht man dennoch von Grenzen operativer Systeme, so muss man betonen, „... daß diese Grenzen keine Ränder, keine Häute, keine ontologischen Hartzonen sein können. Sie sind nichträumlich. Die Operationen sind nicht in einem Container ..."[45]. „Systeme sind überhaupt nicht im Raum begrenzt, sondern haben eine völlig andere,

---

37 Fuchs 1993, 44-45.
38 Vgl.: Fuchs 1995, 14.
39 Pfeiffer 1998, 10.
40 Fuchs 1995, 44: Vgl.: Reckwitz 1997, 324
41 Luhmann 1984, 61.
42 Luhmann 1984, 67.
43 Luhmann 1984, 68.
44 Zur Problematik der Gleichartigkeit der Operationen in Luhmanns Theorie vergleiche: Barben 1996, 66.
45 Fuchs 1995, 23.

nämlich rein interne Form von Grenze. ... Die Grenze des Systems ist nichts anderes als die Art und Konkretion seiner Operationen, die das System individualisieren."[46]

Doch wie genau können typengleiche Operationen einen abgrenzbaren Operationszusammenhang bilden? Durch Anschluss einer Operation an eine andere. Der Anschluss einer Operation an eine andere erzeugt die Einheit des Systems, ebenso wie das Ineinanderfassen der Glieder die Einheit der Kette erschafft. „Autopoietische Systeme beenden ihre Existenz, wenn keine Ereignisse mehr folgen, die vorangehende Ereignisse im System als gleichartige (Anschlüsse organisierende) Ereignisse auffassen."[47] „Das Zentralproblem autopoietischer Systeme ist deshalb: Sicherstellen von Anschlüssen."[48]

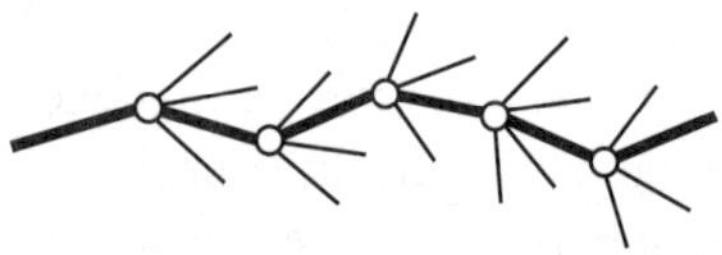

Ein operatives System als Operationskette
(Abb. 1.1.3.1.a)

Ohne kettenhaften Anschluss einer Operation an eine andere typengleiche Operation beendet das System seine Existenz. Diese anschlusshafte Verkettung von Operationen, in der für Operationen die einzige Möglichkeit besteht, aufeinander zu wirken, ist verantwortlich für weitere Charakteristika operativer Systeme, für die verschiedene Benennungen im Umlauf sind: Rekursivität, Selbstreferentialität und operationale Geschlossenheit. Der gemeinsame Nenner aller drei Begriffe ist die Eigenschaft, dass die Operationen eines Systems stets aneinander anschließen. Die Operationen eines Systems beziehen sich immer auf sich selbst (Selbstreferenz), koordinieren sich so in rekursiver Form (rekursive Koordination) und sind als operationale Gesamtheit nach außen abgeschlossen (operationale Abgeschlossenheit). Alle drei Begriffe bezeichnen damit eine Eigenschaft, von der die Einheit des Systems abhängig ist, wie an folgenden Aussagen deutlich wird. „Die Einheit des Systems ... ist das Ergebnis rekursiver Operati-

46 Luhmann 1997d, 76. (Anmerkung ausgelassen) Anzumerken ist, dass Luhmann diese Rede auf sinn-operierende Systeme bezieht. Da aber diese Ausführungen im Rahmen einer allgemeinen Systemtheorie keinen Selbstzweck darstellen, sondern gezielt auf die Rede von sozialen Systemen hinführen soll, scheint mir diese Nennung hier als sinnvoll.

47 Fuchs 1993, 202.

48 Fuchs 1993, 202.

onen."[49] „Systeme, die aus Operationen bestehen, können folglich nur Bestand haben, wenn sie operational geschlossen sind."[50] „Der Begriff Selbstreferenz ... behauptet, dass Einheit nur durch eine relationierende Operation zustandekommen kann; ..."[51]

Die drei Begriffe werden trotz der unterschiedlichen Nuancen daher häufig synonym gebraucht. Insbesondere die Begriffe Rekursivität und Selbstreferentialität sind nahezu identisch. So zum Beispiel gebraucht Luhmann diese Begriffe bei der Beschreibung seines Ausgangspunktes: „Die Annahme eines rekursiven Zusammenhangs der Einzeloperationen, die dann in diesem basalen Sinne als ‚selbstreferentiell' begriffen werden müssen, da sie ihre eigene Einheit nur durch Selbstbezug auf andere eigene Operationen gewinnen können."[52]

Um die einheitsstiftende Eigenschaft operativer Systeme zu benennen, wird im Folgenden der Einfachheit halber lediglich von Selbstreferenz gesprochen.

1.1.3.1.1 Exkurs: Das Verhältnis von Selbstreferenz und Autopoiese

Um festzustellen, wie die hier vorgeschlagene systemarchitektonische Unterscheidung im Verhältnis zu den Leitbegriffen der aktuellen systemtheoretischen Diskussion steht, soll auf das Verhältnis von Selbstreferenz (= operationale Geschlossenheit, operative Rekursivität) und Autopoiese eingegangen werden. „Autopoiese" ist seit Mitte der 80er Jahre ein Zentralbegriff der systemtheoretischen Diskussion und findet sich in nahezu allen einschlägigen Abhandlungen. Bevor das Verhältnis von Selbstreferenz und Autopoiese näher untersucht werden kann, soll hier kurz dargelegt werden, was mit „Autopoiese" überhaupt gemeint ist.

Roth versteht den Begriff „Autopoiese" mit dem von ihm entwickelten Begriffsapparat „im strengen Sinn der vollständigen Selbsterhaltung"[53], auch wenn er an anderer Stelle zusammen mit Heiden und Schwegler von dieser Interpretation abweicht und bemerkt, dass „... der Begriff der Auto-

49 Stark 1994, 40.
50 Stark 1994, 41.
51 Luhmann 1984, 58.
52 Luhmann 1994b, 50 (Hervorhebungen im Original).
53 Roth 1987c, 265.

poiese eher dem Begriff der Selbstherstellung zuzuordnen ist als dem der Selbsterhaltung."[54]

Für Stark liegt Autopoiese eher in der selbstreferentiellen Produktion von Elementen, wenn er schreibt: „Autopoiesis ist zuallererst ein Begriff, der sich auf Produktion bezieht. [Und zwar] ... auf die Produktion der Elemente des Systems durch die Elemente des Systems."[55]

Für Fuchs sind autopoietische Systeme Systeme, „... die die Elemente, die für sie als Einheit fungieren, im rekursiven Zugriff auf diese Elemente reproduzieren ..."[56]

Für Esposito bedeutet Autopoiese: „Die Operationen des Systems werden von den Operationen des Systems produziert und produzieren ihrerseits – in einem geschlossenen Kreis der Selbstproduktion – weitere Operationen."[57]

Auch Luhmann definiert Autopoiese über die Produktion der operativen Elemente: „Elementenproduktion ist Autopoiesis."[58] Durch die Elementenproduktion leistet ein operatives System die „Produktion des Systems durch sich selber“[59]. Autopoiese besagt, „... daß die Einheit des Systems und mit ihr alle Elemente, aus denen das System besteht, durch das System selbst produziert werden."[60]

Es zeichnet sich ein gewisser Konsens ab, dass „Autopoiese“ bestimmt werden kann als die Produktion der Elemente eines Systems durch die Elemente des Systems. Im Folgenden soll das Verhältnis von Selbstreferenz und Autopoiese untersucht und insbesondere die Frage beantwortet werden, ob ein selbstreferentiell operierendes System immer schon als „autopoietisch“ bezeichnet werden kann, d.h. ob in operativen Systemen die Selbstreferenz auch ohne Autopoiese gedacht werden kann oder nicht. Ist dies möglich, d.h. kann Selbstreferenz auch ohne Autopoiese gedacht werden, dann dürfen operative Ansätze gemeinhin nur als selbstreferentielle Ansätze bezeichnet werden. Der in der systemtheoretischen Diskussion so beliebte Begriff „Autopoiese“ dürfte dann wegen seiner zu weit gehenden Impli-

---

54 Heiden/Roth/Schwegler 1989, 214.
55 Stark 1994, 28.
56 Fuchs 1987, 215.
57 Esposito 1991, 41.
58 Luhmann 1997d, 83.
59 Luhmann 1997d, 97.
60 Luhmann 1990a, 30.

kationen zur grundlegenden Kennzeichnung einer systemarchitektonischen Position nicht herangezogen werden.

1.1.3.1.1.1 Möglichkeit A: Aus Selbstreferenz folgt Autopoiese

Der Mainstream der systemtheoretischen Diskussion unterscheidet nicht zwischen den Begriffen Selbstreferenz und Autopoiese. Dies lässt sich an vielerlei Aussagen ablesen, von denen nur die von Luhmann exemplarisch genannt werden soll.

> „Operative (selbstreferentielle, rekursive) Schließung besagt, daß die eigenen Operationen des Systems sich nur im Netzwerk der eigenen Operationen dieses Systems, also nur im Rückgriff auf andere eigene Operationen dieses Systems, produzieren und reproduzieren lassen.“[61]

Versucht man die Verknüpfung von Selbstreferenz und Autopoiese argumentativ nachzuzeichnen, dann könnte man wie folgt argumentieren: Selbstreferenz bezeichnet wie oben beschrieben zunächst den Vorgang, in dem sich Operationen aufeinander beziehen. Da die einzigen Elemente, die ein operatives System kennt, streng genommen aber nur Operationen sind, muss jeder Bezug der Operationen aufeinander selbst die Form einer Operation annehmen. M.a.W.: Die Relation, in der selbstreferentiell ablaufende Operationen stehen, können selbst nur als Operationen gedacht werden. Jede Verbindung und jeder Bezug zwischen Operationen ist selbst wieder eine Operation.

Für den Prozess der Selbstreferenz bedeutet dies nun Folgendes: Wenn im Prozess der Selbstreferenz die operativen Elemente aufeinander referieren, besagt dies zunächst, dass Beziehungen zwischen operativen Elementen hergestellt werden. Da jede Beziehung aber nur selbst wieder als Operation gedacht werden kann, produzieren die Elemente im Vorgang des Referenzierens nicht nur Relationen zwischen Operationen, sondern auch neue operative Elemente. So gesehen folgt aus dem selbstreferentiellen Bezug der operativen Elemente aufeinander auch die selbstreferentielle Produktion der operativen Elemente untereinander. Aus der operativen Selbstreferentialität würde daher notgedrungen die autopoietische Produktion der Operationen folgen. Ähnlich sieht dies Stark in seiner Darstellung der Luhmannschen Position.

---

61 Luhmann 1988a, 77.

„Faßt man die Systemelemente als kurzzeitige Operationen auf, deren Relationen auch wiederum nur in Operationen zum Ausdruck kommen können, dann müssen derartige Netzwerke als autopoietische Systeme definiert werden, weil genau die selbstreferentielle Elementenverknüpfung Operationen ‚erzeugt'."[62]

1.1.3.1.1.2 Möglichkeit B: Aus Selbstreferenz folgt nicht Autopoiese

Ganz im Gegensatz zum Mainstream der systemtheoretischen Darstellungen weisen manche Autoren darauf hin, dass eine Unterscheidung zwischen „Selbstreferenz" (=„operationale Geschlossenheit") und „Autopoiese" sinnvoll wäre, insbesondere um eine größere begriffliche Klarheit bei der Darstellung der systemarchitektonischen Grundpositionen zu erreichen.

Schiepek, der die hier ausgeführte systemarchitektonische Unterscheidung ins Leben gerufen hat, wählt zur Charakterisierung des hier mit „operativ" bezeichneten Ansatzes ausdrücklich den Begriff „Selbstreferenz" und nicht den Begriff der „Autopoiese". Den Ausdruck „Autopoiese" vermeidet er bewusst, um die vielfältigen Konnotationen des Ausdrucks nicht in die Bestimmung der grundlegenden systemarchitektonischen Position eingehen zu lassen. Für Schiepek besagt der Ausdruck „Autopoiese" daher mehr, als im Rahmen einer Systemarchitektonik behandelt werden kann. Er entscheidet sich daher dafür, im Rahmen der Charakterisierung des systemarchitektonischen Ansatzes nicht über den Begriff „Selbstreferenz" hinauszugehen.

„Obwohl in den bisherigen Überlegungen natürlich vieles enthalten ist, was aus der Theorie der Autopoiese stammt, halte ich es für sinnvoll, den Autopoiesebegriff zunächst nicht in das zentrale Begriffsinventar aufzunehmen."[63]

Auch Roth[64] tritt entschieden dafür ein, die Begriffe „Selbstreferenz" und „Autopoiese" sauber voneinander zu trennen. Die Brauchbarkeit einer solchen Unterscheidung sieht er im Rahmen der Kognitionswissenschaft gegeben: So ist für ihn ein kognitives System zwar selbstreferentiell, in dem Sinne, dass die neuronalen Zustände sich stets nur auf andere neuronale Zustände beziehen, jedoch darf keineswegs von Autopoiese gesprochen

62 Stark 1994, 46 (Hervorhebung im Original).
63 Schiepek 1989, 231.
64 Vgl.: Roth 1987c, 262-271.

werden, da das kognitive System seine materielle Struktur keineswegs selbst herstellen kann. Für Roth darf der Ausdruck Autopoiese oder Selbsterhaltung streng genommen nur auf den Lebensprozess insgesamt angewendet werden, „... der seit ca. drei Milliarden Jahre auf der Erde andauert, und der von den sich selbst reproduzierenden individuellen Organismen als Komponenten erhalten wird."[65]

In besonderem Maße tritt Stark[66] dafür ein, die Selbstreferenz bzw. die operative Geschlossenheit von der Autopoiese begrifflich abzuheben. Stark setzt Selbstreferenz mit Eigengesetzlichkeit gleich und sieht diese z.B. im sozialen Bereich dadurch gegeben, dass soziale Strukturen sich in gewisser Form verfestigen, jedoch stets beeinflussbar bleiben für Veränderungen, die von den beteiligten Personen ausgehen. Der Ausdruck „Autopoiese" jedoch bezieht sich stets auf die gegenseitige Produktion der Elemente untereinander und geht daher weit über die Eigengesetzlichkeit eines Systems hinaus. Autopoiese bezeichnet daher eine Verselbständigung, die weit über das Maß einer gewöhnlichen Eigengesetzlichkeit hinausgeht. Eine Verselbständigung im sozialen Bereich wäre zum Beispiel dann gegeben, wenn man Entscheidungen in Organisationen tatsächlich nur als Produktion eines Entscheidungsnetzwerkes betrachten kann, und die Zurechnung zu anderen Faktoren, wie körperliche Konstitution oder Bekanntenkreis der Mitglieder, aussichtslos erscheinen muss. Am Beispiel der Entstehung eines Musikvereins zeigt Stark, dass aus Eigengesetzlichkeit noch keineswegs Verselbstständigung zu folgen hat. Demgemäß unterscheidet er zwischen operationaler Geschlossenheit und Autopoiese und kritisiert insbesondere bei Luhmann das Unterlassen dieser Unterscheidung.

> „Luhmann verwechselt operative Geschlossenheit mit Autopoiesis. Die Produktion der Elemente durch das Netzwerk der gleichen Elemente läßt sich aber nicht aus der operativen Geschlossenheit von Systemen herleiten."[67]

Auch wenn Schiepek, Roth und Stark unterschiedliche Motive mit ihren Unterscheidungen verfolgen, so betonen sie doch gemeinsam, dass Selbstreferenz und Autopoiese begrifflich zu trennen sind und letzteres aus erste-

---

65 Roth 1987c, 265.
66 Stark 1994, 100-105.
67 Stark 1994, 104.

rem nicht unmittelbar folgt. Beruft man sich auf diese drei Autoren und schwimmt gewissermaßen gegen den Mainstream der systemtheoretischen Diskussion, dann wäre für die hier anvisierte systemarchitektonische Einführung der Schluss zu ziehen, dass der operative Ansatz mit dem Begriff „Autopoiese" nicht exakt beschrieben werden kann, da nicht alle operativen Systeme notwendig autopoietisch zu sein brauchen. Da autopoietische Systeme nur eine Teilmenge aller operativen Systeme darstellen, ist die Bezeichnung „autopoietisch" für eine möglichst allgemein gehaltene systemarchitektonische Unterscheidung zu limitierend.

1.1.3.2 Retiver Ansatz: Das System als Netz

Im Anschluss an Schiepek[68], welcher dem Selbstreferenz-Begriff des Systems den Vernetzungs-Begriff des Systems gegenüberstellt, soll hier dem operativen Systemmodell ein Systemmodell gegenübergestellt werden, welches das Netz als gestaltbildende Einheit eines Systemmodells versteht.

Die Beispiele, die Schiepek für seinen Vernetzungs-Begriff des Systems gebraucht, sollen das Grundmodell dieses netzhaften Systembegriffs verdeutlichen. Als netzartige Strukturen können ganz allgemein verstanden werden,

> „... die Einzelteile eines Autos, die in bestimmter Weise zusammengebaut werden müssen, damit das Auto funktioniert. Oder: verschiedene Lebewesen in einem Ökosystem, die in vielfacher Weise aufeinander angewiesen sind, um zu überleben, die aber immerhin prinzipiell unabhängig voneinander denkbar sind. Oder: verschiedene psychosoziale Einrichtungen, welche diverse Kontakte miteinander unterhalten, zum Beispiel wechselseitige Zuweisung von Klienten, wechselseitiger Erfahrungsaustausch, Koordination ihrer Tätigkeiten, etc."[69]

Ein Systemmodell, das sich an der Vorstellung eines Netzes orientiert, soll im Folgenden als „retives" Systemmodell bezeichnet werden. Der Ausdruck „retiv" (lat. rete = das Netz) wurde gewählt, um einen Ausdruck zu erhalten, welcher ebenso leicht zur Bezeichnung von Systemmodellen zu verwenden ist wie der Ausdruck „operativ". Zwar hätte man das Attribut „netzhaft" oder „netzartig" anstelle der Wortschöpfung „retiv" verwenden

---

68 Schiepek 1989.
69 Schiepek 1989, 240.

können, jedoch ist das lateinische Wort in ähnlichem Zusammenhang schon bedient worden[70]. Zudem lässt der Ausdruck „retiv“ die Hoffung aufkeimen, dass die Anlehnung an die lateinischen Sprache vielleicht erneut einiges zur begrifflichen Klarheit beitragen kann, welche gerade angesichts der inflationären Verwendung des Systembegriffs dringend notwendig ist. Inhaltlich macht es keinen Unterschied: der Ausdruck „retiv“ soll zunächst nichts anderes bedeuten als „netzhaft“ bzw. „netzartig“. „Retive Systemmodelle“ sind daher nichts anderes als „netzartige Systemmodelle“, also Systemmodelle, die sich an der Gestalt des Netzes orientieren und operativen Systemmodellen gegenüberstehen, welche sich an der Gestalt der Kette orientieren.

Ein retives System als Netz
(Abb. 1.1.3.2.a)

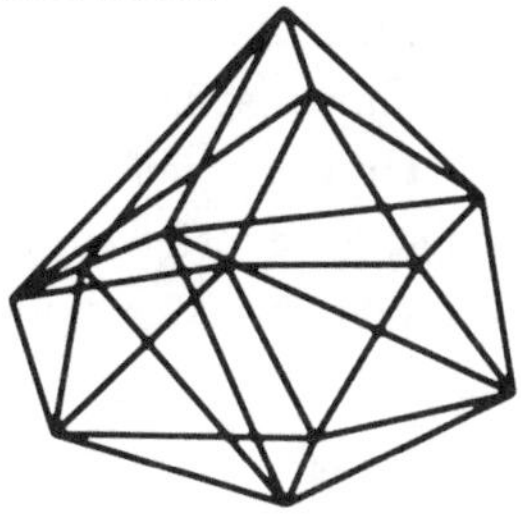

Um sich ein Bild von einem retiven Systemmodell zu machen, gilt es zu fragen: Was ist ein Netz?

> „Ein Netz, in der ursprünglichen Bedeutung des Wortes, ist ein Geflecht zusammengeknoteter Bänder, ein Maschenwerk. Ein Netz besteht nicht aus mehreren Teilen, sondern es bildet einen Zusammenhang, es ist einfach.“[71]

Ein Netz ist so einfach, dass auch Kinder netzhafte Muster erkennen können. Ein Netz ist variabel, so dass es seine Gestalt verändern kann, ohne dadurch sein netzhaftes Muster zu verlieren. Ein Netz ist räumlich, d.h. im Raum visuell vorstellbar und gestaltbar, zumindest solange es die dritte Dimension nicht übersteigt.

Netze begegnen uns an vielen Stellen: Einmal als Spinnennetze oder Fangnetze[72], aber auch als Straßen- und Schienennetze, als Telefonnetze

---

70 Im ökologischen Diskussionskontext hat der Sozialethiker Wilhelm Korff den Ausdruck „Retinität“ vorgeschlagen und in das Umweltgutachten von 1994 eingebracht: „Der Umweltrat ist der Auffassung, daß das zentrale Stichwort, das man in bisherigen umweltethischen Konzeptionen vergeblich sucht, ‚Gesamtvernetzung’ heißt oder, mit einem vom lateinischen ‚rete’ (das Netz) abgeleiteten Begriff: Retinität.” Umweltrat 1994 (Der ethische Grundlagenteil wurde von W. Korff und seinen Mitarbeitern verfasst). Vgl. auch: Vogt 1996.

71 Burckhardt 1994, 294.

und Flugverbindungen, als Stromnetze und als informationstechnische Netze, wie z.B. das Internet. Gerade angesichts der informationstechnischen Vernetzung und dem damit einhergehenden gesamtgesellschaftlichen Veränderungen scheint im Netzphänomen mehr zu stecken als bislang angenommen. Eine nüchterne begriffliche Aufarbeitung fernab von Übertreibungen ist daher erforderlich.[73]

Versuche, das Netz seines gestalthaften Charakters zu berauben und als Menge zu beschreiben, gibt es genügend. Dennoch wird man damit dem Netz als Muster nicht gerecht, denn eine Menge ist grundsätzlich von einem Muster zu unterscheiden, eben gerade weil ein Muster wegen seiner Gestalt um so vieles einfacher ist als eine Ansammlung von Einzelteilen. Spricht man daher von retiven Systemen, so soll damit zum Ausdruck kommen, dass das Netz als gestaltbildende Einheit nicht vorzeitig zugunsten eines mengentheoretischen Ansatzes reduziert werden darf.

Erkennt man den netzhaften Charakter des Systems an, dann zielen auch all die Einwände ins Leere, welche der Systemtheorie gerade deswegen ihre Existenzberechtigung absprechen, weil sie auf eine mengentheoretische Elemententheorie reduzierbar ist. Gerade dieser im Grunde berechtigte Einwand, dass die Systemtheorie sich häufig nur als Mengentheorie darstellt, hätte schon viel früher zum Anlass genommen werden können, um nach einem gestalthaften Systemverständnis Ausschau zu halten. Denn nur mit einem gestalthaften Systemmodell kann man letztlich der mengentheoretischen Spaltung zwischen Teil (Elementen) und Ganzem (Menge) entkommen. Gerade den operativen Systemmodellen und damit allen voran Luhmann ist es zu verdanken, dass sie mithilfe ihres operativen Kettenmodells den Unterschied zwischen einem gestalthaften und einem mengentheoretischen Modell verdeutlicht, und damit auch den Weg auch für weitere gestalthafte Systemmodelle geebnet haben, wie es Netze als retive Systeme eben auch sind.

Das eigentliche Verständnis der Netzmodelle kann also nur auf einem solchen gestalthaften Systemverständnis beruhen, welches sich von einem

---

72 Beispielhaft im neuen Testament: „Sofort liessen sie ihre Netze liegen und folgten ihm.“ (Matth. 4, 20); „Er aber sagte zu ihnen: Werfet das Netz auf der rechten Seite des Bootes aus, und ihre werdet etwas fangen. Sie warfen das Netz aus und konnten es nicht wieder einholen, so voller Fische war es.“ (Joh. 21, 6)

73 Die fast inflationäre und heilsversprechende Verwendung des Netzbegriffs im Internetbereich hat berechtigterweise auch zu entsprechenden Kritiken an der Netzmetapher geführt. Vgl: Fröhlich 1996.

mengenhaften Systemverständnis grundlegend unterscheidet. Gerade dieser grundlegende Unterschied zwischen Menge und Gestalt (Muster), dessen wissenschaftliche Erforschung zu Beginn des 20. Jahrhunderts von der Psychologie ausging, hat daher eine entscheidende Wende in der Systemtheorie vorbereitet und der Systemtheorie ihr eigentliches Fundament bereitet. Das angesichts der Netzmodelle geäußerte Staunen, „warum Wissenschaftler von trivialen Alltagsphänomen so viel Aufhebens machen“[74], ist also nicht als Infragestellen des wissenschaftlichen Forschritts zu verstehen, sondern eher als Unverständnis, wieso es bis zu diesem Fortschritt so lange dauern musste.

Gerade weil ein Netz als Muster so einfach ist, und daher für das zerkleinernde wissenschaftliche Erfassen so schwierig, bietet es sich an, quasi als Ausschlussdefinition einige Worte darüber zu verlieren, was ein Netz gerade nicht ist und welche Schritte den Kurzschluss vom Muster zur Menge ermöglichen, der sich insbesondere bei retiven Systemmodellen besonders anzubieten scheint.

Versucht man ein Netz mengentheoretisch zu reduzieren, dann stellt sich vor allem die Frage, aus wie vielen Elementenmengen man es nachzubilden versucht. Den wohl bekanntesten Versuch hat die mathematische Graphentheorie unternommen, in der der Graph (als Pendant zum Netz) als Paar aus Kanten- und Knotenmenge bestimmt wird[75]. Doch der Versuch, ein System auf eine Menge von Elementen und Verbindungen zu reduzieren, wie es häufig auch im Namen der Systemtheorie geschehen ist[76], ist nur eine von vielen möglichen mengentheoretischen Reduktionen. Denkbar ist ebenso eine Reduktion auf genau einen Elemententyp oder auf drei und mehr Elemententypen, so dass in dem Versuch, ein Netz auf eine Knoten- und Kantenmenge zu reduzieren, schon eine doppelte Verkürzung steckt.

---

74 Keup 1987, 12.

75 Die mathematische Definition eines Graphen: „Ein Graph ist ein Paar $G = (V, E)$ disjunkter Mengen mit $E \subseteq [V]2$; die Elemente von E sind also 2-elementige Teilmenge von V. Die Elemente von V nennt man die Ecken (oder Knoten) des Graphen G, die Elemente von E seine Kanten. Bildlich kann man G darstellen, indem man seine Ecken als Punkte zeichnet und zwei dieser Punkte immer dann durch eine Linie verbindet, wenn die entsprechenden Ecken eine Kante sind.“ (Diestel 2000, 2)

76 Z.B. die fast klassische Systemdefinition bei Hall und Fagen: “A System is a set of objects together with relationships between the objects and between their attributes.” (Hall/Fagen 1969, 81)

Diese doppelte Verkürzung kann noch verstärkt werden, wenn man hinter die Erkenntnisse der mathematischen Graphentheorie zurückgeht. D.h. wenn man schon ein Netz als Menge aus Knoten und Kanten zu fassen versucht, dann muss anerkannt werden, dass Kanten nicht nur das Attribut „existent" oder „nicht existent" haben können, sondern, wie in der Graphentheorie abbildbar, auch ganz verschiedene Attribute. So können Kanten Eigenschaften wie Stärke, Richtung und Zustände haben, welche der Flexibilität des Netzes nahezu keine Grenzen setzen. All dies sind Grundkenntnisse der mathematischen Graphentheorie. Sie sind zu beachten, wenn eine mengentheoretische Reduktion unternommen wird.

Ebenso ist bei der Analyse von Knoten und Kanten zu beachten, dass die den Knoten zugesprochenen Eigenschaften nicht zu weit gefasst werden und dann nicht mehr von einem Graphen gesprochen werden kann. Es muss also verhindert werden, dass ein Knoten bestimmte Eigenschaften besitzt und zusätzlich noch Kanten zwischen diesen Knoten existieren. Mit Hejl kann das Verhältnis von Knoten und Kanten als Verhältnis von Komponenten und Interaktionen wie folgt bestimmt werden.

> „Die Eigenschaften, die eine Einheit als Komponente eines Systems charakterisieren, sind diejenigen Interaktionseigenschaften, durch die sie an dem Netzwerk von Interaktionen teilnimmt, das als System aufgefaßt wird."[77]

Nach dieser Definition gilt:

1. Die Eigenschaften, die eine Einheit zu erfüllen hat, damit sie als Komponente eines Systems verstanden werden kann, sind ausschließlich Interaktionseigenschaften, d.h. Eigenschaften, die die Weise bestimmen, wie sich diese Einheit bei eingehendem Input verhält.
2. Es kann ein Netzwerk von Interaktionen beobachtet werden, ohne dass die Interaktionseigenschaften der Komponenten im Einzelnen bekannt sind.
3. Nicht alle Interaktionseigenschaften einer Einheit machen diese zur Komponente eines Systems, sondern lediglich diejenigen, mit denen sie an dem Netzwerk von Interaktionen teilnimmt, das als System aufgefasst wird. Die Interaktionseigenschaften einer Einheit, durch die diese zur Komponente eines Systems wird, sind daher nicht unabhängig von dem beobachteten Netzwerk von Interaktionen bestimmbar.

---

77 Hejl 1992b, 183.

Doch so sehr man ein Netz ebenso wie eine Kette auch mengentheoretisch bestimmen möchte, und so sehr ein derart reduktionistisches Vorgehen im Einzelfall auch neue Erkenntnisse gewinnen lässt, so sehr darf nicht übersehen werden, dass bei der mengentheoretischen Reduktion immer Wesentliches verloren geht, nämlich genau die schwer zu definierende Gestalt, in der sich Netz und Kette ähneln und unterscheiden zugleich.

1.1.3.3 Analogie zur Systemunterscheidung: Melodie versus Skulptur

Ebenso wie bei Schiepek soll hier darauf hingewiesen werden, dass die grundlegende Unterscheidung beider Systemmodelle verständlicher wird, wenn man sich an den Künsten orientiert, mit denen die Modelle am ehesten in Berührung stehen.[78]

Der Gedanke liegt nahe, die Operationskette mit einer Melodie zu vergleichen, in der die einzelnen Operationen wie die einzelnen Töne der Melodie einen quasi selbstverständlichen, wohlgeformten Anschluss vollziehen. Ebenso wie die temporalisierten Operationen sind die Töne als Komponenten von Melodien typischerweise temporalisiert. D.h. sie weisen nur eine recht kurzlebige Dauer auf und verschwinden umgehend, sobald der nächste Ton seinen wohlgeformten Anschluss findet und dem vorhergehenden praktisch die Luft wegnimmt.[79] Ebenso wie die Melodie vergeht, sobald der letzte Ton verhallt, so hört ein operatives System auf zu existieren, wenn kein operativer Anschluss mehr vollzogen wird. Der Anschluss bricht dann ab, wenn es entweder keine Operation mehr gibt, also musikalische Stille herrscht, oder eine Operation geschieht, aber diese keinen melodiösen Anschluss gewährleisten kann, so wie etwa das Klatschen des Publikums nach dem letzten Ton.

Im Unterschied zum operativen System ist die Gestalt des retiven Systems räumlich und kann daher mit einer Skulptur verglichen werden, welche den Raum ausfüllt und als räumliche Struktur visuell vorstellbar ist. So auch Schiepek:

> „Der Vernetzungs-Begriff findet seine Entsprechung eher in der bildenden Kunst, insofern nämlich, als seine Komponenten nicht temporalisiert sind. Es handelt sich um Anordnung von Teilen, Formen, Farben, welche die Dynamizität gewissermaßen in geronnener Form enthalten. Prototyp für eine

---

78 Schiepek 1989, 240; Schiepek 1990, 196.

79 Vgl.: Schiepek 1990, 196.

> künstlerische Analogie des Vernetzungs-Begriffs wäre ein Objekt oder eine sich bewegende Maschinerie, deren Teile sich ineinander und zueinander bewegen. Die Anordnung der Teile zueinander gibt vor, welche Dynamik das Kunstwerk realisiert, wenn es sich um eine bewegliche Maschinerie handelt. Entsprechend hält die Gestaltung eines statischen Produkts, etwa einer Graphik oder Skulptur, dem Beobachter verschiedene Möglichkeiten offen, Dynamizität mitzudenken."[80]

Die Affinität des operativen Systemmodells zur Musik und die des retiven Systemmodells zur bildenden Kunst verdeutlicht nicht nur, wie leicht hier eine Analogie gewonnen werden kann, sondern auch wie grundsätzlich verschieden und zugleich berechtigt beide Modelle in ihren Unterschieden sind. Die Behauptung, eines der Systemmodelle sei grundsätzlich zu bevorzugen, macht daher ebenso wenig Sinn wie die Behauptung, dass die eine Form der Kunst der anderen überlegen sei. Gerade die Analogie zwischen Systemmodellen und Künsten kann daher vielleicht die notwendige Toleranz auf beiden Seiten etwas fördern. Diese Toleranz ist notwendig, denn häufig werden operative und retive Systemmodelle gegeneinander ausgespielt, ohne beiden Modellen gleichermaßen Chancen einzuräumen, sich praktisch zu bewähren. Es gilt je nach Anwendungsfall erneut zu prüfen, ob und wenn ja, welches der beiden Modelle angemessener erscheint.

---

80 Schiepek 1990, 196.

1.2 Grundlagen der japanischen Lehre vom Ort

Nach den Grundlagen der Systemtheorie gilt es in die japanische Lehre vom Ort (*bashoron*) einzuführen. Da dies geschehen soll ohne japanologische Fachkenntnisse vorauszusetzen, halte ich es für angebracht, zuvor die zugrundeliegenden japanischen Ausdrücke „*ba*" und „*basho*" zu erläutern sowie einen Blick auf die japanische Sprache zu werfen.

1.2.1 Die japanischen Ausdrücke „*basho*" und „*ba*"

Die meisten der in dieser Arbeit behandelten japanischen Autoren entwickeln ihre Gedanken in japanischer Sprache und mit japanischen Begriffen. Die beiden wichtigsten Begriffe in diesem Zusammenhang sind „*basho*" und „*ba*", die an einigen Stellen auch unübersetzt wiedergegeben wurden.[1] Um hier dem Leser, der nicht des Japanischen mächtig ist, die Möglichkeit zu geben, sich mit den japanischen Originalbegriffen vertraut zu machen, halte ich es für sinnvoll, kurz und knapp darüber zu berichten, was man aus Wörterbüchern und Nachschlagewerken über die japanischen Ausdrücke „*basho*" und „*ba*" erfährt.

1.2.1.1 „basho"

„*basho*" schreibt man im Japanischen mit den beiden chinesischen Schriftzeichen 場所. Das erste Schriftzeichen 場 (jap. Lesung: *ba*, sino-jap. Lesung: *jô*) besteht aus den beiden Teilen für „Erde" und „aufgehende Sonne", und bedeutete ursprünglich so etwas wie „das Stück Erde, wo die Sonne aufgeht und erstrahlt". Das zweite Schriftzeichen 所 (jap. Lesung: *tokoro*, sino-jap. Lesung: *sho*) besteht aus den beiden Teilen für „Tür" und „Axt" und bedeutet von seinem Ursprung her so etwas wie „der Eingang, wo die Axt liegt", womit der Ort von höherrangigen Personen zum Ausdruck gebracht werden soll.

In japanischen Wörterbüchern der Gegenwartssprache wird „*basho*" hinsichtlich zweier Aspekte unterschieden:[2] (1.) Der Ort, der auf eine Handlung bezogen ist. Beispiel: „Hier ist ein guter Ort, um ein Geschäft zu

---

1 Vgl.: Shimizu 1996b; Programmblatt: „Ba & Syntopy. Bedingungen von Komplexität und Kreativität." Symposium der Stiftung Weimarer Klassik in der Reihe „Die Einheit der Wirklichkeit. Wissenschaft im Geist der deutschen Klassik" im Hotel Elephant Weimar 29.9.-3.10.1997.

2 Die Bedeutung von „*basho*" im Sinne von Ort und Turnier des Sumô-Sports wird im Folgenden vernachlässigt.

eröffnen.“ (2.) Der Ort, an dem sich ein Mensch oder eine Sache befindet. Beispiel: „An diesem Ort bin ich schon mal gewesen.“ „Halte mir bitte einen Platz im Kino frei!“

Diese Einteilung hat ihren grammatikalischen Grund: Die Präposition[3], die mit „*basho*“ gebraucht wird, unterscheidet sich je nach Bedeutung (1) oder (2), d.h. ist abhängig davon, ob man den Ort einer Handlung oder den Ort einer Existenz bezeichnet.

Japanisch-Deutsche Wörterbücher der Gegenwartssprache unterscheiden folgende Konnotationen des Ausdrucks „*basho*“ und ihre jeweiligen Entsprechungen im Japanischen: Ort, Örtlichkeit, Lokalität (*tokoro, tochi, chimen, genba*), Position, Stellung (*itchi*), Sitz, Platz (*zaseki, shozaichi*), Raum (*shûkan*).

1.2.1.2 „ba“

Der japanische Ausdruck „*ba*“ wird mit dem ersten Schriftzeichen von „*basho*“ geschrieben (場). Das japanische Standard-Wörterbuch unterscheidet sieben verschiedene Konnotationen.

1. Der Ort, an dem etwas stattfindet. Im Sinne von „*basho*“ (1).
2. Der Ort im Sinne von Zeitpunkt und Gelegenheit: „Ein Scherz am falschen Ort“
3. Arena, Kampfplatz
4. Szene im Theater
5. Börsenmarkt
6. Physikalisches Feld
7. Feld in der Sozialpsychologie

Japanisch-Deutsche Wörterbücher nehmen ähnliche Differenzierungen vor, nämlich:

1. Ort (*basho*)
2. Raum, Sitz (*yochi, zaseki*)
3. Situation, Fall (*baai, jiki, jôkyô*)
4. die Szene im Theater (*shibafu no ba, geki no chimen*)
5. Tätigkeitsfeld, Wirkungskreis, Spielraum (*katsudôhani*), Kampfplatz, Arena (*sensô no ba*)
6. Markt an der Börse (*torihikishijô*)
7. Physikalisches Feld

---

3 Im Japanischen ist sie nachfolgend und daher eigentlich eine Postposition.

Wie die Vieldeutigkeit von „*ba*" und „*basho*" vermuten lässt, finden sich beide Ausdrücke in den unterschiedlichsten Kontexten und mit den unterschiedlichsten Konnotationen, so dass die aufgelisteten Übersetzungen hier nur einen Anhaltspunkt geben können. Trotz der Bedeutungsvielfalt ist zu betonen, dass den Ausdrücken keinesfalls eine magische oder exotische Kraft zugeschrieben wird. Beide Ausdrücke werden unbefangen benutzt und sind auch in vielen Redewendungen der modernen Gegenwartssprache zu finden, wie z.B. „den Ort beschummeln" (*ba o gomakasu*), was so viel bedeutet wie: „den Schein wahren" oder „eine Ausrede finden".

1.2.1.3 Die Übersetzung mit „Ort" und „Feld"

Das deutsche Wort „Ort" hat im Wesentlichen zwei Bedeutungen. Einmal bezeichnet es ein „Dorf" und ein anderesmal eine „Stelle", eine „Position". Im ersteren Fall sagt man: „Er wohnt in einem kleinen Ort." Im zweiten Fall heißt es z.B.: „Der Unfall passierte an einem unzugänglichen Ort." Im Folgenden ist nur die Bedeutung des zweiten Falles relevant.

Wie relativ der Unterschied zwischen den Präpositionen „in" und „an" ist, wird deutlich, wenn man das japanische Wort „*ba*" wie in der Sozialpsychologie oder Physik mit „Feld" übersetzt. Im Gegensatz zum „Ort" ist man hier im Deutschen gezwungen, die Präposition „in" zu wählen, wie bei dem Beispiel: „Das Teilchen befindet sich in einem elektromagnetischem Feld." Den japanischen Ausdruck „*ba ni oite iru*" (sich in bzw. an einem „*ba*" befinden) kann man daher sowohl mit „an einem Ort" als auch mit „in einem Feld" übersetzen. Um den japanischen Ausdruck „*ba*" daher besser zu verstehen, muss man versuchen, den Unterschied, den man im Deutschen aus den beiden Präpositionen „in" und „an" heraushört, wegzudenken. M.a.W.: Im Japanischen ist es egal, ob sich etwas an einem Ort oder in einem Feld befindet.

Da man das deutsche Wort „Ort" in dem hier verwendeten Sinne nur mit der Präposition „an" gebraucht, suggeriert dies, dass dem Ort etwas anhaftet, d.h. dieses Etwas, das sich an dem Ort befindet oder das an dem Ort stattfindet, kann zunächst einmal als gegenüber dem Ort Selbstständiges gedacht werden. Der Eindruck, dass es sich um zwei Entitäten handelt, die unabhängig voneinander gedacht werden können, drängt sich durch die Präposition „an" förmlich auf, die in Wörtern wie „Ankopplung", „Anschluss", „Anbindung" zu finden ist.

Das deutsche Wort „Feld“ zusammen mit der Präposition „in“ kann diesen Gedanken der „Anbindung“ wesentlich vermeiden, indem eine Entität sprachlich als etwas bestimmt wird, das sich „in“ diesem Feld befindet. Diese Entität, will man sie denn überhaupt so nennen, ist also Bestandteil des Feldes. Die Rede von einem Feld, in dem sich etwas befindet, meint daher eine wie immer geartete Inklusion. Im Gegenzug legt die Rede von einem Ort, an dem sich etwas befindet, den Gedanken der Ankopplung nahe.

Wenn im Folgenden von „Ort“, „Feld“ oder anderen Übersetzungen für „*basho*“ und „*ba*“ die Rede sein wird, ist der geneigte Leser gehalten, den Gedanken der Ankopplung zu vermeiden, selbst dann, wenn man aus deutsch-sprachlichen Gründen nicht umhin kommt, davon zu sprechen, dass sich etwas an einem Ort befindet. Die Rede von „Ort“, „Feld“ meint in Anlehnung an die japanischen Begriffe „*basho*“ und „*ba*“ daher immer und vor allem eine Inklusion. Doch leider kann man im Deutschen im abstrakten Sinne nicht davon sprechen, dass sich etwas in einem Ort befindet. Es wäre für das Verständnis topischer Ansätze jedoch besser, diese Redeweise einzuführen, wie dies ansatzweise auch geschieht.

> „In dem und durch den Ort wird also der Gegenstand als Sein bestimmt.“[4]
>
> „... der logische Ort, in dem und durch den ...“[5]

1.2.2 Exkurs: Ein Blick auf die japanische Sprache

> „Vor einiger Zeit nannte ich, unbeholfen genug,
> die Sprache das Haus des Seins. Wenn der Mensch
> durch seine Sprache im Anspruch des Seins wohnt,
> dann wohnen wir Europäer vermutlich in einem
> ganz anderen Haus als der ostasiatische Mensch.“
>
> Heidegger[6]

Wenn die Grenze unserer Sprache auch die Grenze unserer Welt ist, dann gebietet es sich, als Vorbereitung für die japanische Lehre vom Ort auch einen Blick auf die japanische Sprache zu werfen. Um die Grundmerkmale

---

4 Brüll 1989, 162 (Hervorhebung nicht im Original).

5 Mafli 1996, 148.

6 Heidegger 1985, 85.

der japanischen Sprache zu beschreiben, die gerade im Hinblick auf eine philosophische Auseinandersetzung mit der japanische Lehre vom Ort von Bedeutung sind, soll wie folgt vorgegangen werden: Zunächst wird die Subjektbezogenheit der westlichen Sprachen der Prädikatbezogenheit der japanischen Sprache gegenübergestellt, um dann anschließend zu der Konfrontation „Locozentrismus" statt „Logozentrismus" zu kommen, die mithilfe der Subjektlosigkeit der japanischen Sprache sowie deren starker Kontextbezogenheit am Beispiel des Verbums und des Personalpronomens zu erläutern versucht wird. Abschließend wird diskutiert, inwiefern im Hinblick auf die japanische Sprache von einem Kontext als Ort des Sprechens und Denkens gesprochen werden kann.

1.2.2.1 Prädikatbezogenheit statt Subjektbezogenheit

Angesichts grundlegender Unterschiede zwischen der deutschen und der japanischen Sprache steht der Vorschlag im Raum, auf die der westlichen Diskussion entstammenden grammatikalischen Begriffe wie „Subjekt" und „Prädikat" oder gar „Satz" zu verzichten, und den Unterschied zwischen den beiden Sprachen auf gänzlich andere Weise zu beschreiben.[7] So berechtigt die Kritik an den gewohnten Begriffen ist, so sehr bleibt man insbesondere in der philosophischen Diskussion zwischen Japan und dem Westen jedoch auf sie angewiesen. Denn es hat sich in der japanischen philosophischen Debatte die Unterscheidung zwischen einem subjektlogischen und einem prädikatlogischen[8] Zugang zur Welt eingebürgert, auf die später Bezug genommen werden soll, und deren Entsprechung in der Sprachstruktur hier thematisiert wird.

---

7 Kishitani z.B. vertritt die These, dass man lieber ganz auf die gewohnten Begriffe verzichten sollte. „Fast alle grammatischen Begriffe, die die deutsche Sprache, eine der indogermanischen Sprachen, besitzt, hat die japanische Sprache nicht: Subjekt, Prädikat, Objekt, Nomen, Verbum, Kasus, Genus, Numerus, Person, Passiv, Aktiv haben wir nicht. Statt dessen haben wir etwas, was auf Deutsch kaum zu erklären ist." (Kishitani 1960, 274, Fußnoten weggelassen).

8 An dieser Stelle muss ausdrücklich darauf hingewiesen werden, dass der hier angesprochene prädikatlogische Zugang zur Welt keinerlei Verbindung zur Prädikat*en*logik (Quantorenlogik) hat, die sich als formale Logik mit Aussagen beschäftigt, in denen Prädikate (Prädikatoren) Gegenständen zu- oder abgesprochen werden. Auch im Japanischen ist die terminologische Unterscheidung zumeist nicht klar. In der Regel wird jedoch die Prädikat*en*logik (Quantorenlogik) mit „*jutsugo ronri*" bezeichnet und der prädikatlogische Zugang zur Welt im hier gemeinten Sinne mit „*jutsugo no ronri*" (Logik des Prädikats).

Gebraucht man nun die Ausdrücke „Satz", „Subjekt" und „Prädikat" zur Beschreibung der japanischen Sprache, dann kann man den Unterschied zwischen der deutschen und der japanischen Sprache wie folgt umreißen: Der deutsche Satz hat sein Zentrum im Subjekt des Satzes, wohingegen der japanische Satz sein Zentrum im Prädikat des Satzes hat. Im deutschen Satz ist das Subjekt der logische Mittelpunkt, demgegenüber alle weiteren Satzglieder (auch das Prädikat) untergeordnet sind und nur attributive Funktion haben. Das Subjekt ist Herr im deutschen Satz nicht nur deswegen, weil es das Verb in seine konjugierte Form zwingt. Logischer Mittelpunkt im japanischen Satz ist hingegen das Prädikat, demgegenüber alle weiteren Satzglieder (auch das Subjekt) untergeordnet sind und nur attributive Bedeutung haben. Das japanische Prädikat kennt demgemäss auch keine vom Subjekt aufgedrängte Konjugation, es ist selbst Herr im Satz und lässt sich vom Subjekt nichts aufdrängen.

Ein Beispiel zur Verdeutlichung des Unterschiedes: Wenn im Deutschen gesagt wird: „Der Ball rollt", dann ist das Prädikat „rollt" ein Attribut, welches das Subjekt „Ball" näher bestimmt. Das Prädikat richtet sich in seiner konjugierten Form (3. Person Singular) nach dem Subjekt und bekommt so seine Dominanz zu spüren. Anders in der japanischen Entsprechung des Satzes (*bôru ga korogaru*): Dort ist das Subjekt „Ball" (*bôru*) für das Prädikat „rollen" (*korogaru*) ein Attribut, welches das Prädikat als logischen Mittelpunkt des Satzes näher bestimmt. Das Prädikat „*korogaru*" ist Herr im Satz, es ist seiner Form daher auch egal, ob „ich rolle", „du rollst", „er, sie, es rollt", oder „wir, ihr, sie rollen". Es bringt einzig und allein das Geschehen „Rollen" (*korogaru*) zum Ausdruck und lässt das Subjekt fast schon als nebensächliches Attribut erscheinen.

Nach dieser skizzenhaften Bestimmung sollte klar geworden sein, dass das Prädikat im japanischen Satz kein Prädikat im indoeuropäischen Sinn ist. Die Verbalität des japanischen Prädikats besteht daher nicht darin, konjugiertes Prädikat eines Subjektes zu sein. Auch das Subjekt im japanischen Satz ist damit etwas völlig anderes als im deutschen Satz, wo es als logischer Mittelpunkt unverzichtbar ist. Bezeichnet man die japanische Sprache im Gegensatz zur deutschen als „prädikatsbezogen", dann darf man sich daher nicht zu sehr am deutschen Begriff des Prädikats orientieren, sondern muss immer mitdenken, dass es sich hier um eine Geschehensorientierung handelt, die einer Subjektorientierung im deutschen Satz gegenübersteht. Damit sollte deutlich geworden sein, dass die „verbbezogene, geschehenszentrierte Struktur des Japanischen"[9] einen Zugang zur Welt begünstigt, der sich von dem der deutschen Sprache wesentlich unterscheidet.

> „D.h. in der japanischen Sprache kommt Wirklichkeit nicht als eine Ansammlung von substantiellen, feststehenden Dingen bzw. für sich seienden Subjekten, die sich dann auch noch in Geschehnissen und Vorgängen aufeinander beziehen können, zum Vorschein, sie zeigt sich vor allem und zuerst als ein Geschehen, das sich in sich hinsichtlich seiner Bezüge, Richtungen und Orte dann noch näher bestimmt und bestimmen läßt."[10]

1.2.2.2 Locozentrismus statt Logozentrismus

Gebraucht man die freilich nicht unproblematischen Begriffe „Prädikat" und „Subjekt" weiter, um den Unterschied zwischen der deutschen und der japanischen Sprache zu beschreiben, dann kann man neben dem oben thematisierten Unterschied noch einen weiteren Unterschied zwischen dem Deutschen und dem Japanischen erkennen: Im Deutschen gibt es neben dem Subjekt als logischem Mittelpunkt im Satz zumindest noch ein Satzglied, auf das nicht verzichtet werden kann: das Prädikat. Im Japanischen hingegen gibt es neben dem Prädikat als logischem Mittelpunkt des Satzes kein solches unverzichtbares Satzglied. Auch das Subjekt ist als Attribut verzichtbar, wenn es sich aus dem Kontext ergibt.

Daraus folgt: Der deutsche Satz ist allein schon wegen der Tatsache, dass sein logischer Mittelpunkt auf ein unverzichtbares Attribut angewiesen ist, mehr von satzinternen Bestimmungen gefangen, als dies bei einem japanischen Satz der Fall ist. Der japanische Satz kann selbst auf das Subjekt als Attribut verzichten und tut dies auch überall dort, wo es nur möglich ist. Aus diesem Umstand kann man der japanischen Sprache zwei wesentliche Eigenschaften zuschreiben: Subjektlosigkeit und hochgradige Kontextbezogenheit. Beide Eigenschaften folgen direkt aus dem Umstand, dass das Prädikat als logischer Mittelpunkt im japanischen Satz kein unverzichtbares Attribut kennt. Diese Eigenschaften werden im Folgenden erläutert.

---

9 Weinmayr 1989, 192.
10 Weinmayr 1989, 191-192.

1.2.2.2.1 Subjektlosigkeit

Schon nach der bisherigen Skizzierung sollte deutlich geworden sein, dass einem japanischen Satzsubjekt nicht die Bedeutung zukommen kann, wie das im Deutschen der Fall ist:

> „Ob das Goethes Worte sind, ob das ein Satz von Kant ist, das Subjekt des deutschen Satzes kann in der japanischen Übersetzung nie dieselbe Rolle spielen, die es im deutschen Satz spielt. Ob der Verfasser des deutschen Textes damit einverstanden ist oder nicht, wir können nicht anders."[11]

Da das japanische Prädikat auch auf das Subjekt als Attribut verzichten kann, kann man die japanische Sprache zurecht beschreiben als eine Sprache, in der „das Subjekt ... weniger wichtig und weniger bestimmt ist als in den indogermanischen Sprachen. Wichtig und wohlbestimmt ist im Japanischen dagegen die Handlung, oder in weiterem Sinn, die Szene, in der die Handlung spielt. Das Subjekt ist dieser Szene nicht vorausgesetzt, es ist abhängig von und unmittelbar mit und in ihr gegeben; es wird durch diese Beziehung bestimmt."[12] Diesen Umstand beschreibt Matsudo als „syntaktische und epistemologische ‚Subjektlosigkeit' in der japanischen Sprachstruktur"[13]. Demzufolge ist ein japanischer Satz, in dem kein Subjekt benannt wird, auch nicht mit einem deutschen Satz vergleichbar, in dem das Subjekt aus Bequemlichkeit weggelassen wird. Vielmehr sind beide Sätze Ausdruck einer grundsätzlich anderen Sprachstruktur: „[W]enn die Japaner ohne Subjekt etwas aussagen, ist das eigentlich keine Ellipse des Subjektes, sondern wir haben keinen grammatischen Begriff für Subjekt."[14] Shimomura bringt die Subjektlosigkeit der japanischen Sprache wie folgt auf den Punkt.

> „Es ist wohl eine wirklich wesentliche Eigenschaft, daß das Subjekt hinsichtlich der Grammatik im Japanischen im Unterschied zu den europäischen Sprachen nicht unbedingt notwendig ist. Dies ist keine bloße Abkür-

---

11 Kishitani 1960, 272.
12 Berque 1986, 24.
13 Matsudo 1990, 46.
14 Kishitani 1960, 272.

> zung aus Gründen der Bequemlichkeit. Vielmehr kann dies so interpretiert werden, daß die japanische Sprache kein Subjekt hat."[15]

Ob man nun sagt, dass es überhaupt kein Subjekt gibt, oder dass es nur schlecht entwickelt ist bzw. häufig fehlt, kann hier dahingestellt bleiben. In jedem Fall ist zu vermuten, dass die unterschiedliche Stellung des Subjektes im deutschen und im japanischen Satz nicht ohne Einfluss auf die jeweiligen philosophischen Weltanschauungen geblieben ist. Schon Nietzsche vermutete:

> „Philosophen des uralaltaischen Sprachbereichs (in dem der Subjektbegriff am schlechtesten entwickelt ist) werden mit großer Wahrscheinlichkeit anders ‚in die Welt' blicken und auf andern Pfaden zu finden sein als Indogermanen oder Muselmänner."[16]

1.2.2.2.2 Starke Kontextbezogenheit

Jede natürliche Sprache ist kontextbezogen und Teil einer Lebensform. Dennoch ist unbestreitbar, dass es unterschiedliche Ausmaße der Kontextbezogenheit von Sprachen gibt. So ist eine Sprache, in der das Prädikat durch seine konjugierte Form an das Subjekt gebunden ist, weit weniger auf den Kontext angewiesen als eine Sprache, die durch eine syntaktische Subjektlosigkeit gekennzeichnet ist, und in der es demzufolge auch keine subjektabhängige Konjugation geben kann. Letzterer Sprache bleibt gar nichts anderes übrig, als hochgradig kontextbezogen zu sein, denn wie sonst kann bei einem „fehlenden" Satzsubjekt Klarheit darüber erlangt werden, wer Hunger hat, wer müde ist, oder wer ein Bedürfnis hat. Wie stark das Ausmaß der Kontextbezogenheit der japanischen Sprache ist, soll nachfolgend am Beispiel der Verben und Personalpronomen[17] kurz angedeutet werden.

---

15 Shimomura 1990, 382.

16 Nietzsche 1988, 35 („Jenseits von Gut und Böse" §20).

17 Auch hier stellt sich wieder das Problem, ob man so gewohnte Begriffe wie „Personalpronomen" überhaupt gebrauchen darf, um mit ihr die japanische Sprache zu beschreiben. Auch wenn es gute Gründe gibt, die Rede von „Personalpronomen" in der japanischen Sprache grundsätzlich abzulehnen, soll hier der Einfachheit halber dennoch mit diesem Begriff operiert werden, nicht zuletzt deswegen, weil der Platz fehlt, um eine andere Bezeichnung einführen und begründen zu können.

1.2.2.2.2.1 Kontextbezogenheit des Verbes

Die Kontextabhängigkeit der japanischen Verben tritt schon bei so einfachen Verben wie „sein" zu Tage. Bei der japanischen Übersetzung des deutschen Satzes „A ist B" variiert der Ausdruck für die Kopula je nachdem, ob ich diesen Satz im Freundeskreis, im Seminar an der Universität, oder als Angestellter zu Kunden meiner Firma sage. Die drei Formen der Kopula lauten da, desu und degozaimasu. Ohne den Kontext in Betracht zu ziehen, in dem sich der Sprechende befindet, kann keine Entscheidung darüber getroffen werden, welcher Ausdruck der Kopula der richtige ist: „Sätze von der Form ‚A ist B' lassen sich im Japanischen auf verschiedene Weise wiedergeben, weil sie logische Beziehungen nicht ausdrücken können, ohne zugleich einen sozialen Raum abzubilden, dem sie zugeordnet sind."[18]

Neben dem Verb „sein" zeigt sich die starke Kontextabhängigkeit der Verben bei so alltäglichen Ausdrücken wie z.B. gehen, sehen, sprechen und wissen. In allen dieser Fälle sind mindestens drei verschiedene Formen zu finden, die in der Alltagskommunikation zu hören sind und sich so grundlegend unterscheiden wie miru und omenikakarimasu.

Da sich die starke Kontextabhängigkeit der japanischen Sprache wie dargestellt auch bei den Verben zeigt, muss klar sein, dass die zentrale Stellung des Verbums im japanischen Satz nicht mit der eines Subjektes im deutschen Satz verglichen werden kann: „Das japanische Verbum als Zentrum des Satzes ist auf eine andere Art und Weise Zentrum als das deutsche Satzsubjekt."[19] Ein deutscher und ein japanischer Satz unterscheiden sich nicht nur darin, wo ihr logischer Schwerpunkt liegt, sondern auch darin, wie dieser Schwerpunkt mit dem Kontext verbunden ist. Hier ist der Punkt, an dem die Prädikatbezogenheit und Kontextbezogenheit als grundlegende Eigenschaften der japanischen Sprache ineinander übergehen. Beide Eigenschaften sind nur gemeinsam zu denken, auch wenn grundsätzlich nicht auszuschließen ist, dass es hochgradig kontextbezogene Sprachen geben kann, die eher subjekt- als prädikatbezogen sind.

1.2.2.2.2.2 Kontextbezogenheit des Personalpronomens

Im Japanischen ist die Zahl der Personalpronomen der ersten Person beachtlich hoch. Selbst wenn man sich nur auf die gebräuchlichsten be-

---

18 Heise 1989, 82.

19 Weinmayr 1989, 192.

schränkt, reichen die Finger beider Hände nicht aus, um sie aufzuzählen.[20] Welches Personalpronomen man wählt, ist grundsätzlich davon abhängig, in welcher Situation sich der Sprechende befindet und in welcher Beziehung er zu dem Gesprächspartner steht. Doch trotz der Fülle an Personalpronomen der ersten Person werden diese weit weniger häufig eingesetzt als vergleichsweise im Deutschen. Anstelle des Personalpronomens der ersten Person kommen Bezeichnungen zum Einsatz, die je nach Kontext variieren: „So lautet die 1. Person beispielsweise gegenüber dem Kind ‚Papa', gegenüber der Frau boku, gegenüber den eigenen Eltern z.B. ‚Hans', gegenüber einer Institution oder gegenüber Untergebenen watakushi."[21]

Auch für das Personalpronomen der zweiten Person gibt es im Japanischen zahlreiche Ausdrücke.[22] Auch hier ist die Auswahl davon abhängig, in welcher Situation sich der Sprechende befindet und in welcher Beziehung er zu dem Gesprächspartner steht. In der normalen Alltagsunterhaltung werden diese Personalpronomen der zweiten Person sogar noch häufiger weggelassen als die Personalpronomen der ersten Person. Wie selten die Verwendung von Personalpronomen der zweiten Person ist, deutet Kimura an: „Vermutlich gibt es aber auch Menschen, die Personalpronomen der zweiten Person ihr ganzes Leben lang so gut wie nie verwenden."[23] Grundsätzlich kann man sagen, dass mit der Verwendung eines Personalpronomens der zweiten Person eine vermeidbare Distanz zum Ausdruck gebracht wird, die zwar – wie im engsten Freundeskreis – spaßig gemeint sein kann, in jedem Fall jedoch als solche wahrgenommen wird. Welche distanzierende Bedeutung die Verwendung eines Personalpronomens der zweiten Person mit sich bringt, deutet Kimura am Beispiel Familie an:

> „Würde man seinen Vater, seine Mutter oder seinen Lehrer mit dem Pronomen anata anreden, so würde das bedeuten, daß man die Beziehung zu ihnen in Wirklichkeit bereits abgebrochen hat. Etwas Derartiges ist für Europäer gänzlich unverständlich, da man in Europa zuerst und vor allen die Eltern

---

20 Beispielhaft zu nennen wären: watakushi, watashi, boku, ore, onore, washi, uchi, oira, temae, jibun, atashi.

21 Okonogi 1990, 58.

22 Als Beispiele wären zu nennen: anata, omae, kimi, temae, kisama, sokomoto, kiden, kika.

23 Kimura 1995, 97.

und die Geschwister mit dem Personalpronomen der zweiten Person anspricht."[24]

Gerade wegen dieser starken distanzierenden Haltung, die in der Verwendung eines japanischen Personalpronomens zum Ausdruck kommt, machen die europäischen Personalpronomen der zweiten Person auf Japaner nicht selten den Eindruck, als ob nur allein die abstrakte Tatsache des Gegenüber zur Bezeichnung kommt. Für Kimura fällt bei einem solchen sprachlichen Umgang die persönliche Besonderheit des anderen völlig unter den Tisch:

> „Das europäische Personalpronomen der zweiten Person entkleidet den vor mir erscheinenden anderen Menschen jeglicher persönlichen Besonderheit und greift nur das egozentrische Moment heraus, das besagt, daß der andere ein mir gegenüberstehender anderer ist."[25] „Zu jemand anderem ‚you' oder ‚du' zu sagen, heißt nur, daß man zu ihm sagt: ‚Du bist mein Gegenüber und nicht ich.' "[26] „Hierbei handelt es sich in der Tat um einen radikalen Egozentrismus."[27]

Dort wo im Deutschen die Personalpronomen der zweiten Person Verwendung finden, wird im Japanischen zumeist ganz auf derartige Bezeichnungen verzichtet und es dem Kontext überlassen, wer gemeint ist. Falls es dennoch notwendig sein sollte, eine sprachliche Markierung zu setzen, dann kommen – wie bei dem Personalpronomen der ersten Person – Namen und Bezeichnungen zum Einsatz, die je nach Kontext stark variieren. In der Familie wird der ältere Bruder mit „älterer Bruder" (*oniichan*) angesprochen, an der Universität der Lehrer mit „Lehrer" (*sensei*) und in der Firmenabteilung der Abteilungsleiter mit „Abteilungsleiter" (*kachosan*). Stehen derartige Bezeichnungen nicht zur Verfügung, dann kommen die Familiennamen zum Einsatz, weswegen die Namenkenntnis in solchen Fällen eine entscheidende Bedingung für das Sprechen spielt. Das Austauschen der Visitenkarten hat daher einen ungemein wichtigeren Nutzen als in Sprachkulturen, wo man die Möglichkeit hat, unbemerkt auf Personalpronomen auszuweichen.

---

24 Kimura 1995, 99.
25 Kimura 1995, 101.
26 Kimura 1995, 101.
27 Kimura 1995, 101.

Zusammenfassend lässt sich sagen: In der japanischen Sprache ist die Verwendung der Personalpronomen der ersten und zweiten Person sehr vom Kontext abhängig. Noch wichtiger als die Frage, welche Personalpronomen in welchem sozialen Kontext zum Einsatz kommen, ist die Frage, ob überhaupt in einem sozialen Kontext an die Verwendung eines Personalpronomens gedacht werden darf, da damit eine vermeidbare soziale Distanz zum Ausdruck gebracht wird.

1.2.2.2.3 Der Kontext als Ort des Sprechens und Denkens

Nach dem bisher gesagten ist festzuhalten: Sowohl als Satzsubjekt wie auch als Objekt kommt das Personalpronomen im japanischen Satz nur äußerst selten zum Einsatz. Seine attributive Funktion, die es hat, um das japanische Verbum als Zentrum des Satzes zu bestimmen, wird überall dort vom Kontext übernommen, wo es nur möglich ist. Da selbst das Verbum in hohem Maße vom Kontext abhängig ist, ist die japanische Sprache geschehensorientiert und hochgradig kontextabhängig zugleich. Dieser geschehende Kontext wird zumeist als Ort thematisiert: „Im Japanischen beachte man, daß der Ort eine Bedingung des Sprechens bilde."[28] Berque bezeichnet die japanische Sprache als eine „locozentrische Sprache"[29]. Heise spricht von einer „topologischen Grammatik"[30] und betont, „...daß wir uns nur artikulieren können, indem wir den Ort abbilden, von dem aus wir sprechen."[31] Die syntaktische Subjektlosigkeit und die Ortsgebundenheit des Japanischen bleibt für Shimomura nicht ohne Konsequenzen für das alltägliche Denken: „Das alltägliche japanische Denken, das kein Subjekt enthält, kann man schließlich als das Denken in einem solchen ‚Ort' bezeichnen."[32]

Im Unterschied zur japanischen Sprache ist die deutsche Sprache in ihrer Eigenschaft als indoeuropäische Sprache nicht nur stark subjektbezogen und „egozentrisch"[33] sondern auch darauf angewiesen, dass das Subjekt von einem Prädikat bestimmt wird, das sich mit seiner konjugierten Form nach ihm richtet. Anders als die japanische Sprache, die sich zur näheren

---

28 Hamada 1994, 162.
29 Berque 1986, 25.
30 Heise 1989, 81.
31 Heise 1989, 83.
32 Shimomura 1990, 384.
33 Berque 1986, 25.

Bestimmung des logischen Satzmittelpunktes auf den Kontext verlassen kann, ist die deutsche Sprache dazu gezwungen, sich durch die satzinterne Abstimmung zwischen Prädikat und Subjekt von dem bestimmenden nichtsprachlichen Kontext zu lösen und diesen zu transzendieren. Die Auffassung von Sprache und der Umgang mit ihr unterscheiden sich demzufolge:

> „Im Abendland betrachtet und behandelt man die Sprache (und das Subjekt) als eher loslösbar bzw. losgelöst von ihrem jeweiligen Ort und Wirklichkeitskontext. Während dort die Wirklichkeit tendenziell zumeist als eine sprachlich (logisch) bestimmte und bestimmbare erfahren wird, bestimmt sich im Japanischen umgekehrt die Sprache stärker von der selbst nicht wieder sprachlich-logisch bestimmbaren Situation, dem jeweiligen Wirklichkeitskontext her."[34]

Dass dieser Unterschied im Umgang mit Sprache nicht ohne Konsequenzen für die Vorstellung von Wahrheit bleiben kann, ist evident. Der Vorstellung, „Sprache sei der bevorzugte und entscheidende Ort der Wahrheit"[35] steht die Vorstellung gegenüber, es gäbe „... nicht einen Ort der Wahrheit, wohl aber immer die Wahrheit eines Ortes, d.h. einer Situation, Lebensform usw., an der die Sprache partizipiert. Also: Locozentrismus statt Logozentrismus."[36]

1.2.3 Der Ort in der Philosophie Nishida Kitarôs

Nachdem der Blick auf die japanische Sprache in die topische Ausrichtung des Denkens und Sprechens eingeführt hat, ist nun zu erläutern, was mit der japanischen Lehre vom Ort im philosophischen Sinn gemeint ist.

Als japanische Lehre vom Ort soll der Gedanke des Ortes bezeichnet werden, der in der Spätphilosophie Nishida Kitarôs (1870-1945) zum ersten Mal zum Ausdruck kam und seitdem von vielen japanischen Autoren aufgegriffen und weiterentwickelt wurde. Es handelt sich dabei streng genommen nicht um eine fein abgrenzbare philosophische Schule, sondern eher um eine Diskussion, die um die Begriffe „*basho*" (Ort) und „*ba*" (Feld) kreist und damit eine philosophische Position zum Ausdruck zu bringen versucht, die eng mit der japanischen Kultur in Verbindung gebracht wird.

---

34 Weinmayr 1991, 308.
35 Weinmayr 1989, 193.
36 Weinmayr 1989, 193.

Der japanische Philosoph Nishida Kitarô (西田幾多郎) bediente sich in seiner Spätphilosophie der Begriffe „*ba*" (場) und „*basho*" (場所) und entfachte damit in der japanischen Philosophie eine fortwährende Diskussion um den Gedanken des Ortes. Nishida Kitarô gilt ganz besonders auch aus diesem Grund als Begründer der modernen japanischen Philosophie und als berühmtester Philosoph Japans. Seine 1927 erstmals veröffentlichte Arbeit „Vom Handelnden zum Sehenden" (*hatarakumono kara mirumono e*)[37] enthält eine „Logik des Ortes" (*basho no ronri*), mit der er eine grundlegende Wende in seinem Denken vollzieht, hin zu dem Gedanken des Ortes, „... mit dem Nishidas Philosophie im eigentlichen Sinne beginnt"[38].

Nishida Kitarô
西田幾多郎
(Abb. 1.2.3.a)

Es versteht sich von selbst, dass Nishidas Gedanken zum Ort in ihrer Vielheit im Rahmen dieser Arbeit nicht erschöpfend behandelt werden können. Es muss daher auch hier der Verweis auf die einschlägige Fachliteratur genügen.[39] Aufgabe dieses Kapitels über Nishidas Philosophie ist es, diejenigen Aspekte des Ortgedankens zu thematisieren, die im weitesten Sinne einen Anschluss an die systemtheoretische Diskussion erlauben und dem Ziel der Arbeit gerecht werden, die japanische Lehre vom Ort in die Systemtheorie einzuführen. Aus diesem Grunde sollen hier zwei Aspekte von Nishidas Ortgedanken herausgegriffen werden: der Ort als das Vermittelnde der Einzelnen und der Ort als das Ausdruckshafte.

1.2.3.1 Der Ort als das Vermittelnde der Einzelnen

Eine von vielen Facetten, die die Rede vom Ort bei Nishida zeigt, findet sich in dem erstmals 1935 veröffentlichen Aufsatz „Selbstidentität und

37 NKZ (*Nishida Kitarô Zenshû*, Gesammelte Werke: Nishida 1978) 4. Der darin enthaltene zentrale Aufsatz „Ort" (*basho*) (NKZ 4, 208-289) liegt in deutscher Sprache vor: Nishida 1999b.

38 Ôhashi 1990b, 28.

39 Vgl.: Mafli 1996, Elberfeld 1999a/b, Pörtner/ Heise 1995, Pörtner 1990.

Kontinuität der Welt" (*sekai no jikodôitsu to no renzoku*)[40]. Nishida kommt dort auf das Verhältnis der Einzelnen untereinander zu sprechen und bezeichnet den Ort als das Vermittelnde zwischen den Einzelnen. Die nun folgende Darstellung bezieht sich wesentlich auf die in diesem Aufsatz von Nishida gemachten Aussagen und versucht, sie durch einen stärker gegliederten Aufbau in eine argumentative Ordnung zu bringen, die sich für eine Einführung in Nishidas Denken anbietet. Es wird damit der Empfehlung von Matsudo gefolgt, der betont: „Nishida lesen, heißt daher, aus seinem Gedankenschritt eine klare Argumentation rekonstruierend herauszukristallisieren."[41]

Ausgangspunkt von Nishidas Überlegungen in dem genannten Aufsatz ist das Bemühen, Einzelnes zu denken. Seinen Gedankengang könnte man wie folgt rekonstruieren: Um Einzelnes zu denken, muss man das Aufeinanderwirken der Einzelnen denken. Um das Aufeinanderwirken von Einzelnen zu denken, muss man die Einzelnen als voneinander unabhängig denken. Gedacht werden muss daher das Aufeinanderwirken von einzelnen, voneinander unabhängigen Dingen. Im Originalton heißt es:

> „Ohne gegenseitiges Aufeinanderwirken gibt es keine Einzelnen."[42]
>
> „Die gegenseitig aufeinander wirkenden Dinge müssen gegeneinander einzeln und voneinander unabhängig sein. Sind sie das nicht, so gibt es kein Wirken."[43]
>
> „Stehen Einzelne einander gegenüber und wirken gegenseitig aufeinander, so müssen sie voneinander unabhängig und diskontinuierlich sein."[44]

Nishidas Gedankengang beginnt in diesem Aufsatz bei dem Einzelnen, führt zum gegenseitigen Aufeinanderwirken der Einzelnen, und endet mit der Forderung, dass aufeinander wirkende Einzelne unabhängig zu sein

---

40 NKZ 8, 7-107. In deutscher Übersetzung: Nishida 1990a.

41 Matsudo 1990, 44.

42 Nishida 1990a, 68; NKZ 8, 23: „shikashite aihataraku to iu koto ga nakereba, kobutsu to iu mono wa nai."

43 Nishida 1990a, 60; NKZ 8, 14: „aihataraku mono wa tagai ni kobutsuteki de nakereba naranai, tagai ni dokuritsu suru mono de nakereba naranai. shikarazareba, hataraku to iu koto wa nai."

44 Nishida 1990a, 67; NKZ 8, 23: „kobutsu to kobutsu to ga sôtai shi kobutsu to kobutsu to ga aihataraku to iu ni wa, kobutsu to kobutsu to wa tagai ni aidokuritsu suru mono de nakereba naranai, hirenzokuteki de nakereba naranai."

haben. Auch wenn aufgrund der Reihenfolge der Gedanke nahe liegt, dass Nishida dem Aufeinanderwirken der Einzelnen einen höheren Stellenwert zumisst als deren Unabhängigkeit, spricht sich Nishida an vielen Textstellen deutlich gegen eine solche Interpretation aus. Besonders mit der Rede vom „wirklichen Selbstwiderspruch der Einzelnen“[45] zeigt Nishida deutlich, dass er die Relationalität der Einzelnen nicht gegen deren Unabhängigkeit auszuspielen versucht. Sein Interesse ist es im Gegenteil, die beiden Pole der Spannung aufrechtzuerhalten, und sei es um den Preis eines Widerspruchs, der nur dialektisch aufgehoben werden kann.

Des Weiteren argumentiert Nishida: Wenn einzelne, voneinander unabhängige Dinge gegenseitig aufeinander wirken, muss es ein Vermittelndes geben. Ohne ein Vermittelndes können einzelne, voneinander unabhängige Dinge nicht gegenseitig aufeinander wirken. Originalton Nishida: „Wenn voneinander unabhängige Dinge gegenseitig aufeinander wirken, muß es ein Vermittelndes geben.“[46]

Für Nishida stellt sich daher die grundlegende Frage: „Was ist das die Einzelnen untereinander Vermittelnde?“[47] Die möglichen Antwortversuche, die Nishida erörtert und zumeist kritisiert, sind im Folgenden in sechs verschiedene Positionen unterteilt. Diese Einteilung ist so nicht von Nishida getroffen, zur analytischen Rekonstruktion von Nishidas Argumentationsweise bietet sie sich jedoch an.

1.2.3.1.1 Position 1: Ein Einzelnes vermittelt sich selbst

Den ersten Antwortversuch auf die Frage, was das die Einzelnen untereinander Vermittelnde ist, findet Nishida in der These, „... daß das Einzelne sich selbst vermittelt, daß es zum Vermittelnden seiner selbst wird ...“[48].

Die von Nishida geäußerte Kritik an der These, dass ein Einzelnes sich selbst vermittelt, lässt sich auf die kurze Formel bringen: Würde ein Einzelnes sich ganz und gar selbst vermitteln, dann gäbe es kein Wirken.

---

45 Nishida 1990a, 68; NKZ 8, 23: „kobutsu no makoto no jikomujun“

46 Nishida 1990a, 60; NKZ 8, 14: „tagai ni dokuritsu suru mono ga aihataraku to iu ni wa, baikaisha to iu mono ga kangaerarenebaranai“

47 Nishida 1990a, 59; NKZ 8, 13: „kobutsu to kobutsu to no baikaisha wa ika naru mono de nakereba naranu de arao ka.“

48 Nishida 1990a, 66; NKZ 8, 22: „... kobutsu ga jikojishin o baikai suru, jikojishin no baikaisha to naru ...“

„Solange ein Ding nur zum Vermittelnden seiner selbst wird, kann es nicht auf anderes wirken.“[49]

„Wenn es nur ein einziges Selbst, das ganz und gar zu seinem eigenen Vermittelnden wird und sich ganz und gar selbst vermittelt, gäbe, gäbe es kein Wirken.“[50]

Kein Wirken gäbe es bei zwei Einzelnen, die sich beide selbst vermitteln. Es kann dann zu keiner inneren Beziehung kommen, wie Nishida dies am Beispiel der Begegnung von Ich und Du darlegt: „Weder geht es, aus dem Ich von innen her eine Verbindung zum Du herzustellen, noch läßt sich vom Du aus von innen her eine Verbindung zum Ich herstellen.“[51]

Eine innere Verbindung als Vermittlung zwischen Ich und Du ist für Nishida nicht herstellbar, solange sich Ich und Du als zwei Dinge gegenüber stehen, die sich beide selbst vermitteln. Den Zustand, wenn ein Einzelnes zum Vermittelnden seiner selbst wird und somit nicht wirken kann, bezeichnet Nishida mit „Subjektivismus“[52]. Vermittelt sich ein Einzelnes selbst, dann handelt es sich lediglich um ein „subjektives Vermittelndes“[53]. Jedoch: „Um zu wirken, müssen wir diese subjektive Welt überschreiten.”[54]

Einen Grund, weshalb eine Vermittlung zwischen Ich und Du nicht zustandekommen kann, deutet Nishida an: Eine Verbindung zwischen zwei Einzelnen wird nicht dadurch erreicht, dass sich die Ränder der einzelnen Dinge berühren. Durch die Berührung zweier Ränder entsteht noch keine Vermittlung zwischen den Einzelnen: „Vielleicht denkt man, daß die einzelnen Dinge durch ihre Ränder miteinander verbunden sind, aber insofern

---

49 Nishida 1990a, 60; NKZ 8, 15: „mono ga tan ni jikojishin no baikaisha to naru to kangaerareru kagiri, mono ga hoka ni taishite hataraku to iu koto wa dekinai.“

50 Nishida 1990a, 92; NKZ 8, 56: „doko made mo jikojishin no baikaisha to naru, doko made mo jikojishin o baikai suru tada hitotsu no jiko to iu mono dake de wa, hataraku to iu koto wa nai.”

51 Nishida 1990a, 94; NKZ 8, 58: „watashi kara naimenteki ni nanji musubitsuku wake ni yukanai, nanji kara naimenteki ni watashi ni musubitsuku koto mo dekinai, ...“

52 Nishida 1990a, 83; NKZ 8, 42: „shukanshugi“. Der vollständige Satz auf Deutsch: „Man bleibt unvermeidlich dem Subjektivismus verhaftet und kann kein wirkendes Einzelnes denken. Die Welt der Einzelnen, die wirklich reale Welt ist nicht durch ein solches subjektives Vermittelndes vermittelt.”

53 Nishida 1990a, 83; NKZ 8, 42: „shukanteki baikaisha“

54 Nishida 1990a, 89; NKZ 8, 50: „wareware ga hataraku to iu ni wa, kakaru sekai o fumikoeneba naranai.“

der Rand zum je einzelnen Ding gehört, kann er die einzelnen Dinge nicht miteinander verbinden."[55]

1.2.3.1.1.1 Exkurs: Selbstvermittlung und Selbstbestimmung

In der von Nishida kritisierten Position 1 wird davon gesprochen, dass sich ein Einzelnes bzw. jedes Einzelne selbst vermittelt. Nishida gebraucht neben dem Ausdruck „Selbstvermittlung" auch noch den Ausdruck „Selbstbestimmung", wie an folgenden Textstellen deutlich erkennbar ist:

> „Wenn ein Einzelnes ganz und gar zu seinem eigenen Vermittelnden wird und sich kontinuierlich selbst bestimmt, so heißt das aber ... noch nicht, daß es wirkt."[56]
>
> „Solange man denkt, daß ein Einzelnes bzw. unser Selbst ganz und gar sich selbst bestimmt, steht man auf dem Standpunkt des intellektuellen Selbst."[57]
>
> „Daß das Einzelne sich ganz und gar selbst bestimmt, zu einem intellektuellen wird, heißt deshalb auch, daß das Einzelne sich selbst verneint, daß es stirbt. ... Daß das Einzelne sich ganz und gar selbst bestimmt, daß es sich von der Welt distanziert und zu nur einem Einzelnen wird, heißt letzten Endes, daß das Einzelne stirbt, sich dem Tod zuwendet."[58]

1.2.3.1.2 Position 2: Zwei Einzelne vermitteln sich gegenseitig

Nishida kommt kurz auf eine weitere Möglichkeit zu sprechen, wie man die Frage nach dem Vermittelnden beantworten kann. Die Rede ist davon, dass sich zwei Dinge gegenseitig vermitteln.

---

55 Nishida 1990a, 55; NKZ 8, 8: „koko no mono ga enun ni yotte musubitsuku to kangaetemo, enun to iu mono ga koko no mono ni zoku suru to kangaerareru kagiri, koko no mono no musubitsuki yô ga nai."

56 Nishida 1990a, 89 (Hervorhebung nicht im Original); NKZ 8, 50: „shikashi kobutsu ga doko mademo jikojishin no baikaisha to nari, renzokuteki ni jikojishin o gentei suru to iu no dewa, ..., sore wa hataraku to kangaeru koto wa dekinai."

57 Nishida 1990a, 90; NKZ 8, 52: „hitotsu no kobutsu sunawachi wareware no jiko ga doko mademo jikojishin o gentei suru to kangaerareru tachiba ga, chiteki jiko no tachiba dearu."

58 Nishida 1990a, 90; NKZ 8, 52: „yue ni kobutsu ga doko made mo jikojishin o gentei suru, chiteki to naru to iu koto wa, mata kobutsu ga jikojishin o hitei suru koto de ari, kobutsu ga shi suru koto de aru. … kobutsu ga doko made mo kobutsu jishin o gentei suru to iu koto, kobutsu ga sekai kara hanareru to iu koto, tada hitotsu no kobutsu to naru to iu koto wa hikkyô kobutsu ga shi suru koto de aru, shi no hôkô ni mukau koto de aru."

Im Unterschied zu Position 1, wo sich jedes Einzelne selbst vermittelt, geht es hier um die wechselseitige Vermittlung zwischen zwei Einzelnen. Die Vermittlung zwischen zwei Einzelnen wird nicht wie in Position 1 jedem Einzelnen selbst überlassen, sondern in der Wechselwirkung der Einzelnen aufeinander gesucht.

Für Nishida kann eine Wechselwirkung zwischen zwei Einzelnen nicht garantieren, dass es zu einer Vermittlung der Einzelnen kommt. Vielmehr birgt der Gedanke der wechselseitigen Vermittlung zweier Einzelner die Gefahr in sich, das Vermittelnde selbst als Einzelnes zu begreifen. Wäre dies der Fall, dann würden die zwei Einzelnen keine Einzigartigkeit mehr besitzen und nichts anderes sein als die beiden Enden des Vermittelnden. Originalton Nishida: „Gäbe es bei dieser wechselseitigen Beziehung zwischen den Dingen bloß zwei Dinge, so könnten sie die beiden sich einander widersprechenden Enden eines einzigen Vermittelnden sein. Wäre es so, würde es sich wiederum nur um ein Ding handeln."[59]

1.2.3.1.3 Position 3: Das Vermittelnde ist in den Einzelnen enthalten

Eine weitere Antwort auf die Frage, was das Vermittelnde eigentlich ist, findet sich in der These: Das Vermittelnde ist in den Einzelnen enthalten.

Kommt Nishida auf diese Antwortmöglichkeit zu sprechen, dann spricht er von dem Vermittelnden als dem Allgemeinen. Die These, dass das Vermittelnde etwas in den Einzelnen enthaltenes ist, führt er auf die Aussage zurück, dass das Vermittelnde (das Allgemeine) bloß ein abstrakter Begriff ist.

> „Wenn man denkt, daß das Allgemeine vom Einzelnen überstiegen wird und die Einzelnen nicht umschließen kann, wenn man das Allgemeine bloß für einen sog. abstrakten Begriff hält, dann besitzt dieses Allgemeine überhaupt keine Eigentümlichkeit und muß als so etwas wie eine Eigenschaft der Einzelnen aufgefaßt werden. Es ist dann etwas in den Einzelnen Enthaltenes."[60]

---

59 Nishida 1990a, 60; NKZ 8, 14: „shikashi kakaru mono to mono no sôgokankei ni oite tada hitotsu no mono o kangaeru toki, mono to mono to wa tada hitotsu no baikaisha no sôhan suru ryôhashi to kangaeru koto mo dekiru. kaku kangaeru toki, sore wa mata hitotsu no mono taru ni suginai."

60 Nishida 1990a, 68; NKZ 8, 24-25: „kobutsu to iu mono wa ippansha o koeta mono deari, ippansha wa kobutsu o tsutsumukoto ga dekizu, ippansha to wa tan ni iwayuru chûshoteki gainen no gotoki mono to kangaeru ka. sore wa nanra no dokujisei o

Nishidas Gedankengang könnte man wie folgt zusammenfassen: Wenn das Vermittelnde in den Einzelnen enthalten wäre, dann wäre es abstrakt und ohne Eigentümlichkeit. Um diesen Gedankengang näher zu erläutern, ist zunächst zu klären, was Nishida damit meint, wenn er davon spricht, dass das Vermittelnde in den Einzelnen enthalten ist. Nishida nimmt mit dieser Formulierung Bezug auf die subsumierende Urteilsform der aristotelischen Logik, bei der ein Subjektbegriff unter einen Prädikatsbegriff subsumiert wird. So wird z.B. bei dem Urteil „Ein Hund ist ein Säugetier" der Subjektbegriff „Hund" unter den Prädikatsbegriff „Säugetier" subsumiert. In jedem Urteil dieser Form „S ist P" subsumiert das allgemeine Prädikat das partikulare Subjekt, so ist z.B. im obigen Urteil das partikulare Subjekt „Hund" durch das allgemeine Prädikat „Säugetier" prädiziert. Das Prädikat „Säugetier" ist im obigen Urteil deswegen allgemein, weil „Säugetier" nicht nur eine Bezeichnung für Hunde, sondern auch für Katzen, Kühe, Löwen usw. ist. Da das allgemeine Prädikat „Säugetier" von den spezifischen Charakteristika der Hunde, Katzen, Kühe und Löwen abstrahiert, ist es ein abstrakter, übergeordneter Begriff.

Für Nishida ist es unmöglich, in diesem abstrakten Begriff das Vermittelnde zwischen Einzelnen zu erkennen. Ein abstrakter Begriff entbehrt für Nishida einer Eigentümlichkeit und Konkretheit, die notwendig ist, um zwischen Einzelnen zu vermitteln. Ohne Eigentümlichkeit und Konkretheit des Vermittelnden kann keine Vermittlung stattfinden, so Nishida. Das Vermittelnde zwischen den Einzelnen muss ebenso konkret sein wie diese und darf daher nicht bloß als eine Eigenschaft in den Einzelnen bereits vorhanden sein.

Weiter bemüht sich Nishida zu zeigen, dass im subsumierenden Urteil die Einzigartigkeit des Einzelnen verloren geht. In dem Urteil „Ein Hund ist ein Säugetier" wird das partikulare Subjekt „Hund" jeglicher Einzigartigkeit beraubt, so Nishida. „Das Einzelne verliert seine distinktiven Eigenschaften, indem es von einem abstrakten Allgemeinen umfaßt wird."[61] Auch aus diesem Grunde, so Nishida, ist der Gedanke, dass das Vermittelnde in den Einzelnen enthalten ist, abwegig.

Zusammenfassend könnte man sagen: Nishida lehnt es ab, das Vermittelnde als etwas in den Einzelnen Enthaltenes zu betrachten, weil das Ver-

---

motsu koto mo dekinai, kobutsu no seishitsu to iu shikimono to kangaeru no hoka nai, kobutsu ni fukumareta mono de aru."

61 Mafli 1996, 151.

mittelnde etwas Konkretes sein muss, das die Einzigartigkeit der Einzelnen nicht zum Verschwinden bringt.

1.2.3.1.4 Position 4: Das Vermittelnde ist ein Prozess

Eine weitere mögliche Antwort auf die Frage, was das Vermittelnde der Einzelnen ist, kann wiedergegeben werden mit der These: Das Vermitteln-de ist ein Prozess.

Nishida steht dem Gedanken, dass das Vermittelnde ein Prozess ist, zunächst nicht abgeneigt gegenüber. Versteht man „Prozess" in einem sehr allgemeinen Sinne, dann kann sich Nishida durchaus zu der Formulierung durchringen, dass das Vermittelnde „prozesshaft" ist. Doch auch schon bei einer derart weitläufigen Verwendung von „Prozess" lässt Nishida deutlich erkennen, dass die Prozesshaftigkeit für das Vermittelnde allenfalls ein notwendiges Kriterium ist, keinesfalls jedoch ein hinreichendes. Nishida betont daher ausdrücklich, dass das Vermittelnde „nicht nur prozeßhaft"[62] ist. Doch selbst als notwendiges Kriterium ist das „Prozesshafte" für Nishida nicht immer gut genug. So finden sich viele Stellen, an denen er sich explizit gegen eine Überbetonung der prozessualen Eigenschaft ausspricht. Betont man den Prozesscharakter des Vermittelnden zu stark, dann ist für Nishida die Gefahr groß, in dem Vermittelnden nur ein Ding zu sehen, denn „... etwas bloß Prozeßhaftes ist wieder nur ein Ding."[63] Mit Bezug auf die diskontinuierliche Kontinuität als Vermittelndes heißt es bei Nishida: „Stellt man sie sich bloß prozeßhaft vor, so fällt man wieder in die Vorstellung, daß das Einzelne zu seinem eigenen Vermittelnden wird, zurück."[64]

Besonders harsche Kritik äußert Nishida an dem Verständnis des Vermittelnden als Spaltungsprozess eines Einzelnen. So ist für ihn das Vermit-

---

62 Nishida 1990a, 68; NKZ 8, 23: „shikashite sore wa tan ni kateiteki de wa naku ..."

63 Nishida 1990a, 68; NKZ 8, 24: „..., tan ni kateiteki naru mono wa mata hitotsu no mono denakereba naranai."

64 Nishida 1990a, 68; NKZ 8, 23-24: „tan ni kateiteki to kangaeru koto wa, mata kobutsu ga kobutsu jishin no baikai to naru to iu kô ni modoru koto de aru." Nur am Rande sei hier vermerkt, dass Nishida sich mit seiner Kritik am Prozesshaften gegen Hegel richtet. Er kennzeichnet Hegels Dialektik als prozessual und versucht ihr eine wahre Dialektik gegenüber zu stellen. In Anbetracht der systemtheoretischen Ausrichtung der Arbeit kann und soll jedoch hier nicht weiter auf den dialektischen Ansatz von Nishida eingegangen werden. Siehe dazu: Elberfeld 1994, 69.

telnde „nicht bloß eine Aufspreizung unseres Selbst“[65]. Betrachtet man das Vermittelnde als Spaltungsprozess eines einzelnen Bewusstseins, dann bedeutet dies, „... daß wir uns die Welt nach dem Modell unseres individuellen Selbst vorstellen, bzw. daß wir uns die Welt anhand der Form der Selbstbestimmung *eines* Selbst vorstellen und dieses Selbst zur Welt aufspreizen.”[66] Betrachtet man das Vermittelnde als Prozess dieses Aufspreizens, wird das Vermittelnde letztlich zu einem einzelnen, sich selbst bestimmenden Etwas, in dem die Einzigartigkeit unzähliger Einzelner nicht gedacht werden kann. Nishida kritisiert daher die überzogene Vorstellung von einer Prozesshaftigkeit des Vermittelnden. Ein sich selbst bestimmender Aufspreizungsprozess könne daher nicht das Vermittelnde zwischen verschiedenartigen Einzelnen sein.

1.2.3.1.5 Position 5: Das Vermittelnde steht den Einzelnen gegenüber

Aus den Ausführungen Nishidas lässt sich ein weiterer Antwortversuch auf die Frage, was das Vermittelnde ist, herauslesen. Es geht um die These, dass das Vermittelnde den Einzelnen gegenübersteht. Mit der These, dass das Vermittelnde den Einzelnen gegenübersteht, ist gemeint, dass das Vermittelnde hinreichend konkret ist und über eine ausreichende Eigentümlichkeit verfügt, die es erlaubt, die Einzelnen zu vermitteln. Gerade weil das Vermittelnde mit gebührender Eigentümlichkeit den Einzelnen gegenübersteht, kann es die Einzelnen vermitteln, so die These.

Nishidas Kritik an dieser These ist recht knapp. Für ihn ist einsichtig, dass ein Vermittelndes, das den Einzelnen gegenübersteht, selbst wieder nur ein Einzelnes sein kann.

> „Wenn man denkt, dass das Allgemeine irgendeine Eigentümlichkeit hat und den Einzelnen gegenübersteht, so ist dieses Allgemeine wiederum nur *ein* Einzelnes. Was den Einzelnen gegenübersteht, ist ein Einzelnes.”[67]

---

65 Nishida 1990a, 94; NKZ 8, 57: „tan ni wareware no jiko o kakudai shita mono ... de naku shite, ...“

66 Nishida 1990a, 86 (Hervorh. i.O.); NKZ 8, 47: „shikashite sore wa yôsuruni wareware no kojinteki jiko o mokei toshite sekai o kangaeru koto de aru, hitotsu no jiko no jikogentei no keishiki ni yotte sekai o kangaeru koto to de aru, jiko o sekai ni made kakudai suru koto de aru.“

67 Nishida 1990a, 68; NKZ 8, 25: „ippansha to iu mono ga, nanraka no dokujisei o yu shi kobutsu ni tairitsu suru to kangaeru ka. sore wa mata hitotsu no kobutsu de nakereba naranai, kobutsu ni taisuru mono wa kobutsu de aru.“

Für Nishida folgt daraus zweifelsfrei, dass ein Einzelnes, das anderen Einzelnen gegenübersteht, nicht zum Vermittelnden dieser Einzelnen werden kann: „Dabei ist (auch) ausgeschlossen, daß ein Einzelnes zum Vermittelnden der anderen wird.”[68] Die These, dass das Vermittelnde den Einzelnen gegenübersteht, muss daher fallengelassen werden.

1.2.3.1.6 Position 6: Das Vermittelnde ist der Ort

Bevor Nishidas favorisierter Antwortversuch auf die Frage nach dem Vermittelnden zur Sprache kommt, soll festgehalten werden, welche Eigenschaften das Vermittelnde nach dem bisher gesagten aufweisen muss. Im Wesentlichen handelt es sich um zwei Forderungen: Das Vermittelnde muss zwar einerseits konkret sein, andererseits jedoch darf es den Einzelnen nicht gegenüberstehen. Die Gratwanderung wird im Folgenden zu thematisieren sein. Zunächst jedoch sollen die Forderungen zusammengefasst werden, die das Vermittelnde zu erfüllen hat, damit es überhaupt über die zuvor genannten Position 1, 2, 3 und 5 hinauskommt. Die Abgrenzung zur Position 4 folgt anschließend.

Das Vermittelnde muss etwas anderes sein als die Einzelnen selbst (gegen Position 1), und etwas anderes als das gegenseitige Wirken zweier Einzelner (gegen Position 2). Es muss ebenso konkret wie die Einzelnen sein und von einer ebenso deutlichen Eigentümlichkeit geprägt sein (gegen Position 3), dennoch darf die Konkretheit und Eigentümlichkeit nicht dazu führen, dass es den Einzelnen gegenübersteht (gegen Position 5).

Für Nishida ist das Einzige, was diese Forderungen erfüllt, der Ort, in dem sich die Einzelnen befinden. Ist das Vermittelnde ein Ort, dann steht er den Einzelnen nicht gegenüber, da sich die Einzelnen in dem Ort befinden. Auch ist der Ort der Einzelnen im Gegensatz zu einem allgemeinen Begriff konkret und verfügt über genügend Eigentümlichkeit. Der Ort steht den Einzelnen nicht gegenüber, sondern ist etwas, in dem sich die Einzelnen befinden.

Für Nishida ist das Vermittelnde daher immer ein „orthaft Vermittelndes“[69], wie sich unschwer aus vielen Textstellen herauslesen lässt:

> „Ein Einzelnes ist etwas durch orthafte Bestimmung Bestimmtes.“[70]

---

68 Nishida 1990a, 67; NKZ 8, 23: „ichi ga hoka no baikaisha to naru to iu koto mo hitei serare nakereba naranei.“

69 Nishida 1990a, 60; NKZ 8, 15: „bashoteki baikaisha”

„Daher muß das Vermittelnde der wechselseitigen Beziehungen, in denen voneinander unabhängige Dinge aufeinander wirken, orthaft sein.“[71]

„In diesem Sinne ist das wirklich Allgemeine – radikal gedacht – das die Einzelnen untereinander Vermittelnde, d.h. es ist orthaft.“[72]

„Daß ein Einzelnes dadurch, daß es Einzelnen gegenübersteht, ein Einzelnes ist, heißt, ... daß das Einzelne etwas orthaft Bestimmtes ist ...“[73]

Mit dem bisher gesagten sollte deutlich geworden sein, dass sich Nishida mit dem Ort als Vermittelndes deutlich von den Positionen 1, 2, 3 und 5 abgrenzt. Übrig bleibt die Position 4, in der das Vermittelnde als Prozess verstanden wird. Im Folgenden wird daher noch zu klären sein, wie Nishida sich das Verhältnis von Ort und Prozess genauer vorstellt.

Bei Nishida lassen sich durchaus Stellen finden, in denen er das Vermittelnde sowohl topisch als auch prozessual bestimmt. Dennoch finden sich auch dort schon deutliche Anzeichen dafür, dass er die topische Bestimmung des Vermittelnden gegenüber der prozessualen vorzieht, und er sich gegen eine Überbetonung des Prozesscharakters wehrt. Deutlicher wird seine Position dort, wo er die topische Bestimmung gegen die prozessuale ausspielt:

„Das Medium M zwischen den Einzelnen muß die Bedeutung der topischen Bestimmung haben. Dies ist der Grund, ... warum [ich ihr] keine prozessuale Bestimmung, sondern die topische Bestimmung zugrunde lege.“[74]

---

70 Nishida 1990a, 93; NKZ 8, 56: „kobutsu wa bashoteki gentei ni yotte gentei serareru mono denakereba naranai”

71 Nishida 1990a, 60; NKZ 8, 15: „tagai ni dokuritsu suru mono to mono to ga aihataraku sôgo kankei no baikaisha ga bashoteki to kangaerareneba naranai yuen de aru.”

72 Nishida 1990a, 68; NKZ 8, 24: „kakaru imi ni oite, tetteiteki ni makoto no ippansha to iu mono ga kangaerareru naraba, ippansha wa kobutsu to kobutsu to no baikaisha to iu igi o yûtanakereba naranai.” Das wirkliche Allgemeine ist für Nishida das konkrete Allgemeine, welches er dem abstrakten Allgemeinen gegenüberstellt.

73 Nishida 1990a, 116; NKZ 8, 86: „kobutsu ga kobutsu ni taisuru koto ni yotte kobutsu de aru to iu koto wa, …, kobutsu wa bashoteki ni gentei serareru mono … to iu koto de aru.”

74 Nishida 1990b, 135; NKZ 7, 314: „kobutsu to kobutsu to no baikaisha M wa bashoteki gentei no igi o motte winakerebanaranai. watashi ga …kateiteki gentei o moto to senaide bashoteki gentei o moto to suru to iu yuen de aru.”

Es spricht einiges dafür, dass die dezente bis deutliche Zurückweisung der prozessualen Bestimmung des Vermittelnden bei Nishida folgenden Grund hat: Nishida richtet sich gegen die Vorstellung des Prozesshaften als etwas lineares. Für Nishida geht z.B. auch Hegels Begriff des Prozessualen von der Vorstellung einer linearen Entwicklung aus, die er scharf kritisiert: „das Lineare, das Prozessuale muß negiert werden.“[75] Gegen dieses lineare Verständnis des Prozessualen richtet sich daher Nishidas Kritik, und nicht gegen den Prozessgedanken als solchen. Eine Alternative zum linearen Prozessdenken sieht er in einem zirkulären Prozessverständnis. Nishidas Unterscheidung zwischen linear und zirkulär kommentiert Weinmayr wie folgt: „Linear (*chokusen teki)* und zirkulär (*enkan teki*) bilden ein ähnliches Wortpaar wie einzeln und allgemein. Linear meint, zeitlich, in die Zukunft gerichtet, entwerfend, sich als Einzelnes bestimmend, während zirkulär räumlich, von der Vergangenheit her bestimmt, geworfen, vom Allgemeinen bestimmt, bedeutet.”[76]

So kann festgehalten werden: Eine zirkuläre Prozesshaftigkeit ist für Nishida prinzipiell vereinbar mit dem orthaften, topischen Charakter des Vermittelnden.

Doch trotz aller Differenzierung des Prozessbegriffs ist zu betonen, dass Nishida in dem Orthaften die dominierende Eigenschaft des Vermittelnden sieht. Das Vermittelnde ist daher primär ein Ort; will man ihn nur als Prozess verstehen, dann läuft man immer schon Gefahr, den wesentlichen Charakter des Vermittelnden zu verfehlen.

1.2.3.1.7 Resümee: Ausdifferenzierung in zwei Lager

Nachdem sechs typische Antwortversuche, inklusive dem von Nishida favorisierten, auf die Frage nach dem Vermittelnden vorgestellt wurden, soll an dieser Stelle darauf eingegangen werden, inwiefern diese sechs verschiedenen Typen ineinander verzahnt und aufeinander bezogen sind. Zur Übersicht dient die im Anschluss folgende Abbildung.

Beginnen wir mit Position 5. Die These, dass das Vermittelnde Einzelnen gegenübersteht, mündet letztlich in der Vorstellung von lauter Einzelnen, denn: „Was Einzelnen gegenübersteht, ist ein Einzelnes.“[77] Damit fällt

---

75 Nishida 1990b, 135; NKZ 7, 314: „chokusenteki naru mono, kateiteki naru mono wa hitei serarenakereba naranai”; Vgl zur Diskussion: Mafli 1996, 234.

76 Weinmayr 1990, 59 (Anmerkung 7).

77 Nishida 1990a, 68; NKZ 8, 25: „kobutsu ni taisuru mono wa kobutsu de aru”

These 5 auf These 1 zurück, denn neben den Einzelnen kann nicht mehr von einem Vermittelnden gesprochen werden.

In Position 4 wird das Vermittelnde als Prozess und insbesondere als Spaltungsprozess erfasst. Es wird versucht, die Spaltung zwischen zwei Dingen als Prozess zu verstehen. Ähnlich in Position 2, bei der die Spaltung zwischen zwei Dingen durch ein Vermittelndes überbrückt wird, welches im Gegensatz zu Position 4 jedoch nicht prozessual sondern statisch ist. Ein statisch Vermittelndes verfügt über zwei Enden, an denen die Einzelnen „aufgehängt" sind.

In Position 3 wird das Vermittelnde als abstrakter Begriff verstanden, der in den Einzelnen enthalten ist. Da ein abstrakter Begriff den konkreten Einzelnen gegenübersteht, wird er selbst zu einem Einzelnen und kann gemäß Position 1 behandelt werden.

Zusammenfassend gesagt kann man daher die Positionen 3 und 5 auf Position 1, und die Position 4 auf Position 2 zurückführen. Plakativ gesprochen, wird in Position 1 das Einzelne als Vermittelndes verstanden und in Position 2 das Vermittelnde als Einzelnes. Die Positionen 1 und 2 ergänzen sich einander. Sucht man Antwort auf die Frage nach dem Vermittelnden, so wird jedoch auch Position 2 auf Position 1 zurückgeführt, denn die Antwort lautet gemeinsam: Das Vermittelnde ist ein Einzelnes.

Betrachtet man die sechs Positionen im Überblick, zeichnet sich nach den hier vorgenommenen Rückführungen folgendes Bild: Entweder wird das Vermittelnde als Einzelnes verstanden oder als Ort. Versucht man Antwort auf die von Nishida gestellte Frage nach dem Vermittelnden zu geben, wird man letztlich immer zu einer dieser beiden Positionen geführt. Diese zwei Positionen bilden gewissermaßen die beiden Pole im Spannungsfeld aller möglichen Antworten (Abb. 1.2.3.1.7.a).

Die Positionen in der Übersicht

(Abbildung 1.2.3.1.7a)

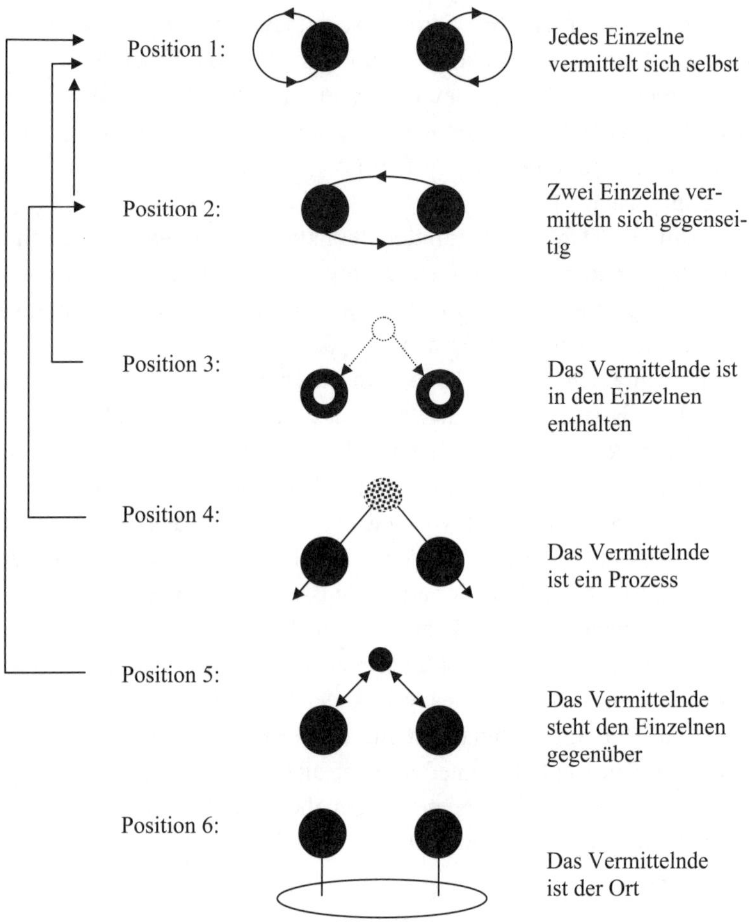

Um den Unterschied zwischen den beiden Polen zu verdeutlichen und zugleich auch die in Position 3 von Nishida geäußerte Kritik an der aristotelischen Logik zu erläutern, soll im Folgenden auf Nishidas Ausführungen zur Logik eingegangen werden.

Nishida versteht die Aristotelische Logik als eine Subjektlogik bzw. subjektorientierte Logik (*shugoteki ronri*), da sie von einem Subjekt ausgeht, das niemals Prädikat werden kann. In den Augen Nishidas sucht Aristoteles den Grund des Urteils nur in der Richtung des Subjekts.[78] Die subjektorientierte Logik kann des Weiteren auch als Gegenstandslogik (*taishoteki ronri*) bezeichnet werden, da in ihr die Aristotelische Bestimmung des Einzelnen – das hypokeimenon – als Erkenntnisgegenstand betrachtet wird.[79]

Dem gegenüber stellt Nishida eine Ortlogik bzw. orthafte Logik (*bashoteki ronri*), in der von einem Prädikat als Ort ausgegangen wird, das in seiner letzten Instanz niemals Subjekt werden kann. Das, was zu bestimmen ist, ist nicht das Subjekt, sondern das logische Prädikat in Form eines Ortes. Der Ort ist im Gegensatz zur subjektorientierten Logik kein abstraktes, sondern ein konkretes Prädikat. Die Ortlogik folgt im Urteil nicht der subjektorientierten Form „S ist P“, sondern geht aus von der Form „S ist in P“.

Mit der ortlogischen Schlussform „S ist in P“ versucht Nishida die Trennung von Substanz und Akzidenz (i.e. die Trennung zwischen Materie und Form) zu umgehen, welche sich in der subjektlogischen Schlussform „S ist P“ immer deshalb manifestiert, weil auch noch so viele zugewiesene Prädikate das Subjekt als konkretes Einzelnes nie in seiner gesamten Einzigartigkeit fassen können. Damit ist das Prädikat der Schlussform „S ist P“ etwas abstraktes und im Subjekt eingeschlossenes zugleich: es ist abstrakt, da es verschiedenen Subjekten auf gleiche Weise zugeordnet werden kann, und es ist im Subjekt eingeschlossen, da es als lediglich ein Attribut des Subjektes fungiert. Genau wegen dieser eingeschlossenen und abstrakten Eigenschaft des Prädikats sieht Nishida darin keine Möglichkeit zur Vermittlung der unabhängigen Einzelnen und lehnt diese Form der Schlussform als Inhärenzurteil ab.

Vermittlung unabhängiger Einzelner kann für Nishida nur stattfinden, wenn den Einzelnen der Raum gegeben wird, in dem sie ihre Einzigartigkeit erhalten. So plädiert Nishida für die Schlussform „S ist in P“ und fasst das Prädikat damit als etwas orthaftes auf, in dem sich das Subjekt befinden kann, ohne seine Einzigartigkeit zu verlieren. Dieses „in“ ist keine Inklusion in eine Menge, sondern eine Inklusion in ein Feld, in dem die verschiedenartigen Einzelnen Raum für ihre Einzigartigkeit erhalten. Es ist keine Inklusion in ein abstraktes Prädikat, sondern eine Inklusion in ein konkretes, orthaft verstandenes Prädikat. Es ist kein Inhärenzurteil, in dem das

---

78 Vgl.: Mafli 1996, 138.
79 Vgl.: Mafli 1996, 198.

Prädikat als im Subjekt befindlich gedacht wird, sondern ein Subsumtionsurteil, in dem das Subjekt als im Prädikat befindlich gedacht wird. Das prädikative Feld subsumiert die konkreten Einzelnen nicht wie ein abstrakter Begriff, der den Subjekten inhärent ist, sondern wie ein Raum, in dem die prädikative Bestimmung das konkrete Einzelne umfließt und ausfüllt zugleich. Das prädikative Feld ist als konkretes Prädikat im Gegensatz zum Begrifflichen als abstraktes Prädikat in der Lage, das Subjekt nicht zu entwurzeln, sondern ihm gerade Raum für das Wurzeln zu geben.

So ist das Urteil „Diese Rose ist rot" ortlogisch verstanden, keine Zuweisung des Prädikates „Rot" zu dem Subjekt „diese Rose", sondern eine Bestimmung des Prädikatfeldes „rot sein" durch die Inklusion der „Rose" in eben dieses. In dem Prädikatfeld „rot sein" kann die Rose in ihren vielen Eigenarten bestehen, da das Prädikatfeld „rot sein" der Rose dafür den nötigen Raum gibt.

Nishidas Kritik sieht in den beiden Formen des Schließens „S ist P" und „S ist in P" und den ihr jeweils zugrunde liegenden Prädikatverständnissen einen grundlegenden Unterschied in der die Welt erfassenden Logik. Nur vor diesem grundlegenden Unterschied zwischen „Subjektlogik" und „Ortlogik" kann die Tragweite der oben aufgezeigten Dichotomie innerhalb der sechs Thesen zum Vermittelnden der Einzelnen verstanden werden.

1.2.3.2 Der Ort als das Ausdruckshafte

Bisher wurde dargestellt, dass der Ort im Denken Nishidas das Vermittelnde der Einzelnen ist. Für Nishida ist der Ort die einzige „Instanz", die in der Lage ist, aufeinander wirkende Einzelne zu vermitteln. Im Folgenden soll aufgezeigt werden, wie Nishida diese orthafte Vermittlung mit dem Begriff des „Ausdruckshaften" umschreibt.

1.2.3.2.1 Die orthafte Vermittlung als ausdruckshafte Vermittlung

Für Nishida ist die orthafte Bestimmung des Einzelnen nur denkbar in einer Welt, in der sich die Einzelnen gegenseitig ausdruckshaft (*hyôgenteki*) bestimmen. Die Welt der orthaften Bestimmung wird von Nishida als ausdruckshafte Welt bezeichnet: „Diese Welt der orthaften Bestimmung ist eine diskontinuierlich-kontinuierliche Welt. Was sich in ihr befindet, bestimmt sich gegenseitig ausdruckshaft. Man kann diese Welt ausdruckshafte Welt nennen.“[80]

Die Ausdrücke „Ort“, „Vermittelndes“, „Medium“ und „Ausdruck“ werden von Nishida weitgehend synonym gebraucht. Mafli spricht im Falle von Ausdruck und Medium explizit von einer Gleichsetzung: „Dieses Medium setzt Nishida auch mit dem Begriff ‚Ausdruck‘ (jap. *hyôgen*) gleich, der die Essenz der Existenz ausmacht.”[81] Nishida selbst gibt deutlich zu erkennen, dass er das Vermittelnde als Ausdruck identifiziert und umgekehrt: „Was ich unter Ausdruck verstehe, hat ... die Bedeutung eines Vermittelnden. Was voneinander absolut unabhängige Dinge vermittelt, ist der Ausdruck.”[82]

Welche Rolle spielt nun das Einzelne in einer ausdruckshaften Welt? Nishida bestimmt das Einzelne als ausdruckshaft (*hyôgenteki*) und sich selbst gestaltend. Selbstausdruck und Selbstgestaltung sind zwei wesentliche Eigenschaften der Einzelnen. Nishida kritisiert damit das Leibnizsche Verständnis der Monade, wenn er schreibt: „[D]as wahre Individuum [ist] nicht intellektuell wie die Monade, sondern wesentlich etwas, das sich selbst gestaltet, wesentlich etwas, das ausdrucksfähig ist.”[83] Für das Individuum in einer ausdruckshaften Welt heißt dies: „[I]n einer solchen Welt muß das Individuum wesensmäßig etwas sein, das sich durch Ausdrucksfunktion selbst gestaltet.”[84] Mit diesem aktiven Verständnis des Einzelnen verlagert Nishida den Schwerpunkt des Individuums von einem intellektuellen Bewusstsein zu einem handelnden Selbstbewusstsein.[85]

---

80 Nishida 1990a, 75; NKZ 8, 33: „kakaru bashoteki gentei no sekai to iu mono wa, hirenzoku no renzoku no sekai to shite, kore ni oite aru mono wa hyôgenteki ni aigentei suru to kangaeru koto ga dekiru. sore wa hyôgen no sekai to iu koto ga dekiru.”

81 Mafli 1996, 294-295.

82 Nishida 1990a, 73 (Anmerkung 11); NKZ 7, 346: „wareware no hyôgen to kangaeru mono wa kakaru baai no baikaisha no igi o motta mono de aru. zettai ni dokuritsu suru mono o baikai suru mono ga hyôgen to kangaerareru no de aru.”; Vgl.: Nishida 1990b, 164.

83 Nishida 1943, 148; NKZ 9, 155: „shikaredomo makoto no kobutsu wa monado no shiku chiteki de wa naku, jikojishin o keisei suru mono denakereba naranai, hyôgensayôteki de nakereba naranai.” Vgl.: Mafli 1996, 294.

84 Nishida 1943, 148; NKZ 9, 155: „... [sô] iu sekai ni oite no kobutsu wa, hyôgen sayôteki ni jikojishin o keisei suru mono denakereba naranai.” Vgl.: Mafli 1996, 294.

85 Vgl.: Mafli 1996, 292.

Ausdruckshafte Selbstgestaltung der Einzelnen bedeutet auch, dass die Einzelnen durch das Wirken Dinge schaffen: „Daß wir wirken, heißt deshalb zugleich, ... daß wir Dinge schaffen. Dinge sind immer ausdruckshaft. Daher ist unser Handeln immer ein Ausdrucksakt. Poeisis hat einen ausdruckshaften Charakter."[86] Das Wirken der Einzelnen unterscheidet sich daher auch wesentlich von einem rein mechanischen Wirken. Ausdruckshaftes Wirken ist eine eigenständige Form des Wirkens, ein „Wirken durch Ausdruck"[87].

1.2.3.2.2 Der Doppelcharakter des Ausdrucks

Dass die Einzelnen durch den Ausdruck wirken, bedeutet nicht nur, dass die Einzelnen sich ausdruckshaft bestimmen, sondern auch, dass die Einzelnen ausdruckshaft bestimmt werden. Den Doppelcharakter des Ausdruckshaften bringt Weinmayr auf den Punkt: „‚Ausdruckshaft' kann daher ... in zwei Richtungen gleichzeitig gelesen werden: ausdruckshaft von einem Anderen bestimmt und gestaltet und zugleich ausdruckshaft Anderes bestimmend und gestaltend."[88]

Der Doppelcharakter des Ausdruckshaften verweist darauf, dass es etwas gibt, das die Einzelnen ausdruckshaft bestimmt. Nishida bezeichnet dieses Etwas zunächst als Welt: „Die Monade spiegelt die Welt und ist zugleich ein Gesichtspunkt der Perspektive der Welt; sie ist ebenso Darstellung wie Ausdruck (...)"[89] Die Wechselbeziehung zwischen Einzelnen und Welt wird von Mafli wie folgt wiedergegeben:

> „Das wirklich Einzelne ist als das ganze Eine ein selbstbewußtes, selbstexpressives Einzelnes, das die Welt in sich spiegelt und daher sich selbst ausdruckshaft gestaltet. Als sich selbst Gestaltendes wird das Einzelne zum Gestalter von Welt, indem es ausdruckshafte Dinge erzeugt. Zugleich ist es einer der unzähligen Selbstausdrücke der Welt als Ganzes."[90]

---

86 Nishida 1990a, 89; NKZ 8, 50: „yue ni wareware ga hataraku to iu koto wa, ..., sunawachi wareware ga mono o tsukuru to iu koto de aru. mono to iu no wa, itsudemo hyôgenteki de nakereba naranai."

87 Schinzinger 1983, 71.

88 Weinmayr 1990, 74 (Anmerkung 11).

89 Nishida 1943, S. 155; NKZ 9, 155: „monado wa sekai o utsusu to tomo ni, sekai no peruspekutiifu no ikkanten na no de aru, hyôshutsu soku hyôgen de aru (…)."; Vgl.: Mafli 1996, 291.

90 Mafli 1996, 394.

„Das Einzelne gestaltet sich also selbst ausdruckshaft (indem es die Welt in sich selbst spiegelt), so daß es – als eine bestimmte Selbstdarstellung von und in der Welt – zum Vermittelnden zwischen den Einzelnen wird."[91]

Neben der Wechselbeziehung zwischen Einzelnen und Welt thematisiert Nishida auch die ausdruckshafte Wechselbeziehung zwischen den Dingen und „uns". In diesem Zusammenhang wird besonders deutlich, dass Nishida mit „ausdruckshaft" immer auch die Bedeutung des Bestimmt-Werdens meint: „Aber nicht nur wir wirken auf die Dinge, auch die Dinge wirken ausdruckshaft auf uns."[92]

Ôhashi verdeutlicht, wie der Doppelcharakter des Ausdruckhaften in eine Kreisbewegung mündet: „Ein gestaltetes Ding ist ausdruckshaft. Wird das Gestaltete angeschaut, so verführt es durch seine Ausdruckshaftigkeit den Anschauenden zum Handeln. Der handelnd Anschauende wird so zu einem gestalteten Gestalter, der selbst wiederum ausdruckshaft Anderes bestimmt und gestaltet."[93]

1.2.3.2.3 Die ausdruckshafte Vermittlung als Selbstbestimmung des Ortes

Indem das Einzelne ausdruckshaft wirkt, wirkt die ausdruckshafte Welt als Ganzes. Das ausdruckshafte Wirken der Einzelnen ist zugleich das Wirken der ausdruckshaften Welt. Die ausdruckshafte Welt ist für Nishida eine Welt, „... die sich selbst unendlich zum Ausdruck bringt."[94] Im ausdruckshaften Wechselwirken der Einzelnen aufeinander bestimmt sich die ausdruckshafte Welt selbst.

Die Selbstbestimmung der ausdruckshaften Welt wird von Nishida mit der Rede vom Ort unterlegt. Wie nah sich die Selbstbestimmung des Ortes und die Wechselbestimmung der Einzelnen sind, zeigt Nishida recht deutlich: „Daß voneinander unabhängige Dinge gegenseitig aufeinander wir-

---

91 Mafli 1996, 295.

92 Nishida 1990a, 74; NKZ 8, 31: „shikashite sore wa tan ni wareware ga mono ni taishite hataraku to iu koto de wa naku, mono ga hyôgenteki to shite mata wareware ni taishite hataraku to iu koto de aru."

93 Weinmayr 1990, 74 (Anmerkung 11).

94 Nishida 1990b, 123; NKZ 7, 209: „mugen ni jikojishin o hyôgen suru sekai"; Vgl.: Mafli 1996, 222.

ken, heißt, daß der Ort sich selbst bestimmt. Daß der Ort sich selbst bestimmt, bedeutet, daß die Dinge gegenseitig aufeinander wirken."[95]

Mafli benennt diese Nähe zwischen der Selbstbestimmung des Ortes und der Wechselbestimmung vorsichtig als Korrelation: „Mit anderen Worten, es besteht eine Korrelation zwischen der Wechselbestimmung bzw. -wirkung aller Seienden und der Selbstbestimmung des orthaften Vermittelnden, der Welt der Wirklichkeit."[96] Deutlicher wird bei Abe das Zusammenfallen der beiden Bestimmungen thematisiert: „Place reflects all individuals and their mutually-determining way-of-being within itself and realizes them as its own self-determination."[97]

Für Nishida hat die Selbstbestimmung des Ortes ihren Ursprung in der Erfahrung. Trotz aller begrifflicher Arbeit bleibt für ihn zweifelsfrei, dass der Ort nicht nur im Denken konstruiert, sondern auch konkret erfahren werden kann.[98] Dies gilt insbesondere für den letzten Ort, von dem wir nur dank der verschiedenen partikularen Manifestationen (wie Schönheit der Natur) und Ausdrücke (wie z.B. der Sprache in Dichtung oder Philosophie und der Kunst) wissen können.[99]

Die Erfahrung dieses letzten Ortes ist eine Erfahrung noch vor jeder Unterscheidung. Unterscheidungen und Distinktionen gehen aus diesem letzten Ort erst hervor. Damit alle seinshaft verschiedenen Einzelnen in diesem Ort ihren Platz finden können, versteht Nishida diesen letzten Ort als Ort des absoluten Nichts. Gerade dadurch, dass er als absolutes Nichts konzipiert wird, müssen die verschiedenen Einzelnen ihre seinshafte Unterscheidung nicht aufgeben, um in diesem Ort aufgenommen zu werden. Der Ort des absoluten Nichts ist daher keine mystisch erlebte, undifferenzierte Einheit, sondern eine Einheit, in der die Vielheit der Einzelnen erhalten bleibt. Der Ort des absoluten Nichts ist das Eine der Einzelnen, das selbst nicht als Einzelnes gedacht werden kann. In der Selbstbestimmung diesen letzten Ortes fallen die Selbst- und Wechselbestimmung der Einzelnen sowie die Selbstbestimmung der ausdruckshaften Welt zusammen: „In short, the self-determination of Absolute Nothingness, the self-determination of individu-

95 Nishida 1990a, 61; NKZ 8, „tagai ni dokuritsu suru mono to mono to ga aihataraku to iu koto ga basho ga basho jishin o gentei suru koto de ari, basho ga basho jishin o gentei suru to iu koto wa mono to mono to ga aihataraku koto de aru."

96 Mafli 1996, 269.

97 Abe 1988, 371.

98 Vgl.: Mafli 1996, 179.

99 Vgl.: Mafli 1996, 182.

als, the mutual determination between individuals, and the self-determination of the world are all the same thing."[100]

Damit sollten Formen deutlich geworden sein, wie das Ausdruckshafte in Erscheinung tritt: einmal als Wechselbestimmung der Einzelnen, und ein weiteres Mal als Selbstbestimmung des Ortes. Beide Formen müssen zusammen gedacht werden, damit der Ort als das Vermittelnde der Einzelnen im Sinne Nishidas verstanden wird.

1.2.4 Nishidas Philosophie und die Lehre vom Ort (*bashoron*)

Mit diesem kurzen Einblick in Nishidas Philosophie des Ortes sollte deutlich geworden sein, dass Nishida mit dem Ort bzw. Feld (*basho, ba*) Begriffe zum Zentrum seiner Philosophie macht, die in der westlichen Tradition nahezu keine Rolle spielen.[101] Nishida versucht sich damit bewusst von der westlichen Philosophietradition abzusetzen und eine Philosophie zu entwickeln, die für ihn eine stärkere Verbindung mit der eigenen kulturellen und religiösen Identität verspricht.

Nishidas Philosophie steht in diesem Vorhaben nicht alleine da. Gerade im Anschluss an und in Auseinandersetzung mit Nishidas Philosophie hat sich eine philosophische Diskussion entwickelt, an der sich zahlreiche Autoren beteiligt haben, wie z.B. Tanabe Hajime, Kôyama Iwao, Kôsaka Masaaki, Nishitani Keiji, Watsuji Testurô, Miki Kiyoshi. Diese Diskussion in Anschluss an und Auseinandersetzung mit Nishida wird zusammenfassend als die Kyôto-Schule der Philosophie bezeichnet und hat gerade in den letzten Jahren eine spürbare Wiederbelebung erfahren.

Die Wiederbelebung zeigt sich sowohl an den genuin philosophischen Beiträgen wie z.B. von Nakamura Yujirô, Ôhashi Ryôsuke, als auch in den einzelwissenschaftlichen Bestimmungen des Orthaften, wie in der Managementlehre (Nonaka Ikujirô) oder der Kognitionswissenschaft (Shimizu Hiroshi).

Um von einer japanischen Lehre vom Ort sprechen zu können und damit topisches Denken als das wesentliche Charakteristikum japanischer Philosophie zu präsentieren, reichen die bisher behandelten Quellen von Nishida

---

100 Abe 1988, 370.

101 Über die vernachlässigbare geringe Beachtung des „Ortes" in der westlichen Philosophiegeschichte und den daraus entstanden Mangel gibt Casey (1997) eine detaillierte Übersicht, auch ohne scheinbar davon zu wissen, dass die japanische Philosophie eine bemerkenswerte Ausnahme darstellt.

sicherlich nicht aus. Diese sollte auch nur einen, wenn auch disponierten Auszug darstellen, wie man die Lehre vom Ort philosophisch entwickeln kann. Für weitere Quellen zur japanischen Lehre vom Ort, insbesondere auch von anderen Autoren, sei auf die Darstellung von Pörtner und Heise („Die Philosophie Japans")[102] verwiesen, in der weit bis in die Vormoderne zurückgegangen wird, um die Ursprünge topischen Denkens zu entfalten. Die Kontinuität, die sie in der topischen Ausrichtung finden, kann die These erhärten, dass Nishida mit seiner Lehre vom Ort weit mehr zum Ausdruck bringt als nur seine Philosophie. Mit gutem Grund kann daher von einer japanischen Lehre vom Ort (*bashoron*) gesprochen werden, und nicht nur von Nishidas Philosophie des Ortes. In welcher Weise diese Lehre vom Ort weiterentwickelt und in die Systemtheorie integriert werden kann, ist im Folgenden zu zeigen.

---

102 Pörtner/Heise 1995.

1.3 Die Einführung der japanischen Lehre vom Ort in die Systemtheorie am Beispiel von Shimizu Hiroshi

Nachdem bislang die Systemtheorie und Nishidas Philosophie des Ortes separat vorgestellt wurden, soll in diesem Kapitel die Vermittlung beider Ansätze thematisiert werden, um zu zeigen, dass eine Vermittlung beider Ansätze nicht nur möglich, sondern sogar sinnvoll erscheint.

Shimizu Hiroshi
清水博 (Abb. 1.3.a)

Sucht man in Japan nach Beiträgen, in denen sowohl die Rede vom Ort als auch vom System ist, stößt man unweigerlich auf die Arbeiten des Kognitionswissenschaftlers Shimizu Hiroshi[1]. Neben Shimizu ist es lediglich Nakamura Yûjirô[2], der ausgehend von der

1 Shimizu Hiroshi wurde 1932 in der Präfektur Aichi (Seto-Stadt) geboren. 1952 begann er sein Studium an der pharmazeutischen Abteilung der medizinischen Fakultät der Universität Toyko. Mehr als das Fachstudium der Pharmazie begann ihn die Verbindung von Biologie, Physik und Medizin zu interessieren, deren Kenntnisse er sich im Selbststudium aneignete. Nachdem er 1961 den Doktorgrad in Pharmazie erwarb, folgten Tätigkeiten als Assistent an der naturwissenschaftlichen Fakultät der Universität Tokyo und als Assistenz-Professor an der Universität Chiba. Die Jahre 1964-66 verbrachte er an den US-amerikanischen Universitäten Havard und Stanford, wo er über statistische Mechanik irreversibler Prozesse und molekulare Spektroskopie forschte. Nach der Rückkehr übernahm er 1967 an der Universität Kyûshû den neu errichteten Lehrstuhl „Makromoleküle der Lebewesen" (*seitaikôbunshi*) und bemühte sich um den Brückenschlag zwischen Biologie und Physik. Als ihm während der Studentenunruhen grundsätzliche Zweifel am Fortgang der wissenschaftlichen Forschung überkamen, setzte er sich mit buddhistischem Gedankengut auseinander und entschied, sich von nun ab entschiedener der Frage zuzuwenden, „was das Leben eigentlich ist". 1976 wurde er als Professor an die pharmazeutische Fakultät der Universität Tokyo berufen. In den achtziger Jahren war er wesentlich am Projekt „Bioholonik" beteiligt, bei dem es unter anderem um die Erforschung informationaler Wechselwirkung in lebenden Systemen ging. Nach seiner Emeritierung von der staatlichen Universität Tokyo im Jahre 1993 wurde er Professor an der privaten Universität Kanazawa und Leiter des von ihm gegründeten Instituts zur Erforschung des Ortes und Feldes (*ba no kenkyûjô*). – Die Titel seiner Hauptwerke: „Das Leben neu begreifen (*seimei o toraenaosu*)" (1978), „Leben und Ort (*seimei to basho*)" (1992d), „Die Logik des Feldes als Wissen des Lebens (*seimeichi toshite no ba no ronri*)" (1996a).

2 Nakamura Yûjirô, geb. 1925, studierte Philosophie an der Universität Tokyo. Ab 1956 lehrte er an der rechtswissenschaftlichen Fakultät der Meiji-Universität, seit

topischen Philosophie erste Versuche unternimmt, die Rede von dem Ort mit der Rede von dem System zu verknüpfen. Außer diesen beiden sind mir bisher keine Autoren bekannt, die sich dieser Themen auch nur im Ansatz annehmen. Da die Thematisierung von Ort und System bei Nakamura noch sehr schwach ausgeprägt ist, soll im Folgenden auf dem Ansatz von Shimizu Hiroshi fokussiert werden. Auf den Ansatz Nakamuras wird im Kapitel 2.3 noch explizit eingegangen.

Um zu dokumentieren, wie Shimizu die Verknüpfung von Systemtheorie und topischer Philosophie, insbesondere der von Nishida Kitarô vornimmt, ist die folgende Darstellung in drei Teile gegliedert: Zunächst wird gezeigt, welche Kritik Shimizu sowohl an der Systemtheorie als auch an Nishidas Philosophie des Ortes äußert, um dann im Anschluss auf seinen Vorschlag zur Verknüpfung beider einzugehen.

1.3.1 Shimizus systemtheoretischer Werdegang bis zur Thematisierung des Ortes

Im Folgenden soll dargestellt werden, in welcher Form Shimizu auf die systemtheoretische Diskussion Bezug nimmt und welche Kritik er ihr gegenüber äußert. Shimizus intensive Auseinandersetzung mit der systemtheoretischen Diskussion, insbesondere den Selbstorganisationstheorien, fand vor allem in den 80er Jahren statt. Später wendete er sich von dieser Diskussion ab und bevorzugte die Rede vom Ort. Die folgende Darstellung von Shimizus Werdegang bis zur ausdrücklichen Rede vom Ort kann damit als eine Einführung in den „frühen Shimizu“ betrachtet werden.

1.3.1.1 Shimizus Kritik an den Selbstorganisationstheorien

1.3.1.1.1 Shimizus Rezeption der Selbstorgansationstheorien

Um Shimizus Kritik an den bestehenden systemtheoretischen Ansätzen darzustellen, soll zunächst dargelegt werden, in welcher Weise sich Shimizu überhaupt auf die in Europa stattfindende systemtheoretische Diskussion bezieht.

Die ersten Arbeiten, in denen sich Shimizu ausdrücklich auf die Selbstorganisationstheorie bezieht, sind Mitte der 80er Jahre erschienen. Er ge-

---

1964 als ordentlicher Professor. Die Titel seiner Hauptwerke: „Vom gemeinschaftlichen Sinn" (*kyôtsû kankakuron*) (1979), „Nishida Kitarô" (1983), „Der Ort (*basho*)" (1988), „Prädikative Welt und Institution (*jutsugoteki sekai to seido)*" (1998).

braucht dort vor allem die Unterscheidung zwischen einer mikro- und einer makroskopischen Systemebene, mit deren Hilfe er die Entstehung von Ordnung in lebenden Systemen thematisiert. Ein durchgängiges Bild dieser Arbeiten ist die Wechselwirkung zwischen den Teilen und dem Ganzen, die er in Form eines „Feedback-Loops" beschreibt. Da durch diese Rückkopplungschleife zwischen den Elementen und der Gesamtheit eines Systems eine Ordnung hergestellt wird, spricht er auch von einem „Ordnungsbildungs-Loop"[3]. Damit es zu dieser Ordnungsbildung kommt, muss das lebende System von außen Materie und Energie aufnehmen und im Inneren Fluktuationen zulassen, durch welche die Dynamik zu Ordnungsbildung erst angeregt wird.

Shimizu bezieht sich mit derartigen Ausführungen explizit auf die systemtheoretische Diskussion in Europa, die vor allem durch den belgischen Chemiker Ilya Prigogine und den deutschen Physiker Hermann Haken bestimmt wird.

1.3.1.1.2 Kritik an Hermann Hakens ‚Versklavungsprinzip'

Shimizu äußert sich schon in seinen frühen Arbeiten deutlich kritisch gegenüber den bisherigen Vorstellungen der Selbstorganisationstheorie. Er kritisiert vor allem, dass in lebenden Systemen die einzelnen Zellen von dem Organismus als Gesamtheit nicht in dem Maße dominiert werden, wie dies Modelle der Selbstorganisationstheorien nahe legen. Seine Kritik richtet sich insbesondere gegen das Versklavungsprinzip von Haken, welcher davon spricht, dass die Gesamtheit als makroskopische Systemebene die Einzelnen versklavt.[4] Selbst Prigogine, der die ordnungsgestaltende Kraft von mikroskopischen Fluktuationen betont, geht für Shimizu nicht weit genug. Shimizu erkennt in den Ansätzen von Haken und Prigogine eine deutliche Überbetonung der makroskopischen Systemsicht und bezeichnet diese als „holistisch". „Holistisch" sind nach Shimizus Auffassung alle diejenigen Ansätze, bei denen der Versuch unternommen wird, das Elementenverhalten einseitig aus dem Verhalten der Systemgesamtheit abzuleiten. Shimizu kritisiert diese holistischen Selbstorganisationsansätze als

3 Andere Bezeichnungen für diesen Feedback-Prozess sind: „Beziehungsintegrationsschleife", „holonischer Loop".

4 Shimizu 1984a, 53-54; 1989a, 280; 1991b, 94. Shimizu gibt zu erkennen, dass er Hakens Versklavungsprinzip als typisch deutsch empfindet. Wörtlich heißt es: „Ich fühle hier so etwas wie eine deutsche Idee ..." (Shimizu 1984a, 54)

nicht adäquat für die Beschreibung von inhomogenen Systemen, wie es lebende, kognitive und soziale Systeme für ihn sind. Er gesteht aber durchaus ein, dass die Rede von einem Versklavungsprinzip sinnvoll ist bei technischen Systemen wie dem Laser, an dessen Beispiel das Versklavungsprinzip ursprünglich entwickelt wurde. Selbstorganisationstheorien dieser Art bezeichnet er später als Theorie der „substanzhaften Selbstorganisationssysteme“[5] (*jittaironteki na jiko soshiki shisutemu*).

1.3.1.1.3 Individuelle und autonome Systemelemente

Nimmt Shimizu die holistischen Selbstorganisationstheorien von Haken und Prigogine kritisch in den Blick, dann tut er dies nicht selten mit dem Hinweis, dass Systemelemente über wesentlich mehr Individualität verfügen, als mithilfe dieser Theorien gedacht werden kann. Die Elemente lebender Systeme, die von ihm, wie später noch zu erläutern sein wird, als Holone bezeichnet werden, verfügen über eine besondere Form von Individualität, die nicht zu Lasten ihrer Kooperativität geht.

> „'Holone' haben eine Individualität, eine Autonomie, und egal ob sie letztlich kooperieren, sie verfügen über eine selbständige Selektivität (Freiheit), und man kann sie als freie ‚Einzelne' betrachten.“[6]

> „Das charakteristische Merkmal der Holone ist es, dass sie selbständige Existenzen sind, die Individualität und eine aktive Auswahlfähigkeit haben. Letztlich verfügen sie über ‚Fluktuationen', die ihrer Individualität entsprechen.“[7]

> „In der Vorstellung der Bioholonik hat darüber hinaus die selbständige Selektivität und Individualität der Holone, die an der Ordnungsbildung teilnehmen, eine besonders wichtige Bedeutung.“[8]

Ein Grund für die Individualität und Autonomie der Systemelemente führt Shimizu an: die variable Innenstruktur. Elemente inhomogener Systeme sind in der Lage, flexibel ihre Innenstruktur zu verändern.

---

5 Shimizu 1999, 127.
6 Shimizu 1984a, 49.
7 Shimizu 1984a, 61.
8 Shimizu 1984a, 53.

1.3.1.1.4 Selbstreferentielle Herstellung der Randbedingungen

Ein weiterer Kritikpunkt, den Shimizu gegen die bestehenden Selbstorganisationstheorien ins Feld führt, bezieht sich auf den Begriff der Randbedingung. Für Shimizu sind die Randbedingungen in den bisherigen Selbstorganisationstheorien als etwas von außen Gegebenes behandelt worden:

> „In den bisherigen Theorien selbstorganisierender Phänomene sind die Randbedingungen (die Grenzbedingungen) von außen aufgestellt und dem System gegeben, und sie verändern sich grundlegend nicht. Unter fixierten, harten Randbedingungen stellt das System eine Ordnung her, die sich diesen Randbedingungen anpasst."[9]

Shimizu nimmt damit insbesondere Bezug auf die Selbstorganisationstheorie von Haken, der die Randbedingungen als Kontrollparameter konzipiert, die für das System unbeeinflussbar sind. Eben daher rührt die Rede von den „Rand"-Bedingungen als Bedingungen, die den Rand eines Bereiches festlegen, innerhalb dessen Veränderung erst möglich wird.

Gegen dieses herkömmliche Verständnis von Randbedingungen wehrt sich Shimizu. Er fordert, dass eine Systemtheorie auch Systeme zu behandeln hat, die ihre Randbedingungen selbstreferentiell herstellen. Es geht um eine Auseinandersetzung mit Systemen, „... welche die Randbedingungen selbstreferentiell herstellen und auf sich selbst anwenden."[10] Mit der Rede von der selbstreferentiellen Herstellung der Randbedingungen im System versucht Shimizu zu betonen, dass die Autonomie lebender Systeme wesentlich stärker ausgeprägt ist, als bisher angenommen. Shimizu betrachtet nur wenige „harte Randbedingungen" als für ein System unabänderlich vorgegeben. Die meisten anderen „weichen" Randbedingungen hingegen können von lebenden Systemen aufgrund ihrer Autonomie selbstreferentiell hergestellt werden.

> „Innerhalb des Systems weiche Randbedingungen herzustellen, bedeutet Autonomie im eigentlichen Sinne. Die Tatsache, dass man je nach Randbedingungen, die man selbst herstellt, seine eigenen Freiheitsgrade im Inneren selbst kontrolliert, ist eine große Besonderheit des Lebens."[11]

---

9 Shimizu 1994a, 116.
10 Shimizu 1994a, 116.
11 Shimizu 1994a, 116-117.

1.3.1.1.5 Exkurs: Shimizus Kritik an Haken und Nishidas Kritik an Aristoteles

Fasst man das bisher gesagte zusammen, dann ergibt sich folgendes Bild: Für Shimizu verfügt das Einzelne so sehr über Individualität und Autonomie, dass ihm Hakens Versklavungsprinzip als inadäquat erscheint. Shimizu richtet sich aus dieser Motivation heraus gegen den Versuch, das Einzelne einseitig vom Systemganzen her zu verstehen.

Genau an dieser Stelle ist erkennbar, dass eine Ähnlichkeit zwischen systemtheoretischer und philosophischer Auseinandersetzung offen zu Tage tritt: Die Kritik Shimizus an Haken liest sich in vielen Punkten wie eine Kritik Nishidas an Aristoteles. Ebenso wie Shimizu sich dagegen wehrt, das Systemelement von der Systemganzheit getrennt zu denken, wehrt sich Nishida dagegen, das Einzelne über die Bestimmung des abstrakten Allgemeinen zu denken, wie Nishida dies Aristoteles vorwirft. Um die Kritik von Nishida an Aristoteles etwas weiter auszuführen, bietet sich eine längere Textpassage von Mafli an.

> „Das Einzelne wird [bei Aristoteles] unter ein Allgemeines subsumiert, indem es durch allgemeine Begriffe bestimmt wird. Auf diese Art und Weise wird das Einzelne aber nur als Bestimmung des abstrakten Allgemeinen, als noematische Bestimmung gedacht. Doch das konkrete, selbständige Einzelne kann durch eine solche, soeben geschilderte Subsumierung unter das abstrakte Allgemeine nicht erfaßt werden. Aus diesem Grund übt Nishida Kritik an Aristoteles´ Bestimmung des Einzelnen als dem Subjekt, das nicht Prädikat werden kann, indem er sagt: ‚Aber das nach einer derartigen Denkweise erfaßte Einzelne ist kein wahrhaft Einzelnes. Es kann sich niemals über die Bedeutung erheben, ein Teil des Allgemeinen zu sein.' Das Einzelne kann also nicht vom abstrakten Allgemeinen her erfaßt werden. Somit kann es sich auch nicht selbst bestimmen. Nishida sucht jedoch gerade das sich selbst bestimmende Einzelne, das nicht mehr verallgemeinert werden kann.“[12]

Um direkt daran anzuschließen: Auch Shimizu sucht das individuelle Element, das nicht mehr verallgemeinert bzw. versklavt werden kann. Ebensowenig wie für Nishida Aristoteles´ Einzelnes nicht das von ihm gesuchte unabhängige Einzelne ist, ist für Shimizu das – von Haken suggerierte –

12 Mafli 1996, 229-230. Die Fußnote des Nishida-Zitats weist auf: NKZ 7, 305.

versklavte Element („das Unterordnungsteilchen“, jap. *jûzokushi*[13]) nicht das, was ihm vor Augen schwebt. Shimizu und Nishida sind sich daher sehr ähnlich in ihrer Kritik an einem zu sehr vom (abstrakten) Allgemeinen bestimmten Verständnis des Einzelnen. Für Nishida mündet diese Kritik in die Rede vom Ort, ähnliches gilt auch – wie noch zu thematisieren sein wird – für Shimizu.

1.3.1.2 Shimizus Kritik an der Mikro-Makro-Spaltung

Bisher konnte man den Eindruck bekommen, als kritisierte Shimizu die makrologische Sichtweise bestehender Selbstorganisationstheorien, um zu einer reduktionistischen Mikrosichtweise zurückzukehren. Im Folgenden soll deutlich gemacht werden, dass Shimizus Kritik viel grundsätzlicher ist.

1.3.1.2.1 Generelle Kritik an der Mikro-Makro-Spaltung

Shimizus Kritik richtet sich nicht nur gegen eine einseitige Betonung von Einzelnen und Ganzheit, sondern auch grundsätzlich gegen die Unterscheidung von mikroskopischer und makroskopischer Systemebene überhaupt. Ebenso wie rein makroskopische Systembeschreibungen sind für ihn rein mikroskopische Systembeschreibungen ungenügend.

> „... [E]s ist nicht erlaubt, die Beziehung zwischen Mikrodynamik der einzelnen Elemente und Makrodynamik der Systemganzheit getrennt zu denken und nur hypothetisch lose Kopplungen aufzustellen. D.h. es ist prinzipiell nicht erlaubt, das Einzelne (die Mikroebene) und die Gesamtheit (die Makroebene) getrennt zu behandeln.“[14]

> „In der bisherigen Wissenschaft hatte man, um lebende Systeme zu verstehen, lediglich die Logik einer Ebene verwendet, sei es die holistische Makrosichtweise oder die elementenreduktionistische Mikrosichtweise.”[15]

Auch wenn es so scheint, als begnüge sich Shimizu damit, einfach nur beide Logiken zusammenzumischen, so hat er doch viel grundsätzlicheres im Sinn. Seiner eigenen Angabe zufolge ist er auf der Suche nach einer „Logik neuen Typs, die die logischen Schichtenstrukturen übersteigt“[16].

---

13 Shimizu 1984a, 60.
14 Shimizu 1989a, 291.
15 Shimizu 1989a, 278.
16 Shimizu 1989a, 279.

Auf dem Weg zu einer solchen „Logik neuen Typs“ möchte er sich explizit von „östlichem Gedankengut“ führen lassen:

> „Indem ich mich mit der ‚östlichen Annäherungsweise an die Welt’ auseinandersetze hoffe ich, für die Konstruktion dieser Logik Dinge zu finden, die mir helfen.”[17]

1.3.1.2.2 Elemente als Einheit von Ganzem und Teil: die Holone

Der Versuch, eine solche „Logik neuen Typs“ zu finden, schlägt sich insbesondere in Shimizus „neuer Elemententheorie“[18] nieder. Shimizu bezeichnet die Elemente in inhomogenen, selbstorganisierenden Systemen als „Holone“. Mit der Bezeichnung „Holon“ will Shimizu seine grundlegende Überzeugung zum Ausdruck bringen, dass „... Elemente keine einfache Einzelne sind.”[19] Elemente, von denen Shimizu hier spricht, besitzen sowohl die Eigenschaft von „Teil“ als auch die des „Ganzen“. Folgende Ausdrücke verdeutlichen dies:

> „Einzelnes und Ganzes kann nicht getrennt werden.”[20]
>
> „’Einzelnes’ und ‚Gesamtheit’ gleichzeitig”[21]
>
> „Weil ein Holon beide Eigenschaften von ‚Teil’ und ‚Ganzem’ besitzt, ...”[22]
>
> „In diesem Sinne ist das Holon gleichzeitig ‚Teil’ und ‚Ganzes’.”[23]

Mit der Rede von Holonen kritisiert Shimizu die Unterscheidung zwischen Teil und Ganzem, indem er beide Seiten der Unterscheidung in dem Begriff „Holon“ zusammenfallen lässt. Indem er davon spricht, dass ein Holon sowohl Einzelnes wie auch Ganzes ist, deutet er die Unbrauchbarkeit der Unterscheidung Ganzes-Teil für den hiesigen Zusammenhang an und bereitet einen Perspektivenwechsel vor.

---

17 Shimizu 1989a, 279.
18 Shimizu 1989a, 299.
19 Shimizu 1984a, 47.
20 Shimizu 1984a, 48.
21 Shimizu 1984a, 48.
22 Shimizu 1984a, 50.
23 Shimizu 1984a, 52.

1.3.1.2.3 Elemente jenseits der Mikro-Makro-Logik: die Relatone

Deutlicher als mit der Rede vom Holon bringt Shimizu seine ablehnende Haltung gegenüber der Mikro-Makro-Logik zum Ausdruck, wenn er auf die Thematisierung der Ganzes-Teil-Unterscheidung völlig verzichtet und die Elemente in inhomogenen selbstorganisierenden Systemen als „Relatone" (*kankeishi*) bezeichnet.[24]

> „Wir haben die kooperativen Elemente, die eine innere Varietät besitzen, Relatone (Bioholone) genannt."[25]

Mit dem Begriff „Relaton", den er seit Ende der achtziger Jahre dem Begriff „Holon" vorzieht, versucht Shimizu den Fokus auf die Interaktionen der Elemente in lebenden Systemen zu richten und weniger auf das Verhältnis von Ganzem und Teil. Konkret interessiert ihn, wie Neuronenmodule im Gehirn miteinander interagieren. Shimizu beschreibt in dem Kapitel „Die Geschichte des Relatons"[26] den konkreten Anlass für die Rede vom Relaton, mit dem hier lediglich belegt werden soll, dass Shimizus Begriffsarbeit stets von seiner biophysikalischen Forschung ausgeht.

> „Ich habe begonnen mithilfe des Relaton-Begriffs konkret darüber nachzudenken, wie sich in lebenden Systemen ... Informationen selbstorganisieren, als ich den Einfluss erforschte, den die kubische Struktur der Sarcomere der Muskeln ... auf die Bewegung der Myosin-Moleküle ausübt."[27]

Etwas allgemeiner heißt es:

> „Der Begriff ‚Relaton' ist entstanden, als ich die Struktur und die Eigenschaft der Zellen und der Einheiten der Großhirnrinde (die Hypercollumnen) erforscht habe ..."[28]

1.3.1.2.4 Ausdruckshafte Relatone sind selbstschaffend

Versucht Shimizu mit dem Begriff „Relaton" die Beziehungen der Systemelemente näher zu erläutern, dann gebraucht er dabei häufig den Begriff

---

24 Vgl.: Shimizu 1989a, 289; Shimizu 1990d, 293-302; Shimizu 1994a, 112.

25 Shimizu 1989a, 289.

26 Shimizu 1990d, 293-298.

27 Shimizu 1990d, 293.

28 Shimizu 1997a, 93.

„Ausdruck“ (*hyôgen*). Den Innenzustand eines Relatons nennt Shimizu „Ausdruckszustand“, und die Varietät der Relatone nennt er „Varietät des Ausdrucks der Relatone“. Er spricht davon, dass die Elemente ihren inneren Zustand ausdrücken und in diesem Ausdrucksvorgang besonders variabel sind.

Shimizu betont, dass die Beziehungsbildung der Relatone untereinander mit der Schaffung eines Ausdrucks verknüpft ist. Shimizu vergleicht dies mit einem Improvisationstheater:

> „Das, was in diesem Modell der Ansammlung der Relatonen entspricht, ist die Ansammlung der Schauspieler, d.h. letztlich die Schauspielergruppe. Die Tatsache, dass Lebewesen entsprechend unbestimmter Umweltzustände die Ausdrücke des Selbst verschieden anpassen können, ist vergleichbar damit, dass die Schauspielergruppe entsprechend den unbestimmten Forderungen des Publikums ein Improvisationsstück aufführt (ausdrückt), so dass diese darauf antworten. Relatone erschaffen gemäß den Beziehungen, die zwischen ihnen selbstorganisiert werden, ihren Ausdruck, und dies ist bei dem Improvisationstheater damit vergleichbar, dass die Schauspieler entsprechend den Beziehungen ihre Rolle kreativ spielen.“[29]

Die Tatsache, dass Relatone Ausdrücke erschaffen, berechtigt, sie nicht nur als ausdruckshaft zu bezeichnen, sondern auch als kreativ. Shimizu spricht daher von Relatonen als „kreativen Existenzen“. Da Relatone nicht irgendwas ausdrücken oder schaffen, sondern immer sich selbst, gebraucht Shimizu auch die Vorsilbe „selbst-“ vor den Bezeichnungen „ausdruckshaft“ oder „schaffend“.

> „Selbstausdruckshaft (selbstschaffend) bedeutet nicht, dass die von den Elementen nach außen gezeigte Eigenschaft, d.h. der Ausdruck der Elemente, im voraus festgelegt wurde, sondern die Eigenschaften werden durch die Elemente selbst gebildet.“[30]

> „Damit ein Entstehungsvorgang möglich wird, in dem eine bestimmte Anzahl von Elementen irgendetwas erschaffen, müssen die Elemente selbstausdruckshaft (selbstschaffend) sein.“[31]

29 Shimizu 1994a, 115.
30 Shimizu 1997a, 88.
31 Shimizu 1997a, 88.

Shimizu sieht in diesem Selbstausdruck (*jiko hyôgen*) bzw. in dieser Selbsterschaffung (*jiko sôshutsu*) den wesentlichen Unterschied zu homogenen Systemen, mit denen sich seiner Meinung nach die bisherige Selbstorganisationstheorie ausschließlich befasst hat.

> „Eine ... Theorie, die zeigt wie die Relatonen eines Systems Ausdrücke ... erschaffen, ist grundlegend anders als die Theorie selbstorganisierender Phänomene (die Theorien dissipativer Strukturen), die angefangen mit Prigogine und Haken verschiedene Leute erforscht haben. Dieser wesentliche Unterschied ist für das Verständnis von Leben von äußerster Wichtigkeit. Dies ist der Unterschied zwischen Selbstorganisation und Selbsterschaffung ..."[32]

> „Ein lebendes System unterscheidet sich von einem selbstorganisierenden physikalischen System dadurch, dass es verschiedenartige Ausdrücke selbstreferentiell herstellen kann. Die Systemelemente, die diese verschiedenen Ausdrücke selbstorganisieren können, sind die Relatone."[33]

1.3.1.2.5 Exkurs: Shimizus und Nishidas Umgang mit der Mikro-Makro-Spaltung

Wie dargelegt, kritisiert Shimizu die mikro-makro-logische Sichtweise als ungenügend. Eine Spaltung zwischen Einzelnem und Allgemeinen ist für ihn so inakzeptabel, dass er zunächst die Rede vom „Holon" bevorzugt, das zugleich Eigenschaften des Einzelnen und des Ganzen enthält. Später vermeidet er es völlig, die Teil-Ganzes-Problematik aufzugreifen, und wendet sich dem Problem der ausdruckshaften Interaktion der Systemelemente zu. Kurz gesagt: Shimizus Kritik an der Unterscheidung Teil-Ganzes mündet schließlich in die Rede von Ausdruckshaften. Auch hier tritt die Ähnlich-

---

32 Shimizu 1994a, 113. Etwas frei übersetzt, da zwei Auslassungen vorgenommen wurden: Erstens gebraucht Shimizu hier den Ausdruck „*keisan riron*" (Rechentheorie), der einfach frei als „Theorie" übersetzt wurde. Zweitens bestimmt Shimizu den „erschaffenen Ausdruck" genauer als „Ausdruck von Informationen" (*jôhô no hyôgen*). Da die Wahl der beiden Ausdrücke von der speziellen Ausrichtung des Kontextes geprägt ist, wurde hier etwas frei übersetzt, um eine möglichst allgemeinverständliche Übersetzung zu erreichen. Der japanische Ausdruck, der hier mit „Selbsterschaffung" übersetzt wurde, lautet *jiko sôshutsu*. Shimizu verwendet aber ebenso den Ausdruck *jiko sôsaku,* wobei mir kein wesentlicher Unterschied in der Verwendung erkennbar scheint.

33 Shimizu 1994a, 98.

keit zu Nishidas Gedankengang wieder deutlich hervor, wie im Folgenden gezeigt werden soll.

Nishida kritisiert an Aristoteles, dass jener zwischen dem allgemeinen Prädikat und dem Subjekt, das selbst nicht mehr Prädikat werden kann, einen Spalt einführt, der so nicht akzeptabel ist. Für Nishida sind sowohl das Prädikat als auch das Subjekt bei Aristoteles eine abstrakte Entität. Er spricht von dem abstrakten Einzelnen und dem abstrakten Allgemeinen als etwas, das sich bei Aristoteles niemals vereint. Auch wenn Aristoteles davon spricht, dass in einem Inhärenzurteil das allgemeine Prädikat dem logischen Subjekt inhärent ist, so täuscht dies nach Nishida nicht über die Tatsache hinweg, dass letztlich das allgemeine Prädikat aufgrund seines abstrakten Charakters dem logischen Subjekt immer gegenübersteht. In diesem Gegenüberstehen sieht Nishida die Spaltung zwischen Einzelnem und Allgemeinem begraben, die sich auch durch ein vermeintliches Inhärenzurteil nicht aufheben lässt. Als Lösung für dieses Dilemma schlägt Nishida in seiner Ortlogik – wie zuvor dargelegt – das subsumierende Urteil der Form „S ist in P" vor, d.h. das Subjekt wird als im Prädikat befindlich gedacht und nicht umgekehrt, wie in der aristotelischen Schlussform. Ortlogisch verstanden, partizipiert das Subjekt damit am allgemeinen Prädikat, welches sich im Subjekt ausdrückt. Indem Nishida davon spricht, dass sich das allgemeine Prädikat, das zugleich ein konkretes ist, im Subjekt, d.h. im Einzelnen ausdrückt, meint er die Gegenüberstellung von Einzelnen und Allgemeinem vermeiden zu können. Man kann daher auch bei Nishida den Gedankengang rekonstruieren, dass die Kritik an der Unterscheidung Teil-Ganzes schließlich in der Rede vom Ausdruck mündet.

Auch wenn man bei Shimizu und Nishida einen sehr ähnlichen Umgang mit der Unterscheidung Teil-Ganzes entdecken kann, so ist jedoch Vorsicht geboten, diese Ähnlichkeit nicht überzustrapazieren. Aus folgendem Grund: Es ist zwar möglich, den dargelegten Gedankengang bei Nishida und Shimizus gleichermaßen zu finden, insbesondere wenn man sich auf den Start- und Endpunkt (sprich: Kritik an der Mikro-Makro-Spaltung und an der Rede vom Ausdruck) beschränkt. Hierbei darf jedoch nicht übersehen werden, dass (1.) Nishidas Rede vom Ausdruck nur eine Lösung des Mikro-Makro-Problems ist, und (2.) Shimizu selbst nicht unerheblich Kritik genau an diesem Punkt anbringt. Beide Punkte sollen kurz erläutert werden.

Zu 1.: Nishida versucht das Mikro-Makro-Problem nicht nur mit der Rede vom Ausdruck zu lösen, sondern, und dieser Ansatz ist bei ihm wesentlich breiter ausgeführt, auch mit der Rede vom Ort als dem dialektisch Allgemeinen. Die Spaltung zwischen den Einzelnen und dem Allgemeinen bzw. zwischen den Vielen und dem Einen sieht Nishida hier durch eine dialektische Aufhebung gegeben. Dazu betont er die Unabhängigkeit und Individualität der Einzelnen und den abgehobenen, ganzheitlichen Charakter des Allgemeinen so stark, dass sie nur noch als dialektisch vermittelbar erscheinen. Die dialektische Aufhebung dieser radikalisierten Unterscheidung kann bei Nishida vielleicht sogar als die eigentliche Lösung des Mikro-Makro-Problems angesehen werden.

Zu 2.: Genau gegen die dialektische Aufhebung der Teil-Ganzes-Unterscheidung richtet sich auch Shimizus Kritik. Es scheint ihm nicht angebracht, die Unterscheidung erst künstlich so zu vertiefen, dass sie nur noch als dialektisch vermittelbar erscheint. Hier übt er sehr entschiedene Kritik an der dialektischen Methode Nishidas. Ein dialektischer Überstieg ist zwar philosophisch und insbesondere religionsphilosophisch legitim, im Rahmen der modernen Wissenschaft jedoch wenig brauchbar, so heißt es bei Shimizu.

Auch wenn aus diesen beiden Gründen die Antworten von Nishida und Shimizu auf die Teil-Ganzes-Frage eine jeweils andere Nuance haben, so sind – erneut – die Gemeinsamkeiten im Ansatz unverkennbar.

1.3.2 Shimizus Rezeption der japanischen Lehre vom Ort

1.3.2.1 Shimizus Erkenntnisinteresse: Theorie des erschaffenden Ortes

Bevor dargestellt wird, wie Shimizu die topische Philosophie Nishidas im Einzelnen rezipiert, soll erläutert werden, aus welcher Motivation und aus welchem Erkenntnisinteresse heraus sich Shimizu mit Nishidas Lehre vom Ort beschäftigt.

Shimizu ist als Kognitionswissenschaftler daran interessiert, wie lebende und kognitive Systeme aus Chaos Ordnung erschaffen, bzw. anders formuliert, wie aus einem unbestimmten Zustand heraus eine bestimmte Ordnung entsteht. Shimizu kämpft mit dem „Problem der Unbestimmtheit“[34] und stellt sich die zentrale Frage, wie lebende Systeme ihre (Rand-)Bedingungen erschaffen können.

---

34 Shimizu 1997b, 39.

Für die Beantwortung dieser Frage verspricht sich Shimizu von der japanischen Lehre vom Ort wertvolle Anregungen. Aus dieser Motivation heraus bezieht er sich auf Nishidas Lehre vom Ort. Shimizu fasst seine Motivation für die Auseinandersetzung mit Nishida wie folgt zusammen:

> „Das universelle Prinzip lebender Dinge ist schließlich das Prinzip der Schaffung (*sôshutsu*) von Randbedingungen. Es ist möglich, dass dieses Prinzip gefunden wird, wenn man sich mit der Logik des Ortes befasst. – Als Klassiker der Lehre vom Ort gibt es die philosophische Forschung von Nishida Kitarô, die man, wie allgemein bekannt, als ‚Philosophie des Ortes' bezeichnet. Mein Forschungsziel der 90er Jahre war gewesen, die Nishida-Philosophie zu studieren und daraus einen Anhaltspunkt für die Schaffung von Randbedingungen zu gewinnen."[35]

Shimizu steht Nishidas Philosophie des Ortes grundsätzlich positiv gegenüber und ist überzeugt, dass auch in der kognitionswissenschaftlichen Forschung eine topische Ausrichtung möglich ist:

> „Mit der topischen Ausrichtung von Nishida bin ich grundsätzlich einverstanden, auch wenn ich über die wissenschaftlich erforschte Struktur und Funktion des Gehirns nachdenke."[36]

Shimizu ist von der Fruchtbarkeit einer topischen Ausrichtung in der Kognitionswissenschaft so sehr überzeugt, dass er die von ihm anvisierte Theorie als „Theorie des erschaffenden Ortes" (*sôsakuteki bashoron*) bezeichnet:

> „Eine Lehre vom Ort, die die Schaffung von Randbedingungen erörtern kann, nenne ich eine Theorie des erschaffenden Ortes."[37]

Des Weiteren zeigt sich seine wohlwollende Haltung gegenüber der Lehre vom Ort in der Verwendung von Ausdrücken wie „topischer Erschaffung"[38], „topischer Prozess"[39] und ähnlichem. Die nachfolgende Kritik

---

35 Shimizu 1996a, 255-256.
36 Shimizu 1997b, 36-37.
37 Shimizu 1996a, 258.
38 Shimizu 1997b, 38. (*bashoteki sôshutsu*)
39 Shimizu 1997b, 82. (*bashoteki purosesu*)

Shimizus an Nishidas Lehre vom Ort ist immer vor diesem Hintergrund des grundsätzlichen gemeinsamen Ausgangspunktes zu sehen.

1.3.2.2 Ausgangspunkt für Shimizus Kritik: Nishidas Rede von der Selbstspiegelung

Ausgangspunkt für Shimizus Auseinandersetzung mit Nishidas Lehre vom Ort ist die Rede von der „Selbstspiegelung des Ortes“. Shimizu benennt diesen Startpunkt wie folgt: „Nishida hat darauf hingewiesen, dass Selbstwahrnehmung (*jikaku*) folgende logische Form besitzt: (0) ‚Der Ort spiegelt den Ort in den Ort.‘“[40]

Shimizu bezieht sich damit auf die Rede von der Selbstbestimmung des Ortes, die von Nishida auch als Selbstspiegelung thematisiert wird. Dass der Ort sich selbst spiegelt und somit selbst bestimmt, ist der Ausgangspunkt, von dem aus Shimizu seine Auseinandersetzung mit Nishida beginnt.

Wie oben dargelegt wurde, verspricht sich Shimizu von der Auseinandersetzung mit Nishidas Lehre vom Ort wertvolle Anregungen für die Entwicklung einer Theorie des erschaffenden Ortes. Aus diesem Erkenntnisinteresse heraus äußert er sich jedoch zunehmend kritisch gegenüber Nishidas These von der Selbstspiegelung, denn für Shimizu ist die Rede von der Selbstbestimmung bzw. von der Selbstspiegelung des Ortes sehr eng verbunden mit der Vorstellung einer „prästabilisierten Harmonie“, einem Ausdruck, den Nishida explizit zur Grundlage einer eigenen Abhandlung machte.[41] In den Augen von Shimizu ist die Rede von der Selbstbestimmung des Ortes nur dann wirklich sinnvoll, wenn man eine prästabilisierte Harmonie voraussetzt. Genau gegen diese Annahme einer prästabilisierten Harmonie richtet sich nun aber das Erkenntnisinteresse Shimizus, der sich als Kognitionswissenschaftler weniger für das Endprodukt der Ordnung in kognitiven Systemen interessiert, sondern vor allem für den Entstehungsprozess von Ordnung aus dem Chaos (des kognitiven Systems). Die Möglichkeit, dass sich aus einem Chaoszustand kein Ordnungszustand bildet, darf aus der Sicht Shimizus nicht von vorneherein ausgeschlossen werden.

---

40 Shimizu 1997b, 51.

41 Nishidas Abhandlung dazu lautet: „Auf dem Weg zu einer Philosophie der Religion unter Leitung des Begriffs der prästabilisierten Harmonie“, NKZ 11, S. 114-146. Diese Abhandlung wird gewöhnlich seiner nach-topischen Phase zugerechnet. Zu den verschiedenen Phasen vgl.: Brüll 1989, 156.

1.3.2.3 Die Differenzierung in zwei Spiegelungen: interner und externer Ort

Weil Shimizu trotz seines anders gelagerten Erkenntnisinteresses etwas von Nishidas Lehre vom Ort lernen möchte, unternimmt er den Versuch, Nishidas Selbstspiegelungsthese so zu differenzieren, dass er zwei separate Spiegelungen erhält. Damit hofft er den Bezug zu Nishidas Lehre vom Ort nicht zu verlieren, aber dennoch seinem Erkenntnisinteresse als theoretisch ambitionierter Kognitionswissenschaftler Rechnung zu tragen. Die beiden Spiegelungen, die Shimizu aus Nishidas Selbstspiegelungsthese gewinnt, beschreiben einen Akt der Spiegelung zwischen dem Ort und dem Selbst als etwas, das sich im Ort befindet. Shimizu thematisiert diese Spiegelungen wie folgt:

> „Ich denke, dass zwischen Selbst und Ort folgende sich gegenseitig spiegelnde Beziehungen existieren: (1) ‚Der Ort spiegelt den Ort in das Selbst.', (2) ‚Das Selbst spiegelt das Selbst in den Ort.'"[42]

Mit der Unterscheidung von Selbst und Ort erhält der Ortbegriff eine andere Bedeutung als bei Nishida. Das, was Shimizu hier nur kurz als „Ort" bezeichnet, ist – genauer formuliert – der „externe Ort" (*gaibu basho*). Das Selbst hingegen ist als „topozentrisches Selbst"[43] der „interne Ort" (*naibu basho*). Shimizu differenziert also Nishidas Selbstspiegelungsthese (0) in die beiden Thesen: (1) Der externe Ort spiegelt sich in den internen Ort, und (2) der interne Ort spiegelt sich in den externen Ort. Über den Sinn und Zweck einer solchen Differenzierung äußert sich Shimizu wie folgt:

> „Dass wir vorläufig den Ort getrennt denken und von zwei Arten des Ortes, nämlich von einem internen und einem externen Ort ausgehen, ist zunächst notwendig im Rahmen einer Theorie des erschaffenden Ortes. Auch wenn man den externen Ort und den internen Ort nicht physisch trennen kann, so betrachten wir ihn theoretisch zunächst so, als ob er getrennt wurde. Dass das Prozessieren von (1) und (2) wechselseitig stattfindet, bedeutet, dass der externe und interne Ort wechselseitig auf den anderen referieren und zusammenarbeiten, und dass beide sich im anderen spiegeln. Daher entsteht

---

42 Shimizu 1997b, 51.

43 Der Ausdruck „topisches Selbst" bzw. „topozentrisches Selbst" wird später näher erklärt. An dieser Stelle sei lediglich darauf hingewiesen, dass es sich um das Selbst handelt, das in der Spiegelungsthese thematisiert wird.

zwischen dem internen und externen Ort ein ‚nicht zwischen Ego und Alter trennender Zustand' (*jita hibunriteki jôtai*), und es entsteht ein Prozess, in dem sich das Innere und das Äußere auf den kohärenten Zustand ‚Innen wie Außen, Außen wie Innen' (*uchi soku soto, soto soku uchi*) hinbewegt."[44]

Shimizu spricht hier bereits das wechselseitige Prozessieren der Spiegelungen (1) und (2) an, welches in einen kohärenten Zustand münden kann. Im Unterschied zu Nishida geht es ihm nicht primär um den kohärenten Endzustand, wenn er denn eingetreten ist, sondern in erster Linie um den Prozess des Ineinanderwirkens der beiden Spiegelungen. Dieses Ineinanderwirken der beiden Spiegelungen nennt Shimizu „topische Selbstreferenz":

„Topische Selbstreferenz ist der Kreislauf, in dem der Ort den Ort in das Selbst spiegelt, und das Selbst das Selbst in den Ort."[45]

Vorläufig kann zusammengefasst werden: Shimizu differenziert Nishidas These (0) von der Selbstspiegelung des Ortes in die beiden Thesen (1) und (2). Er spricht dabei nicht mehr von *einem* Ort, sondern von einem internen und einem externen Ort. Aus den in These (1) und These (2) thematisierten Spiegelungen kann nur dann eine Selbstspiegelung im Sinne Nishidas These (0) entstehen, wenn sich zwischen dem internen und dem externen Ort eine Wechselbeziehung ereignet, die in einen kohärenten Zustand mündet. Der Vorgang, bis es zur Ausbildung des eines solchen kohärenten Zustandes kommt, ist Hauptgegenstand von Shimizus Interesse. Wie er angesichts dieses Erkenntnisinteresses das Verhältnis der von ihm anvisierten Theorie des schaffenden Ortes und Nishidas Lehre vom Ort sieht, soll folgendes Zitat deutlich machen.

„Wenn man von einer Theorie des erschaffenden Ortes ausgeht, dann erscheint Nishidas Lehre vom Ort als eine Theorie, die weniger davon ausgeht, dass sich der interne und externe Ort vollkommen kohärent vereinigen, sondern vielmehr als eine Theorie, die davon ausgeht, dass der vereinigte Zustand des ‚Innen wie Außen, Außen wie Innen' (*uchi soku soto, soto soku uchi*) durchgehend besteht. Dies entspricht der Tatsache, dass man nicht bewusst zwischen internem und externem Ort unterscheidet, sondern beide einfach Ort nennt. Von dem Blickwinkel einer Theorie des erschaffenden

44 Shimizu 1997b, 51.
45 Shimizu 1997b, 34.

Ortes aus gesehen, erhält man den Eindruck einer prästabilisierten Harmonie. Bei einer Theorie des erschaffenden Ortes hingegen fügt man zwischen Innen und Außen einen ‚Spalt (*kangeki*)' (d.h. unbestimmte Freiheitsgrade) ein, und thematisiert zwischen den beiden Orten eine Beziehung, die geprägt ist von Varietät, Unabgeschlossenheit oder Chaos."[46]

„Das Problem an Nishida ist, dass er den externen und internen Ort als wesentlich gleiche Dinge behandelt."[47]

*1.3.2.4 Die Unterscheidung von Ort (*basho*) und* ORT *(*ba*)*

Neben der Unterscheidung zwischen dem internen und externen Ort verwendet Shimizu noch eine Unterscheidung, für die er die japanischen Ausdrücke *ba* und *basho* gebraucht.[48] Da beide Ausdrücke, so wie sie Shimizu verwendet, im Deutschen mit „Ort" übersetzt werden müssten, stellt sich die Frage, wie dieser Unterschied kenntlich gemacht werden soll. In dem folgenden Abschnitt soll der Unterschied mit der Schreibweise „Ort" für „*basho*" und „ORT" für „*ba*" wiedergeben werden, wobei der japanische Ausdruck immer in Klammern nachgestellt wird.

In erster Annäherung kann gesagt werden, dass Shimizu den ORT (*ba*) im Sinne von internem Ort und den Ort (*basho*) im Sinne von externem Ort versteht. Dennoch finden sich einige Stellen, an denen er die Unterscheidungen nicht deckungsgleich benutzt, so zum Beispiel, wenn er davon spricht, dass ein ORT (*ba*) nicht notwendig aus einem internen Ort folgt. Da der Ort im Sinne von *basho* nahezu immer als externer Ort verstanden wird, ist es voll ausreichend, nur zwischen den drei Begriffen ORT (*ba*), interner Ort und externer Ort zu unterscheiden. Die Bedeutung und Verwendungsweise dieser Begriffe soll im Folgenden dargestellt werden.

Shimizu gebraucht diese Begriffe, um den Prozess der Erzeugung von Randbedingungen zu beschreiben. Fasst man die diesbezüglichen Aussagen Shimizus kurz zusammen, so ergibt sich folgendes Bild: Kommt es zwischen dem internen und dem externen Ort mittels des topischen Selbstreferenzzirkels zu einem kohärenten Zustand, dann ist dieser kohärente Zustand Ausgangspunkt für die Entstehung des ORTES (*ba*). Ein ORT (*ba*) entsteht aus dem internen Ort, allerdings nur dann, wenn sogenannte „Beziehungsbildungs-Regeln" vorhanden sind. Die Entstehung des ORTES (*ba*) vollzieht

---

46 Shimizu 1997b, 52.

47 Shimizu 1997b, 75.

48 Zur Einführung in die beiden japanische Begriffe siehe Kapitel 1.2.1.

sich in Form einer Echtzeit-Schaffung (*sôshutsu*). Aus dem ORT (*ba*) wiederum entstehen die (topischen) Randbedingungen.[49]

Der Prozess von dem externen und internen Ort über den ORT (*ba*) hin zu den Randbedingungen ist für Shimizu die begriffliche Grundlage seiner Theorie des erschaffenden Ortes. Um diesen Prozess begrifflich zu fassen, ist für Shimizu die – von Nishida unterlassene – Unterscheidung zwischen Ort (*basho*) und ORT (*ba*) sehr wichtig.

> „Wenn man über die Bildung von — für die Theorie des erschaffenden Ortes so wichtigen — topischen Randbedingungen nachdenken will, dann muss man neben dem Begriff ‚*basho'* (Ort) noch den Begriff ‚*ba'* (ORT der Schaffung) einführen. Topische Randbedingungen entstehen aus dem ORT (*ba*).“[50]

Shimizu verdeutlicht die bisher eingeführten Unterscheidungen mit dem Bild eines Improvisationstheaters.

> „Um den Ablauf des ‚Improvisationsstückes' zu thematisieren, ist es erforderlich, die drei Begriffe ‚externer Ort', ‚interner Ort' und ‚ORT (*ba*)' neu einzuführen, da sie in der Philosophie Nishidas nicht definiert wurden. Der externe Ort ist die Welt, in der das Selbst als individuelles Element existiert. Der interne Ort ist der Ort, wo der externe Ort in das Innere des Selbst gespiegelt wird, nämlich das topozentrische Selbst. Das Selbst nimmt den externen Ort wahr über die Vermittlung des ‚Improvisationstheaters' im internen Ort. Die Bühne (der Platz) des im internen Theater aufgeführten ‚Improvisationsstückes' ist der ORT *(ba)*.“[51]

---

49 Shimizu zum Thema „topische Randbedingungen“: „Die Bedingungen, um aus unzähligen Möglichkeiten die Lösung festzulegen, nennt man in mathematischer Fachsprache ‚Randbedingungen'. Die in dieser Arbeit verwendeten Begriffe ‚Randbedingung' und ‚topische Randbedingung' sind davon abgeleitet. Die Randbedingungen, die mit dem Ort entstehen, sind die topischen Randbedingungen. Erst wenn diese topischen Randbedingungen gegeben sind, wird eine topische Erschaffung der Form ‚eines gleich vieles, vieles gleich eines' (*ichi soku ta, ta soku ichi*) möglich. ... Für eine Theorie der topischen Erschaffung ... muss man die Existenz von passenden topischen Randbedingungen anerkennen, und der Vorgang, in dem der Ort diese herstellt, muss in der Theorie beinhaltet sein.“ (Shimizu 1997b, 39.)

50 Shimizu 1997b, 54.

51 Shimizu 1997b, 33.

Shimizu verwendet die Unterscheidungen im Fall des Improvisationstheaters wie folgt: Der Schauspieler ist das „topische Einzelne (*bashoteki kobutsu*)“[52]. Die sich im Inneren eines Schauspielers befindlichen Repräsentationen oder Konstruktionen des tatsächlich im Außen stattfindenden Improvisationsstückes sind der interne Ort. Aus dem internen Ort entsteht der ORT *(ba)*.

> „Der interne Ort der Schauspieler erschafft den ORT (*ba*) auf der Basis von Informationen, die von dem Ort (*basho*) gespiegelt werden. Die in diesem Moment im internen Ort arbeitenden ‚Bildungsregeln des ORTES (*ba*)' (Gesetze) nenne ich topische ‚Regel-bildungs-regeln (*rûru seisei rûru*)'. Der erschaffene ORT (*ba*) leistet für die Herstellung der ‚Story' im ‚Improvisationsstück', das im Ort (*basho*) aufgeführt wird, eine unentbehrliche Arbeit.
> Wie bereits erklärt, versuchen die einzelnen Elemente im Ort (*basho*) (also die Schauspieler) möglichst mit dem Zustand des Ortes (*basho*) kohärent zu werden. Aber der Ort (*basho*) ist sehr kompliziert und kann in der Regel nicht auf einmal ganz erkannt werden. Anstatt mit dem Ort (*basho*) kohärent zu werden, versucht man daher mit dem ORT (*ba*) kohärent zu werden. Das bedeutet, in den ORT (*ba*) hineinzugehen, d.h. das Selbst gerät mit dem ORT (*ba*) in einen Zustand, in dem Ego und Alter noch nicht getrennt sind.
> Der topische Selbstreferenzzirkel rotiert, während die ‚Schauspieler' im Ort (*basho*) sich selbst ausdrücken. Durch diesen Kreislauf verändert sich der ORT (*ba*) allmählich, und die Ausdrücke der ‚Schauspieler' werden so auf einen Punkt integriert, dass sich der Ausdruck des ORTES (*ba*) und der Schauspieler gegenseitig induzieren und so beide wechselseitig in einen kohärenten Zustand münden. In einem solchen Zustand entwickelt sich auch zwischen den verschiedenen Ausdrücken der verschiedenen ‚Schauspieler' allmählich eine wechselseitige Unterstützung, und man nähert sich dem Zustand des ‚Eines als Vieles, Vieles als Eines' (*ichi soku ta, ta soku ichi*).“[53]

Wie ernst Shimizu die Analogie zwischen dem Ort und Improvisationstheater sowie auch generell die Verbindung zwischen Leben und Ort nimmt, zeigt er deutlich: „Um zu leben, ist es erforderlich, das Selbst im Ort (*basho*) auszudrücken, d.h. ein ‚Schauspieler' zu werden, der ständig ein ‚Improvisationsstück' spielt.“[54]

---

52 Shimizu 1997b, 54.
53 Shimizu 1997b, 55-56.
54 Shimizu 1997b, 49.

1.3.2.5 Shimizus Konsequenzen für den Umgang mit Nishidas Philosophie

Fasst man Shimizus Kritik an Nishida zusammen, so ergibt sich folgendes Bild: Shimizu differenziert Nishidas Rede vom Ort, indem er die zwei Unterscheidungen interner/externer Ort und Ort (*basho*)/ORT (*ba*) einführt. Diese Unterscheidungen bilden die begriffliche Grundlage für die von Shimizu anvisierte Theorie des erschaffenden Ortes, welche die Bildung topischer Randbedingungen thematisieren kann. Für Shimizu ist Nishidas Lehre vom Ort aufgrund der fehlenden Unterscheidungsmöglichkeiten nicht in der Lage, die Bildung topischer Randbedingungen zu thematisieren. Shimizu erkennt bei Nishida einen deutlich anderen Ausgangspunkt, der die wissenschaftlich-technische Verwertung seiner Lehre vom Ort erschwert bzw. unmöglich macht.

> „Soweit ich es verstanden habe, ist die Nishida-Philosophie als Klassiker einer Ortslehre eine äußerst wichtige Theorie, lediglich kann sie nichts über die Schaffung von Randbedingungen sagen. Aufgrund ihrer logischen Struktur kann sie weder die kontinuierliche Ausbildung von Kohärenz noch die Schaffung von Randbedingungen erörtern. Das Prinzip der Erzeugung von Randbedingungen wird daher nicht erörtert, ja kann nicht erörtert werden. Diese Tatsache macht die wissenschaftliche und technische Anwendung der Nishida-Philosophie unmöglich."[55]

> „Die Diskussion um die ‚Bildung topischer Randbedingungen' entspricht genau der Erörterung der hinreichenden Bedingungen für die topische Erschaffung, die in Nishidas Lehre vom Ort nicht behandelt wird. Eine solche ‚Theorie über die Ausbildung topischer Randbedingungen' zu schaffen bedeutet, eine Logik des ‚Ortes' (eine Lehre vom erschaffenden Ort) zu entwerfen, die einen anderen Ausgangspunkt hat als Nishidas Lehre vom Ort."[56]

Wie schon angedeutet, differenziert Shimizu seine Kritik an Nishida, indem er davon spricht, dass Nishida zwar die notwendigen Bedingungen für die Erschaffung der Randbedingungen thematisiert hat, nicht aber die hinreichenden. Indem Shimizu zwischen notwendiger und hinreichender Bedingung für die topische Erschaffung unterscheidet, kann er sich zwar auf

---

55 Shimizu 1996a, 256.

56 Shimizu 1997b, 39.

Nishida berufen, sich jedoch gleichzeitig auch von ihm distanzieren. Bei Nishida und Shimizu finden sich daher Gemeinsamkeiten wie auch Differenzen.

> „Eine Theorie des erschaffenden Ortes besitzt eine andere logische Struktur als Nishidas Lehre vom Ort. Das wichtigste Merkmal einer Theorie der topischen Erschaffung ist die logische Selbstreferentialität. ... Unter dem Gesichtspunkt der topischen Erschaffung betrachtet, ist die absolut widersprüchliche Selbstidentität in Nishidas Philosophie (also die Erschaffung von ‚eines gleich vieles, vieles gleich eines (*ichi soku ta, ta soku ichi*)') eine Voraussetzung des erschaffenen Ergebnisses, und stellt somit eine notwendige Bedingung der Erschaffung dar. Aber wichtig ist in dem Prozess der Erschaffung gerade die hinreichende Bedingung der Erschaffung, d.h. die Bedingungen, unter denen tatsächlich eine topische Erschaffung stattfindet. Nishidas Philosophie hat darauf nicht deutlich genug hingewiesen. Daher ist es die zentrale Aufgabe der Theorie des erschaffenden Ortes, das Entstehen dieser hinreichenden Bedingungen sowie deren logischen Eigenschaften aufzuklären."[57]

Den Grund, wieso Nishida nur die notwendigen, nicht aber die hinreichenden Bedingungen der topischen Erschaffung thematisieren kann, sieht Shimizu in dem besonderen Ausgangspunkt Nishidas. Im Gegensatz zu seinem Erkenntnisinteresse, das an die Theorie des erschaffenden Ortes geknüpft ist, sei Nishida vor allem daran interessiert, seine zen-buddhistischen Erfahrungen philosophisch aufzuarbeiten, weswegen seine Lehre vom Ort als eine „Philosophie der Selbstwahrnehmung" (*jikaku*) zu verstehen ist.

> „Wenn man Nishidas Lehre vom Ort als Grundlage nimmt und über neue Technologien oder Sozialsysteme nachzudenken versucht, dann stößt man sofort auf große Schwierigkeiten. Diese bestehen darin, dass Nishidas Philosophie eine ‚Philosophie der Selbstwahrnehmung (*jikaku*)' ist und deshalb kann von ihr direkt keine Theorie erhalten, die sich auf den Erschaffungsprozess bezieht. Konkret gesprochen ist Nishidas absolut widersprüchliche Selbstidentität eine Gesetzmäßigkeit, die das ‚Ergebnis' der Erschaffung charakterisiert, oder eine notwendige Bedingung der gemeinsamen Erschaf-

57 Shimizu 1997b, 29.

fung bildet, aber die hinreichenden Bedingungen für die Erschaffung werden von ihr nicht erörtert."[58]

Shimizu unterscheidet sich von Nishida, indem er nicht den Fokus auf Selbstwahrnehmung legt, sondern auf das Problem der Erschaffung. Im Unterschied zu seiner Theorie des erschaffenden Ortes (*sôsakuteki bashoron*) bezeichnet er Nishidas Ansatz als Lehre vom selbstwahrnehmenden Ort oder als Lehre vom Ort der Selbstwahrnehmung (*jikakuteki bashoron*).[59] Er sieht die Notwendigkeit, über die Philosophie der Selbstwahrnehmung hinauszugehen, um einen Beitrag zum wissenschaftlich-technischen Fortschritt zu leisten.

> „Seinen [Nishidas] Standpunkt möchte ich in diesem Buch als ‚Lehre vom Ort der Selbstwahrnehmung' bezeichnen. Aber von jetzt an ist das Problem, eine ‚Kultur des Ortes (*basho no bunmei*)' zu schaffen und dazu muss man eine ‚Kultur des Ortes' schaffen *können*. ... Zwischen Selbstwahrnehmung (*jikaku*) und Erschaffung (*sôsaku*) ist ein großer Graben. Der Standpunkt der Selbstwahrnehmung zeigt theoretisch, ‚dass wenn es gut geht, dies und jenes sich ereignet'. Von dem Standpunkt der Schaffung hingegen wird erörtert: ‚was muss getan werden, damit es gut geht?' Um eine ‚Kultur des Ortes' zu schaffen, ist es notwendig von einer Lehre des Ortes zu sprechen, die auf dem Standpunkt der Schaffung steht, also einer ‚Lehre vom erschaffenden Ort (*sôsaku teki bashoron*)'.
> Worüber ich nachgedacht habe, ist die ‚Lehre vom erschaffenden Ort'. Ich versuche über den Ort möglichst von einem wissenschaftlich-technischen Standpunkt aus phänomenologisch nachzudenken, und der Focus liegt darauf, die Vorgänge des Ortes (*basho no hataraki*) als Prozess zu erklären. Das ist notwendig, um Nishidas Lehre vom Ort auf dem Gebiet der Kultur und Technik (*bunmei*) anzuwenden. Zum Beispiel ist zu fragen: Was bringt die von Nishida erwähnte logische Urteilsform mit sich? Aus welchen Prinzipien heraus entwickelt sich die Teezeremonie (*chadô*), und durch welche Mittel lässt sie sich verwirklichen? Oder als weiteres Problem einer Theorie des erschaffenden Ortes: Wie kann man regionale Gruppen in einer Gesellschaft (*chiiki shakai*) so vernetzen, dass in ihnen aber dennoch die Eigenheiten der einzelnen Regionen erhalten bleiben? Auch ist es die Aufgabe der Lehre vom erschaffenden Ort zu untersuchen, wie die topischen Eigenschaften der Menschen und Lebewesen ‚erschaffen' worden sind.
> Ich habe zwar geschrieben: ‚den Ort von einem möglichst wissenschaftlich-

58 Shimizu 1997b, 38.
59 Shimizu 1996a, 193.

technischen Standpunkt aus phänomenologisch zu betrachten', aber das bedeutet nicht, dass ich das innerhalb des Rahmens der neuzeitlichen wissenschaftlichen Logik tue. Es ist selbstverständlich, dass man das nur dann durchführen kann, wenn man sich von der neuzeitlichen, zwischen Ego und Alter trennenden Logik verabschiedet und die Grenzen vieler Gebiete (Naturwissenschaft, Sozialwissenschaft, Geisteswissenschaft) überquert."[60]

Auch wenn Shimizu davon spricht, „... dass es notwendig ist, die Welt der Selbstwahrnehmung zu übersteigen und sich mit einer Theorie des erschaffenden Ortes zu befassen ..."[61], so geht seine Kritik an Nishida niemals soweit, dass er sein Erkenntnisinteresse gegen das von Nishida ausspielt. Trotz aller Kritik an Nishida lässt Shimizu in seinen Arbeiten immer wieder durchblicken, wie hoch er die Leistung Nishidas einschätzt und mit wie viel Respekt er ihr gegenübersteht.

„Wenn man von der Lehre vom Ort (*bashoron*) spricht, dann fällt unweigerlich der Name Nishida Kitarô. Seine Lehre vom Ort ist eine Theorie, die sich mit dem Problem der Selbstwahrnehmung (*jikaku*) beschäftigt. Das ist ein großer Wechsel gegenüber der westlichen Neuzeit und deren Tradition ..., daher besitzt seine Theorie auch von jetzt an als Klassiker der Lehre vom Ort eine sehr große Bedeutung."[62]

1.3.3 Begegnung der Systemtheorie mit der japanischen Lehre vom Ort

1.3.3.1 Notwendigkeit der Begegnung

Auch wenn bei Shimizus Rezeption der Systemtheorie und der Lehre des Ortes sich schon einige Verbindungen zwischen den beiden Lehren andeuten, so ist ein Vergleich beider Ansätze bisher noch nicht thematisiert worden. An dieser Stelle soll dieser Vergleich nun versucht werden, insbesondere um die Möglichkeiten einer Verbindung beider aufzuzeigen.

Shimizu beschreibt den Unterscheid zwischen der Lehre vom Ort und der herkömmlichen Systemtheorie am Beispiel des Improvisatiostheaters wie folgt:

60 Shimizu 1996a, 193-194.
61 Shimizu 1997b, 75.
62 Shimizu 1996a, 193.

„Man könnte beide Ansätze wie folgt vergleichen: Das Problembewusstsein der Systemtheorie entspricht folgendem: Man denkt darüber nach, aus welchen Schauspielern (Elemente) man eine Gruppe (System) bildet, und fragt dann, welches Theaterstück (als Bewegung des Systems) bei bestimmten Beziehungen zwischen den Schauspielern entstehen kann. Demgegenüber fragt man in der Lehre vom Ort nach dem Stück, das die Schauspieler in einem Theater (Ort) spielen, und erhebt die Beziehung zwischen dem Theater und dem Spiel der Schauspieler zum Problem. Wenn es kein Theater gäbe, könnte von Anfang an kein Stück aufgeführt werden, und daher wäre dann die Rede von Schauspielern bedeutungslos. Das bedeutet, dass sich die Schauspieler an einem Ort (*basho ni oite iru*) befinden."[63]

Es ergibt sich damit folgende Gegenüberstellung: Die Systemtheorie betrachtet das System (die Schauspielgruppe), die Elemente (die Schauspieler) und das Verhalten der Elemente (die Bewegungen der Schauspieler) in Form von untereinander existierenden Relationen. Die Lehre vom Ort betrachtet vor allem das Wechselspiel zwischen den Schauspielern und dem Ort (das Theater), aus dem sich das Stück entwickelt. Mit dieser Gegenüberstellung versucht Shimizu zu zeigen, dass sowohl die Systemtheorie als auch die Lehre vom Ort ihre blinden Flecken haben, und eine gegenseitige Ergänzung zu wünschen wäre. Shimizu beschreibt nicht nur den unzureichenden Zustand vor der Begegnung von Systemtheorie und japanischer Lehre vom Ort, sondern spekuliert auch über die Gründe ihres unterschiedlichen Zugangs:

„Ich gehe davon aus, dass man in der Systemtheorie eine funktionelle Ansammlung von verschiedenen Elementen (Komponenten, Teilen) als System definiert und die Systemeigenschaften aus den Eigenschaften der Elemente und deren Beziehungen zu verstehen versucht. Auch in der Theorie selbstorganisierender Systeme sowie bei der wissenschaftlichen Betrachtung der Natur denkt man sich das wesentlich genauso. Aber Nishidas Lehre vom Ort unterscheidet sich grundsätzlich von einer solchen systemtheoretischen Denkweise. Dort wird Wert darauf gelegt, ‚auf welche Weise sich die Elemente (Einzelnen) an einem Ort befinden', d.h. es wird eine Relationalität zwischen dem Ort und den Einzeldingen gedacht."[64]

---

63 Shimizu 1995a, 5.
64 Shimizu 1995a, 5.

„Das was der Systemtheorie fehlt, ist die Diskussion über das Theater (den Ort), und das was die Lehre vom Ort vernachlässigt, ist die Diskussion um die Schauspielertruppe (das System). Warum entstand nur eine solche Differenz? Pointiert gesagt glaube ich, dass dieser Unterschied etwas mit dem Unterschied zwischen der östlichen und westlichen Logik zu tun hat, d.h. mit dem Unterschied in der Konstruktion des westlichen und östlichen Denkens.“[65]

1.3.3.2 Form der Begegnung

Da Shimizu sowohl in der Systemtheorie als auch in der japanischen Lehre vom Ort Unzulänglichkeiten erkannt hat und generell davon überzeugt ist, diese durch eine Begegnung beider überwinden zu können, fragt er:

„Kann man die Lehre vom Ort und die Systemtheorie vereinen, indem man die fehlenden Punkte einander ergänzt? Theoretisch lassen sich zwei Möglichkeiten unterscheiden. Entweder man führt systemtheoretische Gedanken in die Lehre vom Ort ein, oder man führt die Lehre vom Ort in die Systemtheorie ein. Wir möchten hier letzteres versuchen. Wie auch immer, wenn wir im ersten Fall nicht die Lehre vom Ort und im zweiten Fall nicht die Systemtheorie dekonstruieren, dann können wir die einander Fremdartigen, welche so unterschiedlich sind wie Wasser und Öl, nicht zusammenbringen.”[66]

Shimizu beabsichtigt, von der Systemtheorie auszugehen und dort die Lehre vom Ort einzuführen. Die Frage, wie weit diese Einführung gelingen kann, stellt und beantwortet er sich selbst.

„Wie weit kann man das Denken fortführen, wenn man von einem ‚Relatonen-System (*kankeishi shisutemu*)’ aus startet und die Systemtheorie mit der Lehre vom Ort vereint? Es wäre gut, wenn man das vollständig machen könnte. Wenn man trotz allem auf eine Wand stößt, an der das Denken nicht mehr weiter kommt, dann ist es sehr wichtig zu sehen, was das für eine Wand ist, und durch was sie entsteht.”[67]

---

65 Shimizu 1995a, 5.
66 Shimizu 1995a, 5.
67 Shimizu 1995a, 6.

1.3.3.3 Von der System/Umwelt-Unterscheidung zu den Systemelementen im Ort

Nachdem deutlich wurde, dass Shimizu versucht, die japanische Lehre vom Ort in die Systemtheorie einzuführen, soll nun thematisiert werden, wie genau sich diese von Shimizu unternommene Einführung nun gestaltet. Zu behandeln sein wird, wie Shimizu mit der System/Umwelt-Unterscheidung umgeht, und welche Möglichkeiten er sieht, von Elementen in einem topischen System zu sprechen.

1.3.3.3.1 System und Umwelt begrenzen sich: System ist im Ort

Shimizus Einführung der Rede vom Ort in die Systemtheorie wird nirgends deutlicher als in seinem Umgang mit der Leitunterscheidung System/Umwelt. Shimizu thematisiert die Leitunterscheidung am Beispiel Mensch (als System) und Umwelt wie folgt: „Die Umwelt wurde immer als etwas gedacht, das den Menschen umgibt. Deswegen besteht die Welt aus Mensch und Umwelt, und beide werden von einer unsichtbaren, abstrakten Grenze getrennt."[68]

Für Shimizu steht das System durch die Abgrenzung zur Umwelt nur auf einer „dünnen Existenzbasis"[69]. Ein System, das nur durch die Abgrenzung zur Umwelt Bestand hat, kommt ihm so vor, „als ob es in der Luft schwebe"[70]. Shimizu übt an diesem abgrenzenden Umweltbegriff Kritik, indem er die Umwelt als Ort auslegt, der das System (in diesem Fall, den Mensch) umfasst.

> „Ich definiere den ‚Ort (*basho*)' als Umwelt, die den Menschen als ein Teil umfasst und diese Grenze zwischen dem Menschen und der Umwelt beseitigt. Weil der Begriff ‚Umwelt' gewöhnlich die Bedeutung ‚umlagern (*torimaku*)' hat, möchte ich zur Unterscheidung die oben definierte Umwelt ‚Ort (*basho*)' nennen. Dies ist eine interaktive, relationale Welt, die den Menschen im Inneren beinhaltet."[71]

Die Entwicklung, die Shimizu damit vollzieht, könnte man wie folgt zusammenfassen: Shimizu geht aus von der Aussage „System und Umwelt begrenzen sich" und endet bei der Aussage „der Ort beinhaltet das Sys-

---

68 Shimizu 1995a, 4.
69 Shimizu 1995a, 4.
70 Shimizu 1995a, 4.
71 Shimizu 1995a, 4.

tem“. In eher systemtheoretischem Jargon könnte man sagen: Der Grundgedanke der Exklusion wird von einer topisch verstandenen Inklusion abgelöst. Ein System wird nicht mehr per Exklusion aus der Umwelt definiert, sondern per Inklusion in einen Ort. Als erstes Zwischenergebnis kann man daher festhalten, dass Shimizu die Einführung der japanischen Lehre vom Ort in die Systemtheorie vollzieht, in dem er als systemtheoretischen Zugang die Exklusion durch die topische Inklusion ersetzt.

Für Shimizu hat dieser Wechsel von der Exklusion hin zur topischen Inklusion entscheidende Konsequenzen. Als die beiden wichtigsten wären zu nennen: (1.) Der Wechsel vom Paradigma geschlossener Systeme zum Paradigma offener Systeme, und (2.) der Wechsel von der exosystemischen zur endosystemischen Perspektive.

1.) Indem Shimizu davon ausgeht, dass sich ein System im Ort befindet, folgt für ihn daraus, dass dieses System auch für den Ort offen zu sein hat. Shimizu legt die Betonung daher nicht auf die Geschlossenheit der Systeme, sondern auf deren topisch verstandene Offenheit. Die folgende Redeweise Shimizus macht dies deutlich.

> „Weil das System geöffnet ist, ist auch dessen Grenze unbestimmt.“[72]

> „Hier stelle ich mir ein ‚unabgeschlossenes System' vor, ‚das sich an einem Ort befindet'.“[73]

Shimizu macht selbst darauf aufmerksam, dass er sich mit dieser Betonung der Offenheit gegen die europäische Mainstream-Diskussion stellt: „Dieses ‚offene System' unterscheidet sich von den bislang in der Systemtheorie behandelten Systemen, ...“[74] Explizit distanziert sich Shimizu von der einseitigen Sicht Maturanas und Varelas, die mit der Rede von Autopoiese die Geschlossenheit der Systeme auf die Spitze getrieben haben.[75]

2.) Indem Shimizu davon ausgeht, dass sich ein System im Ort befindet, folgt für ihn zugleich daraus, dass dieses System den Ort von Innen, d.h. von einer Endoperspektive heraus betrachten kann: „[T]he place is an envi-

---

72 Shimizu 1995a, 6.
73 Shimizu 1995a, 5.
74 Shimizu 1995a, 5.
75 Vgl.: Shimizu 1997b, 41.

ronmental system observed and described by its elements from inside, the internal point of views."[76]

Shimizu nimmt damit gewollt oder ungewollt Anschluss an eine neuere systemtheoretische Mode-Diskussion, nämlich der Diskussion über Endosysteme. Der Begriff ‚Endosystem' nimmt seinen Ursprung im vom deutschen Physiker Otto Rössler verwendeten Begriff der ‚Endophysik'.[77] Im Kern geht es um Theorien, die den Anspruch erheben, das Verhalten eines Systems *aus der Sicht des Systems* zu beschreiben. Solche Theorien werden in der Systemtheorie „Endosystemtheorien" genannt und den „Exosystemtheorien" gegenübergestellt, die explizit für einen Beobachter außerhalb des Systems geschaffen wurden. Neben der Physik beschäftigt man sich vor allem in der Psychologie und Kognitionsforschung zunehmend mit endosystemischen Ansätzen.[78] Angezweifelt muss an dieser Stelle allerdings werden, ob mit der Unterscheidung zwischen Exo- und Endosystem ein wesentlicher Erkenntnisgewinn einhergeht. Denn die Unterscheidung zwischen Beobachter- und Teilnehmerperspektive ist schon seit längeren auch in der Systemtheorie üblich und kann gleiches auf einfachere Art und Weise thematisieren. So nimmt auch Shimizu hier nichts anderes vor, als den Wechsel von der Beobachterperspektive zur Teilnehmerperspektive.

1.3.3.3.2 Zwei Zugänge zur Rede von Systemelementen im Ort

Auch wenn der Wechsel zu der Grundaussage „Das System befindet sich im Ort" gehaltvoll genug ist, um den Übergang von der systemischen Geschlossenheit zur Offenheit zu thematisieren, reicht er doch nicht aus, um zu klären, inwiefern von Systemelementen im Ort gesprochen werden kann. Die Rede von einem System im Ort lässt die Rede von mehreren Einzelnen im Ort völlig unberührt. Versucht man sich diesbezüglich bei Shimizu Klarheit zu verschaffen, dann kann man zwei mögliche Zugangsweisen zu der Rede von Systemelementen im Ort finden: (1.) Man entdeckt in der topisch verstandenen Umwelt andere Einzelne, die man alle zusammen als Elemente eines übergeordneten Systems bezeichnet, oder (2.) man fokussiert das im Ort befindliche System und bezeichnet die dem System zugerechneten Einzelnen als Systemelemente. Auch wenn die Unterschiede zwischen (1.) und (2.) methodischer Art sind, so folgen daraus nicht uner-

76 Shimizu 1994b, 53 (Summary).
77 Vgl.: Rössler 1992a.
78 Vgl.: Atmanspacher/Dalenoort 1994.

hebliche Unterschiede in der thematischen Schwerpunktsetzung, die es hier zu unterscheiden gilt.

(1.) System ist im Ort: Andere Systeme befinden sich auch im Ort

Eine mögliche Interpretation der Grundaussage „das System befindet sich im Ort“ besteht darin, auf die Suche nach anderen Systemen im Ort zu gehen, und diese alle zusammen als Systemelemente eines übergeordneten Systems zu betrachten. Aus dem System als Einzelnem im Ort wird daher das System als eines unter vielen Einzelnen im Ort. Dieser Zugang zur Rede von Systemelementen findet sich bei Shimizu wie folgt:

> „Vorhin haben wir das, worin ‚Mensch' und ‚Umwelt' zusammen vereint sind, ‚Ort' genannt. Wichtig ist, dass man damit versucht, die Umwelt als Ort zu denken, an dem sich verschiedene Einzeldinge befinden (existieren). In der Umwelt existieren verschiedene Einzeldinge, aber die Ansammlung dieser Einzeldinge nenne ich in systemtheoretischer Sprache nicht einfach ‚Umwelt', sondern als Umwelt möchte ich das Theater (*gekijô*) bezeichnen, in dem sich die Einzelnen befinden, inklusive ihrer systemtheoretisch verstandenen ‚Umwelt'. Einer so verstandene Umwelt, in der sich Menschen befinden, möchte ich als ‚Ort (*basho*)' definieren."[79]

Shimizus Blick weicht also von einem bestimmten System auf dessen ‚Umwelt' und die anderen Einzelnen bzw. Systeme darin. Der gemeinsame Boden aller Systeme und deren ‚Umwelten' wird im eigentlichen Sinn als Umwelt (In-Welt) betrachtet, der als Ort verstanden wird, sofern sich darin Menschen befinden. Der Ort erscheint damit als übergeordnete Betrachtungseinheit relativ zu dem ursprünglich thematisierten System.

(2.) System ist im Ort: Elemente sind im Ort

Viel häufiger als der obige Gedankengang entwickelt Shimizu den Gedankengang vom „System im Ort“ zu „mehreren Elementen im Ort“. Damit können neben dem System und dem Ort auch die Elemente darin thematisiert werden. Shimizu sieht in der systematischen Verknüpfung von Umwelt, System und Element einen Anspruch, dem bisher noch keine Systemtheorie nachgekommen ist.

---

79 Shimizu 1995a, 6.

> „In der bisherigen Systemtheorie wurde angenommen, dass die Umwelt eine Randbedingung ist, die für das System feststeht, und es wurden nur die Beziehungen zwischen *Element und System* und *Element und Element* darin erörtert. Eine wirklich notwendige Methode, um die Beziehungen zwischen *Umwelt und System* und *Umwelt und Element* einschließlich ihrer semantischen Seite zu erörtern, hatte man nicht gehabt."[80]

Mit der Rede von „Elementen im Ort" sieht sich Shimizu in der Lage, genau diese letzte Beziehung zwischen Umwelt und Element zu thematisieren. Die Umwelt hat sozusagen als Ort direkten Kontakt zum Element, einen Kontakt, der bisher, wenn überhaupt, nur dem System als ganzem zugesprochen wurde.

1.3.3.4 Grundlagen topischer Systemarchitektur

Nachdem dargestellt wurde, dass für das Verständnis der Grundaussage „das System ist im Ort" auch der Elementenbegriff wichtig wurde, gilt es hier zu zeigen, was denn topische Elemente eigentlich sind. Shimizu spricht von Relatonen (*kankeishi*) und betont damit, dass die Elemente wesentlich mit anderen verbunden sind. Auch und gerade topische Elemente sind durch Relationen miteinander verbunden. Im Anschluss gilt es darzulegen, wie Shimizu topische Elemente und topische Relationen näher bestimmt.

1.3.3.4.1 Topische Elemente

Systemelemente im Ort werden von Shimizu auch nach der Einführung des Ortes in die Systemtheorie Anfang der 90er Jahre immer noch als „Relatone" bezeichnet. Im Folgenden soll aber der missverständliche und künstliche Name „Relaton" vermieden werden und von „Elementen im Ort" oder einfach von „topischen Elementen" gesprochen werden. Damit kommt deutlicher zum Ausdruck, dass auch bei der Elementenbestimmung der Gedanke des Ortes konstitutiv ist, und weniger die Abgrenzung zur mikro-makro-logischen Selbstorganisationstheorie, zu welchem Zweck der Begriff „Relaton" (*kankeishi)* von Shimizu eingeführt wurde. Die Eigenschaften topischer Elemente werden im Folgenden beschrieben anhand der Stichworte: Innen/Außen-Unterscheidung, Offenheit der Elemente, Ausdrucksfähigkeit, Relationalität.

---

80 Shimizu 1990d, 295.

Dass Shimizu zwischen dem Inneren und dem Äußeren topischer Elemente unterscheidet, war mit seinen Unterscheidungen interner/externer Ort und Ort (*basho*)/ORT (*ba*) schon abzusehen. Für das Äußere bleibt die Bezeichnung externer Ort bzw. Ort als *basho* bestehen. Für das, was im Inneren topischer Elemente existiert bzw. abläuft, gebraucht Shimizu Umschreibungen wie: „innere Uhr", „internes Theater".

Auch wenn Shimizu zwischen einem Innen und einem Außen topischer Elemente unterscheidet, so geht bei ihm die Unterscheidung zwischen einem Innen und Außen der Elemente nicht zu Lasten der Offenheit der Systemelemente. So betont Shimizu immer wieder, dass topische Elemente „geöffnete Elemente (*hirakareta yôsô*)"[81] sind. Für das „Selbst" als topisches Element fordert er ganz klar: "... [D]as Selbst muss zum Ort geöffnet sein."[82] Derartig offene Elemente bezeichnet er auch als „Schwingungsteilchen (*shindôshi*)"[83], die eine „innere Uhr"[84] haben, welche mit anderen Uhren in Resonanz gebracht werden kann.

Generell wehrt sich Shimizu gegen ein substantialistisches Verständnis topischer Elemente. Seine Kritik am substantialistischen Elementenverständnis geht einher mit der Äußerung, dass topische Elemente eine selbstausdrückende (*jiko hyôgenteki*) und selbstschaffende (*jiko sôshutsuteki*) Fähigkeit haben: „Relatone haben im Unterschied zu den herkömmlichen substantialistischen Elementen eine selbstausdrückende und selbstschaffende Fähigkeit ..."[85]

Ähnlich wie beim System im Ort kann man sich auch Elemente im Ort nicht als freischwebend vorstellen. Wichtig sind daher die Relationen, mit denen die topischen Elemente fest verknüpft werden. Die Relationen, die topische Elemente eingehen, bezeichnet Shimizu ausdrücklich als „topische Relationen (*bashoteki kankei*)"[86].

1.3.3.4.2 Topische Relationen

Topische Relationen sind Relationen, die Elemente über den Ort bzw. in dem Ort miteinander verbinden. Shimizu betont damit den Unterschied zu

---

81 Shimizu 1995a, 6.
82 Shimizu 1997a, 102.
83 Shimizu 1994a, 112.
84 Shimizu 1994a, 117.
85 Shimizu 1997a, 93.
86 Shimizu 1997a, 90; Shimizu 1995a, 15.

„normalen“ Relationen, bei denen zwei Elemente „direkt“ miteinander verbunden sind. Um den Ausdruck „normal“ zu vermeiden, sollen „normale Relationen“ hier „nicht-topische“ oder „atopische Relationen“ genannt werden. Shimizu betont zwei wesentliche Eigenschaften topischer Relationen: ihre Stärke und ihre große Reichweite.

Topische Relationen sind im Gegensatz zu atopischen sehr stark. Würde ein Mensch seine Existenzbasis dadurch gewinnen, dass er nicht-topische, atopische Relationen mit anderen Menschen eingeht, dann bezeichnet Shimizu diese Existenzbasis des Einzelnen als „dünn“. Das Herausbilden von topischen Relationen hingegen trägt Sorge für eine „starke Existenzbasis“, was immer Shimizu darunter im Einzelnen auch versteht.

Topische Relationen sind im Gegensatz zu atopischen sehr weitreichend. Shimizu spricht von „weitreichenden Verbindungen“ und „globalen Wechselwirkungen“[87], die im Ort stattfinden. Topische Verbindungen beschreibt Shimizu als Verbindungen, die durch rhythmisches Abstimmen der Elemente entstehen:

> „Dass sich zwischen verschiedenen Relatonen der Rhythmus der inneren Uhren aufeinander abstimmt (dass eine Gleichzeitigkeit auftritt), bedeutet, dass zwischen diesen Relatonen Beziehungen gebildet werden.“[88]

Eine Abstimmung zwischen den topischen Elementen findet dann statt, wenn „... deren schwingende Aktivitäten kohärent werden.“[89] Für wie wichtig Shimizu diese rhythmische Abstimmung der topischen Einzelnen erachtet, wird am Beispiel des Lebens deutlich:

> „Für die Aktivität des Lebens in einem Feld ist die gemeinsame Teilnahme am Ort (*basho no kyôyû*) notwendig, welche durch die Aufnahme des Rhythmus geschieht. Die Kultur des Feldes ist eine synchronische (*kyôjiteki*) Kultur.“[90]

1.3.4 Shimizus zwei-zentriges Modell

Bisher wurde dargestellt, wie Shimizu die japanische Lehre vom Ort in die Systemtheorie einführt und wie er topische Systeme begrifflich zu fassen

---

87 Shimizu 1989a, 291.
88 Shimizu 1994a, 112.
89 Shimizu 1994a, 113.
90 Shimizu 1994a, 118-119.

versucht. Nach dem bisher gesagten könnte man den Eindruck erhalten, dass Shimizus systemtheoretische Betrachtungen mit der Rede von topischen Systemen enden und er sich damit am Höhepunkt seiner theoretischen Betrachtungen angekommen sieht. Dies ist jedoch keineswegs der Fall. Für Shimizu ist eine rein topische Systemarchitektur nicht ausreichend, um Lebewesen oder soziale Gruppen angemessen zu beschreiben. Den enormen Aufwand, den er für die Thematisierung des Ortes in der Systemtheorie erbringt, unternimmt Shimizu nur, da er eine nicht-topische, d.h. atopische Systemarchitektur zwar für unzureichend, jedoch nicht grundsätzlich für falsch hält. Shimizu intendiert daher keineswegs, die Rede vom Ort in der Systemtheorie unkritisch zu generalisieren.

1.3.4.1 Der egozentrische und topozentrische Anteil des Selbst

Das theoretische Modell für die Vermittlung von topischem und atopischem Gedankengut in der Systemtheorie bezeichnet Shimizu als „zweizentriges Modell" (*nichûshin moderu*)[91]. Shimizu verdeutlicht dieses Modell häufig am Beispiel des „Selbst" (*jiko*), und gebraucht dafür die Ausdrücke „topozentrisches Selbst" und „egozentrisches Selbst".[92] Er betrachtet damit das Selbst aus zwei unterschiedlichen Perspektiven, die er für miteinander vereinbar hält, und erläutert dies wie folgt:

> „Um die Aktivitäten des Selbst modellhaft zu erklären, habe ich das ‚zweizentrige Modell' vorgeschlagen. Die zwei Zentren bestehen aus dem ‚egozentrischen Bereich' und dem ‚topozentrischen Bereich'. Ersterer rückt in den Mittelpunkt, wenn man sich auf das Ego (*jiga*) fixiert und den Anderen in einer zwischen Ego und Alter trennenden Weise erfasst. Letzterer Bereich rückt in den Mittelpunkt, wenn man sich von dem Ego entfernt und versucht, den Ort in seiner Gesamtheit transzendental (*chôetsuteki*) zu erfassen. Auch wenn wir egozentrisch handeln, versuchen wir im Ort die Handlungen des Ego transzendental zu beurteilen. Dies ist eine Folge davon, dass die beiden Zentren des Selbst je nach verschiedenen Regeln arbeiten.

91 Shimizu 1997a, 89; 1997b, 68; 1995a, 194.

92 Bis Mitte 1997 gebraucht Shimizu für das „egozentrische Selbst" zumeinst den japanischen Ausdruck „*jiko chûshinteki jiko*", danach bevorzugt er den Ausdruckt „*jiga chûshinteki jiko*", da er den Ausdruck „*jiga*" für prägnanter und bestimmender hält als „*jiko*". (Vgl. Shimizu 1997a, 106 Anmerkung 1) Dem Ausdruck „topozentrisches Selbst" hingegen liegt immer der japanische Begriff „*basho chûshinteki jiko*" zugrunde.

Im egozentrischen Bereich, unterscheidet das egozentrische Selbst sich selbst von den im Ort befindlichen Einzeldingen und arbeitet subjektiv. Demgegenüber erfasst das Selbst im topozentrischen Bereich die Einzeldinge inklusive des Selbst nicht als Gegenstand (*taishô*), sondern erfasst sie aus der Relationalität (der topischen Beziehungen), die in der Gesamtheit des Ortes auftritt. Wenn man die topische Relationalität, die sich auf dem gesamten Ort ausbreitet, erfasst, ohne die Einzelnen (inkl. dem Selbst) davon zu unterscheiden, dann kann man das Selbst umfassend verstehen als Element, das zu der Bildung dieser Beziehungen beiträgt, d.h. als Element, welches an der schaffenden Tätigkeit des Ortes beteiligt ist."[93]

Shimizu verdeutlicht hiermit die doppelzentrige Struktur der Systemelemente. Da durch die doppelzentrige Struktur der Elemente das System sowohl topische als auch nicht-topische Eigenschaften aufweist, könnte man derartige Systeme abkürzend als „semi-topische Systeme" bezeichnen.

1.3.4.2 Interne und topische Selbstreferenz

Die Tätigkeiten der doppelzentrigen Systemelemente beschreibt Shimizu ähnlich wie in seiner Rezeption der Lehre des Ortes als Spiegelungen. Sowohl der egozentrische Teil als auch der topozentrische Teil des Selbst führen Spiegelungen aus, die Shimizu wie folgt beschreibt:

„Das was in den egozentrischen Bereich gespiegelt wird, sind die verschiedenen Einzelteile, die sich im Ort befinden, der hauptsächlich vom Ego beobachtet wird. Der topozentrische Bereich spiegelt die Welt relational. Das, was gespiegelt wird, ist die Welt, die es in den kohärenten Beziehungen mit dem Selbst gibt. In dem Sinne, dass die Beziehungen zur Welt (inklusive dem Selbst) gespiegelt werden, ist das topozentrische Selbst das transzendentale Selbst, welches die Aufgabe erfüllt, das Selbst inmitten der Beziehungen zur Welt zu platzieren. Der Ort (*basho*), der im topozentrischen Bereich des Selbst als kohärente Beziehungen gespiegelt wird, ist der ORT (*ba*)."[94]

Shimizu bezeichnet den wechselseitigen Spiegelungsprozess zwischen Ort und topozentrischem Selbst als „topischen Selbstreferenzzirkel" (*bashoteki jiko genkyû saikuru*)[95]. Wie zuvor bereits erörtert, besteht der topische

---

93 Shimizu 1997a, 89-90. (Endnoten ausgelassen)

94 Shimizu 1996a, 141.

95 Shimizu 1997b, 81; 1997a, 90.

Selbstreferenzzirkel aus den beiden Spiegelungen (1) „Der Ort spiegelt sich in das Selbst“ und (2) „Das Selbst spiegelt sich in den Ort“, wobei das „Selbst“, von dem hier die Rede ist, nun genauer als „topozentrisches Selbst“ benannt werden muss. Zusammenfassend bestimmt Shimizu die topische Selbstreferentialität wie folgt: „Topische Selbstreferentialität ist der Kreislauf, in dem sich der Ort in das Selbst spiegelt, und dieses Selbst sich in den Ort spiegelt.”[96]

Den Prozess, in dem das egozentrische Selbst seine Spiegelungen durchführt, bezeichnet Shimizu als „internen Selbstreferenzzirkel“ (*naiteki jiko genkyû saikuru*)[97]. Der interne Selbstreferenzzirkel führt in den Augen Shimizus letztlich zum Paradox, da etwas zugleich Subjekt und Objekt sein muss. Dem gegenüber mündet der topische Selbstreferenzzirkel deswegen nicht in ein Paradox, weil im Ort eine Spaltung zwischen Subjekt und Objekt nicht vorkommt. Der Ausdruck „Im-Ort-sein“, ist für Shimizu nicht vereinbar mit der Spaltung zwischen Subjekt und Objekt. Für Shimizu stellt die topische Selbstreferenz schließlich die einzige Möglichkeit dar, Selbstreferenz paradoxiefrei zu denken. Nicht zuletzt aus dieser Motivation heraus entwirft er sein zwei-zentriges Modell. Mit folgenden Zitaten soll versucht werden, in den (nicht ganz leichten) Gedankengang möglichst authentisch einzuführen:

> „Um die Paradoxie der Selbstreferenz zu vermeiden, schlage ich vor, dass das Selbst eine funktionelle zwei-zentrige Struktur besitzt. (Dies ist durch die Hirnforschung weitgehend bestätigt.) Konkret denke ich die Struktur des Selbst als zwei Substrukturen, in Form eines egozentrischen und eines topozentrischen Selbst.
> Das egozentrische Selbst entspricht dem Selbst von Descartes, und besitzt die Aufgabe, von dem Selbst als Zentrum ausgehend die Welt integrativ zu erfassen. Wenn das egozentrische Selbst das Selbst betrachtet, entsteht eine interne Selbstreferenz (das Selbst sieht das Selbst, welches sich in das Selbst spiegelt), und diese kann das Paradox nur vermeiden, wenn das Selbst das Selbst nicht objektiviert. Dies wird zur Lebenskraft der Subjektivität im engeren Sinne. Das egozentrische Selbst kann von der Innenseite die äußere Welt sehen, kann aber nicht von der äußeren Welt die Innenseite direkt sehen. Das egozentrische Selbst ist in diesem Sinne eher ein Zimmer mit einem Fenster aus Sonnenschutzglas als ein fensterloses Zimmer. Diese

96 Shimizu 1997b, 34.
97 Shimizu 1997b, 81.

interne Selbstreferenz gibt unter gewissen Bedingungen den einzelnen Teilen des Körpers eine Position im Körper als Gesamtheit und erfüllt so die Rolle, ein integratives Prozessieren von ‚eines gleich vieles, vieles gleich eines' (*ichi soku ta, ta soku ichi*).
Auf der anderen Seite ist das topozentrische Selbst ein Selbst, das so arbeitet, dass es vom Ort als Zentrum ausgehend das im Ort befindliche Selbst transzendental (*chôetsuteki*) betrachtet. Es ist das relationale Selbst, welches das Selbst aus den topischen Beziehungen erfasst. Zwischen dem topozentrischen Selbst und dem Ort existiert eine topische Selbstreferenz, welche das Selbst mitten in den Ort platziert. Das egozentrische und das topozentrische Selbst verändern sich gemeinsam in Richtung eines kohärenten Zustandes, so dass sie ähnlich wie in einer Schlüssel-Schlüsselloch-Beziehung übereinstimmen. Auf diese Weise bestimmen sie ihre gegenseitigen Grenzen. Diese Veränderung, die ich ‚wechselseitig induzierte Passung' (*sôgô yûdô gatchi*) nenne, ist die grundlegende Dynamik des Bewusstseins. Das, was der Form des Schlüssels entspricht, ist die Grenze des egozentrischen Selbst, nämlich die Randbedingungen des Egos, und das, was der Form des Schlüssellochs entspricht, ist die topische Randbedingung. Das, was das Selbst bewusst wahrnehmen kann, ist die Welt des egozentrischen Selbst. Durch die wechselseitig induzierte Passung beider Teile des Selbst drückt sich dann, wenn die beiderseitigen Grenzen festgelegt sind, im Bewusstein des Selbst der integrative Zustand des ‚eines gleich vieles, vieles gleich eines' (*ichi soku ta, ta soku ichi*) aus. Durch das Prozessieren der doppelzentrig induzierten Passung kann das Selbst den Zustand, in dem das Paradox der topischen Selbstreferenz auftritt, nach vorne verschieben. Diese Methode liefert der Vermeidung des aus der Selbstreferenz resultierenden Paradoxes, welches auf der Einführung von logischen Schichten (vorgeschlagen von Russel und Whitehead) beruht, eine topologische Fundierung."[98]

„Um zu leben, muss es neben der ‚internen Selbstreferenz', die notwendig ist, damit die Gesamtheit des Selbst (*jiko zentai*) und dessen Teile kohärent werden, gleichzeitig noch eine ‚topische Selbstreferenz' geben, die notwendig ist, damit sich zwischen dem Selbst und dem Ort kohärente Beziehungen ausbilden. Durch das Prozessieren dieser ‚topischen Selbstreferenz' wird die Position des Selbst in dem Ort permanent erfasst."[99]

„Um die Bildung eines Paradoxons zu verhindern ... ist der topische Selbstreferenzzirkel notwendig. Damit sich das im Ort befindliche Selbst selbst

98 Shimizu 1997b, 30-31.
99 Shimizu 1997b, 47.

sehen kann, muss es sich selbst in den Ort ausdrücken. Wegen dieser topischen Selbstreferenz muss das Selbst ausdruckshaft sein."[100]

1.3.4.3 Egozentrische und topozentrische Kreation

Shimizu unterscheidet gemäß seinem zwei-zentrigen Modell zwischen einer egozentrischen Kreation (*jigateki sôzô*) und einer topozentrischen bzw. topischen Kreation (*bashoteki sôzô*).[101] Den Unterschied verdeutlicht Shimizu am Beispiel des Theaters: Eine topische Kreation ist die Kreation einer absolut neuen Handlung. Eine egozentrische Kreation ist die Kreation einer neuen Darstellung gemäß dieser Handlung. Für Shimizu schafft eine topische Kreation daher die (topischen) Randbedingungen, unter denen eine egozentrische Kreation erst stattfinden kann.

Für die Entstehung von etwas wirklich Neuem muss topische und egozentrische Kreation immer gleichzeitig und ergänzend stattfinden. An einer Kreation sind daher immer beide Teile des Selbst beteiligt, sowohl das egozentrische als auch das topozentrische. Da Shimizu die Tätigkeit des egozentrischen Selbst als explizit (*meijiteki*) und die Tätigkeit des topozentrischen als implizit (*injiteki*) bezeichnet[102], besteht eine Kreation von wirklich Neuem immer aus dem Wechselspiel von impliziten und expliziten Aktivitäten. Den Prozess, in dem es zu einer wechselseitigen Angleichung zwischen der expliziten Tätigkeit des egozentrischen Selbst und der impliziten Tätigkeit des topozentrischen Selbst kommt, nennt Shimizu „wechselseitig induzierte Passung“ (*sôgô yûdô gatchi*). Durch diese wechselseitig induzierte Passung können die explizite Tätigkeit des egozentrischen Selbst und die implizite Tätigkeit des topozentrischen Selbst in einen kohärenten Zustand münden, der das gemeinsam erschaffene Neue darstellt. Zusammenfassend äußert sich Shimizu wie folgt:

> „Kreation (*sôzô*) wird aus zwei Typen von Aktivitäten gebildet: (1) das Herstellen einer neuen Handlung (*suji*) und (2) das Hervorbringen einer neuen Darstellung (*engi*), eines Selbstausdrucks, welcher dieser Handlung entspricht. Zudem muss man sich zwischen Handlung und Darstellung eine wechselseitig induzierte Passung vorstellen. Die Handlung erzählt über die Ebene der einzelnen Schauspieler hinausgehend ganzheitlich die Situation des Ortes und stammt zum großen Teil aus dem topozentrischen Bereich.

---

100 Shimizu 1997b, 49.

101 Vgl.: Shimizu 1997a, 100.

102 Vgl.: Shimizu 1997a, 91.

Die einzelnen Ausdrücke (Darstellungen) der Schauspieler, die so ausgeführt werden, dass sie mit der Handlung kohärent werden, werden von den Absichten und Urteilen der einzelnen Leute gebildet, und dazu trägt der egozentrische Bereich wesentlich bei. Die einzelnen Darstellungen erfüllen dabei die Rolle eines Schlüssels, der so gebildet wird, dass er mit dem Schlüsselloch, nämlich der Handlung übereinstimmt. Ich bin der Meinung, dass die Kreation leicht verständlich wird, wenn man sie auf diese Weise von dem Gesichtspunkt der doppel-zentrigen Struktur aus betrachtet."[103]

Als abschließender Überblick über Shimizus Modell soll folgende Zeichnung dienen:

Shimizus doppelzentrisches Systemmodell (Abb. 1.3.4.a)

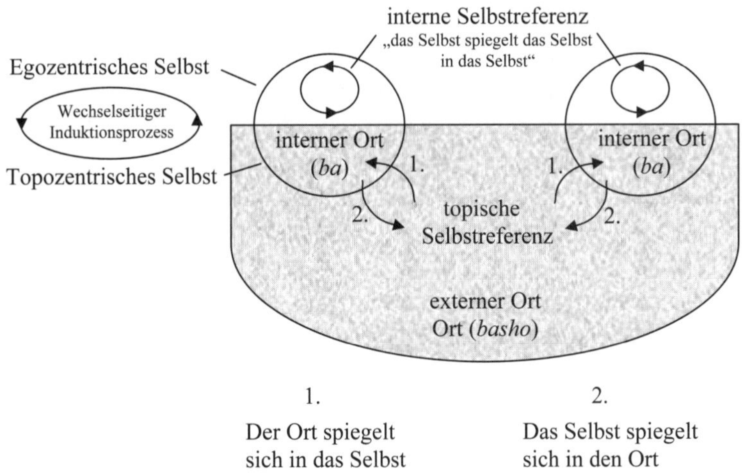

103 Shimizu 1996a, 198.

1.3.5 Kritische Anmerkungen zu Shimizus Ansatz

Die Darstellung von Shimizus Ansatz verfolgte das Ziel, einen Versuch vorzustellen, wie die Systemtheorie mit der japanische Lehre vom Ort verbunden werden kann. In der Darstellung sind viele neue Begriffe und Gedanken aufgetaucht, die zunächst einmal unkommentiert dargelegt wurden, um auch demjenigen, der nicht der japanischen Sprache mächtig ist, einen möglichst neutralen Zugang zu Shimizus Werk zu ermöglichen.

Auch wenn diese Arbeit keine ausgesprochene Shimizu-Arbeit ist und daher nicht auf alle Aspekte in Shimizus Arbeit eingegangen werden kann, sollen an dieser Stelle ein paar grundsätzliche Anmerkungen zu Shimizus Ansatz und dem persönlichen Umgang mit ihm erlaubt sein.

Die Begegnung mit Shimizu folgte bei mir persönlich nahezu analog zu den bekannten Stadien der Kulturbegegnung: Faszination, kritische Ablehnung, Integration.

Die Faszination am Anfang bestand darin, mit Shimizu einen systemtheoretischen Ansatz gefunden zu haben, welcher sich gerade durch die Bezugnahme auf die japanische Lehre vom Ort wesentlich von den bisher bekannten systemtheoretischen Ansätzen unterscheidet und damit einen originellen Beitrag zu der systemtheoretischen Forschung leisten kann.

Zur kritischen Ablehnung kam es, weil man nach einschlägiger Lektüre auf Aussagen stößt, die einem scheinbar undifferenzierten Begriffsverständnis entspringen oder sich ohne weiteres überhaupt nicht verständlich machen lassen. Dazu gehören – um nur zwei Beispiele zu nennen – die Rede von der „systeminternen Schaffung von Randbedingungen“ sowie von der „Aufhebung der Differenz im Ort“. Beides widerspricht den üblichen Begriffsdefinitionen, denn so sind Randbedingungen per definitionem gerade die von außen gegebenen Bedingungen, und so ist die Schaffung von Unterscheidung und Differenzen gerade konstituierender Akt der wissenschaftlichen Erkenntnis. Beides hat Kopfschütteln verursacht und zeitweise eine deutliche Distanz zu Shimizus Ansatz hervorgebracht. Dazu kommen die vermeintlichen Mängel, die viele japanische Werke aus westlicher Sicht aufweisen: fehlende Fußnoten und Verweise, nicht ausgewiesene, freizügige Zitate etc.

Zu einem nachhaltigen Interesse kam es erst dann, als der andere Wissenschaftsstandard als gegeben akzeptiert und nach beständiger Shimizu-Lektüre mehr und mehr verständlich wurde, was hinter dem scheinbar so widersprüchlich gesagten steckt bzw. auf welchem Boden die Formulierungen entstanden sind. In diesem Zuge wurde bewusst, wie sehr Shimizu auf Nishidas Lehre vom Ort Bezug nimmt und damit bei Shimizu ein topisches Hintergrundrauschen zu vernehmen ist, ohne dass sich seine einzelnen Begriffe und Gedanken nur schwer auflösen lassen. Erst vor diesem vernommenen Hintergrundrauschen konnte sich ein dauerhaftes, integratives Interesse an Shimizus Werk ausbilden, das sich nicht durch kleine begriffliche Unschärfen oder Ähnliches aus der Bahn werfen lässt. Wie unterschiedlich man, ausgehend von diesem integrativen Interesse, im Einzelnen auch zu Shimizus systemtheoretischen Ansatz stehen mag, Zustimmung in seiner Grundaussage, dass Systemtheorie und japanische Lehre vom Ort vereinbar sind, kann man Shimizu nur schwer verwehren. Die anerkennenswerte Leistung Shimizus besteht darin, gezeigt zu haben, dass ein System orthaft, also topisch verstanden werden kann und dass dieses topische Verständnis aus der japanischen Lehre vom Ort hervorgehen kann bzw. zumindest mit ihr kompatibel ist. Damit hat Shimizu durch die Einführung der japanischen Lehre vom Ort in die Systemtheorie einen originären Beitrag geleistet, dessen Fruchtbarkeit für eine Theorie sozialer Systeme in dieser Arbeit noch zu diskutieren sein wird.

2. Konsequenzen für die Theorie sozialer Systeme

Nachdem im ersten Teil der Arbeit versucht wurde, in die Rede von topischen Systemen einzuführen, soll in diesem Hauptteil der Arbeit der Fokus gezielt auf topische *Sozial*systeme gerichtet werden. Dabei ist wichtig zu bemerken, dass Shimizus systemtheoretisches Modell keinesfalls vorausgesetzt wird, sondern stets von den beiden idealtypischen systemarchitektonischen Modellen (operativ/retiv) ausgegangen wird, und deren Vor- und Nachteile abgewogen werden. Shimizus Systemmodell muss sich ebenso wie alle anderen Systemmodelle erst an der Brauchbarkeit der mit ihm vorgenommenen sozialen Beschreibungen messen.

Zur Gliederung: Nachdem in die Grundlagen operativer und retiver Sozialsystemmodelle eingeführt wird (2.1), sollen japanische Kleingruppen sowohl mit dem Systembegriff als auch mit dem Ortbegriff der kulturellen Selbstinterpretation erfasst werden (2.2). Anschließend soll geklärt werden, welche Nähe die beiden Systemmodelle zur japanischen Lehre vom Ort haben (2.3), um dann zu fragen, wie die sozio-kulturellen Unterschiede mit verschiedenen Sozialsystem-Modellen erfasst werden können (2.4).

2.1 Grundlagen: Operative und retive Sozialsystem-Modelle

Sucht man nach einem markanten Start für die Diskussion über soziale Systeme, dann wird man nicht viel weiter als auf Parsons „The Social System“ und damit auf die 50er Jahre des 20. Jahrhunderts zurückgeworfen. So kann der systemtheoretischen Diskussion in der Soziologie derzeit ein Mindestalter von gut 50 Jahren bescheinigt werden, was auch für die junge Wissenschaft der Soziologie insgesamt nur eine sehr kurze Zeit ist. Dieses bescheidene Alter hat jedoch ausgereicht, um der Soziologie ein ganzes Spektrum an recht heterogenen Sozialsystem-Modellen zu bescheren. Um den Überblick über die verschiedenen Modelle nicht zu verlieren, soll im folgenden die Leitunterscheidung operativ-retiv angewendet werden, um aus systemarchitektonischer Sicht die Grundmerkmale der beiden idealtypischen Sozialsystem-Modelle vorzustellen.

2.1.1 Operative Sozialsystem-Modelle

Sozialsystem-Modelle, die auf einem operativen Systemmodell beruhen, werden im Folgenden als operative Sozialsystem-Modelle bezeichnet. Es ist das große Verdienst von Niklas Luhmann, ein solches operatives Sozialsystem-Modell erarbeitet und konsequent vertreten zu haben. Mit Luhmann hat das operative Sozialsystem-Modell viele Anhänger gefunden, vor allem im deutschsprachigen Raum. Doch auch in Japan gibt es eine lebhafte Diskussion über operative Sozialsystem-Modelle, an der sich so unterschiedliche Autoren wie Ohba Takeshi, Kawamoto Hideo und Muranaka Tomoko beteiligen. Neben der rein soziologischen Diskussion haben operative Sozialsystem-Modelle im deutschsprachigen Raum zudem in der sozialpsychologisch-therapeutischen Diskussion Anklang gefunden, so z.B. bei den Autoren Günter Schiepek, Egbert Steiner und Ludwig Reiter.

2.1.1.1 Operativer Grundgedanke: die Operation der Kommunikation

Egal auf welchem Gebiet ein operatives Systemmodell zum Einsatz kommt, die alles entscheidende Frage ist, was als Operation betrachtet wird. Und hier herrscht trotz Meinungsverschiedenheiten innerhalb des operativen Lagers unversehens Einigkeit. Denn so unterschiedlich die einzelnen operativen Ansätze auch sein mögen, so einig sind sie sich in der Überzeugung, dass *Kommunikationen* die gesuchten Operationen sind. Für Luhmann ist die Kommunikation „die einzige genuin soziale“[1] Operation: „[N]ur die Kommunikation ist eine unausweichlich soziale Operation und zugleich eine Operation, die zwangsläufig in Gang gesetzt wird, wenn immer sich solche sozialen Situationen bilden.”[2] Ein operatives Sozialsystem wird daher immer als Kommunikationssystem verstanden.

Mit der Rede von Kommunikationen als Operationen gilt all das, was im Rahmen der allgemeinen Systemtheorie für Operationen gesagt wurde: Kommunikationen sind Ereignisse von relativ kurzer Dauer: „... [D]ie elementare Operation der Gesellschaft [ist] ein zeitpunktbezogenes Ereignis ..., das, sobald es vorkommt, schon wieder verschwindet.”[3] Die „Operativität von Kommunikation“[4] bedingt einen „zeitpunktbezogenen Begriff der Kommunikation“[5]. Die „Zeitpunktgebundenheit der Operation Kommunikation“[6] wirkt sich auf das ganze Kommunikationssystem aus: „Ein

---

1 Luhmann 1997d, 81: „Sie ist eine genuin soziale (und die einzige genuin soziale) Operation.”
2 Luhmann 1997a, 20.
3 Luhmann 1997d, 71.
4 Fuchs 1995, 44.
5 Luhmann 1997d, 71.
6 Luhmann 1997d, 72.

Kommunikationssystem besteht demnach nur im Moment seines Operierens ..."[7]

Kommunikationen geschehen „mono-logisch"[8], d.h. von ihnen kann gesprochen werden, ohne dass von einem oder mehreren „Kommunizierenden" die Rede sein muss. Die Kommunikationen eines Sozialsystems sind alle typengleich und beziehen sich selektiv aufeinander. Die Kommunikationen bilden durch diese Typengleichheit und Selbstreferentialität gerade die Einheit des operativen Sozialsystems.

Geht man – wie die meisten Autoren – davon aus, dass aus Selbstreferenz Autopoiese folgt (vgl. *Kapitel 1.1.3.1.1.1.*), dann kann man sich ein operatives Sozialsystem als „Kommunikationsmaschine"[9] vorstellen, die für die selbstreferentielle Produktion von Kommunikationen zuständig ist: „Die Kommunikationsmaschine ist eine autopoietische Maschine, die mit zeitkleinen Ereignissen arbeitet (Kommunikationen), die andere zeitkleine Ereignisse des gleichen Typs erzeugen."[10]

Ist die Kommunikationsmaschine am Arbeiten, sorgt sie dafür, dass jede Kommunikation an eine andere anschließt und so eine unaufhörliche Kette von Kommunikationen entsteht: „Jede Kommunikation erzeugt von Moment zu Moment, sofern es überhaupt weitergeht, eine eigene Nachfolgekommunikation."[11]

Da ohne den Anschluss einer Kommunikation an eine andere das operative Sozialsystem zugrunde geht, liegt in der Sicherung des kommunikativen Anschlusses die Hauptaufgabe der Kommunikationsmaschine: „Für eine Theorie autopoietischer Systeme stellt sich ... vorrangig die Frage, wie man überhaupt von einem Elementarereignis zum nächsten kommt; das Grundproblem liegt nicht in der Wiederholung, sondern in der Anschlußfähigkeit."[12]

Die Sicherung der Anschlussfähigkeit ist konstitutiv für ein operatives System. Fuchs erläutert dies am Beispiel des Wirtschafts-, Rechts- und Wissenschaftssystems: „Auf Zahlungen müssen Zahlungen (bzw. effektive Nichtzahlungen) folgen (oder das System hört auf zu existieren); an rechtli-

---

7 Luhmann 1997d, 73.
8 Fuchs 1995, 26.
9 Fuchs 1995, 43.
10 Fuchs 1995, 44.
11 Luhmann 1990a, 31-32.
12 Luhmann 1984, 62.

che Entscheidungen muß die weitere Inanspruchnahme und Produktion von rechtlichen Entscheidungen anschließen (oder das System hört auf zu existieren); an das Ermitteln von Wahrheiten knüpft sich das Ermitteln weiterer oder das Aufdecken ‚falscher' Wahrheiten (oder das System hört auf zu existieren)."[13]

2.1.1.2 Die Stellung des Menschen zum System: Umweltbeziehung

Die Stellung des Menschen zu einem operativen Sozialsystem ist von einer Spannung geprägt. Einerseits ist der Mensch Umwelt eines Sozialsystems, andererseits ist er genau wegen dieser Umweltstellung für das Sozialsystem von besonderem Maße relevant. Es geht im folgenden darum, die beiden Pole dieser Spannung nachzuzeichnen.

2.1.1.2.1 Der Mensch als psychisches System gehört zur Umwelt des Sozialsystems

Da der operative Ansatz von der Typengleichheit der Operationen ausgeht, können Kommunikationen nicht zusammen mit psychischen Operationen in ein und dem selben System sein. Es muss notwendigerweise die Rede von zwei operational abgeschlossenen Systemen sein, die sich gegenseitig begrenzen.

> „Wegen dieser Grenze gehören die Individuen zur Umwelt des Sozialsystems. Von dem Sozialsystem aus gesehen, sind sie latente Fremdkörper, die wahrscheinlich ein unangebrachtes und für das Sozialsystem nur schwerlich förderndes (zudem auch unverständliches) Verhalten ausführen."[14]

> „Individuen bilden die ‚Umwelt' eines Sozialsystems, und sind nicht deren Elemente."[15]

> „Welches Individuum auch immer (...), es bildet die Umwelt des Sozialsystems und ist vom Sozialsystem aus gesehen ein Fremdkörper, von dem man nicht weiß, was es machen wird."[16]

---

13 Fuchs 1993, 198.
14 Ohba 1989, 286 (Übersetzung T.L.)
15 Ohba 1989, 289 (Übersetzung T.L.)
16 Ohba 1989, 289 (Übersetzung T.L.)

Der Mensch wird als psychisches System daher zur Umwelt eines Sozialsystems gerechnet. Man spricht daher von „Exklusion“ bzw. „Externalisierung“[17] des Menschen aus dem Sozialsystem.

Der Mensch als psychisches System ist für das Sozialsystem ein „Lärmmacher“[18], ein „Störenfried“[19], eine „Geräusch-Quelle“[20] und ein „Fremdkörper“[21]. Ohba spricht von dem „Urchaos namens Individuum, von dem man niemals weiß, was es machen wird“[22]. Als Umwelt speist das psychische System das Sozialsystem aber auch mit Energie, ohne die das Sozialsystem nicht arbeiten kann. Der Mensch als psychisches System ist für das Sozialsystem daher „extrastrukturelle Lärm- und Energiequelle“[23] zugleich.

Die Exklusion des Menschen aus dem Sozialsystem erlaubt es, Soziales und Psychisches als Getrenntes zu verstehen. Der Eigencharakter von Sozialem und Psychischem kann so hervorgehoben werden. Ein operatives Sozialsystem ist in seinem Inneren völlig frei von jeglichen psychischen Faktoren. Die mit einem operativen Sozialsystemmodell erfassten Phänomene sind daher alles „exklusiv soziale Phänomene“[24]. Luhmann verdeutlicht dies am Beispiel Familie: „Das Sozialsystem Familie besteht danach aus Kommunikationen und nur aus Kommunikationen, nicht aus Menschen und auch nicht aus ‚Beziehungen‘ zwischen Menschen.”[25] „Die Struktur der Familie liegt denn auch nicht in einem überdurchschnittlich warmen oder auch heiß/kalten Gefühlspegel. Sie liegt überhaupt nicht im Psychischen, sondern in einem sozialen Sachverhalt[.]”[26]

Da das psychische System zur Umwelt des Sozialsystems gerechnet wird, wird ihm auch nicht zugestanden, kommunizieren zu können: „[E]in psychisches System kann nicht kommunizieren.”[27] „Der Mensch kann nicht kommunizieren; nur die Kommunikation kann kommunizieren.”[28]

---

17 Fuchs 1995, 33.
18 Fuchs 1995, 9.
19 Fuchs 1995, 9.
20 Ohba 1989, 299 (Übersetzung T.L.)
21 Ohba 1989, 286 (Übersetzung T.L.)
22 Ohba 1989, 293 (Übersetzung T.L.)
23 Fuchs 1995, 44.
24 Luhmann 1988a, 81.
25 Luhmann 1988a, 76.
26 Luhmann 1988a, 80.
27 Luhmann 1997a, 28.
28 Luhmann 1990a, 31.

Die durch den operativen Ansatz betonte Trennung von Sozialem und Psychischem kann auf unterschiedliche Art und Weise aufgezeigt werden. Luhmann beginnt bei der natürlichen Differenz zwischen „meinem Ich" und „allen anderen" außerhalb dieses Ichs: „Bewußtsein ist intern – und zum Glück ist es intern, es wäre ja schrecklich, wenn jeder in das Bewußtsein eines anderen einsteigen und dort hineindenken könnte."[29]

Daraus folgt für ihn, dass jedes Bewusstsein mit einem individuellen Beobachtungsschema arbeitet und man mit Gewissheit nur Aussagen über das eigene Bewusstsein machen kann: „Würde man für ein psychisches System optieren, stünde man vor der Wahl: welches von den etwa fünf Milliarden? Und die Entscheidung könnte dann praktisch nur lauten: ich selber."[30]

Weiter folgt für ihn, dass nicht nur andere „Bewusstseine" sondern auch Kommunikation zur Umwelt des eigenen Bewusstseins zählt: „Ein Arzt tritt ans Krankenbett und fragt: wie geht es Ihnen? Wie peinlich, wenn man dabei etwas über das erfahren würde, was er sich dabei denkt."[31]

Auch Erfahrungen aus dem familiären Zusammenleben sind für Luhmann ein Beleg, Psychisches und Soziales als gegenseitige Umwelt zu bestimmen: „So wächst man zunächst in eine Welt hinein, in der die Person zählt. Erst sehr spät, vielleicht sogar nie, beginnt man zu ahnen, daß man gar nicht gewußt hat, mit wem man da zusammenlebt."[32]

Horster verdeutlicht das gegenseitige Umweltverhältnis von Sozialem und Psychischem wie folgt: „Der Unterschied wird deutlich, wenn wir uns klar machen, daß wir die bewußtseinsmäßige Operation anstellen können, daß wir einen ungeliebten Nachbarn umbringen und uns überlegen, wie wir unauffällig die Leiche entsorgen können. Diese Gedanken werden nicht unbedingt Gegenstand der Kommunikation."[33]

2.1.1.2.2 Das psychische System ist als Umwelt eng mit dem Sozialsystem gekoppelt

Auch wenn in operativen Modellen der Mensch als Umwelt eines Sozialsystems behandelt wird, so darf daraus nicht geschlossen werden, dass

---

29 Luhmann 1992a, 140.
30 Luhmann 1990a, 63 (Fußnote ausgelassen).
31 Luhmann 1992a, 140.
32 Luhmann 1988a, 86.
33 Horster 1997, 99-100.

damit die Bedeutung des Menschen für das Sozialsystem unterschätzt wird. Von Vertretern operativer Ansätze wird immer wieder betont, dass soziale und psychische Systeme trotz ihres gegenseitigen Umweltverhältnisses eng aufeinander bezogen sind. Luhmann betont, dass die psychischen Systeme ein Teil der Umwelt sind, „... der für die Bildung sozialer Systeme in besonderem Maße relevant ist."[34] Wie sehr soziale Systeme auf psychische Systeme angewiesen sind, bringt er zum Ausdruck: „Ohne Bewußtsein ist Kommunikation unmöglich. Kommunikation ist *total* (in *jeder* Operation) auf Bewußtsein angewiesen ..."[35] Insbesondere bei kleinen Gruppen, wie am Beispiel der Familie, wird gerne zugegeben, wie eng die Beziehungen zwischen psychischem und sozialem System tatsächlich sind: „Denn das System Familie, in dem derart personorientiert kommuniziert wird, ist hochempfindlich gegenüber eine [sic] Veränderung der Personen."[36] „Zugeben ist auch, daß die Kommunikation in der Familie psychisch leichter reizbar und irritierbar ist als öffentliche Kommunikation."[37] „Das macht die ganze Person für das Familienleben relevant und erklärt die kommunikative Dichte des Systems ..."[38]

Die besondere Rolle, die das psychische System für das Sozialsystem Familie spielt, wird von einigen Vertretern operativer Ansätze dermaßen hervorgehoben, dass insbesondere Luhmann die ursprüngliche These von der Exklusion des Menschen aus dem Sozialsystem aufzugeben scheint. Trotz seines operativen Ansatzes findet sich bei Luhmann daher die Rede von der Inklusion: „Die Funktion der Familie ist somit nach wie vor die gesellschaftliche Inklusion der Vollperson (nie natürlich: der organischen und psychischen Systeme)."[39]

Doch auch wenn hier die Rede von Inklusion ist, und scheinbar ein Widerspruch mit dem eigenen operativen Modell zutage tritt, zeigt der Klammerinhalt im Zitat, dass mit Inklusion nie der Mensch als organisches oder psychisches System gemeint sein kann. Luhmann gebraucht die Ausdrücke „Inklusion der Vollperson", „familiale Inklusion"[40] oder „personale Inklu-

---

34 Luhmann 1984, 346.
35 Luhmann 1997d, 103.
36 Luhmann 1988a, 87.
37 Luhmann 1988a, 80-81.
38 Luhmann 1988a, 75.
39 Luhmann 1988a, 83.
40 Luhmann 1988a, 85-86.

sion“[41] in einem abgewandelten metaphorischen Sinn, der mit dem operativen Ansatz durchaus vereinbar ist. Martens sieht in Luhmanns Rede von der Inklusion den Begriff seiner ursprünglichen Bedeutung enthoben:

> „So weit der Begriff der Inklusion bei Luhmann dennoch verwendet wird, wird er gleichbedeutend mit Interpenetration und meint dann nicht mehr Aufnahme des Individuums in das Soziale, sondern Zur-Verfügung-Stellen von Eigenkomplexität zum Aufbau sozialer Systeme (...). Damit ist die ursprüngliche Bedeutung des Begriffes entfallen.“[42]

Luhmann selbst macht deutlich, dass es sich bei dem Begriff der Inklusion von Personen innerhalb des operativen Systemmodells nur um eine metaphorische Redeweise handeln kann, denn eigentlich sind Personen nichts weiter als das selbstreferentielle Anschließen von Operationen: „Personen sind demnach Strukturen der Autopoiesis sozialer Systeme, nicht aber ihrerseits psychische Systeme oder gar komplette Menschen.“[43]

Wenn daher im Zusammenhang mit operativen Systemmodellen von personaler Inklusion gesprochen wird, ist die stark metaphorische Bedeutung dieses Ausdrucks stets mitzudenken.

2.1.1.3 Exkurs: Luhmanns Verknüpfung von allgemeiner Systemtheorie und der Theorie sozialer Systeme

An dieser Stelle soll kurz darauf eingegangen werden, wie sehr Luhmann seine sozialtheoretische Position aus der allgemeinen Systemtheorie folgert. Damit soll gezeigt werden, wie sehr Luhmanns Position eine systemtheoretische bzw. philosophische ist und weniger eine genuin soziologische Position.

Für Luhmann ist die Verbindung zwischen einer Theorie sozialer Systeme und allgemeiner Systemtheorie sehr eng. Er räumt der allgemeinen Systemtheorie eine gehobene Position ein und ist daran interessiert, Entwicklungen, Entdeckungen und begriffliche Erfindungen, die innerhalb der allgemeinen Systemtheorie gemacht worden sind, in die Theorie sozialer Systeme zu übernehmen. Zwar behauptet er nicht explizit, dass sich eine Theorie sozialer Systeme nach diesen begrifflichen Erfindungen und Ent-

---

41 Luhmann 1988a, 87.
42 Martens 1991, 643-644.
43 Luhmann 1990a, 33.

wicklungen zu richten hat, jedoch legt er diesen Gedanken sehr nahe, wie folgende Aussagen verdeutlichen:

> „Ich bin daran interessiert, Entdeckungen und begriffliche Erfindungen, die in diesem riesigen Bereich der Systemtheorie gemacht worden sind, ausfindig zu machen und auf das Gebiet der Soziologie zu übertragen."[44]
>
> „Vor diesem aktuellen wissenschaftlichen Hintergrund verstehen sich die folgenden Überlegungen als ein Versuch, die Theorie sozialer Systeme auf der Grundlage des Entwicklungsstandes der allgemeinen Systemtheorie zu reformulieren."[45]
>
> „Meine Frage ist nun: Wie sieht eine soziologische Theorie sozialer Systeme aus, wenn sie ernsthaft versucht, sich diesen Theorieentwicklungen zu stellen?"[46]

Luhmann thematisiert die Verbindung zwischen allgemeiner Systemtheorie und einer Theorie sozialer Systeme nicht nur prinzipiell und allgemein, sondern auch ganz spezifisch für den von ihm favorisierten Fall des operativen Ansatzes. Zeigt Luhmann diese Verbindung explizit für den Fall operativer Ansätze, dann fordert er ausdrücklich, dass eine Theorie sozialer Systeme die begrifflichen Erfindungen einer allgemeinen Systemtheorie zu übernehmen hat. Es ist nicht mehr – wie zuvor – nur die Rede von einem Versuch, der unternommen werden kann, um eine Verbindung zwischen beiden Seiten herzustellen, sondern er spricht ausdrücklich von zwingenden Konsequenzen und direkten Folgerungen, also einem direkten Abhängigkeitsverhältnis, in dem die Theorie sozialer Systeme der allgemeinen Systemtheorie gegenüber steht.

> „Die Annahme der überschneidungsfreien Differenz biologischer, psychischer und sozialer Systeme folgt direkt aus dem operativen Ansatz der Systemtheorie."[47]
>
> „... [D]er (individuelle!) Mensch ist immer Teil der Umwelt des Systems. ... Das ist eine zwingende Konsequenz der oben skizzierten systemtheoreti-

44 Luhmann 1988c, 292.
45 Luhmann 1984, 28.
46 Luhmann 1997a, 20.
47 Luhmann 1994a, 480.

schen Ausgangspunkte – so zwingend, daß sich weitere Ausführungen wohl erübrigen."[48]

„Beschreibt man die Gesellschaft als System, so folgt aus der allgemeinen Theorie autopoietischer Systeme, daß es sich um ein operativ geschlossenes System handeln muß."[49]

Luhmann ist sich darüber im Klaren, wie sehr sein operativer Ausgangspunkt in der allgemeinen Systemtheorie für seine weiteren Überlegungen bestimmend ist: „Die Weiche wird mit der Annahme eines operationsbasierten Ansatzes der Systemtheorie gestellt."[50]

2.1.2 Retive Sozialsystem-Modelle

Auch wenn es schon immer Versuche gegeben haben mag, soziale Gruppen als netzhafte Strukturen zu verstehen, so sind explizit netzartige Modelle erst zu Beginn des zwanzigsten Jahrhunderts entwickelt worden. Georg Simmel hat sich als einer der Ersten ernsthaft darum bemüht, Gesellschaft weder als Summe von Individuen noch als normative Einheit zu denken, sondern als dynamische Netzstruktur, welche Individuen verwebt. Erst im Anschluss an Simmel hat sich eine ernsthafte Diskussion über den Netzcharakter von Gesellschaft entwickelt, aus der zahlreiche, zum Teil sehr unterschiedliche Ansätze hervorgegangen sind. Zunächst sind die gestalttheoretischen und feldtheoretischen Ansätze rund um Kurt Lewin, Fritz Heider und Jacob Moreno zu nennen. Gerade Moreno[51] schaffte es mit seinem Soziogramm, die metaphorische Rede vom Netz wissenschaftlich zu fundieren:

„Before Moreno, people had spoken of ‚webs' of connection, the ‚social fabric' and, on occasion of ‚networks' of relations, but no one had attempted to systematize this metaphor into an analytical diagram."[52]

Auch wenn netzhafte Sozialmodelle weniger als Beiträge zur formalen Soziologie entstanden, sondern eher als methodologische Bemühungen zur Aufbereitung von Untersuchungsergebnissen, haben sich die netzhaften

48 Luhmann 1994b, 54.
49 Luhmann 1997d, 92.
50 Luhmann 1994a, 478.
51 Moreno 1954.
52 Scott 1991, 10.

Sozialsystem-Modelle auch in der Soziologie mehr und mehr etabliert, nicht zuletzt durch Fortschritte in der mathematischen Graphentheorie, die einiges zur Verwissenschaftlichung der Modelle beigetragen hat.

Ein weiterer Ansatz, von netzhaften Sozialmodellen zu sprechen, geht von der strukturell-funktionalen Anthropologie Radcliffe-Browns aus. Dort wurde die Metapher des Netzwerks als System sozialer Beziehungen eingeführt und vor allem in den 50er Jahren von der Manchester-Schule der britischen Sozialanthropologie wissenschaftlich präzisiert.

> „Each person is, as it were, in touch with a number of people, some of whom are directly in touch with each other and some of whom are not. [...] I find it convenient to talk of a social field of this kind as a *network*. The image I have is of a set of points some of which are joined by lines. The points of the image are people, or sometimes groups, and the lines indicate which people interact with each other."[53]

Im Unterschied zu Parsons, der sich mit einem einfachen netzhaften Sozialsystem-Modell nicht zufrieden gibt, sondern die Gesellschaft auf ihrer Makroebene als ein System aufeinander bezogener Normen modelliert, wird in der Manchester-Schule auf eine normative Integration als Modell verzichtet. Normen werden in der netzwerkanalytischen Schule daher nicht als etwas betrachtet, was soziales Handeln erklärt, sondern als etwas, was aus der Position von Individuen in Netzwerken sozialer Beziehungen entsteht. Ebenso wenig wie allein persönliche Merkmale von Individuen als konstitutiv für das Netzwerk betrachtet werden, werden in der netzwerkanalytischen Schule Normen zur Erklärung von Handlungen herangezogen. Vielmehr orientiert man sich an dem Durkheimschen Begriff der sozialen Struktur und betrachtet das Netzwerk der sozialen Beziehungen als einen dem individuellen Bewusstsein unbewussten Sachverhalt, der sich auf das individuelle Handeln auswirkt.[54] Vor allem methodische Ausarbeitungen haben diese netzhaften Sozialmodelle Anfang der 70er Jahre durch die sog. Harvard-Strukturalisten um Harrison C. White erfahren, welche sich zunehmend mathematischer Verfahren bedienen und damit zu einer Formalisierung der Netzmodelle beitragen.

---

53 Barnes 1954, 43.

54 Vgl.: Diaz-Bone 1997, 15.

Diese Bemühungen mündeten in die heutige Netzwerkanalyse (social network analysis), wie sie von den Mitarbeitern Whites und seinen Schülern auch in angrenzenden Disziplinen vertreten wird. Als Vorlage für eine Theorie sozialer Systeme dient sie vor allem für Colemann, der als methodologischer Individualist eine Theorie sozialer Systeme entworfen hat, die im angelsächsischen Sprachraum die systemtheoretische Diskussion dominiert.

Im deutschsprachigen Raum ist der Bezug zur netzwerkanalytischen Schule relativ schwach ausgeprägt, was daran gelegt haben mag, dass hierzulande mit Luhmann die Dominanz des operativen Systemmodells derart ausgeprägt war, dass nur Raum für eine seitliche Absetzungsbewegung geblieben ist, wie sie insbesondere von Peter M. Hejl und Jürgen Kriz in der jüngeren Zeit unternommen wurden. Im Folgenden soll ein Abriss dieser Versuche dargestellt werden, um sie anschließend mit der netzwerkanalytischen Schule zu verbinden.

2.1.2.1 Retiver Grundgedanke: das Netz interagierender Individuen

Grundgedanke eines retiven Systemmodells ist das Netz. Das Netz ist die gestaltbildende Einheit des Systemmodells. Ein netzhaftes Sozialsystem-Modell verdeutlicht also, dass weder allein aus Beziehungen noch allein aus den Individuen ein angemessenes Verständnis einer Gruppe erlangt werden kann. Ein Netz kann weder ohne Netzknoten noch ohne Verbindungslinien gedacht werden. Ein Netz ist keine Menge, sondern ein Muster, und daher nur als Gestalt erkennbar und denkbar.

Beispiel eines computersimulierten retiven Sozialsystem-Modells
(Abb. 2.1.2.1.a)

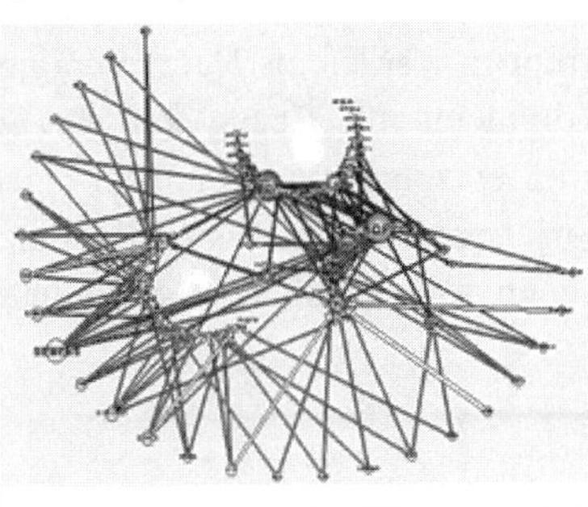

Ein retives Sozialsystem wird als Netz beschrieben, wie zum Beispiel die Interaktionen zwischen kooperierenden Organisationen, wie Krankenhäusern, Firmen, Schulen etc. Die zusammen-arbeitenden Organisationen bilden die Knotenpunkte des Netzes, und die Interaktionen zwischen den Organisationen bilden die Verbindungen dieser Knoten-punkte. Im kleineren Maßstab kann auch eine Selbsthilfegruppe, eine Arbeitsgruppe oder ein Kegelclub als netzhafte

Struktur beschrieben werden. Als Knotenpunkte können die Individuen, und als Verbindungen können die Interaktionen zwischen ihnen bezeichnet werden. Es sind viele weitere Beispiele und Größenordungen von Netzen denkbar.

Im Folgenden soll der Focus auf kleinere Sozialsysteme gelenkt werden, um der Frage nachgehen zu können, was denn als Letztelemente eines Sozialsystems angesehen werden kann. In kleineren Gruppen werden als Ansatzpunkt für das Interaktionsnetz häufig die interagierenden Individuen betrachtet. Ein retives Sozialsystem kann daher in erster Annäherung als Netz interagierender Individuen bezeichnet werden.

Die in der westlichen Diskussionslandschaft am häufigsten behandelten retiven Sozialsystemmodelle basieren auf einer konstruktivistischen Erkenntnistheorie und beziehen sich auf den „radikalen Konstruktivismus" (Glasersfeld, Foerster) oder den „sozialen Konstruktionismus" (Berger&Luckmann, Gergen). Gemeinsam geht es dem „radikalen Konstruktionismus" wie dem „sozialen Konstruktionismus" darum, „... neben dem Zwangscharakter sozialer Verhältnisse (Handeln auf der Basis sozial erzeugter Realitätsdefinitionen) auch den ebenso wichtigen Aspekt der Erzeugung und/oder Veränderung dieser Realitätsdefinition durch soziales Handeln hervorzuheben."[55] Der Unterschied zwischen „radikalem Konstruktivismus" und „sozialem Konstruktionismus" besteht in der unterschiedlichen Gewichtung der individuellen Konstruktionsleistung. Der „radikale Konstruktivismus" schätzt die individuelle Konstruktionsleistung des Einzelnen höher ein als der „soziale Konstruktionismus", welcher den sozialen Charakter einer Konstruktion stärker betont.

Unabhängig von den einzelnen Gewichtungen der Konstruktionsleistung kann das Gemeinsame einer „systemtheoretisch fundierten, ›individualistisch-konstruktivistischen‹ Sozialtheorie"[56] wie folgt beschrieben werden: Gruppen werden als Netz interagierender Individuen verstanden, wobei die Individuen mit Bezug auf ein Sozialsystem-Konstrukt interagieren, das jedes einzelne Individuum in eigener Konstruktionsleistung erschafft. Die Sozialsystem-Konstrukte der einzelnen Individuen sind nicht identisch, jedoch „vergleichbar", also ähnlich im weiteren Sinne.

---

55 Hejl 1987a, 318.
56 Meyer 1994, 22.

Retive Sozialsystem-Modelle gehen davon aus, „... daß soziale Systeme aus Individuen ‚bestehen', daß das Geschehen in den sozialen Systemen also Ausfluß von Handlungen, ‚Realitätskonstrukten', Gefühlen und Interaktionen von Individuen ist ..."[57] Es wird davon ausgegangen, dass die Individuen in das Interaktionsnetz verwoben sind, und deren „... kognitive Prozesse gekoppelt sind an ausgrenzbare Zusammenhänge (‚Netze') bildende Interaktionen ..."[58] Diese Netze bilden die gestaltgebende Einheit des Sozialsystem-Modells, weshalb diese Modelle hier mit dem Attribut retiv ausgezeichnet wurden.

Bei der Ausbildung retiver Sozialsystem-Modelle am konkreten Beispiel kann man zwei Extremfälle unterscheiden: Beobachtung des Netzes über die Interaktionen und über die Interagierenden.

Beobachtung über die Knoten: Bei einer familientherapeutischen Einzeltherapie kommt jeweils nur ein Familienmitglied in das Beratungszimmer des Therapeuten. Nachdem die einzelnen Familienmitglieder ihre Sicht auf den Interaktionsverlauf in der Familie kundgetan haben, kann sich der Therapeut ein Bild machen, in dem neben den Familienmitgliedern auch die Interaktionen vorkommen, über die ihm berichtet wurde. Der Therapeut kann sich also ein Netz interagierender Individuen vorstellen, obwohl er die einzelnen Individuen nie interagieren gesehen hat. Das Sozialsystem-Modell im Kopf des Therapeuten konnte über die Beobachtung der Knoten gebildet werden.

Beobachtung über die Interaktionen: Schaltet man sich live in eine Telefonkonferenz ein, dann kann man hören, wie z.B. die Mitglieder einer Projektgruppe über den Stand ihres Projektes berichten und das weitere Vorgehen planen. Man wird anfangs nichts anderes beobachten können, als aufeinander folgende Äußerungen, die zunächst vielleicht nicht einmal auf die wahre Anzahl der beteiligten Personen schließen lassen. Erst wenn man mit der Zeit die Stimmen eindeutig zuordnen und die Bedeutungen der Äußerungen in einen gemeinsamen Zusammenhang stellen kann, wird man sich als Beobachter ein Bild machen können, wie die Beteiligten sich über ein gemeinsames Thema austauschen. Das Bild eines Netzes von interagierenden Individuen, die mit Bezug auf ein gemeinsames Konstrukt interagieren, verdichtet sich.

---

57 Kirsch 1992, 251.
58 Hejl 1992c, 270.

Doch so sehr im deutspachigen Raum das Netzwerk der Interaktionen hervorgehoben wird, so sehr ist im Anschluss an die netzwerktheoretische Tradition im angelsächsischen Raum zu fragen, ob damit überhaupt die netzhafte Struktur des sozialen Systems angemessen erfasst werden kann. Denn in der netzwerkanalytischen Schule besteht weitgehend Einigkeit, dass nicht die Interaktionen den Stoff für das netzhafte Systemmodell liefern, sondern die dahinter liegenden Beziehungen der Interagierenden. Insbesondere Nadel hat in seiner „Theorie der sozialen Struktur"[59] darauf hingewiesen, dass die wissenschaftliche Leistung des Beobachters gerade darin bestehen muss, hinter den vielen verschiedenartigen Interaktions- und Handlungsformen eine regelmäßige netzhafte Beziehungsstruktur zu erkennen. Im Anschluss an Nadel ist eine soziale Struktur durch nicht anderes gebildet als durch Muster von Beziehungen: „[S]ocial structure is regularities in the patterns of relations among concrete entities; it is *not* a harmony among abstract norms and values or a classification of concrete entities by their attributes."[60]

Damit verfolgt die deutschsprachige Theorie sozialer Systeme einen etwas anderen Schwerpunkt als die angelsächsische Tradition. Im Gegensatz zur deutschsprachigen Diskussion wird im angelsächsischen Sprachraum ein soziales System daher nicht in erster Linie als Interaktionsnetzwerk verstanden, sondern als Beziehungsnetzwerk. Gemeinsam ist in beiden Diskussionskreisen jedoch die Ausrichtung auf netzhafte Muster, in denen der Kern eines Sozialsystem-Modells gesehen wird.

2.1.2.2 Die Stellung des Menschen zum Sozialsystem: Partialinklusion

Die diffizile Frage, wie der Mensch durch ein Sozialsystem-Modell platziert wird, stellt sich auch beim retiven Ansatz. Da ein retives Sozialsystem in erster Annäherung als Netz interagierender Individuen bestimmt wurde, scheint es offensichtlich, dass der Mensch eine Position innerhalb des Sozialsystems eingeräumt bekommt. Im Folgenden wird zu fragen sein, inwiefern tatsächlich von einer Inklusion geredet werden kann und welche Formen der Inklusion möglich sind.

Versteht man eine Inklusion im vollen Sinne des Wortes, dann ist damit gemeint, dass etwas – so wie es ist – in etwas anderes positioniert wird.

---

59 Nadel 1957.

60 White/Boorman/Breiger 1976, 733-734.

Spricht man von der Inklusion eines Individuums in ein Sozialsystem, so wird niemand ernsthaft behaupten wollen, dass das Individuum mit Haut und Haaren „Element“ des Sozialsystems ist. Wäre dies der Fall, so würde bei Haarausfall ein Teil des Sozialsystems verloren gehen, was wohl kaum ernsthaft behauptet werden kann. Es geht also niemals um eine Vollinklusion des menschlichen Individuums in das System, sondern stets nur um Partialinklusion. Wird die Vorstellung einer Vollinklusion kritisiert, trifft dies in keiner Weise retive Sozialsystem-Modelle.

Indem man zwischen einer Vollinklusion und einer Partialinklusion unterscheidet, macht man Gebrauch von dem „seit Durkeim vorliegende[n] Angebot der Unterscheidung zwischen einem psychologischen und einem soziologischen Individuenbegriff”[61]. Eine Theorie sozialer Systeme kann daher von dem Individuum sprechen, ohne den psychologischen (oder den biologischen) Individuumbegriff zu gebrauchen.

Die Partialinklusion kann wie folgt bestimmt werden: Da ein retives Sozialsystem bestimmt ist durch das Konstrukt, das die Individuen miteinander teilen, ist ein Individuum auch nur so weit Komponente eines Sozialsystems, so weit es dieses Konstrukt ausgebildet hat und darauf bezogen zu handeln imstande ist: „Individuen, verstanden als Fleisch-und-Blut-Individuen (...) sind also nur so weit Komponenten sozialer Systeme, wie sie die Wirklichkeitskonstrukte und Verhaltensweisen entwickelt haben, die ein System kennzeichnen.”[62]

Da es für ein Individuum möglich ist, mehrere sozialsystemspezifische Wirklichkeitskonstrukte auszubilden, bereitet es keine Schwierigkeit, Mehrfachmitgliedschaften begrifflich zu fassen. Das Individuum, das über mehrere sozialsystemspezifische Wirklichkeitskonstrukte verfügt, ist soziologisch gesehen der „Schnittpunkt“ sozialer Systeme.[63] In ihm schneiden sich die Sozialsysteme, von denen er eine Komponente ist, weil er über die Wirklichkeitskonstrukte und Handlungsprogramme verfügt, die für diese Sozialsysteme charakteristisch sind. Individuen können auch einer Reihe unterschiedlicher Sozialsysteme angehören, ohne dass ihre Inklusion in verschiedene Sozialsysteme begriffliche Schwierigkeiten bereitet. Damit ist es möglich, Individuen als Basiskomponenten sozialer Systeme zu wählen, wie dies von mehreren Autoren gezeigt wurde: „Coleman, Esser, Hejl,

---

61 Hejl 1992c, 271.

62 Hejl 1993, 86.

63 Vgl.: Hejl 1990c, 218.

Weyer and others ... have demonstrated that actors can be chosen as the basic components of social systems *insofar* as they act on the basis and with regard to collective knowledge, expected expectations, and internalised interpretations of sociocultural determinants of action."[64]

2.1.3 Diskussion

Die folgende Darstellung der gegenseitigen Kritik operativer und retiver Ansätze soll den Zweck erfüllen, sich noch besser in die einzelnen Ansätze und deren Gewichtungen „hineinzudenken". Es ist weder das Ziel, für oder gegen einen Ansatz Stellung zu beziehen, noch Kritik an Positionen zu üben, die einzelne Autoren jenseits ihrer operativen oder retiven Gesinnung haben. Es soll versucht werden, die Personenfixierung – insbesondere die Fixierung auf „pro" oder „contra" Luhmann – etwas abzumildern, um so die charakteristischen Eigenschaften operativer und retiver Ansätze besser herausarbeiten zu können.

2.1.3.1 Argumente gegen retive Sozialsystem-Modelle

2.1.3.1.1 Die Theorie ist überkomplex

Ein zentraler Kritikpunkt an retiven Systemmodellen lautet wie folgt: Da retive Systemmodelle zu viele Sachverhalte in das Systemmodell mit aufnehmen, werden retive Systemmodelle überkomplex und damit unbrauchbar.

Für den Fall eines retiven Sozialsystemmodells liest sich die Kritik wie folgt: Auch wenn der Mensch Bedingung der Möglichkeit eines Sozialsystems ist, ist dies kein Grund, ihn innerhalb des Systemmodells zu thematisieren. Würde man dies tun, käme es zu einem überkomplexen und wenig brauchbaren Sozialsystemmodell. Begründet wird diese Kritik mit folgender Argumentation:

- „Man kann angesichts der Komplexität der Welt nicht alle Bedingungen der Möglichkeit eines Sachverhalts in den Begriff dieses Sachverhalts aufnehmen: denn damit würde der Begriff jede Kontur und jede theoriebautechnische Verwendbarkeit verlieren."[65] Für das Sozialsystem-Modell bedeutet dies: Man kann nicht alle Bedingungen der Möglichkeit eines Sozialsystems in das Modell dieses Sozialsystems aufnehmen.

---

64 S.J. Schmidt 1998, 655.
65 Luhmann 1997a, 21.

- Es gibt keinen besonderen Grund, wieso man den Menschen als Bedingung der Möglichkeit eines Sozialsystems in das Sozialsystem-Modell aufnehmen soll, andere Bedingungen jedoch nicht. Der Mensch hebt sich als Bedingung der Möglichkeit eines Sozialsystems nicht wesentlich von anderen Bedingungen ab. Andere Bedingungen sind zum Beispiel: Existenz von Kohlenstoff, gemäßigte Temperaturen, Erdmagnetismus, atomare Festigung der Materie.[66]

- Man hat also nur die Wahl zwischen zwei Möglichkeiten: Entweder man nimmt zusammen mit dem Menschen noch andere Bedingungen der Möglichkeit in das Modell auf, oder man verzichtet ganz darauf, umfangreiche Bedingungen der Möglichkeit in das Modell aufzunehmen.

- Um zu vermeiden, dass die Brauchbarkeit des Modells darunter leidet, sollte man besser darauf verzichten, umfangreiche Bedingungen der Möglichkeit in das Modell aufzunehmen. Ergo: Um die Verwendbarkeit des Sozialsystem-Modells nicht unnötig einzuschränken, bietet es sich an, auf die Thematisierung des Menschen innerhalb des Modells zu verzichten. Retive Sozialsystem-Modelle sind von daher abzulehnen.

2.1.3.1.2 Ein aus Elementen und Relationen bestehendes Netz ist keine Einheit

Luhmann kann die Einheit eines Systems nur operativ denken, d.h. nur über die Einheit von gleichartigen, aneinander geketteten Operationen. Demgemäß beschreibt er seinen systemtheoretischen Ausgangspunkt in Abhebung von anderen Ansätzen wie folgt:

> „... [E]in radikal *operatives* Verständnis von Systemen als Bedingung für das Begreifen der Einheit eines Systems (im Unterschied zu älteren Systemtheorien, die immer eine Mehrheit von Merkmalen nannten, etwa Element *und* Relation; Struktur *und* Prozess) und die deshalb über die Einheit des Systems keine Aussage machen konnten – es sei denn unter Hinweis auf das bloße ‚und'."[67]

Die Alternativen, in denen Luhmann denkt, sind folgende: entweder eine Operationskette oder eine Menge von Elementen und Relationen.

66 Vgl.: Luhmann 1997a, 21.
67 Luhmann 1994b, 50.

Kritisch anzumerken ist, dass Luhmann hier nicht mit gleichem Maß misst, denn er vergleicht ein kettenhaftes Muster mit einer Menge. Dies ist genauso, wie wenn man eine Melodie mit einem Baukasten vergleicht. Auch dann ist klar, dass die Melodie einheitlicher ist und über mehr Gestaltqualität verfügt als der Baukasten, in dem verschiedene Klötze neben- und aufeinander liegen. Will man mit gleichem Maß messen, dann darf man eine Kette nicht mit einer Menge vergleichen, sondern nur mit einem andersartigen Muster, wie etwa dem Netz als räumliches Muster. Wie sehr die gestalthafte Einheit auch im Räumlichen gesehen werden kann, hat Luhmann selbst deutlich gemacht, wenn er den Raum als ein Sinnmedium der Kunst betrachtet.[68]

2.1.3.1.3 Die Individuen als Knoten des Netzes sind Überreste eines alteuropäischen Substanzdenkens

Doch selbst wenn man zulässt, dass die Rede von Relationen erlaubt ist, findet sich die folgende Kritik: Der Netzgedanke ist veraltet, da die Knoten des Netzes nur als substanzhaftes, statisches Element gedacht werden können, das als Überrest eines alteuropäischen Denkens jedoch aufgegeben werden muss. Unhaltbar ist nämlich „die Vorstellung eines letztlich substantiellen, ontologischen Charakters der Elemente"[69]. Die Vorstellung von einem Netz als Verbindung von Knoten basiert auf „Denkvoraussetzungen, die heute schlechterdings unakzeptabel sind."[70]

Doch selbst wenn man von Relationen in einem System sprechen will, kann man dies laut Luhmann nur dann tun, wenn man nicht von identisch bleibenden, statischen Elementen ausgeht:

> „Komplexe Systeme, die ihre Zeit nutzen müssen, um ausreichende Relationierungen zu erreichen, können nicht angemessen begriffen werden, wenn man als Bezugspunkt ihrer Relationen statische Elemente unterstellt, also Identitäten, die im Wechsel der Relationen dieselben bleiben."[71]

Benno Meyer hat zu Recht darauf hingewiesen, dass Luhmann hier unberechtigterweise zwischen identisch bleibenden Elementen und statischen

---

68 Vgl.: Luhmann 1995b, 179-186.
69 Luhmann 1984, 42.
70 Luhmann 1995a, 167.
71 Luhmann 1981, 55.

Elementen keinen Unterschied macht. Mit Bezug auf obige Aussage formuliert er daher:

> „Diese Argumentation ist nicht schlüssig. Wenn (wie üblich) Akteursysteme (z.B. Menschen) als komplexe, dynamisch stabile Systeme modelliert werden, die sich intern verändern und trotzdem ihre Identität erhalten, so können auch ihre externen Relationierungen als hinreichend schnell wechselnd modelliert und begriffen werden. Ein *identisch* bleibendes Element muß also nicht *statisch* sein."[72]

Luhmanns Abneigung gegen die Vorstellung von Elementen, die in der Zeit identisch bleiben, ist so groß, dass er sie gleich als statisch bezeichnet. Es kommt Luhmann nicht in den Sinn, dass es möglich ist, identisch bleibende Elemente zu denken, die nicht statisch sind.

2.1.3.1.4 Der Relationsbegriff ist wenig brauchbar

Eine weitere Kritik am retiven Modell richtet sich gegen den Relationsbegriff als solchen. Die Kritik lautet wie folgt: Der Netzgedanke ist wenig sinnvoll, da er stets auf einem Relationsbegriff basiert, welcher sich als unbrauchbar und minderwertig herausgestellt hat.

Die Kritik an dem retiven Ansatz basiert also auf der Überzeugung, dass man mit dem Relationsbegriff nicht sonderlich weit kommt. Auch hier kann wieder auf Luhmann Bezug genommen werden: „Ich kann mit dem Beziehungsbegriff immer relativ wenig anfangen."[73] „Mit dem Wort Beziehung hab' ich einen Terminus, der systemtheoretisch ganz blaß ist."[74] „Es gibt daher auch keine Sondersphäre des ‚Dazwischen', der Relation oder des ‚Inter...' – [...]."[75]

> „Der Beziehungsbegriff bildet oft den Ausweg aus einem schon verkorksten Theorieanfang. Der Begriff hat nach alter Auffassung etwas ontologisch Minderwertiges (und doch Ontologieabhängiges) an sich, da er Substanzen (hier eben: Menschen) voraussetzt, die nicht in den Beziehungen aufgehen

72 Meyer 1994, 175 (internen Kapitelverweis ausgelassen).
73 Luhmann 1997c, 171.
74 Luhmann 1997c, 172.
75 Luhmann 1990a, 24.

und auch nicht durch die Beziehungen definiert sind, die ‚zwischen' ihnen bestehen."[76]

Doch selbst wenn man den Relationsbegriff gebraucht und von einem Muster der Relationen oder von einem Relationierungsmuster spricht, dann muss man damit rechnen, dass es zu einer „laufenden Änderung des Relationierungsmusters"[77] kommt, die für eine Beobachtung eines Systems zu wenig Anhaltspunkte verspricht.

2.1.3.1.5 Es kann kein gemeinsames Konstrukt geben

Retive Sozialsystem-Modelle gehen davon aus, dass die Individuen ein gemeinsames Konstrukt ausgebildet haben, auf das sie sich in ihren sozialsystemtypischen Interaktionen beziehen. Kritisiert wird nun aus operativer Sicht gerade die Annahme, dass es zur Ausbildung eines „gemeinsamen Konstruktes" kommen kann. Es kann überhaupt kein Konstrukt geben, weil das psychische System überhaupt kein Gedächtnis hat, in dem das Konstrukt gespeichert sein könnte.[78] Darüber hinaus kann die Formulierung „gemeinsames Konstrukt" selbst als Widerspruch entlarvt werden. Geht man von einer gemeinsamen Realität verschiedener kognitiver Systeme aus, dann – so der Vorwurf – ist das konstruktivistische Paradigma ad absurdum geführt.[79] Ob interner Widerspruch oder nicht, operative Ansätze legen darauf Wert, dass jede Art von basaler Gemeinsamkeit der Systeme ausgeschlossen ist. Zwischen psychischen Systemen kann es daher keine wie immer geartete Gemeinsamkeit geben, und sei es auch nur eine Gemeinsamkeit von Konstrukten. Für operative Ansätze ist es evident, dass „... in keiner Weise und in keinem Sinne ein ‚gemeinsames' (kollektives) Bewußtsein hergestellt werden kann ..."[80].

2.1.3.1.6 Es kann keine retive Gesellschaftstheorie geben

Einer der gewichtigsten Einwände gegen die retiven Sozialsysteme ist der Vorwurf, dass aus einem retiven Ansatz heraus keine Gesellschaftstheorie entwickelt werden kann. Versucht man dies trotzdem, so ist das Ergebnis

---

76 Luhmann 1988a, 76 (Fußnote 2).
77 Luhmann 1984, 77.
78 Vgl.: Pfeiffer 1998, 71.
79 Vgl.: Nassehi 1992, 69.
80 Luhmann 1997d, 82.

eine Theorie der Gesellschaft, die Luhmann als „oktopodistische Gesellschaftstheorie“[81] oder „oktopodeske Theorie der Gesellschaft“[82] bezeichnet. In einer derartigen Theorie

> „... müßte die Gesellschaft als ein riesiger Oktopus erscheinen, als eine Einheit mit nicht nur 8 sondern mit 5 oder 6 Milliarden relativ unabhängigen, jedenfalls gleichzeitig agierenden Organen, die mit einem Minimum an ‚Gehirn' auskommt und im übrigen auch gar nicht das Tempo der Koordinationsvorgänge erreichen könnte, das notwendig wäre, um die riesigen, der Umwelt ausgesetzten Flächen unter Kontrolle zu bringen. Die lokal stimulierten Bewegungen wären viel zu divers und viel zu schnell stimulierbar, um irgendeine Art von Programm, irgendeine Art von Selbststeuerung zu ermöglichen."[83]

Für Luhmann muss eine derartige „oktopodistische“ Gesellschaftstheorie „... entweder auf Realitätsbezug oder auf Erklärung verzichten."[84]

2.1.3.2 Argumente gegen operative Sozialsystem-Modelle

2.1.3.2.1 Sozialtheorie darf nicht auf Kommunikationstheorie beschränkt werden

Da operative Sozialsystem-Modelle einzig und allein von dem Element der Kommunikation ausgehen, wird operativen Ansätzen vorgehalten, die Sozialtheorie ungerechtfertigterweise auf Kommunikationstheorie zu beschränken und damit den Kommunikationsbegriff überzustrapazieren. So scheint für Tyrell „... die Umformulierung der Sozialtheorie in eine Kommunikationstheorie (Kommunikation statt Handeln) nicht ohne erhebliche Strapazierungen des Kommunikationsbegriffs möglich."[85] Indem in operativen Sozialsystem-Modellen nur Kommunikationen den Charakter des Sozialen zugewiesen bekommen, werden „[a]ndere Praxisdimensionen oder Formen gesellschaftlicher Betätigung ... im theoretischen Dispositiv marginalisiert oder ausgeblendet."[86] Die permanente Fokussierung auf Kommunikationen wird zuweilen als „radikale Einschränkung des Gegenstandes

---

81 Luhmann 1994a, 480.
82 Luhmann 1995a, 10.
83 Luhmann 1994a, 480.
84 Luhmann 1994a, 480.
85 Tyrell 1988, 211-212.
86 Barben 1996, 86.

soziologischer Wissenschaft"[87] empfunden. Die Kritik an dem operativen Ansatz zeigt sich somit in der Forderung: Sozialtheorie darf nicht auf Kommunikationstheorie beschränkt werden.

2.1.3.2.2 Fokussierung auf den operativen Anschluss verengt den Blick

Selbst wenn man wohlwollend akzeptiert, dass einzig und allein Kommunikationen Gegenstand soziologischer Wissenschaft sind, dann stellt sich die Frage, wie man bestimmten Forderungen einer operativen Kommunikationstheorie gegenübersteht. Als Erstes wäre die Forderung zu nennen, dass die Kommunikationen eines operativen Systems stets gelungene Anschlüsse vollziehen.

Operative Systeme sind wesentlich dadurch gekennzeichnet, dass Operationen aneinander anschließen und eine Verkettung bilden. Berger spricht mit Bezug auf Luhmann von der „Konzentration der Aufmerksamkeit der Theorie auf das Problem der Produktion anschlußfähiger Kommunikationen"[88] und kommentiert dies wie folgt: „... ‚Anschlußfähigkeit' [wird] zum Grundbegriff und die ‚Sicherung der Anschlußfähigkeit' zur zentralen Sorge dieser Art Theorie."[89] Kritisch bemerkt Schmidt, dass mit der Fokussierung auf Probleme des operativen Anschlusses eine „Aufmerksamkeitsreduktion"[90] einhergeht. Um ein operatives Sozialsystem zu beobachten, müsste man im Bereich der face-to-face-Kommunikation seine volle Aufmerksamkeit darauf richten, wie Argument auf Argument, Antwort auf Frage, Erzählung auf Aufforderung usw. folgen.[91] Dieser Blickwinkel wird als zu beschränkt empfunden, insbesondere deswegen, weil dadurch die Rede von „feedbacks, von Verstärkungsmechanismen, funktionalen Bezügen, desintegrativen Folgen etc."[92] völlig vernachlässigt wird. Auch Barben erkennt diesbezüglich eine Verkürzung und bemerkt im Hinblick auf Luhmanns These von der autopoietischen Reproduktion von Kommunikationen: „Die analytische Fokussierung auf Probleme der Anschlußfähigkeit sozialer Systeme ... schneidet die Reproduktionsproblematik auf diesen Horizont zu, und verkürzt sie entsprechend."[93]

---

87 Stark 1994, 52.
88 J. Berger 1987, 141.
89 J. Berger 1987, 131.
90 S.J. Schmidt 1994, 73.
91 Vgl.: S.J. Schmidt 1994, 73.
92 Berger 1987, 141.
93 Barben 1996, 69-70.

In diesem Zusammenhang gilt es, auf ein weiteres Problem der operativen Anschlussfixierung hinzuweisen. Es herrscht im operativen Lager eine gewisse Unklarheit darüber, ob der Anschluss aus einer Binnen- oder einer Außenperspektive wahrgenommen werden soll oder muss. Knyphausen[94] plädiert z.B. von einem Anschluss nur dann zu sprechen, wenn er aus der Binnenperspektive wahrgenommen wird, Luhmann hingegen scheint der Außenperspektive den Vorzug zu lassen. Folgende Fragen wären daher zu klären: Kann von einem Anschluss nur dann die Rede sein, wenn er aus der Binnenperspektive verstanden wird, oder auch dann (oder nur dann), wenn er von außen beobachtet wird? Wie ist der Fall einzuschätzen, wenn der Anschluss nicht sofort, jedoch nachträglich einige Wochen später festgestellt wird? Hat dann das Sozialsystem zwischenzeitlich existiert? Kann ihm nachträglich Existenz zugesprochen werden?[95]

Grundsätzlich ist anzumerken, dass operative Ansätze es mit der Fokussierung auf Probleme des Anschlusses sich scheinbar zur Aufgabe machen, die Frage zu beantworten, wie Handeln möglich ist. Darauf verweisen die häufigen Fragen nach den „Bedingungen der Möglichkeit"[96] vor allem bei Luhmann.[97] Eher selten sind Fragen der Art: „Wie findet Handeln statt?", etwa derart: „[W]ie setzt sich eine Kommunikationsofferte durch und provoziert Anschlußhandlungen, wird also gesellschaftlich folgenreich? ... Wie kann das Verhältnis zwischen funktional zugeordneten und funktional nicht oder mehrdeutig zugeordneten (sogenannten lebensweltlichen) Kommunikationen bestimmt werden?"[98] Die vernachlässigten Fragen wie Antworten nähren den Gedanken, dass operativen Modellen weniger an Erklärungen gelegen ist, sondern eher an Einordnungen. Darauf wird am Ende der Arbeit noch näher einzugehen sein.

2.1.3.2.3 Typengleichheit der Operationen vernachlässigt die Verschiedenartigkeit des Sozialen

Damit Kommunikationen aneinander anschließen und ein eigenständiges Sozialsystem bilden, ist es gemäß operativem Systemmodell auch erforder-

---

94 Knyphausen 1988, 134.
95 Vgl.: Kirsch 1992, 246-247.
96 Luhmann 1984, 165.
97 Vgl.: Barben 1996, 71.
98 Schmidt 1994, 74; zu der Thematik des Anschlusses aus operativer Sicht: Luhmann 1984, 62.

lich, dass die Kommunikationen der Operationskette „gleicher Art“ sind. Operationen können nämlich nur dann aneinander anschließen, wenn sie typengleich sind. M.a.W.: Da die Einheit des operativen Systems von der Einheit der Operationen abhängt, müssen auch diese Operationen einheitlich sein. Ohne typengleiche Operationen kein Anschluss, ohne Anschluss kein operatives System.

An erster Stelle wäre zu fragen, wie die Gleichartigkeit von Kommunikationen eigentlich festgestellt werden kann. Zu beantworten wären folgende Fragen: Wer ist mit welchen Kriterien in der Lage zu entscheiden, ob zwei Kommunikationen nun gerade noch die Anforderung der Typengleichheit erfüllen oder schon nicht mehr? Kann die Typengleichheit von Kommunikationen tatsächlich immer unabhängig von Ort, Ausrichtung, Inhalt und Bezug der Kommunikation entschieden werden? Hier besteht ein großer Klärungsbedarf, um die Forderung von Gleichartigkeit bzw. Typengleichheit der Operationen zu präzisieren.

Sieht man über die Schwierigkeiten hinweg, die sich aus der Bestimmung gleichartiger Operationen ergeben, kann man bei dem Umgang mit operativen Sozialsystem-Modellen viel Grundsätzlicheres beobachten: die Tendenz, dass bei der Suche nach gleichartigen Kommunikationen die Verschiedenartigkeit des Sozialen bewusst ausgeblendet wird. Barben bringt das mit seiner Kritik an Luhmann wie folgt auf den Punkt:

> „Unabhängig von der Frage, die man Luhmann stellen könnte, wann Operationen denn noch ‚gleich‘ und Elemente gerade noch ‚hinreichend gleich‘ sind, erhält man eine nützlichere Antwort, wenn man der Frage nachgeht, was durch diese Festlegung von der Suche *ausgeschlossen* wird. Es ist beispielsweise die Verschiedenartigkeit der Elemente in einem System – oder einem Systemkomplex –, die Bandbreite ihrer strukturellen Organisation, das Spektrum prozessualer Verknüpfungen, die Vielfältigkeit operativer Steuerungsmechanismen.“[99]

Für Barben geht die Entscheidung für einen operativen Ansatz einher mit erheblichen Einschränkungen der systemtheoretischen Methode:

> „Die theoretischen Vorentscheidungen, die Festlegung auf ‚Gleichartigkeit‘ der Elemente und ‚Selbstreferentialität‘ der Operationen, bedeuten eine Ein-

---

99 Barben 1996, 66.

engung der real erfaßbaren Systeme oder die übermäßige Reduktion ihrer Komplexität – wie auch der möglichen System*theorie*. ... Richtet sich die theoretische Aufmerksamkeit auf ‚hinreichend gleiche' Elemente und Operationen, kann sie sich mit deren Identifizierung *bescheiden*. Der Rest fällt in den komplexen Unterbau des Systems und/oder in seine Umwelt ...“[100]

Die Suche nach hinreichend gleichen Operationen verfällt leicht einem Schubladen-Denken, denn die Mühe konzentriert sich darauf, die Schubladen der entsprechenden Operationstypen zu finden, zu öffnen, die Kommunikationen hineinzulegen und die Schubladen wieder zu schließen. Tyrell spricht von dem Problem,

„... daß man sich nun für ‚alle möglichen' (als selbstreferentiell genommenen) Sozialsysteme auf die Suche nach dem basalen Element, nach Letzteinheiten begeben muß, wobei diese jeweils eine besondere Sorte von Kommunikation zu sein haben. Hier ist die Gefahr nicht fern, daß man unter architektonischen Perfektionsdruck (wie zu Parsons' Zeiten) dahin gerät, Boxen füllen zu müssen und Namen zu verteilen."[101]

2.1.3.2.4 Mangelnde Differenzierung der Operation Kommunikation

Nachdem deutlich wurde, dass operative Systemmodelle wegen ihrem Fokus auf gleichartige Operationen kritisiert werden, bleibt es nicht aus, dass sich eine ähnliche Kritik auch gegen den Kommunikationsbegriff als solchen richtet, und dem operativen Kommunikationsbegriff vorgeworfen wird, dass er wegen seiner Allgemeinheit der faktischen Verschiedenheit der Kommunikationstypen nicht gerecht wird. So wirft Schmidt z.B. Luhmann vor, trotz der enormen Unterschiede nicht (hinreichend) zwischen face-to-face-Interaktionen und medientechnisch vermittelter Kommunikation zu unterscheiden: „Luhmann spricht von Kommunikation, ohne zwischen verschiedenen Kommunikationstypen zu differenzieren. Interaktive mündliche Kommunikation aber operiert grundlegend anders als medientechnisch vermittelte Kommunikation (...)."[102]

Für Schmidt drängt sich der Eindruck auf, als nehme der operative Ansatz diese Differenzierung des Kommunikationsbegriffs vor allem deswe-

100 Barben 1996, 67.
101 Tyrell 1988, 211-212.
102 Schmidt 1994, 75.

gen nicht vor, um davon abzulenken, dass bei genauerer Betrachtung nur einige wenige Kommunikationstypen tatsächlich dem Idealbild der operativen Kommunikation entsprechen, d.h. dem Bild einer Kommunikation, die sich faktisch selbst vollzieht und selbst für ihren Anschluss sorgt. Dieses Idealbild der operativen Kommunikation sieht Schmidt – wenn überhaupt – nur bei Prozessen der Massenkommunikation angebracht.

> „Luhmanns (aktivistische) Redeweise von Kommunikation, die Kommunikation produziert ... macht meines Erachtens nur Sinn, wenn man ‚Massenkommunikationsprozesse' beobachtet, in denen Aktanten in der Tat zunehmend hinter Medienangeboten zurücktreten und sich Medienangebote selbst auf Medienangeboten zu beziehen scheinen – wenn man diese abstrakte soziologische Perspektive anlegt."[103]

Schmidt zweifelt die Brauchbarkeit operativer Systemmodelle besonders für den mikrosoziologischen Bereich an, d.h. für Gruppen und Kleingruppen, in denen face-to-face-Interaktionen eine viel wichtigere Rolle spielen als bei Massenkommunikationsprozessen oder ähnlichen makrosoziologischen Prozessen. Betrachtet man interaktive Kommunikationsprozesse in Gruppen, dann ist es für die Modellierung des Gruppenverhaltens häufig wichtiger festzustellen, wer etwas wie zu wem sagt, als auf die simple Tatsache aufmerksam zu machen, dass Kommunikation sich (ort- und richtungslos) ereignet. Aus diesen Gründen wird die Brauchbarkeit operativer Systemmodelle zur Beobachtung von interaktiven Kommunikationen, wie sie in Kleingruppen die Regel sind, häufig angezweifelt. Bei Schmidt heißt es entsprechend: „Eine Beobachtung interaktiver Kommunikationen dürfte kaum möglich sein ohne Beobachtung von Kommunikanden, auf die Kommunikationsakte als Handlungen zugerechnet werden."[104]

> „[Daher] scheint es mit Blick auf interaktive Kommunikation wenig plausibel zu sein, auf den Handlungsaspekt und den Aktantenaspekt zu verzichten. Ein zu hoch abstrahierter Kommunikationsbegriff würde dann nur noch das Vorliegen der (oben genannten) Grundkonstellationen bzw. das Vorliegen ‚sinnhafter Sozialität' konstatieren, erlaubte aber keine empirische Detailforschung, wie sich Kommunikationsprozesse vollziehen, welche Bedin-

---

103 Schmidt 1994, 75.
104 Schmidt 1994, 75.

gungen dabei zusammenwirken, welche Voraussetzungen erfüllt sein müssen, welche Folgeprozesse auftreten u.ä.m."[105]

2.1.3.2.5 Unbrauchbarkeit für Berater und Therapeuten

Zum Abschluss soll die größtenteils theoretisch motivierte Kritik am operativen Modell durch eine Kritik ergänzt werden, die von denjenigen geäußert wird, die tagtäglich von beruflicher Seite aus mit Interaktionsprozessen in Gruppen zu tun haben. Die Rede ist von Familientherapeuten und Organisationsberatern, die sich in den letzten Jahren immer zahlreicher an der Diskussion beteiligen und immer wieder zur Bodenhaftung der teilweise sehr abstrakten Diskussion um Systemmodelle beitragen. Im Folgenden soll die Kritik zusammengestellt werden, die von ihrer Seite dem operativen Sozialsystem-Modell entgegengebracht wird.

Häufige Zielscheibe der Kritik ist – wie kaum anders zu erwarten – die mangelnde Berücksichtigung des Menschen innerhalb operativer Sozialsystem-Modelle. Sehr einfach zusammengefasst lautet die Kritik: „Da wir jeden Tag mit Menschen in Gruppen zu tun haben, können wir mit einer Theorie wenig anfangen, bei der der Mensch – wenn überhaupt – nur als Umwelt vorkommt." Insbesondere Luhmanns Theorie wird daher nur für begrenzt übertragbar gehalten.

> „[E]ine Grenze der Übertragbarkeit liegt darin, daß Luhmanns Theorie sozialer Systeme eine soziologische Perspektive bietet, bei der der handelnde Mensch als Subjekt nicht in den Blick kommt. Beratung aber muß zwangsläufig einmal auf die Personen des sozialen Systems ausgerichtet sein. Und das erfordert eine andere systemtheoretische Grundlegung."[106]

Auch die Fokussierung auf den kommunikativen Anschluss, die mit dem operativen Ansatz einhergeht, wird von Familientherapeuten und Beratern kritisiert. Kriz stellt fest, dass

> „... Handlungen in Familien oft weniger als ‚Anschluss' bzw. ‚adäquate Reaktionen' auf beobachtbare vorangegangene Handlungen zu verstehen sind, sondern vielmehr durch Erwartungsstrukturen bestimmt werden, die sich im Laufe der Co-Evolution der Personen zu einer Familie herausgebil-

---

105 Schmidt 1994, 83 (Klammer nicht im Original).
106 König/Volmer 1996, 30-31.

> det haben. D.h. die Handlungen folgen oft der Psycho-Logik kognitiver Erwartungsstrukturen und weniger Beobachter-objektiven Erwartungen über sinnvolle ‚Reaktionen' auf eine vorangegangene Handlung eines anderen."[107]

Für Kriz würde „... bei einer Beschränkung der Betrachtung auf den ‚Anschluß' von kommunikativen Handlungen wesentliches verloren gehen."[108]

Als weiterer Kritikpunkt wird angebracht, dass man für die Beobachtung eines operativen Systems vor allem dessen Geschlossenheit im Blick haben muss. Dieser Blick auf die Geschlossenheit des Systems ist für Therapeuten und Berater aber eher uninteressant: „Die konsequente Anwendung seines Autopoiesis-Konzeptes verlangt von Luhmann, daß er sich ganz auf den Nachweis der *Abgeschlossenheit* des Systems, der Undurchlässigkeit der Grenze, konzentriert. Therapeuten interessiert aber nicht so sehr, *daß* das System Familie Grenzen hat ... "[109]

Mehr als die Abgeschlossenheit des Systems interessiert Familientherapeuten und Berater, nach welchem Muster sich Interaktionen in der Familie ereignen und wie psychische oder physische Veränderungen damit einhergehen. Wenn zum Beispiel eine Familie das Beratungsgespräch sucht, weil das Kind an Bulimie leidet, dann hilft es dem Therapeuten wenig, wenn er sich auf das Konstatieren der Systemgrenzen konzentriert und feststellt, dass diese drei ein operational abgeschlossenes Familiensystem bilden. Wichtiger als das Konstatieren der Grenze ist die Beantwortung solcher Fragen wie z.B.: Wie gehen die Familienmitglieder in Konfliktsituationen miteinander um? Welche Interaktionsmuster gehen einem Bulimie-Anfall voraus? Was denken die Familienmitglieder, in welcher Beziehung sie zu anderen stehen? Das therapeutische Bemühen richtet sich daher weniger auf das Konstatieren von Systemgrenzen, als vielmehr auf die Beobachtung von Beziehungs- und Interaktionsmustern, da die Erfahrung gezeigt hat, dass mit Veränderungen dieser Muster auch die Heilung psychischer und sogar körperlicher Leiden möglich ist.

---

107 Kriz 1990b, 102.
108 Kriz 1990b, 102.
109 Kriz 1988, 100.

> „Die systemische Familientherapie betrachtet und behandelt den Menschen in seinen Beziehungen zu seinen Familienmitgliedern, d.h. im System ‚Familie'. Sie tut dies in der durch die Erfahrung bestätigten Annahme, daß die Einwirkung auf die Interaktion, um diese zu verändern, imstande ist, Probleme oder Leiden eines oder mehrerer Familienmitglieder oder der ganzen Familie zu lindern oder zu beseitigen."[110]

Aus dem Gesagten ergibt sich, dass operative Sozialsystem-Modelle für Familientherapeuten und Berater nur von beschränktem Nutzen sind. Aus dieser Einstellung heraus, nennt Ludewig das, was die Theorie Luhmanns von einem Familientherapeuten verlangt, eine „allzu beschwerliche Abstraktionsleistung"[111]. Auch Kriz nimmt diesbezüglich kein Blatt vor den Mund:

> „Die besondere Leistung der Luhmannschen Systemtheorie um das Autopoiesis-Konzept trifft nicht das, was Therapeuten vorwiegend interessiert und letzteres, andersherum, läßt sich mit dieser Theorie nicht konzeptualisieren."[112]

---

110 Merl 1990, 221.
111 Ludewig 1988, 104.
112 Kriz 1988, 100.

2.2 JAPANISCHE KLEINGRUPPEN ALS SOZIALSYSTEM UND DAS ‚ORTHAFTE' IM JAPANDISKURS

2.2.1 Kleingruppenkultur in Japan

2.2.1.1 Jenseits vom Kollektiv?

Der wohl am häufigsten gebrauchte Begriff, mit dem die japanische Gesellschaft zu beschreiben versucht wird, ist der Begriff des „Kollektivismus" (*shûdanshugi*). Auch wenn Uneinigkeit darüber besteht, was mit „Kollektivismus" eigentlich gemeint ist[1], so legt der Begriff und dessen Verwendung zur Beschreibung der japanischen Gesellschaft nahe, dass Kollektive als Großgruppen die zentralen Einheiten des gesellschaftlichen Lebens in Japan sind. Dieser Auffassung wurde und wird häufig widersprochen. Die Kritik an der Vorstellung, dass die Zugehörigkeit zu einer kollektiven Großgruppe bestimmendes Merkmal der japanischen Gesellschaft ist, soll im Folgenden exemplarisch am Beispiel von Kurt Singer und Nakane Chie vorgestellt werden.

Für Singer hat die Konzentration der Japaner in kleine Gruppen einen dermaßen hohen Stellenwert, dass er eines von seinen drei „Gesetzen", mit denen er die japanische Gesellschaft charakterisiert, als das „Gesetz der kleinen Zahl"[2] bezeichnet. Er versucht mit diesem Ausdruck deutlich zu machen, dass Japaner in einem viel stärkerem Maß als dies in westlichen Gesellschaften der Fall ist, auf kleine Gruppen fixiert sind und eine deutliche Abneigung gegen große Gruppen verspüren.

> „Anders als die westlichen Menschen, die von der griechischen *agora*, dem römischen *forum*, den mittelalterlichen Rathäusern und modernen Parlamenten, der katholischen Kirche, dem Heiligen Römischen Reich oder den verschiedenen Sozialistischen Internationalen geformt wurden, scheinen die Japaner eine instinktartige Abneigung gegen große Vereinigungen zu verspüren. Sie fühlen sich in großen Konferenzen unwohl und ziehen das Gespräch von Mensch zu Mensch vor, in dem sie ihre natürlichen Fähigkeiten beweisen und sich wie zu Hause fühlen können. Sie nehmen nicht einmal ihre Mahlzeiten gern in großen Speisesälen ein, in denen sich mehr als eine Gruppe aufhält. Unter Universitätsstudenten, die an einer Vorlesung teil-

---

1 So weist z.B. Yamaguchi (1994, 178) deutlich auf Klärungsdefizite hin: „There is no consensus on the definition of collectivism among Japanese researchers (Hamaguchi & Kumon, 1982) or Western researchers."

2 Singer 1991, 165.

nehmen, werden nur diejenigen, die von derselben *kôtôgakkô [Oberschule]* stammen, leicht miteinander ins Gespräch kommen. Zwischen Wissenschaftlern, die auf demselben Gebiet arbeiten, gibt es beträchtlich weniger Austausch und Zusammenarbeit als unter europäischen Kollegen."[3]

Wie hinderlich die japanische Kleingruppenfixierung für das Funktionieren großer Vereinigungen ist, zeigt Singer am Beispiel des Militärs und der politischen Parteien. Im Militär kam es häufig zu Zersplitterungen und zu Missachtung kaiserlicher Verordnungen. Politische Parteien haben häufig den Charakter von Splittergruppen, die statt den Staatsinteressen private und persönliche Interessen der Parteimitglieder verfolgen. In all diesen Phänomene zeigt sich für Singer, dass die Kleingruppenorientierung trotz übergeordneter Vereinigung dominant bleibt: „Der Geist der kleinen Gruppe behauptet sich sogar in diesen größeren gesellschaftlichen Einheiten ..."[4]. Singer benennt den Grund dafür gleich mit: „Es ist schwierig, die Japaner auf Loyalitäten abstrakter Art zu verpflichten: auf eine Idee, eine Glaubensüberzeugung, eine Ordnung, ein Gesetz, die in der Praxis unbegrenzte Gültigkeit besitzen."[5] Zu derartigen Loyalitäten, die auf Japaner nur schwerlich Eindruck machen, zählt er ebenso blutsverwandtschaftliche Beziehungen. Er äußert Zweifel daran, „... ob die wirkliche Bedeutung dieser blutsverwandtschaftlichen Bindungen nicht oft überschätzt worden ist."[6] Sogar im Vergleich mit der modernen westlichen Gewichtung von Verwandtschaftsverhältnissen spiele die leibliche Verwandtschaft in der japanischen Familiengeschichte nur eine geringe Rolle. Die Vorstellung, dass Japan eine große Volksfamilie bilde, bezeichnet Singer als „Mythos", der nie ganz wörtlich genommen wurde, „... außer von engstirnigen Fanatikern und unerfahrenen Ausländern."[7]

Ebenso wie Singer hebt Nakane hervor, dass in Japan Großgruppen häufig nicht viel mehr sind als ein Sammelsurium von Kleingruppen (*shôshûdan*). Nicht die Mitgliedschaft in Großgruppen, wie einem Konzern, einer Partei oder einem Verein ist bestimmend für das Sozialleben in Japan, sondern die Teilnahme an kleinen überschaubaren Gruppen. Die

3 Singer 1991, 165.
4 Singer 1991, 171.
5 Singer 1991, 166-167.
6 Singer 1991, 175.
7 Singer 1991, 182.

Größe und die Besonderheiten dieser Kleingruppen sei mit einem (bislang unübersetzten) längeren Zitat von Nakane verdeutlicht:

> „Die ideale Größe der Kleingruppen ist fünf bis sieben Leute. Wenn es mehr als zehn werden, dann bilden sich auch weniger vertraute Beziehungen und es entstehen gewöhnlich informale Sub-Gruppen. Selbstverständlich sind Kleingruppen an sich häufig schon informal. Aber gewöhnlich besteht ihre Eigenschaft darin, dass sie den gemeinsamen Ort (*ba*) teilen (zumindest ist die Kommunikation sehr intim) und dies ist bei Arbeitskollegen überwältigend häufig.
>
> Zwischen fünf bis sieben Mitglieder ist die Größe, in der die Mitglieder ohne Scheu ihre eigene Meinung und Gefühle ausdrücken können, eine wechselseitige Kooperation sinnvoll stattfinden kann, und sich ein zufriedenstellender Entscheidungsfindungsprozess ausbilden kann. Dies ist nämlich die Größe, bei der man sich jederzeit treffen und beraten kann, und auch bei kleinen alltäglichen Angelegenheiten mit Sympathie (*kyôkan*) reagieren kann. Wenn es über zehn Leute werden, dann wird eine derartige Sache schwierig. Auch bei den Bauerndörfern im ganzen Land gibt es Subgruppen, die ‚Verbund' (*kumi*) oder ‚Nachbarschaft' (*tonari*) genannt werden, welche nur aus einige Häusern bestehen. (Wenn es mehr als zehn Häuser sind, dann teilen sie sich gewöhnlich in Subgruppen auf, oder die Subgruppen überlappen sich und die kooperierenden Einheiten sind auf fünf bis sechs Häuser beschränkt.)
>
> Auf der anderen Seite sind Kleingruppen, die aus zwei bis drei Personen bestehen, zu klein, weil bei zwei bis drei Leuten weder eine Atmosphäre (*fuinki*) noch eine Stimmung (*kibun*) aufkommt. Inder sagen, dass die Meinung von fünf Leuten der Meinung von Gott gleichkommt, und schätzen die Anzahl von fünf Leuten hoch. Wenn man zu fünft ist, dann kann man verschiedene Meinungen haben, die Persönlichkeiten können sich unterscheiden und man kann eine lebhafte Atmosphäre erzeugen und dadurch auch Spannungen auflockern. Besonders für die Japaner, die keine individualistische Kultur haben und gegenüber Fremden leicht ein Unbehangen fühlen, ist die Existenz dieser Atmosphäre etwas genauso Unabdingbares, wie die Luft für den menschlichen Körper.
>
> Wenn Japaner als Individuen aufblühen, ohne Anspannung die Gesellschaft genießen und ihre Arbeit verrichten, dann befinden sie sich (nicht nur physisch, sondern auch sozial) immer inmitten einer solchen Kleingruppe. Man

> kann ohne Übertreibung sagen, dass jeder mehr oder weniger einer derartigen Kleingruppe (oder zumindest einer ähnlichen Kleingruppe) angehört."[8]

Mit der Fokussierung auf Kleingruppen sind Singer und Nakane wahrlich nicht alleine. Eine Vielzahl von Autoren hebt die besondere Rolle der Kleingruppen für das Sozialverhalten der Japaner ebenso hervor: Schubert spricht von der „Partikularisation des sozialen und politischen Lebens in der Kleingruppenkultur"[9]. Deutschmann bezeichnet die japanische Kleingruppenkultur als ein „empirisch-historisches Phänomen"[10] und spricht von der „Reduktion des Lebens auf den Kreis sozialer Subkulturen"[11]. Er erläutert dies wie folgt: „Von der Kindheit über die Schule bis zum Eintritt in das Erwachsenenleben entfaltet sich das Leben in kleinen familienanalog strukturierten Gruppen mit eindeutig definierten Loyalitäten und Hierarchien, die dem Individuen zwar emotionale Nähe bieten, es aber nicht im westlichen Sinne ‚erwachsen' werden lassen."[12]

All diese Beschreibungen legen nahe, dass der Begriff des Kollektivs zur Beschreibung des japanischen Soziallebens ungeeignet ist, zumindest solange damit eine unüberschaubare Großgruppe mit mehreren Dutzend Mitgliedern gemeint ist. Statt eine Großgruppe als soziale Einheit anzusetzen und nach allgemeinen Regeln zu suchen, die für das Sozialverhalten der Mitglieder bestimmend ist, bietet es sich zu Beschreibung des Sozialverhaltens in Japan an, den Blick auf überschaubare Kleingruppen zu richten und diese – unter Vermeidung solcher Begriffe wie „Kollektivismus" – näher zu beschreiben. Genau dies soll in den folgenden Ausführungen geschehen.

2.2.1.2 Jenseits von Rolle?

Neben dem Begriff der kollektiven Großgruppe ist der Rollenbegriff ein weiterer häufig verwendeter sozialwissenschaftlicher Begriff, mit dem versucht wird, charakteristische Merkmale des Sozialverhaltens in Japan deutlich zu machen. Indem bei der Beschreibung der japanischen Gesellschaft häufig solche Ausdrücke gebraucht werden wie „Rollennarzismus"[13]

---

8 Nakane 1978, 24-25 (Übersetzung T.L.).
9 Schubert 1992, 207.
10 Deutschmann 1987a, 145.
11 Deutschmann 1987b, 13.
12 Deutschmann 1987b, 211.
13 Vgl.: De Vos 1973.

oder „Rollenperfektionismus“[14], entsteht der Eindruck, als ob Japan ein Land ist, für das der Rollenbegriff geradezu wie geschaffen sei. Die dominante Ausrichtung auf den Rollenbegriff ist bei vielen Autoren erkennbar, nicht zuletzt auch bei Schubert[15], dessen Untersuchung bemerkenswerte Einblicke in die japanische Gesellschaft erlaubt. Unabhängig von der Frage, ob es in Japan gesellschaftliche Phänomene gibt, die mit dem Rollenbegriff hinreichend beschrieben werden können, soll hier diskutiert werden, inwiefern der Rollenbegriff hilfreich ist, um das Verhalten in japanischen Kleingruppen, wie z.B. einer Gruppe am Arbeitsplatz, verständlich zu machen.

Am ausführlichsten hat sich Nakane dieser Frage gewidmet. In ihrem populärsten Buch „Die Struktur der japanischen Gesellschaft“ schreibt sie ein eigenes Kapitel über „[d]ie undifferenzierte Rolle des einzelnen Gruppenmitglieds“[16], und versucht am Beispiel einer Arbeitsgruppe aufzuzeigen, dass es in derartigen Gruppen häufig zu einem Wechseln der Rollen kommt. Sie stellt fest, dass es zwar eine formelle Organisation der Gruppe gibt, die jedem Mitglied eine bestimmte vorgeschriebenen Rolle zuweist, in „... der Praxis jedoch, besitzt die informelle Gruppenorganisation Priorität, und solche formal vorgeschriebenen Funktionen werden nicht immer in einer Weise erfüllt, wie es zu erwarten wäre. Die tatsächliche Rolle eines einzelnen entspricht nicht immer oder notwendigerweise seinem Rang oder Status.”[17] Nakane macht deutlich, das sich die von ihr untersuchten Gruppen gerade dadurch auszeichnen, dass es keine klare Rollenverteilung gibt: „Das kennzeichnende Charakteristikum der Funktionsweise der Gruppe, so zeigt sich, ist das Fehlen klar voneinander unterschiedener Rollen entsprechend der jeweiligen Stellung des einzelnen.”[18] Nakane gibt folgendes Beispiel:

> „Japaner (mich eingeschlossen) überrascht es oft, wie einem im Westen selbst eine kleine Bitte von jemanden abgeschlagen wird, der seinen Platz neben demjenigen hat, der eigentlich der Verhandlungspartner sein müßte, im Moment aber gerade beschäftigt oder abwesend ist. Als Japaner reagiert man darauf mit Ratlosigkeit und mit Unverständnis, warum der Beamte eine

14 Vgl.: Befu 1986.
15 Schubert 1992.
16 Nakane 1985, 113-120.
17 Nakane 1985, 113-114.
18 Nakane 1985, 113.

> so einfache und geringfügige Bitte mit der Bemerkung zurückweist, er sei dafür nicht zuständig. Wäre er auf die Bitte eingegangen, so wäre alles viel leichter gewesen. In diesen Dingen finden die Japaner den Westen unerwartet starr, wenn sie sich auch gezwungen sehen, die westliche Fähigkeit zu bewundern, die verschiedenen Aufgabenbereiche so säuberlich zu unterteilen und voneinander abzugrenzen."[19]

Interessante Aussagen zum Thema Rolle lassen sich auch bei Kimura Bin finden, der die Unterschiede im Schulderleben zwischen Deutschen und Japanern insbesondere am Arbeitsplatz untersucht. Er stellt dabei fest, dass das Schulderleben zwischen Deutschen und Japanern sehr unterschiedlich ist. Sein Ergebnis: Im Unterschied zu deutschen Arbeitskollegen, bei denen das Schulderleben nur sehr schwach ausgebildet ist, ist dieses bei japanischen Arbeitskollegen sehr intensiv und häufig. Den Grund dafür sieht er u.a. in dem fehlenden Rollenbewusstsein in einer typisch japanischen Arbeitsgruppe.

> „Daß das Schulderleben, seinen Arbeitskollegen gegenüber in einer Schuld zu stehen, bei den Deutschen überhaupt nicht vorkommt, ist hochinteressant. Vermutlich hängt dies unmittelbar mit der Auffassung des Anstellungsverhältnisses als eines Vertragsverhältnisses sowie mit dem aus der Rollen- und Arbeitsteilung resultierenden Bewußtsein von Unabhängigkeit und Gleichberechtigung zusammen."[20]

Kimura macht also die fehlende Rollen- und Arbeitsteilung in japanischen Arbeitsgruppen verantwortlich dafür, dass es zu diesem merklichen Unterschied im Schulderleben zwischen deutschen und japanischen Arbeitskollegen kommt. Kimura sieht damit die Beobachtung Nakanes, dass es in Arbeitsgruppen zu keiner klaren Rollenverteilung kommt, durch seine empirischen Ergebnisse bestätigt. Kimura verleiht diesem Umstand deutlich Ausdruck: „Daß in der japanischen Gemeinschaft am Arbeitsplatz ein solches Vertrags- und Arbeitsteilungs- bzw. Rollenbewußtsein fehlt, wurde auch von Nakane Chie und anderen festgestellt."[21]

Folgt man den Betrachtungen von Kimura und Nakane, dann kann man zusammenfassend wie folgt formulieren: In japanischen Arbeitsgruppen

---

19 Nakane 1985, 115.
20 Kimura 1995, 53-54.
21 Kimura 1995, 54.

gibt es – wenn überhaupt – nur ein sehr schwaches Rollenbewusstsein. Dies ist darauf zurückzuführen, dass es in der Arbeitsgruppe aufgrund der häufigen Rollenwechsel zu keiner klaren Rollenverteilung kommt.[22] Das Sozialverhalten in japanischen Kleingruppen insbesondere am Arbeitsplatz kann daher nicht angemessen mithilfe des Rollenbegriffes bestimmt werden.

2.2.1.3 Jenseits von Hierarchie?

Wenn denn der Rollenbegriff unangebracht ist, um das informelle Sozialverhalten in japanischen Kleingruppen zu beschreiben, dann bietet es sich an, auf den Hierarchiebegriff auszuweichen, und das Sozialverhalten innerhalb einer Kleingruppen als „hierarchisch strukturiert" zu beschreiben. Diese Möglichkeit liegt insbesondere deswegen nahe, weil Nakane, als eine der prominentesten Vertreterinnen des Japandiskurses, den Gedanken einer vertikalen Gesellschaft geprägt hat, die sich durch unterschiedliche hierarchische Rangstufen auszeichnet. Häufig wird das charakteristische Merkmal japanischer Gruppen daher in ihrer hierarchischen Struktur gesehen. Angefragt werden soll hier, ob das Verhalten in japanischen Kleingruppen tatsächlich über den Hierarchiebegriff angemessen zu verstehen ist, und welche Missverständnisse eine solche Charakterisierung auslösen könnte.

Auch wenn man sich mit der Vorstellung einer hierarchischen Gruppenordnung auf Nakane bezieht, so ist deutlich hervorzuheben, dass Nakane die ordnungsstiftende Rolle des Rangsystems nur im Falle des Außenkontaktes mit anderen Gruppen hervorhebt.[23] Für den Außenkontakt von Gruppen spielt es tatsächlich eine entscheidende Rolle, welchen Rang man in

---

22 Das Fehlen einer klaren Rollenverteilung in einer japanischen Gruppe wird häufig in Verbindung gebracht mit dem Fehlen einer klaren Abgrenzung zwischen einzelnen Zimmern in einem japanischen Haus. So heißt es z.B. bei Kimura: „Das japanische Haus (*ie*) bildet zwar ein klar vom Draußen der Straße unterschiedenes Innen, aber in diesem Innen selbst gibt es überhaupt keine eigenständigen Zimmer. Selbst die meisten der neuen Apartment- und Mietwohnungen haben keine eigenen Zimmer mit Schlüssel. ... Daß es im japanischen Haus keine Einzelzimmer im europäischen Sinne gibt, steht in einem tiefen Zusammenhang mit dem Selbstbewußtsein des einzelnen Menschen. Im europäischen Haus hat jeder sein eigenes Zimmer, d.h. jeder hat einen Raum, der allein ihm gehört und den ohne die Erlaubnis des Betreffenden nicht einmal die Eltern oder Geschwister betreten dürfen. Im japanischen Haus gibt es keine solchen Räume. Das Arbeitszimmer des Hausherrn kann sowohl als Gästezimmer wie auch als Schlafzimmer, im schlimmsten Fall sogar als Spielzimmer für die Kinder verwendet werden." (Kimura 1995, 156-157)

23 Vgl. Nakane 1985, 98.

der Gruppe innehat. Nakane gibt ein Beispiel: „Ein Untergebener kann um noch so viel einflussreicher und fähiger sein als sein Führer, er darf ihm doch in Anwesenheit Dritter nie anders als mit der allergrößten Ehrerbietung begegnen; ..."[24] So wichtig das Rangsystem für den Außenkontakt ist, so unwichtig scheint es für das Verhalten innerhalb einer Gruppe zu sein: „Im privaten Umgang kann der Untergebene seinem Vorgesetzten gegenüber jeden nur denkbaren Ton anschlagen, und dieser kann vor einem kompetenten Untergebenen ruhig seine Schwächen zeigen."[25] Versucht man daher das informelle Sozialverhalten *innerhalb* einer Gruppe zu beschreiben, so muss deutlich sein, dass hier der Hierarchiebegriff seine Grenzen hat, denn mit ihm ist nicht deutlich zu machen, wieso es zu einer „unklaren Abgrenzung der Funktion des Führers und des Untergebenen"[26] kommt. Betrachtet man nur die offiziell und nach außen bestehende Rangordnung, kann das tatsächliche, informelle Verhalten der Gruppenmitglieder oft nicht erfasst werden: „Mithin spiegeln Rang und Stellung der einzelnen Gruppenmitglieder nicht immer unbedingt wider, wie die Gruppe tatsächlich funktioniert, so daß es einem Außenstehenden ohne genaue Kenntnis der Gruppe oft schwerfällt zu erkennen, wer eigentlich wofür zuständig ist."[27]

Das Verhalten *in* den Gruppen muss nahezu unverständlich bleiben, wenn man als Beobachter nur die hierarchische Ordnung in den Blick nimmt, die nach *außen* hin dargestellt wird. Auch wenn Nakane den Begriff „vertikale Gesellschaft" gebraucht, behauptet sie nicht, dass das informelle Verhalten der Gruppenmitglieder über ein vertikales Rangsystem verständlich gemacht werden könne. Es ist ein Missverständnis anzunehmen, dass Nakane mit dem Begriff „vertikale Gesellschaft" auch dieses gruppeninterne Verhalten verständlich machen wolle.[28] Auch Kawai Hayao sieht hier häufig Anlass für ein Missverständnis.

---

24 Nakane 1985, 98.

25 Nakane 1985, 98-99.

26 Nakane 1985, 101.

27 Nakane 1985, 98.

28 Den zahlreichen Missverständnissen, die sich an Nakanes frühem Werk entzündet haben, versucht sie in einer späteren (bislang unübersetzen) Arbeit Paroli zu bieten, indem sie den Begriff „vertikale Beziehung" bis zur Unkenntlichkeit aushöhlt: „Eine wichtige zwischenmenschliche Beziehung, die ich als vertikale Beziehung bezeichnet habe, ist nicht etwas, bei dem der Untergebene dem Übergeordneten gehorcht, sondern sich mit ihm verbindet und mit ihm eine Gruppe bildet." (Nakane 1978, 87 Übersetzung T.L.)

„[E]s fällt mir auf, wenn ich gelegentlich mit Studenten spreche, daß sie den Begriff ‚vertikale Gesellschaft' oft falsch verwenden. Sie benutzen den Begriff ‚vertikale Gesellschaft' im Sinne einer Struktur der Herrschaft von oben, die auf Macht basiert. Das ist ein grundsätzliches Mißverständnis."[29]

Das Verhalten in einer Gruppe ist für Kawai nicht Ausdruck einer auf Macht basierten Hierarchie, sondern vielmehr eines ausgeglichenen Ganzes, für dessen Aufrechterhaltung der Ranghöhere verantwortlich ist. „In Japan ist er [der Chef] eher Schlichter als Führer, und er muß nicht unbedingt Macht und Autorität besitzen. Ihm obliegt eher, das Ganze im Gleichgewicht zu halten, als sich auf die eigenen Führerfähigkeiten zu verlassen."[30] Um das tatsächliche Verhalten in einer Gruppe zu verstehen, darf man sich daher nicht auf die nach außen bestehende Rangordnung stützen, sondern muss eher auf der Suche sein nach einem ausgeglichenen Zustand im Inneren der Gruppe, für den insbesondere der Vorgesetzte verantwortlich ist. Nimmt man Letzteres in den Blick, dann verwundert es auch nicht, wenn man beobachtet, dass z.B. junge Ingenieure in Arbeitsteams ungeniert ihre Meinung äußern und auch ranghöheren Teammitgliedern widersprechen[31], oder sich auch anderswo in der japanischen Gesellschaft ein Verhalten beobachten lässt, bei der die Orientierung an Rangordnungen anscheinend keine Rolle spielt: „Abends spielt der Inhaber eines Geschäfts oder Hotels mit seinen Angestellten Billard, ohne jedes Gefühl der Herablassung oder Leutseligkeit gegenüber seinen Untergebenen. ... Hausangestellte werden von den Gästen behandelt, als seien sie Mitglieder der gastgebenden Familie."[32]

2.2.1.4 Ergo: Kleingruppen als Betrachtungseinheit

Halten wir fest: Nicht kollektive Großgruppen sondern eher überschaubare Kleingruppen sind die bestimmende Größe im gesellschaftlichen Leben Japans. Um das informelle, alltägliche Verhalten in diesen Kleingruppen zu beschreiben, stoßen sowohl der Rollen- als auch der Hierarchiebegriff an seine Grenzen. Es bietet sich daher an, bei der Betrachtungseinheit „Klein-

---

29 Kawai 1990a, 93.

30 Kawai 1990b, 126.

31 Vgl.: Nonaka/Takeuchi 1997, 168: „Die jungen Ingenieure in der Taskforce äußerten ungeniert ihre Meinung und widersprachen auch ranghöheren Teammitgliedern."

32 Singer 1991, 189.

gruppe" zu verweilen, und nicht vorschnell auf den Rollen- oder Hierarchiebegriff auszuweichen.

Um das Bild von japanischen Kleingruppen noch etwas abzurunden und Vorbereitung zu treffen, japanische Kleingruppen als Sozialsysteme zu modellieren, sollen im Folgenden noch einige Aspekte japanischer Kleingruppen näher beleuchtet werden. Zu sprechen sein wird von der Abgeschlossenheit, der Härte zur Umwelt und dem Wissen japanischer Kleingruppen.

2.2.1.4.1 Abgeschlossenheit

Die Abgeschlossenheit japanischer Gruppen wurde von vielen Autoren hervorgehoben. Hier ein Auszug: Nakane spricht von „sehr starken Eingruppengefühlen"[33] die einhergehen mit einem „hohen Grad an Isolierung nach außen"[34]. Ein „starkes, emotional eingefärbtes Eigengruppengefühl"[35] ist mit dafür verantwortlich, dass japanische Gruppen zu „geschlossenen Gruppen"[36] werden. Nakane hält es für möglich, dass es aufgrund der Isolierung Mitglieder geben mag, die niemals einen Außenkontakt erfahren haben: „Ein Japaner mag sein Leben verbringen, ohne die Freuden und Leiden des Wettstreits ‚außerhalb der eigenen Mauern' gekostet zu haben."[37] Wie plastisch die Mauern gemeint sind, versucht Nakane am Beispiel des Dorfes zu zeigen: Die Mauer, die im westlichen Kulturkreis um das Dorf als Ganzes gezogen wurde, wurde in japanischen Dörfern um jedes Haus als einzelne Einheit gezogen. Es gibt keine Stadtmauer, die dem Kollektiv Schutz bietet, sondern nur eine Mauer, die für die Sicherung der familienähnlichen Kleingruppen sorgt.

Für Schubert geht die Abgeschlossenheit japanischer Gruppen so weit, dass er Beziehungen zu dem „Außen" der Gruppen für unmöglich hält: „Das individuelle und gesellschaftliche Leben gliedert sich in eine Reihe von getrennten Bereichen und unterschiedlich gezogenen Kreisen, die jeweils ein ‚Innen' ... und das dazu jeweils komplementäre ‚Außen' konstituieren, das jeweils ‚Fremde', zu dem man keine Beziehung hat."[38]

---

33 Nakane 1985, 159.
34 Nakane 1985, 158.
35 Nakanc 1985, 167.
36 Nakane 1985, 158.
37 Nakane 1985, 177.
38 Schubert 1992, 207.

Wenn denn Beziehungen zur „Außenwelt“ japanischer Gruppen nur äußerst selten stattfinden, dann ist es kein Wunder, dass für die Teilnehmer der Kleingruppe nur wenig Möglichkeiten bestehen, Techniken des Umgangs zu erlernen, worauf Nakane hinweist: „Sie haben keine Techniken entwickelt, um mit Leuten von ‚draußen‘ umzugehen, weil sich ihr Leben so stark auf ihre ‚eigenen‘ Gruppen konzentriert.“[39] „Die Japaner haben keinen Verhaltenscodex für den Umgang mit Fremden, mit Leuten von ‚draußen‘, entwickelt.“[40] Dass Einzige, das stattfinden kann, wenn es dennoch zu einem seltenen Außenkontakt kommt, bezeichnet Schubert als „punktuelle Ritualisierungen“[41]. Diese Ritualisierungen bestehen einzig und allein aus sprachlichen Anstandsregeln, inhaltliche Prinzipien entsprechen ihnen nicht.[42]

2.2.1.4.2 Härte zur Umwelt

Auch wenn man typisch japanische Kleingruppen als abgeschlossen bezeichnen mag, so heißt das nicht, dass der Kontakt von Mitgliedern dieser Gruppen zu Nicht-Mitgliedern so selten ist, dass er nicht beschrieben werden könnte. Zu beantworten ist daher die Frage, wie das typische Verhalten von Mitgliedern einer Gruppe gegenüber Nicht-Mitgliedern zu beschreiben ist.

Um das Verhalten von Gruppenmitgliedern zu Nicht-Gruppenmitgliedern richtig einschätzen zu können, muss darauf hingewiesen werden, wie groß die Distanz zu einem Fremden empfunden wird. Kimura gibt seine Einschätzung: „Das Verhalten von Japanern Fremden gegenüber ist über alle Notwendigkeit hinaus ‚distanziert‘. Einem Fremden gegenüber ist die Distanz zwischen Mensch und Mensch unendlich groß.“[43]

Die Distanz zwischen Ingroup und Outgroup hat in Japan nicht selten einen groben Umgang miteinander zur Folge. So zumindest Singer, der eines von drei Gesetzen, mit denen er die japanische Kultur beschreibt, als „Gesetz der virtuellen Feindschaft“[44] bezeichnet und damit die Grenzen der „japanischen Höflichkeit“ deutlich aufzeigt:

---

39 Nakane 1985, 177.
40 Nakane 1985, 176.
41 Schubert 1992, 208.
42 Vgl.: Schubert 1992, 208.
43 Kimura 1995, 91.
44 Singer 1991, 183.

> „Sieht man genauer hin, so entdeckt man, daß außerhalb des festumschriebenen Kreises der eigenen Familie, der Patron-Klient-Beziehung und der Freundschafts- und Kameradschaftsbande das Verhalten des Japaners gegen Japaner oft überraschend unhöflich und rücksichtslos ist. Selbst dort, wo man die Gebote konfuzianistischer Gesittung und des klassischen Höflichkeitskodex der Form halber einhält, werden die zeremoniellen Redensarten und Gesten nicht selten mit einem Unterton sardonischen Spottes vollzogen. Niemand macht in einem Eisenbahnwagen einem Mitreisenden Platz, ohne ausdrücklich darum gebeten worden zu sein ...“[45]

Nakane spricht von „Feindseligkeit gegenüber anderen Gruppen“[46] und gibt zu, dass in Japan die Härte, mit der einzelne Gruppen untereinander umgehen, ein größeres Ausmaß annimmt, als dies für Gruppen in der westlichen Gesellschaft der Fall ist: „Daß Fremde einander helfen, wie man das in England leicht finden kann, gibt es in Japan kaum.”[47] Rudolf Müller spricht im Anschluss an Nakane von „Abgeschlossenheit, Desinteresse, Ungeselligkeit, ja Kälte und Feindseligkeit“.[48] Auch Pye kommt darauf zu sprechen, dass Japaner „... sich extrem rüde gegenüber Personen verhalten [können], denen sie nicht verpflichtet sind”[49], und sieht darin die Ursache für das häufig kritisierte Benehmen der Japaner in der U-Bahn oder als Touristen. Deutschmann macht den partikularistischen Charakter der Gruppenmoral dafür verantwortlich, dass sich in den Außenbeziehungen der Gruppen ein quasi normfreier Raum bildet, „... in dem sich die unterdrückten internen Energien und Konflikte entladen können. Ungezügelte Gruppenrivalität ist ein nicht nur in der häufig sehr harten wirtschaftlichen Konkurrenz zwischen Firmen, sondern ein in vielen anderen Sphären der japanischen Gesellschaft (in den politischen Parteien, an der Universität, den Schulen u.a.) zu beobachtendes Phänomen. Das Bewußtsein sozialer Interdependenz, das die gruppenintensiven Beziehungen bestimmt, endet an der Grenze der Gruppe nach außen.”[50]

---

45 Singer 1991, 187.
46 Nakane 1985, 149.
47 Nakane 1985, 182.
48 R. W. Müller 1984, 531.
49 Pye 1989, 55.
50 Deutschmann 1987b, 213.

2.2.1.4.3 Wissen von Kleingruppen

Ein ganz anderer Aspekt, der Aufschluss über japanische Kleingruppen gibt, ist die Auseinandersetzung mit der Frage, wie das soziale Wissen in japanischen Kleingruppen charakterisiert werden kann. Die Thematisierung des Wissens, das als typisch japanisch gekennzeichnet wird, ist ein relativ neues Phänomen. Seit Mitte der achtziger Jahre war es vor allem Nonaka Ikujirô, der sich im Rahmen seiner Theorie des strategischen Managements mit der Rolle des Wissens in japanischen Firmen und Arbeitsgruppen beschäftigte. Aber auch Shimizu Hiroshi begann sich Ende der achtziger Jahre mit dem Wissen in Gruppen auseinanderzusetzen, die er als typisch japanisch charakterisiert. Sowohl bei Nonaka und Shimizu fällt eines auf: Beide gebrauchen Michael Polanyis[51] Unterscheidung von explizitem und implizitem Wissen und betonen die besondere Rolle des impliziten Wissens in typisch japanischen Gruppen. Für Nonaka und Takeuchi kommt mit der Bezeichnung „implizites Wissen" ein typisch „japanisches Wissensverständnis"[52] zum Tragen, das sie wie folgt bestimmen:

> „Implizites Wissen ist sehr persönlich und entzieht sich dem formalen Ausdruck, es läßt sich nur schwer mitteilen. Subjektive Einsichten, Ahnungen und Intuitionen fallen in diese Wissenskategorie. Darüber hinaus ist das implizite Wissen tief verankert in der Tätigkeit und der Erfahrung des einzelnen sowie in seinen Idealen, Werten und Gefühlen."[53]

Für Nonaka und Takeuchi beinhaltet implizites Wissen sowohl technische wie auch kognitive Elemente. Technische Elemente des impliziten Wissens sind zum Beispiel konkretes Know-how, handwerkliches Geschick und Fertigkeiten. Die kognitive Dimension impliziten Wissens zeigt sich „„... in Gestalt von Bildern oder Modellen, Überzeugungen oder Perspektiven, die so fest eingegraben sind, daß Menschen sie für selbstverständlich halten und daher ebenso schwerfällig artikulieren können."[54]

Am Beispiel verschiedener Projektteams bekannter japanischer Firmen beschreiben Nonaka und Takeuchi die besondere Rolle dieses impliziten Wissens für das japanische Gruppenverhalten. Da die physische Nähe der Gruppenmitglieder für den Austausch von implizitem Wissen äußerst wich-

---

51 Polanyi 1985.
52 Nonaka/Takeuchi 1997, 19.
53 Nonaka/Takeuchi 1997, 18-19.
54 Nonaka/Takeuchi 1997, 72.

tig ist, werden von vielen japanischen Firmen Brainstorming-Camps (*tama dashi kai*) durchgeführt, „... wo die Teilnehmer schwierige Probleme eines Entwicklungsprojekts bei einer Mahlzeit mit *Sake* und einem Bad in einer heißen Quelle besprechen. ... Bei diesen Diskussionen spielen Status und Qualifikation keine Rolle ...“[55]. Den Sinn und Zweck eines solchen Camps beschreiben Nonaka und Takeuchi wie folgt:

> „Solch ein Camp bietet ein Forum für kreativen Dialog und ermöglicht gleichzeitig Erfahrungsaustausch und Vertrauensbildung zwischen den Teilnehmern. Besonders effektiv ist es für den Austausch von implizitem Wissen und die Schaffung neuer Perspektiven, weil es die mentalen Modelle auf zwanglose Weise in die gleiche Richtung lenkt.“[56]

Implizites Wissen ist „persönlich, kontextspezifisch und daher nur schwer kommunizierbar“[57], zugleich jedoch auch charakteristisch und verhaltensbestimmend für eine Gruppe, und damit auch immer zugleich soziales Wissen. Das implizite Wissen einer Gruppe bezeichnen Nonaka und Takeuchi als „implizite Wissensbasis“[58] und räumen ihr einen entscheidenden Stellenwert insbesondere für die Konzeptualisierung „typisch japanischer“ Gruppen ein.

2.2.2 Japanische Kleingruppen als soziales System

Nach der Beschreibung von wesentlichen Eigenschaften der japanischer Kleingruppenkultur, soll nun versucht werden, japanisches Kleingruppenverhalten sowohl mithilfe eines operativen als auch retiven Systemmodells zu verstehen. Dabei sollen zunächst Argumente sowohl für eine operative als auch für eine retive Modellierung dargelegt werden, um sie dann anschließend kritisch zu beleuchten und Stellung zu beziehen.

2.2.2.1 Argumente für operative und retive Interpretation

2.2.2.1.1 Argumente für eine operative Interpretation

Im Folgenden sollen die Gründe genannt werden, welche dafür sprechen, sich bei der Betrachtung des japanischen Sozialverhaltens für ein operati-

---

55 Nonaka/Takeuchi 1997, 75-76.
56 Nonaka/Takeuchi 1997, 76.
57 Nonaka/Takeuchi 1997, 72.
58 Nonaka/Takeuchi 1997, 202.

ves Sozialsystem-Modell zu entscheiden. Leitend soll dabei der Blick sein, den Peter Fuchs auf das Phänomen „japanische Kommunikation" wirft.[59]

Um zu zeigen, wie sinnvoll es ist, die Psyche der Gruppenmitglieder und ihr Sozialverhalten als zwei operational geschlossene Systeme zu modellieren, bietet es sich an, solche Verhaltensformen zu untersuchen, die sich verselbständigt haben und quasi automatisch ablaufen. Auch Kritiker operativer Sozialsystem-Modelle gestehen nämlich ein, dass bei der Betrachtung von Ritualen oder ähnlich ‚harten' Verhaltensformen operative Systemmodelle durchaus brauchbar sind.[60]

Ein extremes Beispiel wäre ein schlecht gespieltes Theaterstück: Dort zeigen die Schauspieler eine vorgegebene ‚Form', nämlich die des Theaterstücks, und lassen (so der Theaterkritiker) den Eindruck entstehen, als seien sie in diese Form nicht integriert. Das beobachtbare Theaterstück erscheint als eigenständiges System, das den Schauspielern als psychophysisches System äußerlich ist.

Auch wenn nicht gleich von einem schlecht gespielten Theaterstück die Rede sein muss, so lassen sich doch auch ähnlich harte Verhaltensformen in Japan beobachten. Für Fuchs ist die japanische Höflichkeitssprache (*keigo*) ein solcher Fall. Das Sprechen in ihr beschreibt er als „das Einrasten in eine sozial vorgegebene (erlernbare, ansozialisierte) harte Kommunikationsform"[61] die so kompliziert ist, „... daß die Sozialisation alleine nicht hinreicht, sie zu beherrschen"[62]. Um diese ‚harte Kommunikationsform' zu erlernen und für den Fortgang einer autopoietischen Sequenz Sorge zu tragen, greift man auf Bücher und Lexika zurück, in denen steht, welche Kommunikationsform bei welcher Gelegenheit zu gebrauchen ist. Eignet sich das psychische System dieses dokumentierte, explizite Wissen an, so ermöglicht es „das Einrasten in eine (confirmation weitgehend erübrigende) Kommunikationsform [...], die alle psychischen Turbulenzen auszuschalten trachtet"[63]. Durch den Vollzug dieser harten Kommunikationsformen wird die Kommunikation als genuin soziale Operation „de-

59 Fuchs 1995, 47-118.
60 Vgl.: Esser 1994, 181.
61 Fuchs 1995, 52.
62 Fuchs 1995, 52 (Fußnote)
63 Fuchs 1995, 50.

individualisiert“[64], „entpsychisiert“[65] und „entsubjektiviert“[66]. „[D]ie hinderliche Kommunikation über Psychisches wird ausgeschaltet.”[67]

Der Fortgang einer autopoietischen Sequenz wird unterstützt durch eine „soziale Invisibilisierung“[68] des psychophysischen Systems, d.h. durch den Versuch, psychische oder physische Zustände möglichst nicht zu erkennen zu geben. Dies geschieht durch die Reduktion des Augenkontaktes, durch Lächeln (als Routine der Gefühlsverbergung) und durch das „cut off behavior“ japanischer Frauen, d.h. das „Abblocken einer Empfindung, die sich im Gesichtsbereich zeigt, etwa durch: Handfläche über den Mund, mehrere Finger in den Mund, Handrücken übers Gesicht, oder Verstecken der eigenen Person.”[69]

Kurz: Das Prozessieren des operativen Sozialsystems ist dann gewährleistet, wenn die Gefährdungen, die von dem psychischen und physischen System ausgehen, durch „soziale Invisibilisierung“ und durch „harte Kommunikationsformen“ so gering wie möglich gehalten werden. Fuchs kommt zu folgendem Schluss: Gerade am Beispiel des japanischen Sozialverhaltens kann erkannt werden, wie sinnvoll ein Modell ist, in dem sich Psyche und Soziales als zwei operational geschlossene Systeme gegenüberstehen. Gerade auf Japaner trifft also das zu, was für alle Individuen in „der modernen Gesellschaft“[70] gilt: „Das Einzelwesen (in der Komplettheit dessen, was es für sich selbst ist) löst sich sozial auf, wird externalisiert, exkludiert, wird zu einer psychophysischen Einheit jenseits aller Sozialität.”[71]

2.2.2.1.2 Argumente für eine retive Interpretation

Versucht man japanische Kleingruppen als retive Sozialsysteme zu modellieren, dann muss gezeigt werden, dass japanische Kleingruppen als Beziehungsnetz aufgefasst werden können. Dem Netzgedanken entsprechend muss gezeigt werden, dass japanische Kleingruppen sich nur gleichermaßen über ihre Mitglieder (die Netzknoten) sowie über deren Beziehungen

---

64 Vgl.: Fuchs 1995, 90.
65 Fuchs 1995, 50.
66 Fuchs 1995, 91.
67 Fuchs 1995, 52-53 (Fußnote)
68 Fuchs 1995, 91.
69 Fuchs 1995, 50.
70 Fuchs 1995, 74.
71 Fuchs 1995, 71-72.

untereinander (den Verbindungen) beschreiben lassen. Um diese zu zeigen, soll zunächst untersucht werden, inwiefern man von Netzknoten reden kann, um dann auf die Verbindungen zwischen ihnen einzugehen. Erst wenn plausibel gemacht werden kann, dass man sowohl von Netzknoten als auch von Verbindungen zwischen ihnen sprechen kann, ist es erlaubt, japanische Kleingruppen (in erster Annäherung) als retive Sozialsysteme zu modellieren.

Will man im Zusammenhang mit japanischen Kleingruppen von Netzknoten sprechen, muss gezeigt werden, dass es sinnvoll ist, die partizipierenden Individuen nicht jenseits des Sozialsystems zu thematisieren, sondern *im* Sozialsystem. Es muss also gezeigt werden, dass der Begriff der sozialen Inklusion sich zur Charakterisierung der japanischen Gesellschaft anbietet. Dass dies sogar mit Bezug auf Luhmann möglich ist, verdeutlicht Schubert auf eindrucksvolle Weise, wenn er Individualität in der modernen japanischen Gesellschaft wie folgt beschreibt:

> „'Individualität' wäre hier insofern — wie Luhmann (1989, S. 156) in einem anderen Zusammenhang schreibt, ‚mit Namen, Bekanntsein, Rechten und Pflichten und vor allem mit Aufgehobensein in einem Kontext von Leistungen und Gegenleistungen durch *soziale Inklusion* gegeben'."[72]

Schubert bezieht sich also auf Luhmann, um die moderne japanische Gesellschaft als Gesellschaft zu beschreiben, in der Individualität durch soziale Inklusion gegeben ist. Geht man davon aus, dass die Rede von der sozialen Inklusion nur bei retiven Sozialsystem-Modellen sinnvoll ist, und operative Sozialsystem-Modelle wegen ihrer Ausschlussmetaphorik konsequenterweise nur mit der Vorstellung einer sozialen Exklusion gedacht werden können, scheint es so, als bringe Schubert Luhmann hier in Verlegenheit, da er *mit* Luhmanns Worten *gegen* das von Luhmann favorisierte operative Sozialsystem-Modell und die damit verbundene Ausschlussmetaphorik argumentiert. Schubert macht damit deutlich auf zwei verschiedenen Aspekte von Luhmanns Betätigungsfeld hin: Luhmann *als Soziologe* spricht von der sozialen Inklusion und dem Aufgehobensein in einem Kontext, und steht so retiven Systemmodellen sehr nahe, in denen von einem netzhaften Beziehungskontext die Rede ist, in den die Individuen verwoben sind. Luhmann *als Systemtheoretiker und Philosoph* ist Verfechter eines

---

72 Schubert 1992, 211 (Hervorhebung T.L.).

operativen Sozialsystem-Modells, in dem das Individuum sowohl als psychisches wie auch als physisches System aus dem sozialem System ausgeschlossen (exkludiert) ist.

Die Spannung zwischen dem Soziologen und dem Systemtheoretiker Luhmann löst sich etwas auf, wenn man weiß, auf welche Weise sich Luhmann zu diesem Spagat zwischen retiven und operativen Systemmodellen in der Lage sieht. Zum einen interpretiert er Inklusion als besondere Form der Exklusion[73], was ihm den Vorwurf einbringt, den Begriff ‚Inklusion' zu entleeren[74]. Zum anderen spekuliert er mit der Option, dass operative Systemmodelle nicht auf alle Formen von Gesellschaften anwendbar sind: „[I]ch muß immer zugeben können, daß in älteren Gesellschaften bestimmte Aussagen nicht gelten [...]".[75]

Es wird nun deutlich, worauf sich Schubert mit seinem Zusatz „in einem anderen Zusammenhang" bezieht: nämlich auf Luhmanns Beschreibung „ältere Gesellschaften", die Luhmann auch „einfachste Gesellschaften" oder „segmentäre Gesellschaften" nennt. Schubert beschreibt also zentrale Phänomene der modernen japanischen Gesellschaft mit exakt den gleichen Worten, die Luhmann für die Beschreibung „einfachster Gesellschaften" reserviert. Seinen Unmut darüber, dass er auf eine Beschreibung zurückgreifen muss, die Luhmann eigentlich für „ältere Gesellschaften" reserviert, macht Schubert deutlich, indem er die „schematische Gegenüberstellung moderner und traditioneller Vergesellschaftungsformen"[76] kritisiert, angesichts derer „... die japanische Gesellschaft beinahe wie von selbst in die Nähe ‚traditioneller' Gesellschaften [gerät], obwohl kein Zweifel bestehen kann, dass sie [...] ebenfalls (wenn auch auf eine andere Weise) ‚modern' ist"[77]. Ohne hier auf die Probleme eingehen zu können, die Luhmanns Verständnis moderner Gesellschaft mit sich bringt, soll hier zunächst gefragt werden, wie treffend die von Schubert gegebene Beschreibung der japani-

---

73 Vgl.: Luhmann 1988a.

74 Vgl. die Kritik von Martens 1991.

75 Luhmann 1991, 940. Im Zusammenhang: „Ich denke primär historisch. Alle Funktionsaussagen oder alle Aussagen über die moderne Gesellschaft, alle Aussagen über die Form und Funktion von Sinn, alle Aussagen über Kommunikationssysteme haben immer diesen historischen Vergleichspunkt. Das heißt, ich muß immer zugeben können, daß in älteren Gesellschaften bestimmte Aussagen nicht gelten [...]"

76 Schubert 1992, 190.

77 Schubert 1992, 191.

schen Gesellschaft mit Luhmanns Worten tatsächlich ist. Dazu ist zunächst eine Klärung dessen notwendig, was Luhmann mit „einfachsten Gesellschaften“ meint.

Einfachste Gesellschaften sind für Luhmann solche Gesellschaften, in denen „Individualisierung durch Inklusion“[78], d.h. durch Einbindung des Individuums in einen sozialen Kontext geschieht. Diese Einbindung des Individuums in einen sozialen Kontext ist für Luhmann ein charakteristisches Merkmal einfachster Gesellschaften: „Gerade einfachste Gesellschaften sind in hohem Maß an Individuen orientiert und akzeptieren jeden, sofern er zur Gesellschaft gehört, in seinen Eigenarten.”[79] Für das Individuum besteht keine Notwendigkeit, sich zwischen verschiedenen sozialen Systemen zu zerteilen, denn „... [j]edes Individuum gehört dann einem und nur einem Subsystem der Gesellschaft an”[80]. Weiter umschreibt er einfachste Gesellschaft als segmentäre Gesellschaften, und formuliert:

> „In segmentären Gesellschaften erfolgt die Inklusion eindeutig über Zuordnung zu bestimmten Segmenten der Gesellschaft, und zwar auf der konkreten und lebenswichtigsten Ebene von Kleinsteinheiten der Wohn- und Lebensgemeinschaften. ... Ein Leben ohne Inklusion in eines der Segmente ist praktisch unmöglich.”[81]

Um Schuberts These zu überprüfen, soll hier nachgefragt werden: Ist es tatsächlich erlaubt, japanische Kleingruppen mit den Worten zu beschreiben, die Luhmann für die Beschreibung ‚einfachster Gesellschaften’ reserviert? Um zu überprüfen, ob die Inklusion des Individuums in das Sozialsystem tatsächlich sinnvoll ist, um zu einer brauchbaren systemtheoretischen Modellierung zu gelangen, soll hier der Fokus auf die kollegialen Arbeitgruppen in japanischen Firmen gerichtet werden, um dabei das zu überprüfen, was Schubert vor allem bei Gruppen in Kindergarten und Schule beschrieben hat. Dazu soll Bezug genommen werden auf die Arbeiten Deutschmanns, der das Verhältnis von Individuum und Arbeitsgruppe – insbesondere am Beispiel der Arbeitszeit – genauer in Augenschein nimmt.

---

78 Luhmann 1989, 156.
79 Luhmann 1989, 155.
80 Luhmann 1989, 157.
81 Luhmann 1995a, 242-243.

Deutschmann kommt zu dem Ergebnis, dass von einer „Sozialisation des ganzen Individuums in die firmeninterne Kultur"[82] gesprochen werden muss: „Ziel des firmeninternen Sozialisationsprozesses ist es, eine starke Identifikation mit der Firmengemeinschaft und speziell mit der konkreten Arbeitsgruppe herzustellen, hinter der alle firmenexternen Loyalitäten zurückstehen."[83] Dies geschieht vor allem über die „Einbettung der beruflichen Qualifizierung in einen Prozess moralischer Sozialisation durch die Arbeitsgruppe"[84]. Vor allem an der Arbeitszeitpraxis macht Deutschmann deutlich, wie stark die Einbindung des Individuums in die Arbeitsgruppe ist, und wie unangebracht es ist, Individuen und Sozialsystem als zwei einander gegenüberstehende Dinge zu betrachten: „An förmlich geregelte Trennung von Arbeitszeit und privater Zeit, die der wechselseitigen Distanzierung von Organisation und Person eine reale Grundlage geben würde, ist in japanischen Firmen nicht zu denken."[85] Deutschmann kommt zu dem Schluss: „Die japanische Organisation hebt sich nicht von der sie umgebenden Lebenswelt ab, sie schafft sich ihre eigene Lebenswelt."[86]

Deutschmanns Untersuchungen japanischer Arbeitsgruppen belegen daher die Einschätzung, die Schubert für Gruppen in Kindergarten und Schule gibt. Sowohl mit Bezug auf Deutschmann als auch auf Schubert kann man daher formulieren: Operative Systemmodelle, so wie sie Luhmann als Systemtheoretiker favorisiert, haben erhebliche Probleme, um die starke Einbindung des Individuums in einer japanische Kleingruppe angemessen zu beschreiben. Die Definitionsmerkmale, die Luhmann als Systemtheoretiker in seinen früheren Arbeiten für Mitgliedschaftsrollen in sozialen Systemen gegeben hat, kann Deutschmann bei japanischen Arbeitsgruppen nicht beobachten: „Nahezu keines der von Luhmann genannten Definitionsmerkmale der Mitgliedschaftsrolle in formalen Organisationen läßt sich im japanischen Organisationstypus wiederfinden."[87]

So problematisch Luhmanns operatives Systemmodell für die Modellierung japanischer Kleingruppen auch ist, so hilfreich ist seine Beschreibung „einfachster Gesellschaften" zu genau dem gleichen Zweck. Viele Merk-

---

82 Deutschmann 1987a, 137.
83 Deutschmann 1987a, 137.
84 Deutschmann 1987a, 137.
85 Deutschmann 1987a, 137.
86 Deutschmann 1987b, 77.
87 Deutschmann 1987a, 137.

male, die Luhmann für einfachste Gesellschaften benennt, lassen sich ebenso bei japanischen Arbeitsgruppen finden. Schuberts These, dass sich zentrale Phänomene der japanischen Gesellschaft mit exakt den gleichen Worten beschreiben lassen, die Luhmann zur Beschreibung „einfachster Gesellschaften" gebraucht, kann hier zugestimmt werden. Selbstverständlich ist damit gerade nicht behauptet, dass es sich bei der modernen japanischen Gesellschaft um eine „einfachste" oder „vormoderne Gesellschaft" handelt. Schubert tut gut daran, nicht zu erwähnen, aus welchem Zusammenhang er Luhmanns Beschreibungen übernimmt.

Ist man bemüht, japanische Kleingruppen systemtheoretisch zu modellieren, dann kann auch *mit* Luhmann für eine Alternative zu operativen Systemmodellen argumentiert werden. Denn wie gesehen behauptet Luhmann nicht, dass operative Systemmodelle für alle Gesellschaftsformen gelten, sondern er räumt insbesondere für ältere Gesellschaften die Option für eine alternative Beschreibung ein.[88] Es ist daher nur folgerichtig wenn man diese Option auch für die japanische Gesellschaft geltend macht, in der sich das Verhältnis von Individuum und Kleingruppe nahezu so gestaltet, wie Luhmann es für „ältere Gesellschaften" charakteristisch hält.

Ist man nun daran interessiert, japanische Kleingruppen systemtheoretisch zu erfassen, bietet es sich an, auf Luhmanns Rede von der sozialen Inklusion Bezug zu nehmen. Die starke Einbindung der Individuen in die Kleingruppe, wie sie in Kindergarten, Schule und am Arbeitsplatz beobachtet werden kann, lässt es auch im Modell nicht zu, die Gruppe als soziales System dem Individuum gegenüberzustellen. Angemessener ist es, hier von einem netzhaften Kontext zu sprechen, in dem die Individuen verwoben sind. Auch Luhmann spricht von dem „Aufgehobensein in einen Kontext"[89] und kommt damit der Vorstellung eines netzhaften Kontextes sehr nahe. Doch nicht nur das ‚Darin-Sein' muss gedacht werden, sondern auch das ‚Verbundensein', ohne dass nicht von einem Netz und damit von einem retiven System nicht gesprochen werden dürfte. Hier kann der Bezug auf Nakane weiterhelfen. Sie thematisiert den netzhaften Kontext japanischer Gruppen als „real-faßbare Beziehungen von Mensch zu Mensch"[90], durch die ein „realer emotionaler zwischenmenschlicher Kontakt"[91] möglich

---

88 Vgl.: Luhmann 1991, 940.
89 Luhmann 1989, 156.
90 Nakane 1985, 187.
91 Nakane 1985, 182.

wird. Für Nakane sind „emotional-wirkliche zwischenmenschliche Beziehungen das für die Japaner entscheidende Element jeder ‚Organisation'"[92]. Noch deutlicher legt Nakane in einer späteren (oft vernachlässigten, weil nicht übersetzten) Arbeit den Fokus auf das verbindende Beziehungsnetz zwischen den Mitgliedern einer Kleingruppe. Sie distanziert sich zunehmend von ihrem früheren Leitgedanken „Harmonie" und „Hierarchie" (Hamaguchi spricht in diesem Zusammenhang von einer „Korrektur" ihrer früheren Position) und charakterisiert japanische Kleingruppen im Wesentlichen über die verbindende Eigenschaft der zwischenmenschlichen Beziehungen: „Das Charakteristische der tatsächlichen zwischenmenschlichen Beziehungen im Inneren [einer Kleingruppe] ist eher das ‚verbinden' (*kumu*)."[93] Damit gibt Nakane pointiert das wieder, was mit der Vorstellung von einem retiven Sozialsystem ausgedrückt werden soll. Die Gruppe zeichnet sich durch die Beziehungen verschiedenartiger Einzelner aus, deren Interaktionen zur Aktualisierung des Beziehungsnetzes beitragen.

Wichtig ist anzumerken, dass die verbindende Eigenschaft des Beziehungsnetzes keine Implikationen im Sinne eines harmonisierenden Holismus stellt, wie es Nakane oft vorgeworfen wird. Verbindungen und Beziehungen müssen nicht unbedingt Ausdruck von Harmonie sein, sie können ebenso gut belastend und konfliktreich sein, ja sind es in der Regel häufig auch. Insbesondere Familientherapeuten und Berater können hier eindrucksvolle Beispiele geben, wie problematisch und wenig harmonisch enge Beziehungen sein können.

2.2.2.2 Kritische Betrachtung der Argumente

Bislang wurden Argumente sowohl für eine operative als auch für eine retive Modellierung japanischer Kleingruppen gegeben. Im Folgenden sollen beide Modelle gegenübergestellt und gefragt werden, welches von beiden sich eher anbietet, um Kleingruppen in Japan angemessen zu beschreiben

2.2.2.2.1 Sprachliche Ritualisierungen sind untypisch für das Verhalten in Kleingruppen

Als Beleg für die operative Modellierung japanischer Kleingruppen wurde die hohe Anzahl sprachlicher Ritualisierungen angeführt, wie sie sich in der

92 Nakane 1985, 188.
93 Nakane 1978, 87 (Übersetzung T.L.).

japanischen Höflichkeitssprache (*keigo*) verdichten. Ist die Beobachtung richtig, dass der Vollzug sprachlicher Ritualisierungen ein charakteristisches Merkmal japanischer Kleingruppen ist, dann könnte eine Modellierung japanischer Kleingruppen als operative Sozialsysteme tatsächlich einiges an Plausibilität beanspruchen. Die Frage lautet also: Wie wichtig sind sprachliche Ritualisierungen und harte Kommunikationsformen in japanischen Kleingruppen wirklich? Um diese Frage zu beantworten, sollen zwei Unterscheidungen angesetzt werden: die zwischen Innen und Außen (*uchi-soto*), und die zwischen formell und informell bzw. zwischen Beobachter- und Teilnehmerperspektive (*omote-ura*).

Es wurde schon vermehrt darauf hingewiesen, dass es in Japan eine große Rolle spielt, ob man mit Personen aus der eigenen Gruppe kommuniziert oder mit Personen, die nicht dieser Gruppe angehören. Der Unterschied zwischen Innen und Außen (*uchi-soto*) hat nun auch Konsequenzen für den Gebrauch von sprachlichen Ritualisierungen. So kommen die von Fuchs beobachteten harten Kommunikationsformen vor allem dann zum Einsatz, wenn Mitglieder einer Gruppe mit Personen kommunizieren, die sich außerhalb der eigenen Gruppe befinden. Besonders im Außenkontakt finden Ritualisierungen statt, die aber nur ebenso punktuell sind, wie der Außenkontakt an sich. Schubert spricht daher von „punktuellen Ritualisierungen"[94], welche die Außenbeziehungen der Gruppen regeln. Da es hier um die Beschreibung von Sozialverhalten innerhalb einer Gruppe geht, kann in diesen „punktuellen Ritualisierungen" kein Beleg für eine operative Interpretation japanischer Kleingruppen gesehen werden.

Doch selbst wenn man Ritualisierungen oder harte Kommunikationsformen *innerhalb* von Kleingruppen beobachtet, dann stellt sich die Frage, inwiefern man sich daran orientieren sollte, um das alltägliche Verhalten in Kleingruppen zu beschreiben. Hier bietet es sich an, die Unterscheidung zwischen einer Teilnehmer- und einer Beobachterperspektive zu gebrauchen, da gerade bei japanischen Gruppen immer wieder darauf hingewiesen wurde, dass zwischen dem formellen und informellen Verhalten in Gruppen deutliche Unterschiede bestehen. Richtig ist, dass man als (externer) Beobachter von japanischen Gruppen manchmal den Eindruck erhalten kann, als seien sprachliche Ritualisierungen und harte Kommunikationsformen besonders stark ausgeprägt. Wenn man allerdings weiß, dass japa-

94 Schubert 1992, 208.

nische Kleingruppen sehr deutlich zwischen Hintergrund- und Vordergrund-Verhalten (*ura-omote*) unterscheiden, dann wird man sich dafür hüten müssen, von den Beobachtungen des (externen) Beobachters auf das alltägliche informelle Gruppenverhalten zu schließen.

Meines Erachtens spiegelt der Eindruck, den der externe Beobachter von der Gruppe gewinnt, weniger das alltägliche informelle Verhalten der Kleingruppe wider, sondern eher das Ideal, das die Gruppenmitglieder von ihrer Gruppe haben und dem Beobachter gerne zeigen möchten. Schließt der externe Beobachter daher von seinen gemachten Beobachtungen auf das alltägliche Verhalten der Gruppe, dann läuft er in Gefahr, ein nach außen gepflegtes Verhaltensideal für alltägliche Gruppenrealität zu halten, und somit Ideal mit Realität zu verwechseln. Meines Erachtens scheitern viele Beschreibungen der japanischen Sozio-Kultur genau an diesem Punkt, d.h. sie gehen von Beobachtungen einer rituell vollzogenen Harmonie aus, die besonders an offiziellen Anlässen gerne zur Schau gestellt wird, und schließen von da aus auf das alltägliche informelle Verhalten in den Gruppen. So entsteht häufig das völlig verzerrte Bild, dass in japanischen Gruppen immer alles harmonisch und geschmeidig zugehe.

Um dieser Gefahr zu entgehen und zu vermeiden, dass das japanische Gruppenideal mit der Realität verwechselt wird, bietet es sich an, das alltägliche informelle Verhalten von Kleingruppen vorrangig aus der Teilnehmerperspektive zu betrachten. Ziehe ich meine ganz persönlichen Erfahrungen als Teilnehmer eines japanischen Studentenclubs und als Vize-Präsident eines Studentenkomitees zu Rate, die ich während eines 18-monatigen Japanaufenthalts machen durfte, dann kann ich nicht bestätigen, dass sprachliche Ritualisierungen, harte Kommunikationsformen, soziale Invisibilisierungen oder ähnliche von Fuchs angeführten ‚Belege' für operative Systemmodelle im alltäglichen, informellen Verhalten der Gruppen eine dominante Rolle spielen würden. Ebenso wenig hatte ich den Eindruck, dass man als Teilnehmer einer japanischen Kleingruppe zu einer „psychophysischen Einheit jenseits aller Sozialität" wird, oder auf „das Einrasten in eine sozial vorgegebene harte Kommunikationsform" wartet. Die Kleingruppen, die ich kennenlernen durfte, waren viel zu aktiv und pflegten viel zu sehr das Gemeinschaftsleben, als dass sich deren Teilnehmer als psychophysische Einzelwesen jenseits aller Sozialität hätten erleben können.

Um das aus der Teilnehmerperspektive beobachtete Gruppenverhalten angemessen modellieren zu können, bietet sich meines Erachtens ein retives Sozialsystem-Modell sehr viel eher an. Hier kann das für die Teilnehmerperspektive so wichtige Gefühl des „Miteinander-in-Beziehung-Stehens“ viel angemessener modelliert werden, als mit der Vorstellung eines psychischen und sozialen Systems, die sich jeweils als Umwelt gegenüberstehen. Die Vorstellung eines Beziehungsnetzes kommt der Teilnehmerperspektive sehr viel näher als die Vorstellung einer operational geschlossenen Kommunikationskette. Ein Plädoyer für die Teilnehmerperspektive ist damit immer schon ein Plädoyer für eine Modellierung japanischer Kleingruppen als retives Sozialsystem.

2.2.2.2.2 Die Fixierung des operativen Kommunikationsbegriffs auf sprachliche Sequenzen

Kommunikation wird in operativen Sozialsystem-Modellen als etwas verstanden, das aneinander anschließt und eine Operationskette bildet. Diese Vorstellung wird insbesondere dann verständlich, wenn man sprachliche Äußerungen ins Visier nimmt, und unter Kommunikation vor allem sprachliche Kommunikation versteht. So wundert es nicht, wenn Vertreter operativer Sozialsystem-Modelle die „besondere Bedeutung von Sprachgebrauch ... für die Autopoiesis von Kommunikation“[95] hervorheben und Kommunikationen ohne Sprachgebrauch als unwahrscheinlich und problematisch ansehen.[96] Der Fokus operativer Systemmodelle richtet sich jedoch nicht nur auf sprachliche Kommunikation, sondern gezielt auf schriftsprachliche Kommunikation, wie gerade Luhmann immer wieder hervorhebt.[97] Gerade bei geschriebenen Sätzen oder Wörtern lässt sich die Brauchbarkeit eines Operationskettenmodells leicht aufzeigen, da man beim Lesen eines Buches ja tatsächlich den Eindruck erhält, als schlössen die Wörter und Sätze

95 Pfeiffer 1998, 27.

96 Vgl.: Pfeiffer 1998, 26: „Sprachlose Verständigung wird schwierig bei mehr als zwei Teilnehmern (gut zu beachten an ampellosen Kreuzungen), wohingegen sprachliche Kommunikation unter Anwesenden durchaus mehr als zwei Beteiligte verkraftet.”

97 Luhmann geht darüber sogar noch hinaus, indem er Kommunikationen über symbolisch generalisierte Kommunikationsmedien als den Idealtyp von operativer Kommunikation betrachtet: „Die erfolgreichste/folgenreichste Kommunikation wird in der heutigen Gesellschaft über solche Kommunikationsmedien abgewickelt ...” (Luhmann 1984, 222)

ähnlich aneinander an wie die Glieder einer Kette. Nicht allein sprachliche Kommunikation sondern vor allem „Kommunikation durch Schrift und Druck“[98] bildet für operative Systemmodelle daher die Idealform der Kommunikation. Luhmann ist also nur konsequent, wenn er die schriftsprachlichen Kommunikationen in Abhebung zur mündlichen Wechselrede als „kommunikativere Formen der Kommunikation“[99] bezeichnet, denn „... sie veranlassen ... Reaktion von Kommunikation auf Kommunikation in einem sehr viel spezifischeren Sinne, als dies in der Form mündlicher Wechselrede möglich ist."[100] Zu fragen ist nun, ob mit einem derartigen Kommunikationsbegriff das Sozialverhalten in japanischen Kleingruppen angemessen beschrieben werden kann.

Auch ohne einen längeren phänomenologischen Aufweis dürfte nachvollziehbar sein, dass die Kommunikation in Kleingruppen eher dem Vorbild einer mündlichen Wechselrede (also Dialog oder Diskurs) folgt, als dem Vorbild einer schriftsprachlichen Kommunikation. Selbst wenn Kleingruppen textbasiert kommunizieren, wie z.B. in virtuellen Chatrooms der Internetgemeinde, dann gleicht sich die schriftsprachliche Form der Kommunikation der mündlichen Wechselrede deutlich an. Es macht daher bei der Beschreibung von Kleingruppenverhalten wenig Sinn, von einem Kommunikationsbegriff auszugehen, der die schriftsprachliche Kommunikation in Abhebung zur mündlichen Wechselrede als „erfolgreichste und folgenreichste“ oder auch nur als „kommunikativere Form der Kommunikation“ betrachtet. Aus diesem Grunde ist der Kommunikationsbegriff operativer Sozialsystem-Modelle daher denkbar ungeeignet, um das kommunikative Verhalten in Kleingruppen (nicht nur japanischen) zu erfassen.

Doch operative Sozialsystem-Modelle sind nicht nur deswegen problematisch, weil schriftsprachliche Kommunikation zum Vorbild der operativen Kommunikation wird, sondern weil operative Sozialsystem-Modelle grundsätzlich dazu neigen, Sprache zu einer gegenüber dem Sprechen autonomen Struktur zu hypostasieren, wie Helmuth Feilke bei Luhmann feststellt.[101] Denn nur in diesem Beharren auf autonome Sprachstrukturen lässt

---

98 Luhmann 1984, 224.

99 Luhmann 1984, 224.

100 Luhmann 1984, 224.

101 Vgl.: Feilke 1994, 95: „So erscheint es beispielsweise sehr erstaunlich und auch systemtheoretisch inkonsequent, daß Luhmann als Soziologe die Sprache zu einer gegenüber dem Sprechen autonomen Struktur zu hypostasieren scheint." Vgl. auch: Schmidt 1994, 71.

sich das operative Anschlussgeschehen der Kommunikation letztlich rechtfertigen. Wie unzureichend diese Hypostasierung einer autonomen Sprachstruktur gegenüber dem kontextuellen Sprechen ist, wird jedoch spätestens dann offensichtlich, wenn man es mit einer Sozio-Kultur zu tun hat, in der eine Sprache noch deutlicher an kontextuelle, außersprachliche Instanzen gebunden ist, als dies in europäischen Sprachen der Fall ist. Dass Japan oder sogar Ostasien allgemein zu einer solchen Sozio-Kultur zu rechnen ist, wurde bei der Betrachtung der japanischen Sprache aufgezeigt, und kann wie folgt pointiert zum Ausdruck gebracht werden: „[D]er Sprachbezogenheit europäischer Welterschließung kontrastiert die Ortsbezogenheit ostasiatischen Sprechens: Locozentrismus statt Logozentrismus."[102]

Angesichts dieses Kontrastes der beiden Bezugspunkte muss sich der operative Ansatz den Vorwurf gefallen lassen, genau daran zu scheitern, woran ihm so viel liegt: an der Hypostasierung der Sprache zu einer gegenüber dem Sprechen autonomen Struktur, zu der sich der operative Ansatz gezwungen sieht, um den autonomen Charakter einer Operationskette hervorzuheben. Der Versuch, ein Sozialsystem über den Anschluss von Kommunikationen zu konstruieren, erscheint jedoch angesichts eines Weltzugangs, in dem der Kontext des Sprechens weitaus bestimmender ist als die autonome Struktur der Sprache, zu gekünstelt. Zum Verständnis japanischer Kleingruppen ist es daher angemessener, von dem Kontext auszugehen, in dem sich die Sprechenden befinden, und diesen Kontext als Beziehungsnetz zu modellieren. Retive Systemmodelle stehen einem locozentrischem Weltzugang daher wesentlich näher, da sie den Kontext des Sprechens viel unvermittelter in ihr Modell einbeziehen können als operative Systemkonzeptionen, in welchen der Kontext in der Vorstellung einer Operationskette untergeht, und die sich am Idealbild der (schrift-)sprachlichen Kommunikation orientieren.

Geht man von einem Beziehungsnetz statt von einer Kommunikationskette aus, dann ist man zudem nicht mehr gezwungen, nur eine bestimmte Klasse von Ereignissen (wie etwa typengleiche, anschlussfähige Kommunikationen) innerhalb eines Sozialsystems zuzulassen, sondern kann ganz verschiedene Klassen von Ereignissen zu einem Sozialsystem rechnen. Dies ist deswegen möglich, da ein retives Sozialsystem nicht über die Klasse der Ereignisse definiert ist, sondern über den netzhaften Kontext, in dem

---

102 Weinmayr 1991, 307.

diese geschehen. Es bereitet mit einem retiven Systemmodell daher keine Schwierigkeiten, auch „affektive Kommunikationen", das „Einfühlen in eine Gefühlslage" oder „soziale Wahrnehmungen"[103] als Geschehen innerhalb eines Sozialsystems zu berücksichtigen.

Wie stark das Erfordernis ist, ganz verschiedenartige Ereignisse zu erfassen, und damit neben sprachlichen Kommunikationen auch die Koordination von Affekten, Gefühlen oder Emotionen als Geschehnisse eines Sozialsystems zu erfassen, hat insbesondere die jüngste familientherapeutische Diskussion aufgezeigt.[104] Mit Bezug auf neue Erkenntnisse der Kleingruppenforschung wird hervorhoben, dass Affekte eine zentrale Rolle für die Prozesse in Kleingruppen spielen: „Die ... Prozesse der Synchronisation, Koordination und wechselseitigen Modulation von Affektausdruck und -empfindung können erst dem Individuum das Gefühl vermitteln, mit dem anderen in Beziehung zu sein."[105] Nicht der verbale Anschluss von Kommunikationen bildet daher der Kern der sozialen Einheit, sondern „vorsymbolische und vorsprachliche Regulationsprozesse"[106], die eine „Musterbildung durch Spannungsregulation und Affektabstimmung"[107] ermöglichen.[108] Nimmt man diese vorsprachlichen Prozesse der Spannungsregula-

---

103 Sogar Luhmann spricht – inkonsequenterweise – von sozialen Wahrnehmungen: „Diese [sozialen Systeme] bestehen keineswegs nur aus sprachlicher Kommunikation; aber daß sie auf Grund sprachlicher Kommunikationen ausdifferenziert sind, prägt alles, was an sozialem Handeln, ja an *sozialen Wahrnehmungen* sonst noch vorkommt." (Luhmann 1984, 210, Hervorhebung T.L.) Es hat den Anschein, als behandelt Luhmann soziale Wahrnehmungen als soziales Handeln, das nicht als „Kommunikation intendiert und/oder erfahren wird". (Luhmann 1984, 580). Damit distanziert er sich selbst von einem konsequent operativen Sozialsystem-Modell, das nur anschlussfähige Kommunikationen als soziale Operationen kennt. Vgl. Meyer 1994, 317.

104 Vgl. die Diskussion in: Welter-Enderlin/Hildenbrand 1998.

105 Levold 1998, 43.

106 Levold 1998, 48.

107 Levold 1998, 47.

108 Wie problematisch es ist, sich auf den verbalen Anschluss anstatt auf die Spannungsregulation zu konzentrieren, macht Levold deutlich: „In jeder Therapie treffen sich Therapeuten und Klienten mit den ihnen eigenen Regulationserfahrungen, was eine neue wechselseitige Regulation erforderlich macht, um ein Gefühl von Basissicherheit zu ermöglichen. In Supervisionen von Weiterbildungsteilnehmern mache ich nicht selten die Erfahrung, daß diese mit ihren Klienten bei der Bearbeitung relevanter Themen in eine Sackgasse geraten, weil sie zwar verbalen Anschluß an das angebotene Problem der Klienten gefunden haben, aber mit der Handhabung der auftretenden Spannungen nicht gut zurecht kommen." (Levold 1998, 49) M.a.W.: Fokussiert man den Anschluss von Kommunikation, dann erhält

tion und Affektabstimmung in den Blick, kann man zu einem Beziehungsmuster gelangen, das viel grundlegender ist als die Kommunikation darüber: „Nonverbale Verhaltensweisen sind die Beziehung, keine Kommunikation darüber, Kommentare oder Interpretationen."[109] Indem man dieses Beziehungsmuster als Netz versteht, erhält man einen viel unmittelbareren Zugang zum sozialen Geschehen in Kleingruppen als über die Konstruktion von Kommunikationsketten. Dies gilt nun insbesondere für japanische Kleingruppen, da dort nonverbale Verhaltensweisen eine entscheidende Rolle für das Sozialverhalten spielen, wie Morsbach ausführlich dokumentiert hat.[110] Ebenso spricht einiges dafür, dass in japanischen Gruppen die affektive Abstimmung um einiges wichtiger ist, als sie ohnehin in jeder Kleingruppe schon ist. Bei Nakane heißt es z.B.: „Das eigentliche Vergnügen bei der Unterhaltung liegt für Japaner nicht in der Diskussion selbst (in einem logischen Spiel also), sondern im Wechselspiel der Emotionen ..."[111].

Die Ergebnisse der Kleingruppenforschung und der Blick nach Japan haben operativen Sozialsystemmodellen daher einen erheblichen Nachteil aufgezeigt. Der Nachteil ergibt sich nicht nur daraus, dass in operativen Systemmodellen psychische und soziale Systeme als operational abgeschlossen betrachtet werden, sondern auch aus der Festlegung, dass der Operationsmodus des psychischen Systems primär aus Bewusstsein besteht und nicht aus Emotionen: „Emotionen stellen in der systemtheoretischen Konzeption kein Operationsmodus des Bewußtseins dar. Sie gelten vielmehr als ‚Immunsystem' des Bewußtsein: Wann immer die Autopoiesis des Bewußtseins in Gefahr ist, treten Gefühle auf ..."[112]

Würden Emotionen tatsächlich nur in Situtationen auftreten, die für psychische Systeme gefährlich sind, dann müsste man davon ausgehen, dass in allen Kleingruppen das Immunsystem der beteiligten Bewusstseine auf

---

man keine Antwort auf die Frage, wieso das Sozialsystem Therapeut-Klient aufgehört hat zu existieren.

109 Levold 1998, 28.

110 Morsbachs Aufsatz „Aspects of nonverbal communication in Japan" (1973) beginnt schlicht mit der Aussage: „Nonverbal communication plays an important role in Japanese social interaction." (S. 262)

111 Nakane 1985, 170. Zu kritisieren wäre Nakane freilich dahingehend, dass ein emotionales Wechselspiel nicht jeglicher Logik entbehrt.

112 Pfeiffer 1998, 41. Pfeiffer lehnt sich damit eng an Luhmann an, der schreibt: „Gefühle kommen auf und ergreifen Körper und Bewußtsein, wenn die Autopoiesis des Bewußtseins gefährdet ist." (Luhmann 1984, 370)

Dauer gefährdet ist. Mein eigenes Bewusstsein hat sich bei Gruppenpartizipationen sowohl in Japan als auch in Deutschland zum Glück nicht an dieses Modell gehalten.[113]

2.2.2.2.3 Die Verselbstständigung in Kleingruppen hat ihre Grenzen

Für operative Systemmodelle ist der Anschluss von kommunikativen Operationen das entscheidende Kriterium, ob von einem Sozialsystem gesprochen werden kann oder nicht. Um zu verdeutlichen, dass dieser Anschluss von Kommunikationen sich quasi-automatisch vollzieht, wird bisweilen sogar das Bild einer „Kommunikationsmaschine" bemüht, in der fortwährend Kommunikationen produziert werden. Inwiefern dieses Bild einer Kommunikationsmaschine hier angebracht ist, um das Verhalten in Kleingruppen zu beschreiben, soll untersucht werden.

Das Bild von einer „Kommunikationsmaschine" pflegt die Vorstellung von einer Kommunikationskette, deren Glieder sich gemäß einer maschinellen Eigenlogik fortsetzen. Es zeichnet sich das Bild von einem verselbständigten sozialen Fluss ab, der sich ungeachtet aller psychischen Schlaglöcher seinen Weg bahnt, ohne dass die Richtung oder die Geschwindigkeit des Flusses auch nur wesentlich beeinflusst werden kann. Autopoiese ist ein Alles-oder-Nichts-Phänomen. Entweder reißender Fluss oder gar nichts Soziales.[114] Hier stellt sich die Frage: Handelt es sich bei Kleingruppen tatsächlich um eine derartige soziale Verselbständigung, wie sie im Bild einer Kommunikationsmaschine zum Ausdruck kommt?

Der Rede von einer maschinellen Eigenlogik kann man einiges an Plausibilität abgewinnen, wenn man an funktional ausdifferenzierte gesellschaftliche Teilsysteme wie Wirtschaftssystem, Rechtssystem, Wissenschaftssystem denkt. Gerade in Situationen, in denen man als Einzelner solchen Systemen gegenübersteht, kann man den Eindruck von einer Maschinerie bekommen, der man ohnmächtig gegenübersteht.[115] Die Rede von einer maschinellen Eigenlogik büßt jedoch einiges an Plausibilität ein, wenn die Sozialsysteme kleineren Maßstabes sind, wie z.B. bei einem Mu-

113 Es beruhigt mich zu wissen, dass ich damit nicht allein bin. Auch Meyer (1994, 313) formuliert: „Mein eigenes Gefühlsleben hält sich glücklicherweise nicht an dieses Modell."

114 Um eine andere Analogie zu gebrauchen: Entweder eine gleichmäßig getaktete Melodie oder nur unbegabte Musiker.

115 Vgl.: Coleman 1986.

sikverein, dessen Mitglieder sich regelmäßig treffen und mit Namen kennen.[116] Um so mehr muss die Vorstellung von einer sozialen Eigenlogik irritieren, wenn es sich um eine Kleingruppe handelt, bei der man tagtäglich die eigenen Einflussmöglichkeiten auf das Gruppenverhalten erfährt und man sich eines gegenseitigen Abhängigkeitsverhältnisses zwischen den Mitgliedern gewiss ist.

Angemessener scheint es hier von einem Netzmodell auszugehen, das weniger die Fokussierung auf den gelungenen kommunikativen Anschluss hervorhebt, sondern eher die gegenseitige Abhängigkeit und Beziehungen zwischen den Gruppenmitgliedern. Insbesondere in japanischen Kleingruppen, bei denen von Phänomenen wie wechselseitige emotionale Abhängigkeit oder Anlehnung (*amae*) berichtet wird, bietet sich die Vorstellung von einem Netz der Abhängigkeit oder einem Netz der Anlehnung eher an, als die Vorstellung von einer Operationskette, deren Glieder von einer Kommunikationsmaschine hergestellt werden. Wie wichtig dieses Phänomen der emotionalen Abhängigkeit ist, macht Ishida deutlich: „Eine Ingroup setzt sich aus Personen zusammen, die unter sich ein Gefühl des ‚wir' besitzen und unter denen ein mit dem Begriff *amae* (emotionale Abhängigkeit) assoziiertes Verhalten gestattet ist."[117]

Wie wenig diesem Phänomen der emotionalen Abhängigkeit in operativen Systemmodellen Rechnung getragen werden kann, macht Luhmann deutlich, wenn er behauptet, „... daß die Vorteile der sozialen Erweiterung kognitiver Fähigkeiten von Lebewesen gerade nicht dadurch gewonnen werden können, daß man sie voneinander abhängig macht. ... Abhängigmachen hieße also: Unwahrscheinlichkeiten miteinander zu multiplizieren. Vorteile können nur dadurch gewonnen werden, daß Lebewesen ... gerade nicht voneinander abhängig werden."[118]

Daran wird deutlich, dass Abhängigkeitsnetze in den Augen Luhmanns zu unwahrscheinlich und instabil sind, als dass diese zum Modell eines Sozialsystems werden können. Für Luhmann muss das Soziale etwas viel

---

116 Vgl.: Stark 1994, 101. Hier liegt der Grund wieso Stark zwischen „sozialer Verselbstständigung" und „sozialer Eigengesetzlichkeit" unterscheidet, und er Luhmann vorwirft, beides miteinander zu verwechseln. Ein Musikverein wäre demnach durch eine emergente „soziale Eigengesetzlichkeit" gegenüber den Mitgliedern ausgezeichnet, nicht jedoch durch eine „soziale Verselbstständigung". Auf letzteres muss Luhmann jedoch bestehen, um sein Ausschlussprinzip begründen zu können.

117 Ishida 1989, 115.

118 Luhmann 1997d, 193-194.

Wahrscheinlicheres und Sichereres sein. Er plädiert daher für das Modell eines operativen Sozialsystems, da ihm dieses als operational geschlossene Einheit viel wahrscheinlicher und stabiler erscheint, als Netze von wechselseitiger Abhängigkeit. Operative Sozialsysteme sind für Luhmann so stabil, dass selbst Konflikte oder „antagonistische Episoden" dem fortgesetzten Fluss aneinander anschließender Kommunikationen nichts anhaben können. „Die Kommunikation ist der autopoietische Prozeß sozialer Systeme, der weiterläuft über alle kooperativen oder antagonistischen Episoden hinweg, solange er weiterläuft."[119] M.a.W.: Entweder sind die antagonistischen Episoden so klein, dass sie zur Fortführung des Systems ‚verrechnet' werden, oder sie sind so groß, dass daran das System schon längst gescheitert ist. Die Alternativen, mit denen Luhmann arbeitet, sind: entweder soziale Ordnung, in der alle Konflikte ihren Platz haben, oder gar nichts Soziales. Als Soziales kommt für operative Sozialsystem-Modelle daher nur soziale Ordnung in den Blick, wohingegen soziale Unordnung, Zwischenformen der Ordnung oder bestandsgefährdende Konflikte aus dem Blick geraten. So kann man nur Barben zustimmen, der an Luhmanns Modell zu Recht kritisiert: „Der theoretische Fokus ist somit eingeschränkt auf *soziale Ordnung*. Aus dem Blick gerückt werden so ‚Zwischenelemente', die nicht in sozialer Ordnung aufgehen oder in sie münden."[120]

Soziale Unordnung oder bestandsgefährdende Konflikte innerhalb sozialer Systeme können erst dann in den Blick kommen, wenn man weniger den gelungenen Anschluss von gleichartigen Kommunikationen fokussiert, sondern mehr die wechselseitige Abhängigkeit von verschiedenartigen Einzelnen. Sieht man die charakteristische Eigenschaft von Sozialsystemen in der ‚sozialen Interdependenz', statt im kommunikativen Anschluss, dann ist man nicht gezwungen, immer nur ‚gelungene' Sachverhalte, wie etwa gelungene Anschlüsse, zu beobachten, sondern kann auch weniger gelungene Sachverhalte beobachten, wie etwa spannungsgeladene Beziehungsnetze, die dabei sind, sich selber zu zerstören. Erst wenn man darauf verzichtet, in der Gleichartigkeit von aneinander anschließenden Elemente das

---

119 Luhmann 1984, 530.

120 Barben 1996, 71. Die übermäßige Fokussierung auf soziale Ordnung erkennt man bei Luhmann auch daran, dass bei ihm die Ergebnisse der Chaostheorie keinen Eingang finden, vorauf Meyer hinweist: „Bei Luhmann wird die inzwischen weit entwickelte Chaostheorie bisher ignoriert, obwohl sie soziologisch von größter Bedeutung ist (...)." Meyer 1994, 136.

einheitsstiftende Moment eines Sozialsystems zu suchen, sondern versucht, die Verschiedenartigkeit der Beziehungen und Abhängigkeiten zu denken, kann auf Modell-Ebene angemessen berücksichtigt werden, wie gefährlich reale Konflikte oder der Wechsel von Gruppenmitgliedern für die Existenz einer Gruppe tatsächlich sind. Die Vorstellung eines Abhängigkeits- oder Beziehungsnetzes kann die Brüchigkeit sozialer Gruppen viel eindrucksvoller zum Ausdruck bringen, als die Vorstellung eines operational abgeschlossenen Sozialsystems, das sich durch den gelungenen Anschluss von typengleichen Elementen auszeichnet. Die Unwahrscheinlichkeit sozialer Ordnung, auf die nun paradoxerweise Luhmann mit der Rede von der doppelten Kontingenz oft genug hingewiesen hat, kann gerade mit retiven Sozialsystem-Modellen viel deutlicher zum Ausdruck gebracht werden als mit operativen Systemmodellen. Letztere setzen soziale Ordnung voraus, und können weder den Prozess der Entstehung noch die Auflösung eines Sozialsystems hinreichend thematisieren. Anders als operative Systemmodelle setzen retive Modelle keine soziale Ordnung voraus, sondern nehmen einen Kontext in den Blick, in dem soziale Ordnung als Wechselwirkung von Einzelnen geschieht (oder eben auch nicht). Der Prozess, in dem es in dem netzhaften Kontext zur sozialen Ordnung kommen *kann,* ist Gegenstand der Betrachtung, und nicht das Ergebnis der sozialen Ordnung in Form eines operational geschlossenen Sozialsystems. Soziale Ordnung, in Form von gelungenen kommunikativen Anschlüssen, wird im retiven Modell nicht vorausgesetzt, sondern gerade als Geschehen begriffen, das eintreten *kann*, und wenn, dann in *unterschiedlicher* (netzartiger) Form.

Der Blick retiver Systemmodelle richtet sich weniger auf eine abgeschlossene soziale Einheit als auf eine netzhafte soziale Interdependenz zwischen psycho-physischen Einheiten. Geht man von sozialer Interdependenz anstatt von einer operational geschlossenen Sozialeinheit aus, dann hat man nicht zuletzt die Möglichkeit, sich deutlicher von holistischen bzw. neoholistischen Beschreibungen japanischer Kleingruppen zu distanzieren. Nicht der Gedanke einer operational geschlossenen Einheit, die sich durch gelungene kommunikative Anschlüsse vollzieht, liegt daher bei der Beobachtung von Kleingruppen nahe, sondern die Vorstellung von netzhafter sozialer Interdependenz mit all ihren Problemen, auch und gerade in Japan.

2.2.2.2.4 Das Wissen in Kleingruppen ist weder reine Semantik noch individualisiert

Mit Nonaka und Takeuchi wurde darauf hingewiesen, dass dem impliziten Wissen in japanischen Kleingruppen einen besonderen Stellenwert zugesprochen wird. Im Folgenden soll daher geprüft werden, wie operative und retive Sozialsystem-Modelle dieses soziale Wissen von Gruppen hinreichend berücksichtigen können.

Da operative Sozialsystem-Modelle von dem kommunikativen Anschluss als leitendem Gedanken ausgehen, muss auch Wissen dem Anschluss von Kommunikation zugerechnet werden. Das Wissen operativer Sozialsysteme erscheint gewissermaßen als Struktur des selbstreferentiellen Anschlusses von Kommunikationen. Aufgrund des ereignishaften Charakters der Kommunikationen kann die Permanenz dieses kommunikationsstrukturierenden Wissens nicht direkt ermittelt, sondern nur erschlossen werden. Das erschlossene permanente Wissen bezeichnet Luhmann als „Semantik“[121] und bestimmt es als „eine Art Vorrat möglicher Themen, die für rasche und rasch verständliche Aufnahme in konkreten kommunikativen Prozessen bereitstehen“[122], wobei dieser Vorrat „eigens für Kommunikationszwecke aufbewahrt wird“[123]. Soziales Wissen ist nichts anderes als „eine Struktur der Autopoiesis von Kommunikation“.[124] Wie konsequent Luhmann den Wissensbegriff seinem operativen Ansatz gemäß bestimmt, macht Reckwitz deutlich:

> „Da soziale Systeme ... in Form von Kommunikationen operieren, muß soziales Wissen kommunikationsstrukturierendes Wissen sein und wird von Luhmann daher konsequent als Semantik identifiziert (...). Die Identifikation von sozialem Wissen bzw. der Struktur von Kommunikation mit Semantik ist nicht zufällig, sondern ergibt sich zwingend aus seinem Theoriedesign[.]“[125]

---

121 Luhmann 1990a, 107: „Nichts anderes ist gemeint, wenn wir gelegentlich von *Semantik* sprechen.“

122 Luhmann 1984, 224.

123 Luhmann 1984, 224. Feilke bezeichnet dieses soziale Wissen als „common sense“ und bestimmt es in Anlehung an Luhmann als „sprachlich organisiertes Themenwissen“ (Feilke1994, 88) oder als „sprachlich verfügbaren Themenvorrat“ (Feilke 1994, 91).

124 Luhmann 1990a, 108.

125 Reckwitz 1997, 332.

Wie Reckwitz bei Luhmann erkennt, führen operative Systemmodelle konsequent „zu einer eindeutigen Zurechnung von Wissen auf Kommunikation und damit zu einer Identifikation von Wissen und Semantik."[126] Bei Wissen in operativen Sozialsystemen handelt es sich daher immer um semantisches Wissen. Dieses semantisches Wissen bestimmt Luhmann mit Bezug auf die von Polanyi eingeführte Unterscheidung zudem als explizit, wenn er schreibt: „Explizit ist diejenige Komponente des Wissens, die im Prozeß der Autopoiesis reproduziert wird."[127]

Die von operativen Systemmodellen vorgenommene Fixierung auf semantisches und explizites Wissen ist nun gerade für die Erfassung des Wissens in Kleingruppen höchst problematisch. Da das Wissen in japanischen Kleingruppen – wie Nonaka und Takeuchi zeigten – zum großen Teil aus implizitem und nicht-semantischem Wissen besteht, d.h. aus prozeduralem Wissen oder knowing-how, müsste eine systemtheoretische Interpretation japanischer Kleingruppen auf dieses Wissen besonders Rücksicht nehmen. Dazu ist der operative Ansatz jedoch nicht in der Lage, denn er konzentriert sich auf semantisches und explizites Wissen, das – zugegebenermaßen – für den Anschluss von sprachlich vermittelter Kommunikation von besonderer Bedeutung ist. Wissen jedoch, wie „... die Fähigkeit Schach zu spielen, zu schreiben, sich gegenseitig mit Höflichkeit zu begegnen etc."[128] geht nicht in semantischem knowing-that-Wissen auf, so dass hier die Grenzen des Wissensbegriffs operativer Sozialsystem-Modelle deutlich werden. Ergo: Operative Sozialsystem-Modelle überbetonen das semantische, explizite Wissen auf Kosten des impliziten, nicht-semantischen Wissens und sind daher ungenügend, um das Wissen insbesondere in japanischen Kleingruppen angemessen beschreiben zu können.

Die Unfähigkeit, implizites und nicht-semantisches Wissen hinreichend zu berücksichtigen, resultiert letztlich aus dem Umstand, dass operative Ansätze von einer strikten Trennung des Sozialen und Psychischen ausgehen, d.h. von einer Innen-Außen-Differenz zwischen psychischem und sozialem System. Reckwitz bringt dies wie folgt auf den Punkt:

> „Die Innen-Außen-Differenz zwischen psychischen und sozialen Systemen bei Luhmann führt offenbar zu einer Engführung des Begriffs des sozialen

126 Rechwitz 1997, 334.
127 Luhmann 1990a, 42.
128 Reckwitz 1997, 332.

Wissens auf semantisches Wissen und einer Zurechnung von nicht-semantischem, knowing how-förmigen Wissen auf psychische Systeme, das damit nicht mehr als soziales, kollektives Wissen behandelt werden kann."[129]

Diese Dichotomisierung von Psychischem und Sozialem bereitet aber nicht nur für die angemessene Erfassung *impliziten* sozialen Wissens Schwierigkeiten, sondern auch generell für die Erfassung *expliziten* sozialen Wissens. Denn geht man davon aus, dass Wissen operational geschlossenen Sozialsystemen zugerechnet wird, dann wird nicht die aktuelle Kopplung von Kognition und Kommunikation für die Konstitution von Wissen verantwortlich gemacht, sondern die permanente Abgeschlossenheit eines Systems. So drängt sich der Eindruck auf, dass Wissen in operativen Sozialsystemen ein dauerhafter Bestand ist, der der Aktualisierung durch kognitive Systeme nicht mehr bedarf. So erachtet z.B. S.J. Schmidt den operativen Ansatz nur dann für konsequent, wenn soziales Wissen als Bestand konzipiert wird, und nicht als eine stets zu aktualisierende Fähigkeit: „Luhmanns Vorschlag, Wissen radikal von Bewußtsein auf Kommunikation umzurechnen, macht m.E. nur Sinn, wenn man Wissen als Bestand und nicht als Fähigkeit konzipiert."[130] Der operative Ansatz gerät daher aufgrund der radikalen Zurechnung von Wissen zu Kommunikation in die Nähe einer Position, die er gerade durch die Temporalisierung des Elementenbegriffs zu vermeiden versucht. Operative Systemmodelle rücken damit in die Nähe einer „Bestandsvorstellung" des Wissens, gegen die sich deren Vertreter zu Recht, wenn auch vergebens wehren.[131] Ein innerer Konflikt, an dem konsequent zu Ende gedachte operative Theorieansätze förmlich zu zerbrechen drohen.

Zwei Gründe sprechen daher gegen eine operative Interpretation des Wissens in Kleingruppen: Erstens kann das implizite und nicht-semantische Wissen von Kleingruppen von der operativen Fixierung auf

129 Reckwitz 1997, 332.

130 Schmidt 1994, 76.

131 Wie stark die Ablehnung gegen eine solche Bestandsvorstellung des Wissen ist, macht Luhmann (wenn auch vergebens) deutlich: „Folgt man dieser Vorstellung einer radikalen Verzeitlichung dessen, was Beobachten ist und tut, dann müssen nicht nur alle Objektkonstanzen und alle Aufzeichnungen daraufhin relativiert werden, dann verliert auch Wissen die Eigenschaft von etwas, das man ‚haben' und ‚behalten' kann, an die Stelle solcher Bestandsvorstellungen tritt die Frage, wer was wann unter welchen Bedingungen aktualisiert." (Luhmann 1990a, 107)

„Kommunikationssemantik“ nicht erfasst werden. Zweitens führt ein Wissensverständnis, das sich streng an operativen Sozialsystem-Modellen orientiert, zu dem unakzeptablen Gedanken, dass Wissen ein Bestand ist, welcher der Aktualisierung durch kognitive Systeme nicht mehr bedarf.

Eine retive Interpretation bietet hier zwei wesentliche Vorteile. Erstens kann das implizite und nicht-semantische Wissen der Netzknoten berücksichtigt werden, da nicht die Notwendigkeit besteht, nach einer „Kommunikationssemantik“ Ausschau zu halten. Zweitens kann berücksichtigt werden, dass Wissen stets der Aktualisierung durch kognitive Systeme (als Knoten des Netzes) bedarf, und damit nie als Bestand oder Vorrat konzipiert werden darf. Des Weiteren bietet der retive Ansatz den Vorteil, Sozialisation als Austausch von implizitem Wissen zu konzipieren, wie dies Nonaka und Takeuchi vorschlagen.[132] Dies alles wird möglich, da ein retiver Ansatz nicht auf der kategorischen Trennung von Sozialem und Psychischem basiert, sondern auf einer Netzvorstellung des psycho-sozialen Kontextes, in dem ganz verschiedenartige Ereignisse als aktuale Eigenschaften von Beziehungen erfasst werden können. Das ermöglicht retiven Sozialsystem-Modellen, Anschluss zu nehmen an das Konzept der „Individuellen Sozialen Repräsentationen“[133] und seiner Weiterentwicklung durch Cranach[134], der die wissensbezogenen Konzepte der Sozialpsychologie mit den Kategorien der Wissenspsychologie verbindet und sich von einer integrativen Position aus der Erforschung des Wissens sozialer Systeme widmet.

2.2.2.2.5 Exkurs: Abgeschlossenes psychisches System oder ausdrückendes Selbst?

Als Beleg für die Modellierung japanischer Kleingruppen als operative Sozialsysteme wurde eine bestimmte Besonderheit der japanischen Gestik

---

132 Nonaka und Takeuchi weisen daraufhin, „... daß die Sozialisation mit der Etablierung eines Teams beginnt, dessen Mitglieder Erfahrungen und mentale Modelle austauschen.” (Nonaka/Takeuchi 1997, 254) „Sozialisation ist ein Erfahrungsaustausch, aus dem implizites Wissen wie etwa gemeinsame mentale Modelle und technische Fertigkeiten entstehen. Ein Mensch kann ohne Sprache unmittelbar implizites Wissen von anderen erwerben.... Den Schlüssel zum Erwerb von implizitem Wissen bildet die Erfahrung. Ohne eine Form gemeinsamer Erfahrung ist es äußerst schwer, sich in die Denkweise eines anderen hineinzuversetzen.” (Nonaka/Takeuchi 1997, 75) „Sozialisation ergibt sympathetisches Wissen, wie zum Beispiel mentale Modelle und technische Fertigkeiten.” (Nonaka/Takeuchi 1997, 269)

133 Thommen/Amman/Cranach 1988; 1992.

134 Cranach 1990; 1995a,b.

genannt. Die Reduktion des Augenkontakts, das Lächeln (in unkomischen Situationen) und das Verdecken der Gesichtsausdrücke wurde als Beleg für die operationale Abgeschlossenheit des psychischen Systems und damit auch des sozialen Systems angesehen. Ich gebe die Argumentation vereinfacht wieder: Da solches Abschirmverhalten häufiger in Japan als im Westen auftritt, ist in Japan die operationale Geschlossenheit psychischer Systeme deutlich erkennbarer als in Europa. Die Argumentationslogik lässt sich durch eine Analogie ausdrücken: Wenn in einem japanischen Haus die Jalousien häufiger und länger heruntergelassen werden als in einem europäischen Haus, dann ist das japanische Haus nach außen abgeschirmter als das europäische.

Das Problematische an dieser Interpretation ist die Tatsache, dass die Aussage über die Abgeschlossenheit des japanischen Hauses allein aufgrund der Tatsache gemacht wird, dass die Jalousien dort häufiger heruntergelassen werden als in dem europäischen Haus. Beobachtungen wie, dass die Häuser unterschiedlich gebaut sind oder zu welchen Gelegenheiten die Jalousien heruntergelassen werden, finden in der Interpretation keine Berücksichtigung. An dieser Stelle soll ein Gedankenexperiment gewagt werden: Wäre es nicht möglich, dass in dem japanischen Haus deswegen so häufig die Jalousien heruntergelassen werden, weil die Fenster nicht wie im europäischen Haus aus eingefärbtem Sonnenschutzglas bestehen, sondern aus hoch lichtdurchlässigem Glas? Der Bewohner des japanischen Hauses müsste also in Situationen, in denen er unbeobachtet sein will, notgedrungen die Jalousien herunterlassen, wohingegen der Bewohner des europäischen Hauses stets die Gewissheit hat, aufgrund der getönten Scheiben nicht beobachtet werden zu können. Das zeitweilige Herunterlassen der Jalousien in dem japanischen Haus könnte daher nur verstanden werden, wenn man von der grundlegenden Offenheit und Transparenz des japanischen Hauses ausgeht und nicht von dessen Geschlossenheit. Der grundlegende Charakter des japanischen Hauses würde daher nicht in dessen Abgeschlossenheit bestehen, sondern in der Offenheit, da das Fensterglas im Gegensatz zum europäischen Haus viel transparenter und lichtdurchlässiger ist. Ob sich für diese Analogie Belege in der sozialpsychologischen Literatur finden, soll im folgenden im Rahmen eines kleinen Exkurses untersucht werden.

Um zu zeigen, dass es sich anbietet, von einer grundlegenden Offenheit der japanischen Psyche auszugehen, soll Bezug genommen werden auf die

Arbeiten Kimuras, der sich mit der Tatsache auseinandergesetzt hat, dass in Japan Sozialphobien wie Erythrophobien, Eigenblickphobien oder Eigengeruchsphobien mit großer Häufigkeit auftreten. Um die besonderen Ausprägungen der japanischen Sozialphobien zu verdeutlichen, spricht er davon, dass in Japan deutlicher als etwa in Europa der Gesichtsausdruck als etwas betrachtet wird, das über die inneren Regungen des Betreffenden Auskunft gibt. Kimura erläutert dies am Beispiel der Gesichtsfarbe (Farbe: *iro*).

> „Man darf *iro* also verstehen als ein Wort, das in einem weiten Sinne und ganz allgemein ein Aussehen bezeichnet, in dem etwas Inneres nach Außen tritt und sich dort zeigt. Spricht man z.B. davon, daß man die Gesichtsfarbe eines Menschen ausforsche (*kaoiro o ukagau*), so meint das Wort „Gesichtsfarbe" (*kaoiro*) dabei keinen Farbwert, sondern den Gesichtsausdruck, aus dem man die inneren Regungen des anderen ablesen kann."[135]

Kimura zeigt auch an anderen Beispielen wie Körpergeruch oder der Art und Weise eines Blickes, dass Körperregungen als etwas betrachtet werden, das deutlich Aufschluss über die inneren Regungen gibt. Die Gewissheit, dass der Körper- und Gesichtsausdruck etwas über die inneren Regungen aussagt, wirkt unterstützend für das alltägliche Verhalten und gibt Sicherheit in Interaktionen, die sich nicht auf Sprachgebrauch stützen.[136] Ist dieser alltägliche Umgang mit der aufdeckenden Rolle des Gesichts- und Körperausdrucks gestört, kann es zur Ausbildung von Sozialphobien kommen. Sozialphobiker leiden darunter, dass sie nicht mehr selbstverständlich mit der aufdeckenden Rolle des Körperausdrucks umgehen können. Auch wenn gar kein äußerer Anlass besteht, fürchten sie sich davor, anhand ihrer Gesichtsfarbe, ihres Blickes oder ihres Körpergeruchs „durchschaut" zu werden. Diese Furcht ist also nur verständlich, wenn man von der grundlegenden Transparenz des japanisches Selbst ausgeht. Das häufige Auftreten von Sozialphobien in Japan ist daher nicht Anzeichen dafür, dass die Abge-

---

135 Kimura 1995, 142.

136 Okonogi gibt ein schönes Beispiel dafür, wie selbstverständlich die Interaktion über Körperregungen stattfinden kann und wie unwichtig das gesprochene Wort für die Bedeutung der Kommunikation sein kann. Es handelt sich um einen ‚Dialog' zwischen dem richtigen und dem falschen Sakon: „[W]ährend der falsche [Sakon] mit lauter Stimme den eigentlichen Sakon beschimpft, fleht er ihn mit Augen und Mimik um Verzeihung an. Während dieser sich mit lauter Stimme entschuldigt, verzeiht er mit Augen und Mimik dem falschen Sakon." (Okonogi 1990, 58)

schlossenheit der psychischen Systeme dort deutlicher zu Tage tritt als anderswo, sondern vielmehr aus dem Umstand resultiert, dass die aufdeckende Eigenschaft des Körperausdrucks, mit der im Alltag in aller Regel unbeschwert umgegangen wird, in bestimmten Situationen auch zum Problem werden kann: „Daß dieser ... Modus der Veräußerlichung des eigenen Selbst bei Menschen wie den Japanern ... sehr leicht zu einer Form von Sozialphobie führen kann, liegt auf der Hand."[137]

Worin besteht nun der Nutzen einer Analogie mit den Fenstern? Der unbeschwerte Umgang mit der aufdeckenden Rolle des Körperausdrucks entspricht der Tatsache, dass die hochtransparenten Fenster japanischer Häuser als normal und unproblematisch erfahren werden. Situationen, in denen diese Transparenz als unangebracht empfunden wird, kann man durch das Herunterlassen der Jalousien, d.h. das Verstecken des Gesichtsausdrucks oder durch ein ‚Verlegenheitslächeln' entschärfen. Besteht dazu nicht die Möglichkeit, wird die Transparenz als Furcht erlebt, die in Sozialphobien eine pathologische Form annimmt.

Auch wenn angesichts eines Exkurses nicht über eine skizzenhafte Darstellung hinausgegangen werden konnte, und weitere Belege für die aufgestellte Analogie nötig wären, so sollte deutlich geworden sein, dass die Charakterisierung des japanischen Selbst als offen und transparent sehr viel eher den sozial-psychologischen Phänomenen in Japan Rechnung trägt, als eine vorschnelle Interpretation des japanischen Abschirmverhaltens im Sinne eines operational abgeschlossenen psychischen Systems. Inwiefern dieser sozialpsychologische Aufweis durch sozialphilosophische Betrachtungen belegt werden kann, wird noch zu erörtern sein.

2.2.3 Alternativen zum Systembegriff? Das „Orthafte" im sozialphilosophischen Japandiskurs

In dem vorangegangenen Kapitel wurden japanische Kleingruppen als Sozialsysteme beschrieben, d.h. es wurde der Systembegriff angewandt, um einen wichtigen Aspekt des gesellschaftlichen Lebens in Japan zu beschreiben. Da der Systembegriff unverkennbar griechische Wurzeln hat und der Ausdruck für „System" in der japanischen Sprache schon am Schriftbild eindeutig als Fremdwort erkannt werden kann, könnte man den Vorwurf erheben, dass hier westliche Modelle angewendet werden, um

137 Kimura 1995, 146.

eine nicht-westliche Wirklichkeit zu erfassen, und von daher das Festhalten am Systembegriff schon ein eurozentrisches oder – mit den Worten Luhmanns – ein ‚alteuropäisches' Moment beinhaltet. Trotz aller Gegenargumente, die man aus westlicher Sicht anführen könnte, um die Universalität des Systembegriffs zu rechtfertigen, darf man m.E. den obigen Vorwurf nicht leichtfertig übergehen; schon allein deswegen nicht, weil man sich immer vor Augen halten sollte, dass die Begegnung mit einer anderen Sozio-Kultur nicht nur auf der Objektebene stattfinden kann, sondern auch auf der Modellebene. D.h. gerade bei der Begegnung mit fremden Sozio-Kulturen ist es wichtig, dass sich Sozialwissenschaftler nicht nur darauf konzentrieren, Belege für ihre bereits existierenden Modelle zu finden, sondern darüber hinaus den Versuch unternehmen, die Modelle kennen zu lernen, mit denen eine Sozio-Kultur sich selbst beschreibt.[138] Für die Begegnung westlicher Sozialwissenschaftler mit Japan bedeutet dies: Nicht nur die japanische *Praxis* sollte Gegenstand des Interesses sein, sondern auch die *japanischen Modelle von der japanischen Praxis*. Um an Letzteres anzuknüpfen, soll im Folgenden Bezug genommen werden auf die sozialwissenschaftliche bzw. sozialphilosophische Debatte in Japan, in der die Besonderheiten eines ‚japanischen Modells' immer wieder hervorgehoben werden.

Auch ohne schon zu sehr durch ein bestimmtes Erkenntnisinteresse geblendet zu sein, kann man feststellen, dass in der als ‚Japandiskurs' (*nihonron*) bezeichneten Debatte häufig das ‚Orthafte' und ‚Feldhafte' eine besondere Rolle spielt, und dort, wo die Rede von einem ‚japanischen Modell' ist, häufig die japanischen Ausdrücke „*ba*“ und „*basho*“ gebraucht werden. Um näher zu erläutern, welchen Stellenwert das Ort- und Feldhafte im sozialphilosophischen Japandiskurs haben, soll der Beitrag von vier Autoren genauer unter die Lupe genommen werden. Würde man die Autoren auf einer Skala einordnen, bei der auf der rechten Seite Philosophie und

138 Vgl. R.W. Müller: „Es scheint mir, so sagte ich, problematisch, eine fremde Realität unvermittelt mit unseren Augen zu betrachten; wichtiger ist es zunächst umgekehrt, die Fragestellungen und Antworten zur Kenntnis zu nehmen, mit denen die fremde Realität sich selbst reflektiert, die Antworten *ihrer* Wissenschaftler, Künstler, Schriftsteller usw. Dies gilt nicht einmal in erster Linie, um *jene* Gesellschaft genau kennenzulernen, sondern vor allem mit dem Interesse, die Selbstverständlichkeiten der eignen Sichtweise infrage zu stellen, sich selbst (ein wenig) vom bürgerlich-eurozentrischen Denken zu distanzieren – und damit auch, um die *eigene* Gesellschaft besser zu begreifen." (R.W. Müller 1984, 540)

auf der linken Soziologie stünde, so könnte man als grobe Orientierung folgende Reihenfolge aufstellen: Watsuji Tetsurô, Kimura Bin, Kawai Hayao, Nakane Chie.[139]

2.2.3.1 Das Klima: Watsuji Tetsurô

Watsuji Tetsurô[140] vermisst die Räumlichkeit in der Anthropologie. Insbesondere Heidegger wirft er vor, die Zeitlichkeit auf Kosten der Räumlichkeit überbetont zu haben. Für Watsuji zeigt sich hierin die Grenze von Heideggers Denkens, „... denn Zeitlichkeit ohne Räumlichkeit ist nicht wirklich Zeitlichkeit."[141] In Abhebung von Heidegger intendiert Watsuji eine „radikale Verräumlichung der Subjektivität"[142], denn „... [o]hne das Räumlich-Strukturiertsein des subjektiven Menschen gäbe es keine gesellschaftliche Struktur"[143].

Für Watsuji findet die Räumlichkeit Eingang in die Bestimmung des Menschen, indem er den Menschen als „Zwischensein" (*aidagara* oder *aida*)[144] bestimmt. Er distanziert sich von einer individuumzentrierten Anthropologie, die er von ihrer Tradition gezeichnet sieht: „Solange die Anthropologie ... ihrer bisherigen Tradition folgt, wird der Mensch auch

---

139 An dieser Stelle muss darauf hingewiesen werden, dass mit den folgenden Ausführungen keine umfassende und ausgewogene Einführung in den Japandiskurs intendiert ist. Da das Ziel der Arbeit vor allem darin besteht, zu klären, was mit „topischen Sozialsystemen" gemeint sein kann, bleiben in der folgenden Darstellung viele Aspekte des Japandiskurses unberücksichtigt, die in einem anderen Kontext eigentlich viel mehr Beachtung verdient hätten. Für den am Japandiskurs Interessierten steht dafür eine Vielzahl an Literatur bereit. Zur Einführung in den Japandiskurs: Tamotsu 1996; Heise 1989; R.W. Müller 1984; 1989.

140 Watsuji Testsurô (1989-1960), Professor für Philosophie an den Universtiäten Kyôto und Tokyô. Zur Einführung in das Werk Watsujis: Dilworth 1974; Heise 1989, 84-88; Pörtner/Heise 1995, 365-376; Watsuji 1992, Weinmayr 1995, 184-189.

141 Watsuji 1992, 4. Des Weiteren heißt es: „Der Versuch, menschliches Dasein als bloß zeitlich strukturiert zu begreifen, verfällt einer Einseitigkeit, welche darauf aus ist, das Wesen des menschlichen Daseins einzig im Grunde des individuellen Bewußtseins zu suchen. Wenn man aber von vorneherein den Menschen in seiner wesenhaft doppelten Beschaffenheit erkennt, wird sofort deutlich, daß Räumlichkeit und Zeitlichkeit nur zusammen angetroffen werden." (Watsuji 1992, 13)

142 Heise 1989, 87.

143 Watsuji 1992, 13.

144 Pörtner/Heise 1995, 366.

weiterhin als Individuum und nicht als ‚Mensch im Zwischen' Gegenstand der Untersuchung bleiben."[145]

Für Watsuji ist der Mensch als „Zwischensein" immer schon an eine Lokalität gebunden. Das „Zwischensein" ist lokal bestimmt, d.h. ohne einen Ort nicht denkbar: „Eben dieses ‚Zwischen', in dem das Selbst und der Andere sich überhaupt erst finden lassen, ist immer schon Grund und Ort des ‚Hinausgestelltsein' (ex-sistere)."[146] Die Lokalität des „Zwischenseins" macht eine Identifikation des Selbst mit sich selbst unmöglich. Heise formuliert entsprechend: „Das Subjekt, von dem hier die Rede ist, läßt sich nicht durch die Identität mit sich selbst definieren, sondern wesentlich über die Stellung in den Orten, an die es gebunden ist."[147]

Dem Ort kommt damit eine herausragende Rolle bei der Identitätsbildung eines Menschen zu. Der Ort als Lokalität des Zwischenseins kann z.B. eine wirtschaftliche Organisationsform oder eine kulturelle Gemeinschaft sein.[148] *Einer* Lokalität freilich räumt Watsuji eine besondere Bedeutung ein: dem Haus (*ie*): „Es wird gebaut, um Wind, Regen oder Kälte abzuwehren, es ist der Ort der Ruhe oder der Mahlzeiten."[149] Die Lokalität des Hauses verweist damit auf eine noch grundlegendere Lokalität unseres „Zwischenseins": dem Klima (*fûdo*). Das „Klima" bildet den Grundbegriff in Watsujis Philosophie, die zugleich auch Kulturtheorie und Klimatologie sein will.

Für Watsuji ist mit Klima (*fûdo*) nicht die natürliche Umwelt im naturwissenschaftlichen Sinn gemeint. Klima (*fûdo*) ist kein objektivierbares Gegenüber des Menschen und kann daher auch nicht Gegenstand naturwissenschaftlicher Betrachtung sein. Watsuji verdeutlicht dies an dem Beispiel der Kälteempfindung. Gewöhnlich neigt man dazu, die objektiv messbare und die subjektiv empfundene Kälte zu unterscheiden. Für Watsuji enthält diese Unterscheidung ein Missverständnis. Die Kälte kann nicht als dem Menschen gegenüberstehend gedacht werden, da die Erfahrung von Kälte nur zu machen ist, wenn man sich bereits in der Kälte aufhält.

---

145 Watusju 1992, 15.
146 Watsuji 1992, 16.
147 Heise 1989, 87.
148 Vgl.: Heise 1989, 87.
149 Watsuji 1961-1963 (Gesammelte Werke), Bd. 11, 94. Zitiert nach: Pörtner/Heise 1995, 374.

„In dem Augenblick, in dem wir die Kälte verspüren, sind wir ja schon der kalten Luft ausgesetzt. In Beziehung zur Kälte geraten heißt nichts anderes, als daß wir selber schon *in die Kälte hinausgetreten sind*."[150]

„Daß die Luft sich in einem Zustand der Frische befindet, heißt nichts anderes, als daß wir selbst uns in einem Zustand der Frische befinden, daß wir uns selbst in der Luft finden."[151]

Wenn Kälte oder Frische ein Zustand ist, in dem man sich befindet oder in den man „hinausgetreten" ist, dann kann dieser Zustand auch nicht als Gegenüber des Menschen konzipiert werden. Das Klima ist nicht als Gegenüber des Menschen zu verstehen, sondern nur als Ort, *in* dem sich der Mensch befindet. Das Klima kann daher nie als Objekt im herkömmlichen Sinne thematisiert werden. Um das Klima zu verstehen, ist die Redeweise von „Subjekt" und „Objekt" daher unangebracht: „So gesehen enthält die übliche Unterscheidung zwischen ‚Subjekt' und ‚Objekt', folglich auch die zwischen ‚der Kälte' und ‚uns', als zwei unabhängig voneinander existierende Größen, ein Mißverständnis."[152] Im Klima kommt der Mensch zu sich selbst. Indem wir das Klima empfinden, entdecken wir uns selbst in dem Klima: „Indem wir Kälte empfinden, entdecken wir uns selbst in der Kälte selbst."[153] Diese Redeweise ist freilich nur dann möglich, wenn man den klimatischen Charakter bzw. die Klimahaftigkeit als ein „strukturelles Moment menschlicher Existenz"[154] betrachtet. Klimatische Phänomene sind als „Ausdruck der subjektiven (*shutaiteki*) menschlichen Existenz"[155] zu verstehen, und nicht als den der natürlichen Umgebung. Die konkreten klimatischen Formen sind daher „Ausdruck menschlicher Subjektivität"[156]. Empfindet der Mensch das Klima, so empfindet er sich selbst. Findet er das Klima, so findet er sich selbst. „Deshalb sprechen wir von einer Selbstfindung des Menschen durch das Klima."[157]

Da Watsuji das Klima als anthropologischen Begriff mit den unterschiedlichen Formen des physischen Klimas (wie Monsunklima, Wüsten-

150 Watsuji 1992, 8.
151 Watsuji 1992, 18.
152 Watsuji 1992, 8.
153 Watsuji 1992, 8.
154 Weinmayer 1995, 184.
155 Fischer-Barnicol/Okochi 1992, XIII.
156 Weinmayer 1995, 184.
157 Watsuji 1992, 17.

klima, Wiesenklima) in enger Verbindung denkt, wurde ihm häufig ein geographischer Determinismus vorgeworfen. Der Vorwurf trifft jedoch nicht das, worum es Watsuji eigentlich geht: die Rehabilitation des Räumlichen, des Orthaften, des Klimatischen in der Anthropologie. Nicht zuletzt Berque[158] hat darauf wiederholt hingewiesen und sich Watsujis Sache angenommen.

2.2.3.2 Das Zwischen: Kimura Bin

Auch Kimura Bin[159] spricht von Klima und gibt folgende Bestimmung: „Unter Klima verstehen wir hier, [...] nicht die Natur, wie sie in den Naturwissenschaften begriffen wird, sondern die von dieser wesenhaft verschiedene Natur im anthropologischen Sinne, d.h. vor allem die Art und Weise, in der der Mensch der Natur begegnet und in ihr lebt."[160] Weiter heißt es: „Das Klima ist der außerhallb des Ich liegende Ort der Begegnung von Ich und Natur, aus dem heraus der Mensch sich selbst findet."[161]

Indem Kimura das Klima als den Ort der Begegnung von Mensch und Natur versteht, hebt er deutlicher als Watsuji hervor, dass mit Klima kein physisches Klima (wie Monsun- oder Wiesenklima) gemeint ist, sondern eine „sowohl der Natur als auch dem Menschen noch vorausliegende, beide vermittelnde, reine Zwischenstruktur"[162] in der Begegnung stattfindet. „Demzufolge ist am Anfang und zuerst die ‚Begegnung', das ‚Verhältnis', das ‚Zwischen'."[163] Die Rede vom Klima führt Kimura daher zur Rede vom „Zwischen Mensch und Mensch".

Kimura sieht das Zwischen als lokal bestimmt und legt es als Ort aus. Er spricht von einem „... überindividuellen Ort ..., der dem Selbstsein der Japaner, ohne daß sie sich dessen bewußt sind, zugrunde liegt. Dieser Ort läßt sich auch als das ‚Zwischen Mensch und Mensch' bezeichnen."[164] „Zwischen Mensch und Mensch meint hier gleichsam den Quellort, aus dem

158 Berque 1986; 1992; 1996a,b; 1997.

159 Kimura Bin (geb. 1931, ehem. Direktor der Psychiatrischen Klinik der Universität Kyôto. Mehrjährige Forschungsaufenthalte an der Universität München und Heidelberg. Zahlreiche Veröffentlichungen auch in deutscher Sprache. Ein umfangreiches Literaturverzeichnis findet sich in: Kimura 1995, 199-202.

160 Kimura 1995, 163-164.

161 Kimura 1995, 63.

162 Weinmayer 1995, 186.

163 Kimura 1995, 63.

164 Kimura 1995, 4.

heraus das eigene Ich und der andere als je eigenständige, verschiedene Personen hervorgehen."[165]

Kimura macht deutlich, dass der Ort des Zwischen Mensch und Mensch tatsächlich ein Ort ist, und nicht etwa die Menschen, die sich an diesem Ort befinden: „[D]er Ort, der hier ganz vorläufig als außerhalb des Ich liegend bezeichnet wurde, meint keinesfalls einfachhin die anderen Menschen an sich. Dieses Außerhalb des Ich ist genauso auch für die anderen Menschen ein Außerhalb, ein Ort, der für keinen Menschen innerhalb ist, nämlich das Zwischen Mensch und Mensch."[166]

Doch auch wenn Kimura den Ort als Außerhalb des Ichs umschreibt, so bedeutet das nicht, dass der Ort als „Zwischen Mensch und Mensch" dem Menschen äußerlich und daher nicht innerlich ist: „Dieses Zwischen jedoch ist, obwohl es ‚außerhalb' ist, als der ursprüngliche und eigentliche Seinsort des Selbst zugleich ‚innerhalb' des Ich. Daß der wahre Seinsort des Ich außerhalb des Ich liegt, heißt daß das Innen draußen und das Außen drinnen ist sowie daß das Innerliche an sich etwas Äußerliches und das Äußerliche an sich etwas Innerliches ist."[167]

Deutlich wird hieran, wie schwierig es ist, den Ort mit Innen/Außen-Kategorien zu fassen. Angemessener ist es, den Ort gerade als Erfahrung zu beschreiben, der der Innen/Außen-Unterscheidung noch vorausgeht. Als solcher ist der Ort des „Zwischen Mensch und Mensch" wesentlich ein Gefühl der menschlichen Nähe und Einheit: „Es handelt sich um das Gefühl, nahtlos miteinander vertraut zu sein."[168] „So gesehen ist das Zwischen Mensch und Mensch bei den Japanern in gewisser Hinsicht durch grenzenlose Nähe und nahtlose Einheit charakterisiert."[169]

So schwierig es ist, den erfahrbaren Ort des „Zwischen Mensch und Mensch" in eine Definition zu bringen, so unbezweifelbar ist für Kimura dessen Existenz. Er gibt davon eindrucksvoll Zeugnis, indem er die Existenz des Ortes mit der Existenz Gottes vergleicht: „So wie für die Christen die Existenz Gottes eine absolute Wirklichkeit ist, ist für die Japaner die Realität dieses Ortes des Zwischen Mensch und Mensch so wirklich, dass sich ihr niemand entziehen kann. In all den sogenannten typisch japani-

---

165 Kimura 1995, 51.
166 Kimura 1995, 57.
167 Kimura 1995, 58.
168 Kimura 1995, 91.
169 Kimura 1995, 90.

schen Phänomenen ... ist dieser nicht mehr hintergehbare Ort des Zwischen Mensch und Mensch gegenwärtig."[170]

2.2.3.3 Das Maternelle: Kawai Hayao

Kawai Hayao[171] gebraucht die beiden Ausdrücke „maternell" (*boseiteki*) und „paternell" und versucht damit eine Unterscheidung zum Ausdruck zu bringen, die er für die Beschreibung von kulturellen Bedeutungssystemen nutzen möchte. Um einen möglichst authentischen Eindruck davon zu geben, wie er die beiden Ausdrücke inhaltlich füllt, soll folgendes längere Zitat dienen:

> „‚Alles in sich einzuschließen', darin zeigt sich die Leistung des maternellen Prinzips. Es umfaßt eben alles, ob gut oder schlecht; dabei kommt allen Dingen eine unbedingte Gleichheit zu. ‚Solange es die eigenen Kinder sind', heißt das, sie sind mir alle gleich lieb, was mit den individuellen Eigenschaften oder Fähigkeiten der Kinder nichts zu tun hat.
> [...] Dagegen liegt das Besondere des paternellen Prinzips in der Leistung, alles zu ‚trennen und zu teilen': Subjekt und Objekt, Gut und Böse, Oben und Unten usw. Es klassifiziert die Kinder nach ihren Fähigkeiten und individuellen Eigenschaften, während das Maternelle alle Kinder gleich behandelt. Das Maternelle will die Kinder nach der Devise ‚meine Kinder sind alle gute Kinder' aufziehen, aber das Paternelle ist entschlossen, die Kinder nach dem Grundsatz zu formen: ‚nur gute Kinder sind meine Kinder'."[172]

Kawai weist deutlich darauf hin, dass sowohl das Maternelle als auch das Paternelle positive wie negative Seiten haben: „Positiv ist das maternelle Prinzip das Gebärende, Aufziehende; negativ hat es eine verschlingende, festhaltende und sogar tödliche Bestimmung. [...] Das paternelle Prinzip [ebenfalls] hat zwei Seiten: Es ist konstruktiv, wo es etwas Starkes hervorbringt, wenn es auf diese Weise verfährt; und umgekehrt hat es eine destruktive Seite, wo es zerstört, wenn die trennende Kraft zu stark ist."[173]

---

170 Kimura 1995, 50.

171 Kawai Hayao (geb. 1928, Professor für Klinische Psychologie an der Universität Kyôto). Sein grundlegendes Werk ist bislang nur japanisch erhältlich: Kawai 1976: Boseishakai Nihon no byôri . (Pathologie der maternellen Gesellschaft in Japan); sonstige Literatur: Kawai 1982, 1990a, b.

172 Kawai 1990a, 89.

173 Kawai 1990a, 89.

Das Maternelle ist für Kawai untrennbar verbunden mit dem Ort als Inbegriff des mütterlichen Schoßes: „Eine Weltanschauung, die auf dem maternellen Prinzip basiert, legt den Schwerpunkt auf die unbedingte Gleichheit der Kinder, die sich an einem ‚Ort' (ba), nämlich auf dem Schoß der Mutter befinden."[174]

Kawai wendet die Unterscheidung maternell/paternell zur Beschreibung der japanischen Gesellschaft an, und kommt zu der Erkenntnis, dass die japanische Sozio-Kultur dem maternellen Prinzip wesentlich näher steht als dem paternellen. Er spricht von der „maternellen Kultur Japans"[175] und bezeichnet das maternelle Prinzip als „Prinzip, das immer schon die Kultur und Gesellschaft unseres Landes bestimmt hat."[176]

Die Orientierung an maternellen Orten erkennt Kawai sowohl als Sozialpsychologe als auch als Philosoph. Um zu zeigen, wie stark maternelle Orte des Sozialleben in Japan prägen, bietet es sich an, auf die Besonderheiten der frühkindlichen Entwicklungen in Japan zurückzugehen und folgendes Bild zu zeichnen: Das Kind bleibt in der frühkindlichen Phase der Beziehungsbildung ganz auf die Mutter fixiert. Der Vater ist nicht anwesend, sowohl emotional wie auch physisch. Das Kind entwickelt wegen der Enge und Ausschließlichkeit der Mutter-Kind-Beziehung aggressive Phantasien, die von der Mutter – entgegen der kindlichen Erwartung – nicht bestraft werden. Die Mutter verzeiht und bewirkt, dass das Kind sich wegen seiner aggressiven Phantasien schuldig fühlt. Von dem erzeugten Schuldgefühl kann sich auch der Erwachsene nie ganz erholen. Die einzige Möglichkeit, mit diesem Gefühl umzugehen, besteht darin, „... die letztlich unerlösbare Schuldverschreibung, seine Schuldenhypothek, auf verschiedene gesellschaftliche Einheiten/Gruppen [zu] übertragen."[177].

So wird eine enge affektive Bindung zu Gruppen hergestellt, die wie der Schoß der Mutter als maternelle Orte empfunden werden. Immer sind es maternelle Orte, jenseits derer soziales Leben nicht vorstellbar ist. Die Härte und Gleichgültigkeit, die sich im Verhalten gegenüber Außenstehenden beobachten lässt, wird verständlicher, wenn man weiß, dass Sozialität tatsächlich nur an Gruppen als Orte gebunden ist. Alles konzentriert sich auf das Suchen nach einem maternellen Ort, ohne den soziales Leben un-

---

174 Kawai 1990a, 91.
175 Kawai 1990a, 88.
176 Kawai 1990a, 95.
177 Pörtner 1993, 7.

möglich ist: „[I]n unserem Land wird es zu einem für alles entscheidenden Faktor, ob jemand zum ‚Ort' gehört oder nicht. Sofern jemand in den ‚Ort' aufgenommen worden ist, wird ihm die helfende Hand gereicht, ohne dass überhaupt noch nach Gut oder Böse gefragt wird; jemand, der außerhalb steht, ist ein ‚Wildfremder', und ihm gegenüber ist alles erlaubt."[178]

2.2.3.4 Der Rahmen: Nakane Chie

Angeregt durch dorfsoziologische Feldstudien in Indien und Japan, untersuchte die Sozialanthropologin Nakane Chie[179] die kulturbedingten Unterschiede im Gruppenverständnis. Sie unterscheidet zwei Idealtypen gruppenbildender Gemeinsamkeiten und bezeichnet sie mit den japanischen Ausdrücke *shikaku* und *ba*, die in der deutschen Übersetzung mit „Attribut" (für *shikaku*) und „Rahmen" (für *ba*) wiedergegeben wurden[180]. Nakane gibt zu erkennen, wie zentral, aber auch wie schwierig für sie die Übersetzung des Wortes *ba* ist.

> „Mit dem Begriff *Rahmen* habe ich das japanische Wort *ba* übersetzt, von dessen Begrifflichkeit her ich ursprünglich meine Theorie entwickelt habe; allerdings läßt sich kaum eine genaue Übersetzung dafür finden. Ba bedeutet „Ort", aber im üblichen Gebrauch dieses Wortes schwingt noch die Nebenbedeutung von einer Örtlichkeit mit, an der sich etwas befindet, um einem bestimmten Zweck zu dienen."[181]

Andere Übersetzungen von Nakanes Schriften vermeiden den Ausdruck „Rahmen" bewusst und übernehmen direkt den japanischen Begriff *ba.*[182] Im Folgenden soll jedoch der von Nakane selbst gewählten Übersetzung der Vorzug gegeben werden.

---

178 Kawai 1990a, 92.

179 Nakane Chie (geb. 1926, Professorin für Sozialantropologie am Institut für Orientalische Kultur an der Universität Tokyô). Ihr Bestseller über die Struktur der japanischen Gesellschaft „tateshakai" wurde zuerst 1967 auf japanisch, dann 1970 auf englisch und schließlich 1985 auf deutsch veröffentlicht. Literatur: Nakane 1985; 1989; R.W. Müller 1984, 526-533; 1989, 262.

180 Vgl.: „Nakane beginnt mit der Vorstellung der von ihr neugebildeten Untersuchungsbegriffe, die auf ihre dorfsoziologische Studien in Indien und Japan zurückgehen. (...) Die Begriffe sind zunächst einmal ba (etwa: Ort, Stelle, Platz — auch im sozialen Sinne; engl. frame) und shikaku (etwa: Eigenschaft; engl. attribute)." R.W. Müller 1984, 529-530.

181 Nakane 1985, 12.

182 Vgl.: Nakane 1989. (Aus dem Japanischen von Johanna Koschel)

Nakanes Ausführungen zur Unterscheidung kulturbedingten Gruppenverständnisses lassen sich folgt zusammenfassen: Eine Gruppe, die auf dem gemeinsamen Attribut (*shikaku*) der Mitglieder beruht, unterscheidet sich wesentlich von einer Gruppe, die sich über die gemeinsame Stellung der Mitglieder innerhalb eines Rahmens (*ba*) definiert. Mit anderen Worten: Idealtypischerweise ist die Gemeinsamkeit einer Gruppe entweder in dem Attribut zu suchen, durch das die Mitglieder ausgezeichnet sind, oder in dem Rahmen, in dem sie sich befinden. Ein Attribut ist z.B. dann gegeben, wenn man Mitglied einer bestimmten Sippe oder Kaste ist, hingegen kann man von einem gemeinsamen Rahmen dann sprechen, wenn man den gemeinsamen Arbeitsplatz hat oder räumlich zusammenlebt, wie in einem Dorf. Das Attribut wird durch Geburt oder Leistung erworben, der Rahmen hingegen ist stark situationsabhängig. Durch diese Kriterien wird dem Einzelnen innerhalb einer Gruppe seine Identität zugewiesen. Ein Beispiel aus der Arbeitswelt: Die Ausdrücke „Feinmechaniker" und „Bankkaufmann" bezeichnen ein Attribut, wohingegen der Ausdruck „Angehöriger der Firma XY" einen Rahmen angibt.

Für Nakane beruht das Gruppenverständnis der Japaner vor allem auf der Gemeinsamkeit des Rahmens (*ba*). Im Gegensatz zu Indien, wo die Gruppenidentität auf das Attribut zurückgeht, das im Kastenwesen seinen symbolischen Ausdruck findet, beruht das Gruppengefühl der Japaner in einem erheblichem Maß auf einem unmittelbaren sozialen Zusammenhang, der sich orthaft gestaltet.

Für Nakane zeigt sich dieses ortsbezogene Gruppenverständnis in vielen Bereichen der japanischen Gesellschaft: „Diese ‚lokale' Bindung kennzeichnet alle Tätigkeitsbereiche."[183] Kurz einige Beispiele: Fragt man einen Japaner nach seiner Beschäftigung, so gibt er in der Regel der Institution den Vorzug vor der Art seiner Beschäftigung: „Statt etwa zu sagen ‚ich bin Setzer' oder ‚ich bin Registrator', wird er höchstwahrscheinlich sagen ‚ich bin aus dem Verlagshaus B' oder ‚ich gehöre zur Firma S'."[184] Ähnliches gilt für Intellektuelle: „Was unter Akademikern am wichtigsten ist und sozial am stärksten wirkt, ist nicht die Frage, ob jemand einen Doktortitel hat, sondern welche Universität er besucht hat."[185]

183 Nakane 1985, 177.
184 Nakane 1985, 14.
185 Nakane 1985, 15.

Auch sprichwörtliche Redewendungen nimmt Nakane zu Hilfe, um das ortsbezogene Gruppenverständnis zu konkretisieren. Sie beschreibt, wie wichtig die Nachbarschaft im Vergleich zur Verwandtschaft geschätzt wird, und kommentiert: „Sogar in ländlichen Gegenden sagt man ‚Die Nachbarn sind wichtiger als die Verwandtschaft' oder ‚Man kann sein Leben lang ohne Vettern auskommen, aber nicht ohne Nachbarn.'"[186]

Nakane schließt aus ihren Beobachtungen, dass bei der japanischen Gruppenidentifikation der Rahmen bzw. der Ort wichtiger ist als das Attribut, das dem Einzelnen zukommt. Besonders deutlich fällt ihr auf, wie stark das Ausmaß der emotionalen Beteiligung in ortsbezogenen Gruppen ist. Nakane gibt für das „überaus hohe Maß an emotionaler Beteiligung"[187] in ortsbezogenen Gruppen folgende Erklärung: Wenn sich eine Gruppe nicht durch die gemeinsamen Attribute ihrer Mitglieder bildet, sondern über den Rahmen, dann ist es häufig der Fall, dass die Mitglieder dieser Gruppe ganz unterschiedliche Attribute besitzen, wie z.B. „kaufmännischer Angestellter" oder „Handwerker". Damit trotz dieser unterschiedlichen Attribute der Rahmen als gemeinsame Basis der Gruppe wirksam werden kann, muss es etwas geben, das die Ebene der rational zugänglichen Attribute unterläuft. Für Nakane sind in Gruppen, die auf einem gemeinsamen Rahmen gründen, Gefühle von besonderer Wichtigkeit. Auf emotionaler Ebene kann die Gemeinsamkeit erreicht werden, die durch die unterschiedlichen Attribute auf rationaler Ebene nicht herstellbar ist. Nakane bringt dies wie folgt auf den Punkt: „Da die Ungleichheit der Attribute etwas rational Faßbares ist, bedient man sich ihrer Überwindung eines emotionalen Zugangs."[188] Für Gruppen, die auf der Gemeinsamkeit des Rahmens (*ba*) basieren, erachtet Nakane daher eine emotional erfahrbare Atmosphäre (*fuinki*) für besonders wichtig.

An dieser Stelle erscheinen mir einige grundsätzliche Bemerkungen zu Nakanes Ansatz angebracht: Ebenso wie Watsuji gehört Nakane zu den wohl umstrittensten Teilnehmern des Japandiskurses. Die einen werfen ihr vor, die emotionale Einheit japanischer Gruppen überzubetonen und die Individualität der Gruppenmitglieder zu vernachlässigen. Die anderen werfen ihr vor, japanische Gruppen zu sehr vom Individuum aus zu denken

186 Nakane 1985, 19.
187 Nakane 1985, 16.
188 Nakane 1985, 23.

und die Beziehungen zwischen ihnen zu vernachlässigen.[189] Kurz: Man wirft Nakane Holismus und Individualismus gleichermaßen vor. So berechtigt dieser (inkompatible) Vorwurf anhand von einzelnen Textstellen auch sein mag, so sehr scheint mir dieser Vorwurf an dem vorbeizugehen, worin man Nakanes originären Beitrag zum Japandiskurs eigentlich sehen sollte: nämlich in dem Versuch, dem Orthaften (*ba*) bei der Beschreibung japanischer Kleingruppen einen so großen Stellenwert einzuräumen, dass es erforderlich ist, auf der Unterscheidung zwischen Attribut (*shikaku*) und Rahmen (*ba*) zu beharren.

2.2.3.5 Resümee: Das Orthafte im Japandiskurs

Am Beispiel von Watsuji, Kimura, Kawai und Nakane wurde gezeigt, welcher Stellenwert das Orthafte im sozialphilosophischen Japandiskurs besitzt. Wie sehr das Orthafte im Japandiskurs ein Thema ist, macht Heise deutlich, indem er an dem Beitrag Watsujis deutlich hervorhebt:

> „In den Japandiskursen erscheint das Leben aufgelöst in eine Serie von Orten, die in einer Topologie darstellbar ist. Watsuji hat es am deutlichsten ausgesprochen, daß Subjektsein heißt, an einem konkreten Ort zu existieren. Mori hat gezeigt, daß diese Orte in einer Sprache der Zweiten Person erschlossen sind, und Kosawa, daß sie an den frühen Repräsentanzen der Mutter orientiert bleiben."[190]

Ohne auf die vielen Aspekte des Orthaften im Japandiskurs hier eingehen zu können, ist es wichtig hervorzuheben, dass in der Orientierung am Orthaften so etwas wie der kleinste gemeinsame Nenner in den sehr unterschiedlichen Beiträgen zum Japandiskurs gesehen werden kann. Auch von vielen Japanologen wird das Orthafte aufgegriffen, um damit für andere einen prägnanten Zugang zur japanischen Sozio-Kultur anzubieten.[191]

---

189 Vgl.: Hamaguchi 1996.

190 Heise 1989, 93.

191 Vgl.: Heise 1989; Pörtner/Heise 1995; Lebra 1976; Berque 1996a/b; Schubert 1992. „Im Mittelpunkt stehen gewissermaßen die Verbindlichkeiten gegenüber der sozialen Struktur: das – wie Lebra (1976, 67) erläutert – Bewußtsein des Ortes, der einem in einer Gruppe, Institution oder in der Gesellschaft als ganzer zugewiesen wird, die Fähigkeit und der Wille, alle mit diesem Ort verbundenen Verpflichtungen zu erfüllen, und der Anspruch, daß dieser Ort von anderen anerkannt wird." (Schubert 1992, 203) „Im Unterschied zur indischen Gesellschaft ... sei in der japanischen Gesellschaft nicht die Gemeinsamkeit von Beruf u. dgl., daher schließlich

Wenn es denn so ist, dass das Orthafte nicht nur in der Selbstinterpretation der japanischen Gesellschaft, sondern auch in der Fremdinterpretation durch westliche Japanologen einen zentralen Bezugpunkt bildet, dann stellt sich die Frage, ob dies folgenlos für eine systemtheoretische Erfassung japanischer Kleingruppen bleiben kann. An dieser Stelle sind drei Alternativen denkbar:

1.) Man könnte sich als Sozialwissenschaftler dagegen wehren, das Orthafte im Japandiskurs als seriösen Aspekt zu betrachten, mit der Begründung, dass der Japandiskurs nur das Besondere an Japan zu erkennen versucht und damit einer „objektiven“ Erfassung der sozialen Realität im Wege steht. Diese Haltung verkennt jedoch, dass auch die vermeintlich „objektive“ Erfassung nur vor einem kulturell bedingten Modellhintergrund möglich ist, den es gerade bei der Beschäftigung mit anderen Sozio-Kulturen zu hinterfragen gilt.

2.) Doch selbst wenn man bereit ist, das Orthafte im Japandiskurs in die Modellebene mit aufzunehmen, um damit über eine weitere sozialwissenschaftliche Kategorie zu verfügen, so könnte man dennoch eine Verknüpfung des Orthaften mit dem Systemgedanken ablehnen, mit der Begründung, dass zwei verschiedene Modelle mehr Anwendungsmöglichkeiten bieten als ein einziges integratives Modell. Doch auch hier wird vorschnell darauf verzichtet, eine fruchtbare Begegnung auf der Modellebene zu zulassen, die gerade für ein Modell gelebter Interkulturalität so wichtig ist.

3.) Erst der Versuch, auf der Modellebene das Orthafte im Japandiskurs mit der systemtheoretischen Diskussion zu verknüpfen, kann ein Maximum an Erkenntnisfortschritt versprechen. Wie jeder Integrationsversuch kann auch dieser prinzipiell scheitern, doch bis dahin gilt es, sich ernsthaft um eine Integration zu bemühen und zu fragen, was mit einem topischen Sozialsystem-Modell gemeint sein kann, und was zur Rede von einem topischen System berechtigt.

---

die Schicht, Klasse oder Kaste, sondern die Zugehörigkeit zu einem sozialen Ort (z.B. Familie/Haus; Firma) ausschlaggebend." (R.W. Müller 1984, 530)

2.3 Welche Nähe haben operative und retive Sozialsystem-Modelle zur japanischen Lehre vom Ort?

Stand im vorhergehenden Kapitel das Verhältnis von sozialem Ort und System-Modell zur Diskussion, so wird in diesem Kapitel das Verhältnis zwischen System-Modell und dem philosophischen Begriff des Ortes (*basho*, *ba*) Gegenstand der Betrachtung sein. Nachdem im letzten Kapitel die Frage aufgeworfen wurde, inwiefern der soziale Ort als operatives oder retives Sozialsystem interpretiert werden kann, so ist es die Aufgabe dieses Kapitels zu klären, welche Nähe operative und retive Sozialsystem-Modelle zur japanischen Lehre vom Ort haben und ob sie aufgrund einer eventuell feststellbaren Nähe als topisch bezeichnet werden können.

2.3.1 Können operative Systeme topisch sein?

Ausgangspunkt der folgenden Untersuchung ist Nishidas Lehre vom Ort, in welcher der Ort einen selbstbestimmenden, einen vermittelnden und einen ausdruckshaften Charakter besitzt (vgl. Kapitel 1.2.3). Es soll überprüft werden, inwiefern die verschiedenen Facetten des Ortbegriffes mit den operativen Systemmodellen vereinbar sind, und was daraus für die Nähe von operativen Systemmodellen zur japanischen Lehre vom Ort folgt.

2.3.1.1 Der selbstbestimmende Ort

2.3.1.1.1 Nishidas Selbstbestimmung des Ortes als operative Selbstreferenz?

Sucht man nach Ähnlichkeiten zwischen operativen Systemmodellen und Nishidas Lehre vom Ort, dann sticht der Ausdruck „Selbstbestimmung" hervor. Sowohl bei Nishida als auch in operativen Systemmodellen spielt dieser Ausdruck eine wichtige Rolle. Was sich hinter dieser gemeinsamen Begriffsverwendung verbirgt, soll im Folgenden geklärt werden.

Operative Systemmodelle gehen zwingend davon aus, dass Operationen aneinander anschließen, sich aufeinander beziehen, sich selbst erzeugen, sich selbst begrenzen etc. In operativen Systemmodellen werden daher häufig Begriffe gebraucht, die mit der Vorsilbe „Selbst-" oder „Auto-" beginnen. Ein Auszug: Selbstreferentialität, Selbsterzeugung, Selbsterhaltung, Selbstherstellung, Autopoiese, Autoreferentialität etc. Da mit all diesen Begriffen der selbstbestimmende Charakter operativer Systeme hervorgehoben wird, können operative Sozialsysteme auch einfach als selbstbestimmend charakterisiert werden. Luhmann bringt dies auf den Punkt: „Gesellschaft ist daher ein vollständig und ausschließlich durch sich selbst bestimmtes System."[1] Auch Nakamura hebt die besondere Rolle der Selbstbestimmung für operative Systeme hervor: „Die Eigenschaft der ‚Selbstbestimmung (*jikokettei*) der Grenzen' ist bei autopoietischen Systemen sehr stark."[2]

Nimmt man den Begriff „Selbstbestimmung" zum Ausgangspunkt und sucht auch in der japanischen Philosophie des Ortes nach diesem Begriff, dann wird man bei Nishida schnell fündig. Nishida spricht mehrfach davon, dass „der Ort den Ort bestimmt"[3] und bezeichnet damit die „Selbstbestimmung des Ortes"[4]. Auch sonst findet sich der Ausdruck „Selbstbestimmung" an zentralen Stellen in Nishidas Philosophie, und er spricht von der „Selbstbestimmung des dialektisch Allgemeinen", „Selbstbestimmung des absoluten Nichts", „Selbstbestimmung des Mediums", „Selbstbestimmung der Welt" etc.

Da sowohl bei Nishida als auch bei operativen Systemkonzepten häufig die Rede von Selbstbestimmung ist, drängt sich der Eindruck auf, dass beide Ansätze etwas gemein haben könnten. Nakamura benennt die Gemeinsamkeiten explizit: „... [D]ie Selbstbestimmung bei Nishida und die Selbstreferenz bei Maturana und Luhmann haben viele Gemeinsamkeiten."[5] Man könnte deshalb zu dem Schluss gelangen, dass operative Systemmodelle eine Nähe zur japanischen Lehre vom Ort aufweisen. Inwiefern dieser Schluss berechtigt ist, soll im Folgenden überprüft werden.

2.3.1.1.2 Shimizus Kritik an Nishidas Selbstbestimmung des Ortes

Wie (in Kapitel 1.3.2) gezeigt, nimmt Shimizu an Nishidas Lehre vom Ort gezielte Modifikationen vor, um den Prozess der Schaffung von Ordnung

1 Luhmann 1997d, 95.

2 Nakamura 1998, 173 (Übersetzung T.L.).

3 Nishida 1990b, 143; Nishida 1978 (NKZ 7), 323: „basho ga basho jishin o gentei suru".

4 Vgl.: Kapitel 1.2.3.2.3: Die ausdruckshafte Vermittlung als Selbstbestimmung des Ortes.

5 Nakamura 1998, 175-176 (Übersetzung T.L.). Auch Pörtner und Heise weisen auf die Ähnlichkeit zwischen topischer Philosophie und operativen Systemmodellen hin, wenngleich sie sich auf die konstruktivistischen „Konsequenzen" des operativen Ansatzes stützen: „In diesem Sinne kann Topik, mit einem Ausdruck der neueren Theoriediskussion, durchaus als autopoietische Gedankenarchitektur bezeichnet werden." (Pörtner/Heise 1995, 392)

aus Unordnung besser thematisieren zu können. Er differenziert die von Nishida implizierte Selbstspiegelung des Ortes in zwei Teilspiegelungen und beschreibt den Prozess, in dem sich diese beiden Spiegelungen aufeinander abstimmen. Damit zieht Shimizu im Unterschied zu Nishida die Möglichkeit in Erwägung, dass es nicht in jedem Fall zu einer Selbstbestimmung des Ortes kommt.

Den Grund, weshalb Nishida diese Möglichkeit nicht in Erwägung zieht und die Selbstbestimmung des Ortes einfach voraussetzt, sieht Shimizu in dem „religionsphilosophischen Charakter"[6] von Nishidas Lehre. Für Shimizu basiert Nishidas Rede von der Selbstbestimmung des Ortes auf religionsphilosophischen Voraussetzungen, die abzulegen sind, um zu einem unbefangenerem Verständnis vom Ort kommen zu können. Für die Verbindung von operativen Systemmodellen und Nishidas Lehre vom Ort bedeutet dies: Erkennt man Parallelen zwischen der Selbstbestimmung operativer Systeme und der Selbstbestimmung des Ortes bei Nishida, dann folgt daraus nichts anderes als die Tatsache, dass operative Systemmodelle eine Nähe zur religionsphilosophischen Ausrichtung in Nishidas Philosophie haben.

Will man hingegen nachweisen, dass operative Systemmodelle mit der von Shimizu weiterentwickelten Lehre vom Ort vereinbar sind, dann muss gezeigt werden, dass bei operativen Systemmodellen die Differenzierung in zwei Teilspiegelungen und damit ein Entstehungsprozess von Ordnung beschrieben werden kann. Hier sind jedoch gerade Zweifel anzumelden, denn für operative Ansätze ist Selbstreferenz ein „Alles-oder-Nichts-Phänomen" und kein Prozess, in dem es zur graduellen Ausbildung von Ordnung kommt. Operative Selbstreferenz bezeichnet den Umstand, dass ein System aus lückenlos aneinander anschließenden Operationen gleichen Typs besteht. Bei Störung eines Anschlusses hört das System sofort auf zu existieren, und von Selbstreferenz kann keine Rede mehr sein. Topische Selbstreferenz hingegen thematisiert die graduelle Ausbildung von kohärenten Beziehungen im Ort. Die Ähnlichkeit zwischen operativer und topischer Selbstreferenz ist daher nur terminologischer Art. Operative Systemmodelle sind insofern nicht anschlussfähig an die von Shimizu unternommene Weiterentwicklung von Nishidas Lehre vom Ort.

---

6 Shimizu 1995a, 64.

2.3.1.1.3 Nakamuras Kritik an Nishidas Selbstbestimmung des Ortes

Neben Shimizu äußert auch Nakamura erhebliche Zweifel daran, ob Nishidas Rede von der Selbstbestimmung des Ortes dazu beitragen kann, das Verständnis vom Ort zu erhellen.

> „However, focusing on the ‚self-determining' character of place does not necessarily further our understanding. Without critical scrutiny, the idea is simply asserted as the ‚self as the mirror', and thereby one falls into narcissism, connivance, and self-imitation. Historically, many vitalistic philosophy of life had fallen into this trap."[7]

Wichtiger als die Selbstbestimmung des Ortes zu umschreiben, ist für Nakamura die Aufgabe, Bedingungen zu untersuchen, unter denen eine solche Selbstbestimmung möglich ist. Nakamura richtet seinen Fokus jedoch nicht wie Shimizu auf die internen Abläufe des Ortes, sondern auf die externen Einflüsse, die auf den Ort wirken und eine Selbstbestimmung des Ortes möglich machen. Diese externen Einflüsse fasst Nakamura begrifflich mit den Ausdrücken „Institution" (*seido*) und „Rahmenbedingung" (*kôsokujôken*), die er synonym verwendet. Institutionen bzw. Randbedingungen sind in der Lage, den Ort von außen zu beeinflussen: „[T]he institution is a way of detarmining [sic] place from outside, or a way of grasping from the outside the self that exists internally."[8] Um ein angemessenes Verständnis vom Ort zu entwickeln, ist es für Nakamura daher von besonderer Wichtigkeit, die externen Einflüsse oder die Rahmenbedingungen zu untersuchen, denen der Ort unterliegt.

Wie kompatibel sind operative Systemmodelle nun mit der von Nakamura weiterentwickelten Lehre vom Ort? Operative Ansätze müssten zeigen, dass die Rahmenbedingungen und die externen Einflüsse in einem operativen Systemmodell eine ebenso zentrale Rolle spielen wie in Nakamuras Lehre vom Ort. Doch dazu sind operative Ansätze wohl kaum in der Lage, denn charakteristischer als die Thematisierung der Rahmenbedingungen ist für sie die Fokussierung auf die Selbstbestimmung und Selbstreferenz eines Systems.[9]

---

7 Nakamura 1998, 7 (Rückteil des Buches).

8 Nakamura 1998, 7 (Rückteil des Buches).

9 Luhmann argumentierte dafür, gerade die Randbedingungen, nicht zu thematisieren. Die Vernachlässigung der Randbedingungen ist m.E. auch einer der Ursachen

Nicht zuletzt Nakamura selbst ist es, der auf die Gemeinsamkeiten zwischen der Selbstbestimmung bei Nishida und der operativen Selbstreferenz bei Maturana und Luhmann hinweist, und so deutlich macht, dass seine Kritik an Nishidas Selbstbestimmung ebenso auf operative Ansätze übertragbar ist. Nakamura erkennt zwar die Notwendigkeit, die internen Prozesse des Ortes zu berücksichtigen, er übt jedoch deutliche Kritik an einer übertriebenen Fokussierung auf Selbstreferenz und Selbstbestimmung, da er dadurch die Gefahr aufkommen sieht, dass „... Autonomie in Autarkie (*jisokusei*) ausartet"[10]. Demgegenüber betont er: „Auch selbstorganisierende oder autopoietische Systeme sind nichts anderes als Zustände, die mit dem Äußeren in einer Beziehung stehen."[11] Nakamuras Kritik richtet sich damit nicht nur gegen Nishidas Rede vom selbstbestimmenden Ort, sondern auch explizit gegen operative Systemmodelle. Mit Nakamuras Weiterentwicklung der Lehre vom Ort sind operative Systemmodelle daher nur schwer vereinbar.

2.3.1.1.4 Vergleich von Shimizus und Nakamuras Kritik an Nishida

Vergleicht man die von Shimizu und Nakamura vorgebrachte Kritik an Nishidas Selbstbestimmung des Ortes, dann ergibt sich folgendes Bild: Einig sind sich Shimizu und Nakamura darin, dass Nishidas Fokussierung auf Selbstbestimmung für das Verständnis des Ortes eher nachteilig ist. Beide unterscheiden sich jedoch in der Art, wie sie sich von Nishidas Fokussierung auf den selbstbestimmenden Charakter des Ortes distanzieren. Shimizu untersucht die Wechselwirkungsprozesse innerhalb des Ortes, und Nakamura richtet sein Hauptaugenmerk auf die Einflüsse, die von außen auf den Ort wirken.

Fragt man nach der Kompatibilität von Shimizus und Nakamuras Ansatz dann ergibt sich folgendes Bild: Aus der Sicht Nakamuras stellt es kein Problem dar, den Fokus der Betrachtung sowohl auf externe Einflüsse auf den Ort als auch auf die Prozesse im Ort zu richten. Ganz im Gegenteil: Nakamura selbst deutet eine solche Zweigleisigkeit an, wenn er davon spricht, dass es „zwei Arten von Rahmenbedingungen"[12] gibt.

---

weshalb Familientherapeuten sowie Berater erhebliche Bedenken gegenüber operative Systemmodelle angemeldet haben.

10 Nakamura 1998, 176 (Übersetzung T.L.).

11 Nakamura 1998, 168 (Übersetzung T.L.).

12 Nakamura 1998, 52 u. 168 (Übersetzung T.L.).

> „Erstere sind Institutionen (Rahmenbedingungen), die im Inneren des Ortes hergestellt werden. Zum einen können sie sich innerhalb eines bestimmten Rahmens flexibel verändern und den Ort (*ba*) stabilisieren, zum anderen erhöhen sie die Aktivität des Ortes und schaffen neue Möglichkeiten. Demgegenüber sind letztere Institutionen (Rahmenbedingungen), die von dem Äußeren des Ortes gesetzt werden. Diese können z.B. neue Orte schaffen, auf den Ort (*ba*) latent einwirken und ihn grundlegend ändern. Es gibt diese zwei Arten von Rahmenbedingungen, da der Ort auf eine bestimmte Weise in Beziehungen mit dem Äußeren steht und nicht etwas ist, das selbstreferierend an sich existiert."[13]

Auch wenn Nakamura sein Hauptaugenmerk auf die Einflüsse wirft, denen der Ort von außen ausgesetzt ist, können in sein Modell grundsätzlich auch die internen Prozesse des Ortes integriert werden. Insofern dürfte es aus Nakamuras Sicht keine Probleme bereiten, Shimizus Modell der internen Wechselwirkungen in seinen Ansatz zu integrieren. Problematisch wird es aus Nakamuras Sicht erst dann, wenn die Fokussierung auf die internen Prozesse damit einhergeht, dass die externen Einflussmöglichkeiten so weit abgeschwächt werden, wie er dies Maturana und Luhmann (und nicht zuletzt Nishida) vorwirft. Bleibt es jedoch bei einer ausgeglichenen Beziehung zwischen externen und internen Rahmenbedingungen, dann steht aus Nakamuras Sicht der Miteinbeziehung von Shimizus Modell nichts im Weg.[14]

Von Shimizu hingegen sind erhebliche Bedenken gegenüber Nakamuras Ansatz zu erwarten. Aus seiner Sicht könnte man Nakamura wie folgt kritisieren: Indem Nakamura sich auf die Einflüsse konzentriert, die von außen auf den Ort wirken, operiert er mit einer System/Umwelt-Unterscheidung, die inadäquat ist, um den Ort angemessen zu erfassen. Allein mit dem Gebrauch der System/Umwelt-Unterscheidung kommt man nicht über die Aussage hinaus, dass der Ort ein System ist, das bestimmten Einflüssen aus der Umwelt ausgesetzt ist. Worin die spezifisch topische Eigenschaft des Systems liegt, kann Nakamura mit dieser Charakterisierung nicht erfassen.

---

13 Nakamura 1998, 168 (Übersetzung T.L.).

14 An dieser Stelle muss allerdings darauf hingewiesen werden, dass Nakamura sich dennoch in gewisser Weise von Shimizu absetzt. Nakamura bezieht sich dabei allerdings nur auf die unterschiedliche Verwendung des Terms „Randbedingungen" (*kôsokujôken*). Trotz aller Unterschiede lobt er Shimizus Ansatz als „pionierhaften Blick auf die Thematik ‚Ort (*ba*) und Randbedingung'" (Nakamura 1998, 170 Übersetzung T.L.).

Inwiefern ist Shimizus (hypothetisch vollzogene) Kritik an Nakamura berechtigt? Die Gefahr, dass der Ort bei Nakamura nur noch zu einer Leerstelle wird, in die man „System“, „Einheit“, „Ding“ oder sonstige Ausdrücke einsetzen kann, ist wahrlich sehr groß. Anders als Shimizu, der mit seinem zwei-zentrigen Modell zwischen topischen und nicht-topischen Systemen unterscheidet, kann Nakamura mit der Rede von Institutionen und Rahmenbedingungen nur schwer verständlich machen, weshalb überhaupt von einem „Ort“ gesprochen werden muss. Nakamura kann sich mit seiner Beschreibung von Institutionen zwar von Nishidas Charakterisierung des Ortes absetzen, darüber hinaus ist er aber nicht in der Lage zu zeigen, worin das spezifisch Topische eines von institutionellen Rahmenbedingungen bestimmten Ortes liegt. Betrachtet man also nur Nakamuras Rede von Rahmenbedingungen und Institutionen, dann erhält man keine Antwort auf die Frage, weshalb eigentlich von einem *Ort* geredet werden soll.

2.3.1.1.5 Selbst im günstigsten Fall: das Attribut „topisch“ ist überflüssig

Bisher wurde mit Shimizu und Nakamura dafür argumentiert, in der Nähe von Nishidas selbstbestimmendem Charakter des Ortes und der selbstreferentiellen Eigenschaft operativer Systeme keinen Beleg für die Nähe von operativen Ansätzen zur japanischen Lehre vom Ort zu sehen. Insofern ist es nicht berechtigt, operative Systemmodelle mit dem Attribut „topisch“ zu versehen. Im Folgenden sollen Überlegungen angestellt werden, ob die Zuteilung des Attributes „topisch“ dann erlaubt wäre, wenn man gegen Shimizu und Nakamura argumentierte und in dem selbstbestimmenden Charakter des Ortes doch ein Zeichen für die Nähe operativer Systemmodelle zur japanischen Lehre vom Ort sähe. Die Frage lautet: Welchen Sinn macht es, ein operatives System als topisch zu bezeichnen, selbst wenn man operativen Systemmodellen eine Nähe zur japanischen Lehre vom Ort unterstellt?

Geht man davon aus, dass die Nähe von operativen Systemmodellen zur japanischen Lehre vom Ort aufgrund der selbstreferentiellen bzw. selbstbestimmenden Eigenschaft besteht, durch die sich sowohl der Ort als auch das System auszeichnen, dann würde dies bedeuten, dass ein operatives System diese Nähe zur japanischen Lehre vom Ort qua seiner Eigenschaft als selbstreferentielles System aufweist. Kurz: Jedes operative System wäre topisch, weil es selbstreferentiell ist. Hier stellt sich jedoch die Frage, was mit einer derartigen Verwendung des Attributes „topisch“ gewonnen ist?

Wenn die topische Eigenschaft direkt aus der selbstreferentiellen bzw. operativen Eigenschaft folgt, dann kann man zur architektonischen Bestimmung eines Systemmodells auf das Attribut „topisch" genauso gut verzichten wie auf das Attribut „selbstreferentiell". Von einem topischen, operativen System zu sprechen, wäre redundant, denn das Attribut „topisch" weist dem operativen Ansatz keine neue Eigenschaft zu. Zur architektonischen Bezeichnung eines Systems, das ebenso wie der Ort selbstbestimmend ist, ist das Attribut „topisch" daher überflüssig. Ergo: Selbst unter der (wohlwollend gemachten) Voraussetzung, dass die Selbstreferentialität operativer Systeme ein Anzeichen dafür ist, dass operative Systemmodelle eine Nähe zur japanischen Lehre vom Ort aufweisen, wäre das Attribut „topisch" zur Charakterisierung operativer Ansätze überflüssig.

Nach dem bisher Gesagten ist festzuhalten: Ein operatives System kann nicht als topisch bezeichnet werden, weil es keine Nähe zu der von Shimizu und Nakamura weiterentwickelten japanischen Lehre vom Ort aufweist. Doch selbst wenn es eine solche Nähe aufweisen würde, wäre die Bezeichnung „topisch" überflüssig. Operative Systeme weisen lediglich eine Nähe zur religionsphilosophischen Ausrichtung in Nishidas Philosophie auf, in welcher die Selbstbestimmung des Ortes eine zentrale Rolle spielt.

2.3.1.2 Der vermittelnde Ort

Nach dem bisher Gesagten könnte der Eindruck entstehen, als ob Nishida nur den selbstbestimmenden Charakter des Ortes hervorhebe. Sowohl Shimizu als auch Nakamura beziehen sich fast ausschließlich auf Nishidas Charakterisierung des Ortes als selbstbestimmend. Wie (in Kapitel 1.2.3.1) gezeigt, bringt Nishida neben dem selbstbestimmenden Charakter des Ortes jedoch noch eine weitere Facette des Ortes zur Sprache. Er spricht von einem „orthaft Vermittelnden" und hebt den vermittelnden Charakter des Ortes hervor. Wie weit diese Charakterisierung des Ortbegriffs mit operativen Systemmodellen vereinbar ist, soll im Folgenden überprüft werden.

Will man feststellen, inwiefern ein operatives System ebenso wie ein Ort als Vermittelndes verstanden werden kann, so muss zunächst die Frage beantwortet werden, an welcher Stelle von Vermittlung die Rede sein soll: Innerhalb eines operativen Systems oder zwischen mehreren operativen Systemen?

2.3.1.2.1 Vermittlung innerhalb eines operativen Systems?

Wenn Vermittlung *innerhalb* eines operativen Systems geschieht, dann kann es sich nur um die Vermittlung von Operationen handeln. Es muss also etwas geben, das den Anschluss von einer Operation an eine andere vermittelt, denn: „Verbinden sich zwei einzelne Akte, so muss es zwischen ihnen ein Vermittelndes geben, sonst würde es sich nur um den Akt eines Aktes handeln."[15] Es stellt sich also die Frage, was das Vermittelnde in einem operativen System sein kann. Denkt man den operativen Ansatz konsequent zu Ende, dann ist nur eine Antwort denkbar: Das operative System vermittelt sich selbst. Kurz: Vermittlung wäre Selbstvermittlung. Doch hier genau erweist sich der operative Ansatz mit Nishidas Charakterisierung des vermittelnden Ortes als inkompatibel, denn: Orthafte Vermittlung ist für Nishida keine Selbstvermittlung des Ortes. Einen selbstvermittelnden Ort gibt es nicht. „Es gibt kein bloßes Vermittelndes."[16] Orthafte Vermittlung ist für Nishida keine Selbstvermittelung des Ortes sondern eine orthafte *Vermittlung von Einzelnen*. Der Ort vermittelt nicht sich, sondern die Einzelnen. Der Ort ist „... das Vermittelnde der wechselseitigen Beziehungen, in denen voneinander unabhängigen Dinge aufeinander wirken ...".[17] Ort und Einzelne können nur zusammen gedacht werden. Weder gibt es einen vermittelnden Ort ohne Einzelne, noch gibt es Einzelne ohne den vermittelnden Ort: „Ohne das Vermittelnde gibt es die Dinge nicht, ohne die Dinge gibt es das Vermittelnde nicht."[18] Da ein operatives System aber nur aus flüchtigen Operationen besteht, die nicht als Dinge gehandhabt werden können, kann der vermittelnde Ort nicht als operatives System gefasst werden.

2.3.1.2.2 Vermittlung zwischen operativen Systemen?

Nicht nur die Vermittlung innerhalb eines operativen Systems, sondern auch die Vermittlung zwischen operativen Systemen ist in die Überlegung

---

15 Nishida 1990a, 55.

16 Nishida 1990a, 61. Nishida verdeutlicht dies am Beispiel des Bewusstseins: „Nimmt man dieses Bewußtsein als ein Vermittelndes, so lassen sich alle Selbstvermittlungakte des Einzelnen als Bewußtseinsakte auffassen. Allerdings gibt es hierbei noch kein Wirken unsererseits. Um zu wirken, müssen wir diesen Standpunkt übersteigen ... " Nishida 1990a, 77.

17 Nishida 1990a, 60.

18 Nishida 1990a, 82.

mit einzubeziehen. Denkbar ist daher auch, dass ein operatives System als Vermittelndes andere operative Systeme als Dinge orthaft vermittelt. Doch dagegen sprechen folgende Gründe:

1. In Nishidas Rede sind der vermittelnde Ort und die einzelnen Dinge so eng miteinander verbunden, dass es unzureichend ist, sowohl zwischen Ort und Dingen als auch zwischen den Dingen untereinander eine Trennung in Form einer System/Umwelt-Differenz zu setzen.

2. Grundsätzlich muss die Frage gestellt werden, ob operative Systeme andere operative Systeme „vermitteln" können. Denn: (a) Die Wahrscheinlichkeit einer gelungenen Beeinflussung ist gemäß operativem Modell sowieso äußerst gering. (b) Zwischen operativen Systemen gibt es nur eine Sorte von Kopplungen, nämlich diejenige zwischen zwei operativen Systemen. (c) Wenn die Kopplung über ein Vermittelndes geschieht, dann würde das bedeuten, dass die Wahrscheinlichkeit für eine gelungene Kopplung kleiner sei als ohne Einschaltung eines Vermittelnden. Eine Vermittlung wäre damit grundsätzlich ein Anzeichen von Ineffizienz.[19]

Aus den genannten Gründen kann weder von Vermittlung innerhalb eines operativen Systems noch von Vermittlung zwischen mehreren operativen Systemen die Rede sein. Nishidas Rede vom vermittelnden Ort ist insofern inkompatibel mit operativen Systemmodellen.

2.3.1.3 Der ausdruckshafte Ort

2.3.1.3.1 Der Ausdruck als Operation?

Nishida ist bemüht, die „ausdruckshafte, wirkliche Realität"[20] der Dinge zu erkennen. Die Verwendung des Wortes „ausdruckshaft" für den japanischen Ausdruck *hyôgenteki* kommentiert Ohashi wie folgt:

> „Die Übersetzung ‚ausdruckshaft' wurde gewählt, weil sie im Vergleich zu ‚durch Ausdruck', ‚ausdrückend' u.ä. deutlicher spüren läßt, daß Nishida nicht an ein in-sich-stehendes, selbständiges Seiendes, das dann auch noch durch einen Ausdruck seiner selbst in eine Beziehung oder Vermittlung eintreten kann, denkt. Vielmehr versucht Nishida zu denken, daß alles, was ist,

---

19 Dieser Aufweis wird durch Luhmann bestätigt, der konsequent nach einem operativen Systemmodell verfährt und die Rede von der medialen Vermittlung ablehnt: „[So] ersetzen wir die übliche Vorstellung eines Übertragungsmediums, dessen Funktion darin besteht, zwischen unabhängig lebenden Organismen zu ‚vermitteln'." (Luhmann 1997d, 201).

20 Nishida 1990a, 73.

in seinem Wesen Ausdruck ist, d.h. überhaupt nur als Ausdruckshaftes, als ein ausdruckshaft Bestimmtes und zugleich ausdruckshaft Bestimmendes, als Ausdruck ohne Ausdrückendes ist."[21]

Ohashis Interpretation legt nahe, dass zwischen Nishidas Lehre vom ausdruckshaften Ort und operativen Systemmodellen deutliche Parallelen existieren. Ebenso wie der Ausdruck ist die Operation oder auch ein operatives System kein in-sich-stehendes, selbstständiges Seiendes. Ebenso wie von Ausdruck ohne Ausdrückendes gesprochen wird, ist in operativen Systemmodellen die Rede von Operationen ohne Operateure. Zieht man zudem in Betracht, dass in operativen Systemmodellen die Operationen der Kommunikation als „expressive Operationen"[22] gefasst werden, so fallen die Ähnlichkeiten zwischen dem Ausdruck (*hyôgen*) bei Nishida und der Operation in operativen Systemkonzepten besonders in Auge. Nishidas Aussage, dass Bewusstseinsakte ausdruckshaft sind[23], legt daher nahe, dass Nishida das Bewusstsein in einer Weise bestimmt, die einem psychischen System nach operativem Modell sehr nahe kommt. Inwiefern diese Ähnlichkeit trägt, soll im Folgenden untersucht werden.

2.3.1.3.2 Psychische Operationen und das fühlende Selbst bei Nishida

Auch wenn es auf den ersten Blick so scheint, als ob Nishida das Selbst in einer Weise bestimmt, das einem psychischen System nach operativem Modell sehr nahe kommt, so fallen auf den zweiten Blick doch schnell Inkompatibilitäten auf. Nishida geht nämlich nicht wie operative Systemmodelle davon aus, dass Bewusstsein und lebender Körper von einander getrennte Einheiten sind: „Unser Leib ist durch und durch geistig, unser Geist ist ganz und gar leibhaft."[24] Die Vorstellung, dass ein Selbst nur durch Bewusstsein, nicht jedoch auch durch körperliche Gefühle gekennzeichnet ist, ist für ihn zu abstrakt: „Das bloß bewußtseinsmäßige Selbst ist

---

21 Ohashi 1990a, 74 (Fußnote 11 zu: Nishida 1990a).

22 Fuchs 1995, 13.

23 „[E|in Bewußtseinsakt ist vom Ursprung seines Entstehens an ausdruckshaft." (Nishida 1990a, 127) „In diesem Sinne gibt es überhaupt gar keinen Bewußtseinsakt, der nicht ausdruckshaft wäre. Genauso wie man sagt, daß das Bewußtsein intentional ist, ist jeder Bewußtseinsakt ausdruckshaft." (Nishida 1990a, 127)

24 Nishida 1990a, 127.

nur ein körperloses abstraktes Selbst."[25] Ein derartig abstraktes Selbst bezeichnet Nishida als theoretisches oder intellektuelles Selbst. Grundlegender als dieses abstrakte theoretische Selbst, in dem die Emotionen nur als Randerscheinung des Bewusstseins in Erscheinung treten, ist für Nishida das „fühlende Selbst"[26]. Mit dem Begriff des „fühlenden Selbst" geht Nishida anders als operative Ansätze, die konzeptionsbedingt den Gefühlen keinen eigenen Operationsmodus zuerkennen können, davon aus, dass das Gefühl einen eigenen klaren Charakter hat: „Das Gefühl hat seinen eignen klaren und bestimmten Inhalt."[27] Nishida betont die Rolle des Gefühls so stark, dass er sogar den Ursprung der Sprache im Emotionalen ansiedelt: „Der Ursprung der Sprache liegt im Emotionalen."[28] Da operative Modelle den von Nishida so hervorgehobenen Charakter des Emotionalen aus konzeptionellen Gründen nicht berücksichtigen können, sind sie letztlich ungenügend, um das Selbst bei Nishida angemessen zu erfassen. Insofern muss operativen Modellen hier eine Nähe zu Nishidas Position abgesprochen werden. Nishidas Aussage, dass jeder Bewusstseinsakt ausdruckshaft ist, darf also nicht in der Weise missverstanden werden, dass jeder Bewusstseinsakt eine Operation innerhalb eines operational geschlossenen psychischen Systems sei.

2.3.1.3.3 Ausdruckshaftes Wechselwirken von Einzelnen

Nishida bezieht das Attribut „ausdruckshaft" nicht primär auf Akte, die auf sich selbst referieren, sondern vor allem auf Akte, die zwischen zwei oder mehreren Einzelnen stattfinden: „Ein Ausdrucksakt ereignet sich dort, wo Subjekt und Objekt sich gegenseitig bestimmen ..."[29] Ein Ausdrucksakt ereignet sich also nicht dort, wo die (psychischen) Operationen eines geschlossenen Systems auf sich selbst referieren, wie das bei einem operativen System der Fall ist, sondern gerade dort, wo es zu Wechselwirkungen zwischen Einzelnen kommt: „[N]icht nur wir wirken auf die Dinge, auch die Dinge wirken als ausdruckshafte auf uns."[30] „[W]ir stehen einander

25 Nishida 1990a, 76. Vgl.: „Wir handeln nicht als bewußtseinsmäßiges Selbst, sondern als Einzelne in der geschichtlichen Welt." (Nishida 1990a, 100)
26 Nishida 1978 (NKZ 5), 160-161 (Übersetzung T.L.); Vgl.: Mafli 1996, 159.
27 Mafli 1996, 172. Vgl.: Nishida 1978 (NKZ 3), 62.
28 Nishida 1990a, 72.
29 Nishdia 1990a, 76.
30 Nishida 1990a, 74.

ausdruckshaft gegenüber."[31] Das Attribut „ausdruckshaft" bezieht sich daher primär auf Wechselwirkungen bzw. auf ein Gegenüberstehen, und weniger auf den Selbstbezug von Operationen. Auch die Aussage, dass Bewusstseinsakte ausdruckshaft sind, bezieht sich daher nicht auf die selbstreferentielle Eigenschaft der Bewusstseinsakte, sondern auf die wirkende und schaffende Eigenschaft des Bewusstseins: „Daß das Ich wirkt, heißt, das ein Einzelnes ... ausdruckshaft Dinge schafft."[32] Nicht ein abgeschlossener Kreis von Operationen kann daher als ausdruckshaft bezeichnet werden, sondern ein Schaffen, ein Wirken, ein Gegenüberstehen oder ähnliche Beziehungen zwischen Einzelnen. Ausdruckshaft ist gerade nicht eine Kette von Operationen, sondern eine Verbindung von Einzelnen: „Wo absolut unverbindbare Einzelne doch miteinander verbunden werden, ist die Welt des Ausdrucks."[33] Ausdrucksakte kommen nicht dort zustande, wo zeitpunktbasierte, einander anschließende Operationen aufeinander referieren, sondern dort, wo unabhängige Einzelne in gegenseitiger Beziehung stehen und sich wechselseitig bestimmen: „Nur dort, wo ganz und gar unabhängige Einzelne, sozusagen Monaden, miteinander ... durch das orthaft Vermittelnde in gegenseitiger Beziehung stehen und sich gegenseitig bestimmen, kommen Ausdrucksakte zustande."[34] Genauso wie das orthaft Vermittelnde ist das Ausdruckshafte daher immer bezogen auf ein Netz von in Beziehung stehenden Einzelnen, die gegenseitig aufeinander wirken. Für Nishida sind das Ausdruckshafte und das orthaft Vermittelnde daher zwei Aspekte des Gleichen. Wie sehr Nishida das Ausdruckshafte über das orthaft Vermittelnde bestimmt, wird durch folgende Aussage deutlich: „Das, was wir mit dem Ausdruck meinen, ist das, was die Bedeutung des Vermittlers (Mediums) in solchen Fällen hat. Der Ausdruck ist es, was die voneinander absolut Unabhängigen vermittelt."[35]

Ebensowenig wie es Selbstvermittlung gibt, kann es daher Selbstausdruck geben. Ebensowenig wie „Vermittlung" kann der Terminus „Ausdruck" daher auf sich selbst bezogen werden. Um Nishidas vermittelnden und ausdruckshaften Ort zu thematisieren, bleibt man daher immer auf Einzelne angewiesen, die netzartig aufeinander wirken und sich gegenseitig

---

31 Nishida 1990a, 82.
32 Nishida 1990a, 77.
33 Nishida 1990a, 78-79.
34 Nishida 1990a, 76.
35 Nishida 1990b, 164. Vgl: Nishida 1990a, 74 (Fußnote 11).

bestimmen. Da der operative Ansatz diese netzartige Bestimmung nicht denken kann, kann ihm in dieser Hinsicht keine Nähe zur Nishidas Lehre vom Ort unterstellt werden.

2.3.2 Können retive Sozialsysteme topisch sein?

Es ließ sich nicht vermeiden aufzuzeigen, dass die in den letzten Kapiteln dargelegten Argumente gegen eine topische Attributierung operativer Ansätze zugleich Argumente für eine Nähe retiver Systemmodelle zur japanischen Lehre vom Ort waren. Im Folgenden sollen noch einmal zusammenfassend die Gründe genannt werden, die dafür sprechen, dass der in der japanischen Lehre thematisierte Ort als retives System verstanden werden kann.

1. Nishida beschreibt den Ort als Vermittelndes und spricht davon, dass Einzelne miteinander in Beziehung stehen. Es legt sich der Netzgedanke nahe, mit dem dieses In-Beziehung-Stehen von Einzelnen gedacht werden kann. Ebenso legt das ausdruckshafte Wechselwirken von Einzelnen den Netzgedanken nahe.

2. Nakamura kritisiert die operative Fokussierung auf die Selbstbestimmung des Ortes als zu einseitig. Mit seiner Lehre vom Ort fokussiert er die Umwelteinwirkungen und Rahmenbedingungen, denen der Ort unterliegt. Ein retiver Ansatz, der die Existenz von Einzelnen innerhalb des Systemmodells thematisiert, kann diesen Rahmenbedingungen besser Rechnung tragen.

3. Shimizu fokussiert mit seiner Weiterentwicklung der Lehre vom Ort explizit die Wechselwirkungen zwischen den Einzelnen im Ort. Ein retiver Ansatz scheint hierfür gerade prädestiniert.

Neben Nishida, Nakamura und Shimizu kann auch mit Kôyama als weiterem Teilnehmer der (philosophischen) Diskussion über die japanische Lehre vom Ort für eine Orientierung an retiven Systemmodellen geworben werden. Kôyama umschreibt mit dem japanischen Begriff *ba* etwas, das einem retiven System auf verblüffende Weise ähnelt: „Die *Gesamtheit der Beziehungen bzw. das ganzheitliche Beziehungsgeflecht* bezeichne ich mit dem Begriff ‚Feld' (*ba*) ... Das Feld hat eine bestimmte, durch Einheit gekennzeichnete Ordnung und bildet ein System."[36]

---

36 Kôyama 1990, 318.

Kôyama macht deutlich, dass für ihn die Rede von einem Beziehungsgeflecht nur dann sinnvoll ist, wenn es neben Beziehungen auch Einzelne im Feld gibt: „Das Feld ist eines, welches Einzelnes enthält, welches Einzelnes umschließt. Räumlichkeit ist ein ursprüngliches Charakteristikum des Feldes."[37] Indem Kôyama von einem Feld als Beziehungsgeflecht spricht, in dem Einzelne verwoben sind, beschreibt er genau das, was mit einem retiven System gemeint ist. Kôyamas Beschreibung des Feldes deckt sich daher ziemlich genau mit einem retiven Systemverständnis.

Der Nachweis, dass die japanische Lehre vom Ort mit retiven Systemmodellen vereinbar sind, soll hiermit als erbracht angesehen werden. Dies berechtigt jedoch noch keineswegs dazu, retive Systemmodelle als topisch zu bezeichnen. Wie zuvor bei dem selbstbestimmenden Charakter des Ortes gesehen (Kapitel 2.3.1.1.5), sollte der Ausdruck „topisch" nur dann verwendet werden, wenn damit die Systemarchitektur genauer spezifiziert werden kann, also damit ein Erkenntnisgewinn einher geht. Bei operativen Systemen war dies nicht der Fall, da, selbst wenn man im selbstbestimmenden Charakter des Ortes eine Nähe zur japanischen Lehre vom Ort erkennen würde, der Ausdruck „operativ" zur Charakterisierung des Systemmodells stets gehaltvoller ist, als der Ausdruck „topisch". Damit ein retives Systemmodell den Ausdruck „topisch" verdient, muss also gezeigt werden, dass sich eine netzartige Architektur in einer Weise interpretieren lässt, dass Merkmale zum Vorschein kommen, die spezifisch topisch sind, und sich nicht allein aus der retiven Eigenschaft ergeben. Gefragt werden muss daher, ob, und wenn ja, inwiefern die netzhafte Struktur eines retiven Systems spezifisch topische Eigenschaften aufweisen kann.

2.3.2.1 Topische Elemente: „Im-Ort-Sein" als „Durchlässigsein für den Ort"

Im Folgenden soll festgestellt werden, welche topische Eigenschaften den Elementen eines retiven Systems zugeschrieben werden können. Es gilt also die Frage zu beantworten, wie sich die Lehre vom Ort im Elementverständnis eines retiven Systems niederschlägt.

37 Kôyama 1990, 322.

2.3.2.1.1 „Im-Ort-Sein"

Das deutlichste Merkmal eines topischen Elementverständnisses ist das „In-Sein". Ein topisches Element ist nicht dadurch charakterisiert, dass es anderen gegenübersteht, sondern dadurch, dass es sich im Ort befindet. Die Notwendigkeit eines derartigen Elementverständnisses zeigt Nakamura deutlich auf:

> „We can not catch sufficiently the reality by the schema ‚subject-object' of the modern western philosophy. We can catch the existence enough only by the cognitive structure ‚be in'."[38]

Um das „In-Sein" zur Sprache zu bringen, muss von etwas gesprochen werden, das irgendwo ist.[39] Das Irgendwo ist der Ort und das Etwas ist das Einzelne bzw. die Einzelnen. Ein retives Systemmodell, das der von Nakamura geforderten kognitiven Struktur „In-Sein" gerecht werden soll, muss also sowohl den Ort wie auch die Einzelnen thematisieren. Weder ohne Ort noch ohne Einzelne könnte das „In-Sein" thematisiert werden. In erster Annäherung kann ein System, welches das „Im-Ort-Sein" der Einzelnen erfasst, als topisches System bezeichnet werden. Topische Elemente sind die Einzelnen, die sich im Ort befinden. Topische Elemente „sind" daher nur, insoweit sie „in einem Ort sind". Das „Sein" eines topischen Elementes ist daher stets ein „Im-Ort-Sein". Auf dieses topische Verständnis von Sein wurde im Anschluss an Nishida unzählige Male hingewiesen:

> „ ‚Sein' heiß ‚Bestimmt-sein' und ‚Seinen Ort haben', also ein ‚Darin-sein'."[40]

> „Transzendental verstanden, ist ‚Sein' ein ‚seinen Ort haben' ..."[41]

> „In dem und durch den Ort wird also der Gegenstand als Sein bestimmt."[42]

---

38 Nakamura 1990, 293.

39 An dieser Stelle wird deutlich, dass dieses „be in" von operativen Modellen nicht thematisiert werden kann. Operationen können nicht „im Ort sein", „... weil Operationen in ihrem Kontext nicht ‚sind' im Sinne einer Präsenz, einer Anwesenheit, einer Manifestation: Sie sind ‚wesenlos' an ihrer Stelle (von dieser Stelle zu sprechen, ist schon leichtfertig ...)." (Fuchs 1995, 23.)

40 Schinzinger 1983, 62.

41 Schinzinger 1983, 65.

42 Brüll 1989, 162.

Weiterhin kann man topische Elemente in Anlehnung an Watsujis Rede vom Klima (*fûdo*) wie folgt bestimmen: Topische Elemente befinden sich nicht in einem luftleeren, klimalosen Raum. Topische Elemente sind „draußen Seiende“[43], „Hinausgetretene“[44], „Hinausgestellte“[45]. Ein topisches Element ist „ein Element im ‚Zwischen' – im Klima”[46]. Kennzeichen topischer Elemente ist das „Hinausgestelltsein“ (ex-sistere)[47], das „Getragensein durch das Klima“[48].

2.3.2.1.2 „Durchlässigsein für den Ort“

Auch wenn mit dem „Im-Ort-Sein“ ein erstes Charakteristikum topischer Elemente gefunden ist, so soll versucht werden, über diese Bestimmung hinauszugehen und das „Im-Ort-Sein“ näher darzulegen.

Grundsätzlich kann man das „Im-Ort-Sein“ eines Dinges auf zwei verschiedene Weisen auslegen: Entweder der Ort und das Ding begrenzen sich gegenseitig, so dass dort, wo das Ding ist, der Ort nicht sein kann. Oder aber die Begrenzung zwischen Ding und Ort ist soweit aufgehoben, dass man von einer Durchdringung des Dinges durch den Ort sprechen kann. Die Frage ist also, ob das „Im-Ort-Sein“ eines Dinges als „Durchlässig-Sein für den Ort“ interpretiert werden darf.

Watsuji hebt in seiner Klimatologie die Begrenzung zwischen dem Klima (*fûdo*) und dem Menschen so weit auf, dass sich der Gedanke einer Durchlässigkeit nahe legt. Der Zustand des Klimas ist zugleich der Zustand des Menschen: „Daß die Luft sich in einem Zustand der Frische befindet, heißt nichts anderes, als daß wir selbst uns in einem Zustand der Frische befinden, daß wir uns selbst in der Luft finden.”[49]

Der französische Japanologe Augustin Berque schließt an Watsujis Beobachtungen an und übersetzt den von Watsuji gebrauchten Ausdruck „*fudô*“ mit franz. „milieu“ und –vielleicht etwas unglücklich – mit dem englischen Ausdruck „environment“. Das japanische Selbst bestimmt er als durchlässig für die „Umgebung“ und spricht von einer relativen Permeabilität:

---

43 Watsuji 1992, 8.
44 Watsuji 1992, 8.
45 Watsuji 1992, 16.
46 Watsuji 1992, 9.
47 Vgl.: Watsuji 1992, 16.
48 Watsuji 1992, 18.
49 Watsuji 1992, 18.

„In that sense, the Japanase individual self is relatively permeable with its environment (both social and physical); but only inasmuch as this environment has been institutionalized (codified) into what reality is for the Japanese."[50]

Mit seinem Konzept der relativen Permeabilität hebt Berque deutlicher als Watsuji hervor, dass es sich nicht um eine vollständige Durchlässigkeit handeln kann. Berque beschränkt die Durchlässigkeit auf das, was als real angesehen wird. Da Berque dem englischen Ausdruck „environment" den japanischen Ausdruck „*fûdo*" zugrundelegt, und er ebenso wie Watsuji auf die realitätskonstituierende Kraft von *fûdo* hinweist, kann mit Recht gesagt werden, dass bei Berque diese Permeabilität des japanischen Selbst auf „*fûdo*" als topisches Medium beschränkt ist. Das japanische Selbst kann daher nur im Bezug auf den jeweiligen Ort bzw. das Klima (*fûdo*) als offen bzw. permeabel charakterisiert werden.

Auch bei Kimura lässt sich der Gedanke der relativen Permeabilität finden. Er bestimmt das japanische Selbst als offen für das orthaft Vermittelnde, das er mit dem japanischen Ausdruck „*ki*" umschreibt.

„[D]as Vermittelnde, durch das man sein eigenes Inneres selbst nach außen hin enthüllt, ist nichts anderes als *ki*. Wie vorhin dargelegt, ist *ki* ursprünglich etwas zwischen Mensch und Mensch, d.h. etwas, das sich im eigentlichen Seinsort des Selbst befindet. In diesem Ort sind das eigentliche Selbst und *ki* ein und dasselbe."[51]

Kimura geht also davon aus, dass das japanische Selbst offen ist für das *ki* als dem orthaft Vermittelnden zwischen Mensch und Mensch. Die Offenheit besteht in beiden Richtungen sowohl von Innen nach Außen, als auch von Außen nach Innen: „Dieses immer schon aus sich selbst hinausstehende, ek-sistente Selbst kann als *ki* wahrgenommen werden."[52] Für Kimura ist die relative Offenheit des japanischen Selbst ebenso wenig ein theoretisches Konstrukt wie die Existenz des *ki* selbst. Nicht nur die besondere Häufigkeit und die besonderen Charakteristika der Sozialphobien in Japan sondern auch die häufige Verwendung des Ausdrucks *ki* in der Alltagssprache sind für ihn ein Beleg dafür, „... daß *ki* für die Japaner weder etwas ist,

---

50 Berque 1992, 103. Vgl.: Pörtner/Heise 1995, 11.
51 Kimura 1995, 146.
52 Kimura 1995, 146.

das sich mit dem bloß innerlich-subjektiven psychischen Leben gleichsetzen läßt, noch ein nur abstrakter theoretischer Begriff."[53] Nicht nur das *ki*, sondern auch die Permeabilität des japanischen Selbst für dieses *ki* besitzt für Kimura eine „ganz konkrete und reale Bedeutung"[54].

Nicht zuletzt Shimizu kommt darauf zu sprechen, dass das japanische Selbst eine spezifische Offenheit für den Ort besitzt. „Im-Ort-Sein" ist für Shimizu nur möglich, wenn das Selbst für den Ort offen ist: „[D]as Selbst muß zum Ort hin offen sein."[55] Er spricht davon, dass man „das Bewußtsein des Selbst durchsichtig macht"[56], wenn man den Ort erfährt. Auch die von Shimizu aufgestellte Analogie, dass das japanische Selbst im Unterschied zum westlichen nicht über Sonnenschutzgläser verfügt, sondern über hoch lichtdurchlässige Scheiben, macht deutlich, wie wichtig für Shimizu die durchlässige Eigenschaft des japanischen Selbst ist. Die Durchlässigkeit bzw. Offenheit bezieht sich jedoch stets auf den Ort. Im Bezug auf das Licht, das durch die hoch lichtdurchlässigen Scheiben des japanischen Selbst scheint, gibt es keinen Unterschied zwischen dem Innen und Außen. Insofern spricht Shimizu von einem Zustand, in dem es keine Trennung zwischen Alter und Ego gibt: „Im Grunde glaube ich, dass die Japaner keine Grenze haben, die zwischen Selbst und Ort unterscheidet, im alltäglichen Leben stehen sie in einer nicht zwischen Ego und Alter trennenden Weise mit dem Ort in Verbindung, in dem sie wohnen."[57]

Auch Nakamura unterstützt den Gedanken der relativen Permeabiltiät, da er – wie es der japanische Ausdruck *ba* nahe legt – „Ort" und „Feld" synonym verwendet und den Ort als Feld auslegt, in dem es zu einer „‚resonance' among oscillators"[58] kommen kann. Damit Oszillatoren in Resonanz treten können, müssen sie freilich für die Schwingungen des Feldes empfänglich bzw. durchlässig sein. Der Gedanke der Resonanz (*hankyô*) findet sich nicht zuletzt bei Nishida. Elberfeld faßt zusammen:

> „Der durch die Resonanz eröffnete Raum ist eine sich selbst bestimmende Einheit, der Ich und Du als Gemeinsame neu bestimmt. Die Resonanz er-

---

53 Kimura 1995, 146.
54 Kimura 1995, 146.
55 Shimizu 1997a, 102.
56 Shimizu 1997b, 76.
57 Shimizu 1997a, 103.
58 Nakamura 1990, 298.

möglicht ein Ineinanderdringen von Ich und Du und zugleich die Differenz zum anderen zu bewahren."[59]

Damit dürfte deutlich gemacht worden sein, dass der Gedanke der relativen Permeabilität bei der Beschreibung des japanischen Selbst wiederzufinden ist. Die Teilnehmer der Diskussion legen das „Im-Ort-Sein" eines Einzelnen als „Durchlässig-Sein für den Ort" aus, um die Vorstellung von einem Gegenüberstehen von Ort und Einzelnem ebenso wie Nishida abzulehnen (vgl. Kapitel 1.2.3.1.5).

Um das „Durchlässig-Sein für den Ort" zu veranschaulichen, soll folgende Analogie gewagt werden: Man stelle sich eine Kugel mit einer semipermeablen Membran vor, welche auf der Wasseroberfläche schwimmt, so dass sie bis zur Hälfte im Wasser taucht. Die semipermeable Membran ist derart beschaffen, dass sie zwar das Wasser durchlässt, nicht aber die Luft. Die Kugel wäre das japanische Selbst, das Wasser der Ort, in dem sich dieses Selbst befindet. Das Selbst ist zwar durchlässig für den Ort (das Wasser), nicht jedoch für etwas, das nicht zum Ort gerechnet wird (die Luft). Da nur etwas wahrgenommen werden kann, das das Selbst durchdringt, ist alles, was nicht in das Innere des Selbst dringen kann, für das Selbst nicht existent. Insofern gibt es für das Selbst nur das Wasser, nicht aber die Luft. Nur das Wasser wird als orthaft erfahren, nicht die Luft.

Damit sollte gezeigt sein, dass in Anlehnung an die Interpretationen des japanischen Selbst das „Im-Ort-Sein" als „Durchlässig-Sein für den Ort" verstanden werden kann. Elemente eines retiven Systems dürfen dann als topisch bezeichnet werden, wenn ihnen eine derartige spezifisch topische Permeabilität zugesprochen werden kann.

2.3.2.2 Topische Verbindung: Ortsbezogene Interaktionen als „feldartige Verbindung"

Um zu zeigen, dass Relationen topische Eigenschaften aufweisen können, bzw. das Sprechen von „sozialen Verbindungen im Ort" veranschaulicht werden kann, bietet sich das Modell des Sozialpsychologen Hamaguchi Eshun an. Hamaguchi spricht von einem „Netzwerk sich kreuzender Linien" und von einer „feld-artigen Verbindung" zwischen Menschen, welche dergestalt ist, dass „... ‚Punkte', die sich auf zwei sich kreuzenden ‚Li-

59 Elberfeld 1994, 70.

nien' befinden, mit Hilfe dieser ‚Linien' in einer indirekten Verbindung stehen."[60]

Hamaguchi gebraucht folgende geometrische Analogie: Die feld-artige Verbindung zwischen den Punkten A und B besteht nicht in der kürzesten, direkten Verbindung, sondern in dem „Umweg" über einen Schnittpunkt zweier Geraden, auf denen sich die Punkte A und B befinden. Sind die Punkte A und B über diesen Schnittpunkt der Geraden miteinander verbunden, spricht Hamaguchi von einer Verbindung über das Feld:

Hamaguchis Modell topischer Verbindungen
(Abb. 2.3.2.2.a)

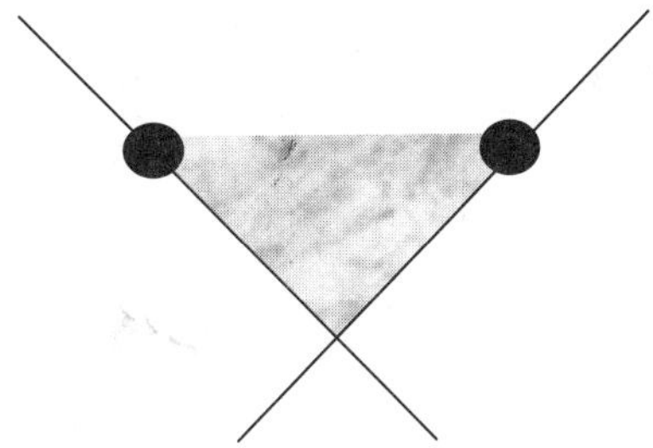

> „[Z]wei bestimmte sich kreuzende ‚Linien' stellen ein nicht aus Festpunkten bestehendes ‚Feld' (*field*) her. Folglich treten alle ‚Punkte' (besser wäre es, von kleinen Linienabschnitten zu sprechen) auf den ‚Linien', dem ‚Feld' (bzw. der Situtation) entsprechend, in Wechselbeziehung."[61]

Hamaguchis Gedanke, dass die Einzelnen über das Feld bzw. den Ort in Wechselbeziehung treten, deckt sich mit dem von Nishida beschriebenen Ort als Vermittelndem zwischen Einzelnen. Nishida umschreibt das Vermittelnde als „Er-Welt", in der Ich und Du verkehren: „So verkehren das Ich und das Du in der und durch die Er-Welt miteinander ..."[62] Die Rede von der Er-Welt kann man sich leicht veranschaulichen, wenn man sich in Erinnerung ruft, dass dort, wo im Deutschen das Personalpronomen der zweiten Person verwendet wird, im Japanischen häufig der Name genannt wird, d.h. man den Gesprächspartner so behandelt als wäre er ein „Er". Ein Beispiel:

---

60 Hamaguchi 1990, 145.
61 Hamaguchi 1990, 145.
62 Nishida 1990a, 93.

	Japanische Umgangssprache	Wörtliche Übersetzung im Deutschen	Deutsche Umgangssprache
Keisuke:	*Tomoko mo iku no?*	Geht Tomoko auch mit?	Gehst Du auch mit?
Tomoko:	*Ikanai, Keisuke wa dô?*	Nicht gehen. Was macht Keisuke?	Nö, und Du?
Keisuke:	*Iku yo.*	Gehen.	Ich geh´.

Treffen in der Er-Welt
(Abb. 2.3.2.2.b)

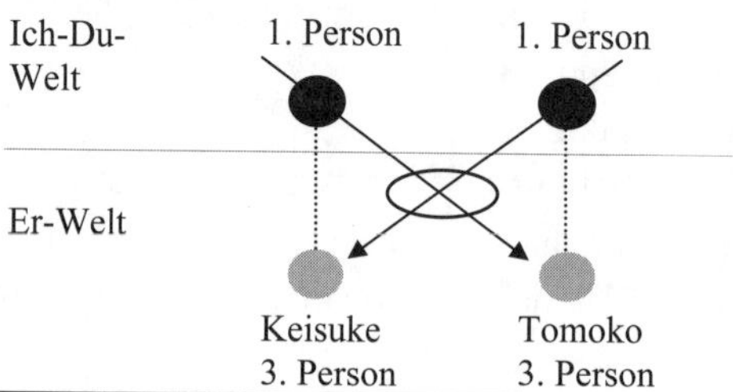

Dass hier die Wechselbeziehungen über eine „Er-Welt" stattfinden, ist gerade für den westlichen Beobachter leicht feststellbar, denn er, und nicht der Japaner ist es, dem es immer wieder bewusst wird, dass es sich *eigentlich* um eine Bezeichnung der dritten Person handelt. Die Beziehungen zwischen Ich und Du sind daher durch diese Er-Welt vermittelt, die als Ort oder Feld in Erscheinung tritt. Auch im Anschluss an Nishida kann daher die Rede davon sein, dass es sich um „feldhafte Beziehungen" zwischen Ich und Du handelt: „Ich und Du befinden sich immer in einer feldhaften Beziehung, ..., in der das Ich und Du nicht einfach aufgehen, sondern durchaus selbständig bleiben."[63] Die Verbindungen in einem topischen Netz sind somit als feldhafte Beziehungen zwischen selbständigen Einzelnen begreifbar zu machen.

Dasjenige, über das Wechselbeziehungen stattfinden, wurde bislang beschrieben als: Ort, Feld, Er-Welt, Vermittelndes. Diese Bezeichnungen verdeutlichen, dass die erfolgten Wechselbeziehungen nicht direkt und linear stattfinden, sondern immer auf einem „Umweg". Feldhafte Verbindungen zwischen zwei Punkten finden über einen „Umweg durch den

63 Elberfeld 1994, 69.

Raum“ statt. Der „Umweg“ ist bei einem Netz am besten durch die Einführung einer weiteren Dimension vorstellbar zu machen, d.h. bei einem zweidimensionalen Netz muss die dritten Dimension herangezogen werden. Insofern muss man sich ein topisches Netz immer als räumlich erweiterte Dimension vorstellen. Die Beziehungen zwischen den Einzelnen sind daher „ ... nicht linear, sondern räumlich.“[64]

Regenschirm-Modell des topischen Netzes
(Abb. 2.3.2.2.c)

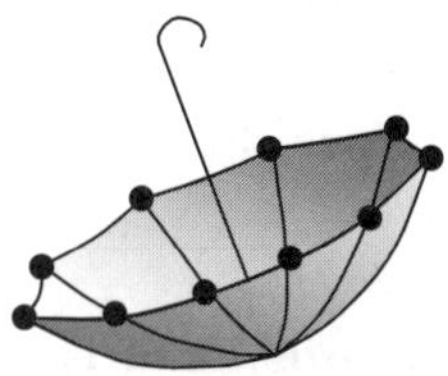

Das Modell eines topischen Netzes ist ein förmlich auf den Kopf gestellter Regenschirm (Abb. 2.3.2.2.c). Die Spitze (der Ort) befindet sich am Boden und verbindet die „Endpunkte“ des Regenschirmes. Dass der Ort hier förmlich als Spitze erscheint, sollte gerade den westlichen Beobachter nicht allzu sehr verwundern: „Bedeutet doch der Name ‚Ort‘ etymologisch allererst ‚Spitze‘ (der Waffe, des Werkzeugs), und diese Zuspitzung hilft noch einmal, den ‚Ort‘ vom ‚Raum‘ kräftig zu unterscheiden.“[65]

Festzuhalten ist: Eine spezifisch topische Interpretation des Netzes ist möglich. Ein Netz, das das Attribut topisch verdient, kann gedacht und modelliert werden. Versteht man den Ort als Spitze eines auf den Kopf gestellten Regenschirmes, dann handelt es sich um ein netzhaftes Muster, das sich feldartig aufspannt. Ebenso wie ein Netz kann daher auch ein retives Systemmodell über spezifisch topische Eigenschaften verfügen. Die retive Eigenschaft eines Systemmodells ist insofern offen für eine spezifisch topische Interpretation. Eine topische Interpretation des Netzes ist zudem anschlussfähig an die japanischen Selbst- und Fremdinterpretationen. Was das Gesagte nun für das Modell eines *sozialen* Systems konkret bedeutet, wird im folgenden Kapitel zu untersuchen sein.

64 Pörtner/Heise 1995, 385.

65 Otto 1992, 19.

2.4 Die systemtheoretische Erfassung sozio-kultureller Unterschiede

Nachfolgend soll untersucht werden, ob, und wenn ja, wie sozio-kulturelle Unterschiede mithilfe von operativen und retiven Sozialsystem-Modellen thematisiert werden können. Im Hintergrund steht die im letzten Kapitel gemachte Annahme, dass nur solche Sozialsystem-Modelle sinnvollerweise als topisch bezeichnet werden können, die eine architektonische Variation erlauben und dem Attribut „topisch" damit eine zusätzliche Bedeutung geben können. Ohne architektonische Variation des Systemmodells kann nicht sinnvollerweise von einem topischen System gesprochen werden. Die Variabilität des Systemmodells wird als notwendige (jedoch nicht als hinreichende) Bedingung für die Rede von einem topischen System angesehen.

2.4.1 Sozio-kulturelle Unterschiede im operativen Modell

Um die Frage zu beantworten, ob, und wenn ja, inwiefern operative Systemmodelle dazu in der Lage sind, sozio-kulturelle Unterschiede im Gruppenverhalten systemtheoretisch zu erfassen, muss zunächst ein Blick auf die Architektonik operativer Systeme geworfen werden. Es gilt zu klären, ob die Architektur operativer Systeme überhaupt Variationen zulässt oder nicht. D.h. gefragt werden muss, ob operative Systeme über architektonische Variationsmöglichkeiten verfügen oder nicht.

2.4.1.1 Möglichkeit 1: Operative Sozialsystem-Modelle sind invariabel

Luhmann geht als führender Vertreter des operativen Ansatzes davon aus, dass die Eigenschaften operativer Systeme, wie z.B. Selbstreferenz, Autonomie und Autopoiese keine Abstufungen zulassen, und es sich bei diesen Systemeigenschaften um „Alles- oder-Nichts"-Phänomene handelt.[1] Auch die Forderung nach operativer Typengleichheit ist für Luhmann absolut. Partielle Überschneidungen operativer Systeme sind daher grundsätzlich undenkbar. Es kann daher auch nicht vorkommen, „... daß die Systeme sich auf der Ebene ihrer Elemente überschneiden. Das würde der These der geschlossenen Autonomie selbstreferentieller Reproduktion widersprechen."[2] Demgemäß verfügen alle operativen Systeme über das gleiche Maß

1 Luhmann 2001, 151: „Ein System ist autopoietisch oder es ist es nicht, es gibt keine halb autopoietischen, halb allopoietischen Systeme."

2 Luhmann 1989, 162.

an Autonomie, Selbstreferenz und Autopoiese und über den gleichen Typ von Operationen. Insofern kann man die Architektur operativer Systeme als invariabel oder variationslos kennzeichnen, ohne damit eine Wertung zu implizieren.[3]

Welche Gründe gibt es, sich für eine invariante Systemarchitektur zu entscheiden? Indem man davon ausgeht, dass Sozialsysteme stets über das gleiche hohe Maß an Autonomie und Selbstreferenz verfügen, kann auf sehr einsichtige Weise klargemacht werden, dass das Soziale einen gegenüber dem Psychischen eigenständigen und emergenten Charakter hat. Mit einem invarianten Systemmodell kann auf sehr einsichtige Weise verdeutlicht werden, dass die „Emergenz sozialer Ordnung"[4] keine Abstufungen des Sozialen zulässt. Nur so ist man der Meinung, dem Durkheimschen Grundsatz gerecht zu werden und Soziales nur durch Soziales zu erklären. Mit dem operativen Ansatz in der Luhmannschen Form kann daher sehr leicht klargemacht werden, dass die Soziologie ebenso wie die Psychologie eine selbstständige Wissenschaft ist, die ihren eigenen unverwechselbaren Objektbereich hat.

Welche Konsequenzen ergeben sich nun aus der Verwendung des variationslosen operativen Sozialsystemmodells für die Handhabung von soziokulturellen Unterschieden? Versucht man, ein variationsloses Sozialsystemmodell zur Beschreibung der sozialen Wirklichkeit zu verwenden, dann gibt es idealtypisch gesehen zwei Möglichkeiten: Entweder man geht davon aus, dass die soziale Wirklichkeit ebenso variationslos und facettenarm ist wie das Sozialsystem-Modell, oder man geht davon aus, dass die soziale Wirklichkeit zwar über viele Facetten verfügt, beansprucht als Soziologe jedoch nicht diese zu erfassen, sondern konzentriert sich auf die Gemeinsamkeiten der verschiedenen Facetten. D.h. entweder tendiert man dazu, das variationslose Modell durch eine *facettenarme* Wirklichkeit bestätigt zu sehen, oder aber das variationslose Modell deutlich von einer *facettenrei-*

---

3 Die Invariabilität von Luhmanns Systemmodell wird sogar von seinen Kritikern als konsequent bezeichnet und kann damit, wenn überhaupt, als Vorteil im Sinne einer größtmöglichen Konsistenz ausgelegt werden. Martens dazu: „Diese Thesen sind im Rahmen der Theorie autopoietischer Systeme konsequent. Wenn es Überschneidungen auf der Ebene der *Elemente* geben würde, bedeutete das gleichzeitig eine Widerlegung der Behauptung, daß man es im Falle psychischer und sozialer Systeme mit autopoietischen Systemen – d.h. Systemen, die ihre Elemente selbst produzieren – zu tun hat." (Martens 1991, 632)

4 Luhmann 1992a, 142.

chen Wirklichkeit abzuheben, und in der großen Distanz zwischen Modell und Wirklichkeit einen Vorteil zu sehen. Inwieweit diese beiden Fälle tatsächlich auch für das Verhältnis zwischen Sozialsystem-Modell und soziokultureller Wirklichkeit relevant sind, soll im Folgenden untersucht werden.

2.4.1.1.1 Fall 1: Sozio-kulturelle Unterscheide sind irrelevant

Will man von einem variationslosen Sozialsystem-Modell und zugleich von einer facettenreichen sozialen Wirklichkeit ausgehen, dann bleibt nur die Möglichkeit, diesen scheinbaren Widerspruch dadurch zu überbrücken, indem man zwischen Modell und Wirklichkeit eine beachtliche Distanz einführt, die es ermöglicht, beiden so unterschiedliche Eigenschaften zuschreiben wie „variationslos" und „facettenreich". Die Distanz zwischen Modell und Wirklichkeit muss so hoch sein wie die Flughöhe eines über den Wolken fliegenden Flugzeuges, um eine Analogie Luhmanns aufzugreifen: „Der Flug muß über den Wolken stattfinden, und es ist mit einer ziemlich geschlossenen Wolkendecke zu rechnen."[5] Geht man also davon aus, dass zwischen Sozialsystem-Modell und sozio-kulturellen Ausprägungen des Gruppenverhaltens eine Flughöhen-ähnliche Distanz herrscht, dann lässt sich ein variationsloses Sozialsystem-Modell trotz sozio-kultureller Unterschiede konsistent entwickeln.

Kritik: Die Blindheit gegenüber sozio-kulturellen Unterschieden wird von Luhmann damit begründet, dass eine systemtheoretische Betrachtung nur das in den Blick nehmen kann, was trotz aller sozio-kulturellen Unterschiede überall gleich ist: das genuin Soziale. Das Soziale wird damit von der kulturellen Eingebettetheit so getrennt, dass sozio-kulturelle Begebenheiten als Ganzes überhaupt nicht in den Blick gelangen. Mit der Fokussierung auf das genuin Soziale findet eine Trennung der sozio-kulturellen Einheit in einen immer identischen, relevanten sozialen Teil und einen irrelevanten kulturellen Teil statt. Der Verweis auf die „ziemlich geschlos-

5 Luhmann 1984, 13. Die beachtliche Flughöhe wird bei Luhmann insbesondere dort deutlich, wo er zwischen einem Faktum und dem Begriffs des Faktums unterscheidet. So zum Beispiel bei der Frage, wie die faktische Beteiligung des Menschen begrifflich einzubringen ist: „Und das ist die Frage, wie der Beitrag psychischer Systeme und organischer Systeme zur Kommunikation *begrifflich* einzubringen ist. ... Denn *daß* Menschen an Kommunikation beteiligt sind und daß ohne Menschen keine Kommunikation zustandekäme, ist kein sinnvoller Streitpunkt." (Luhmann 1992a, 139)

sene Wolkendecke“ erhärtet den Verdacht, dass die Distanz zwischen Sozialsystem-Modellen und gelebter Sozio-Kultur künstlich am Leben erhalten wird, um so ein Modellgerüst aufbauen zu können, welches nicht durch konkrete soziale Phänomene gestört wird. Auf diese ungewöhnliche Abstraktionslage operativer Systemansätze, die den ersten Schritt zur Immunisierung bietet, wurde bereits hingewiesen. Sie verspricht in keinem Fall einen Vorteil bei der systemtheoretischen Beschreibung von soziokulturellen Unterschieden, da überprüfbare Modelle aus dem Systemansatz nicht abgeleitet werden können.

2.4.1.1.2 Fall 2: Sozio-kulturelle Unterschiede sind relevant, aber nicht vorhanden

Lehnt man ab, dass zwischen Sozialsystem-Modell und sozio-kultureller Wirklichkeit eine Differenz herrscht, die der Luhmannschen Flughöhe gleicht, dann ist man dazu gezwungen, die Variationslosigkeit des Sozialsystem-Modells auch irgendwie auf die soziale Wirklichkeit zu beziehen, und von einer variationslosen und facettenarmen sozio-kulturellen Wirklichkeit auszugehen. Die intellektuellen Anstrengungen werden sich darauf richten, sozio-kulturelle Unterschiede, wo immer es geht, zu nivellieren, denn nur so lässt sich ein und dasselbe Systemmodell als universelle Beschreibungsgröße etablieren.

Ein gutes Beispiel, wie die Nivellierung sozio-kultureller Unterschiede mithilfe des systemtheoretischen Jargons durchgeführt werden kann, gibt Peter Fuchs[6]. Er nimmt Bezug auf die japanische Sozio-Kultur und erkennt bestimmte Eigenschaften, die als japanspezifisch bezeichnet werden. Dann stellt er fest, dass diese Eigenschaften ebenso in anderen Sozio-Kulturen zu finden sind, und suggeriert damit, dass es zwischen den Sozio-Kulturen keine benennenswerte Unterschiede gebe, welche die Systemtheorie benennen kann. So erkennt er, dass bestimmte Charakteristika japanischer Kommunikation „nicht ‚japanspezifisch‘ sondern ‚kommunikationsspezifisch‘“[7] sind, und dass bestimmte, bislang den Japanern zugeschriebene Eigenschaften für alle Menschen dieser Welt in gleicher Weise gelten. Die beobachtete „Undurchschaubarkeit der Japaner“ ist für ihn ein Anzeichen der „Intransparenz psychischer Systeme“[8], so wie sie von Pfeiffer als cha-

---

6 Fuchs 1995.
7 Fuchs 1995, 54.
8 Fuchs 1992, 189.

rakteristisch für alle Personen angesehen werden.[9] Fuchs beobachtet, dass Japaner zwischen ganz verschiedenen Kontexten hin und herwechseln, und erkennt darin ein Phänomen, das in allen modernen ausdifferenzierten Gesellschaften stattfindet. Nicht nur in Japan haben wir es laut Fuchs mit Dividuen (contextuals) zu tun, sondern in allen ausdifferenzierten modernen Gesellschaften. Für Fuchs ist die Sozio-Kultur Japans ein Reservoir von Eigenschaften, die überall auf der Welt oder zumindest in allen ausdifferenzierten modernen Gesellschaften zu finden sind. Damit kann er einstimmen in die Behauptung all derer, die – zwar aus anderen Motiven heraus, aber ebenso engagiert – die sozio-kulturellen Unterschiede zwischen Japan und dem Westen leugnen. Entsprechende Quellen sind schnell herangezogen.

Kritik: Wenn ein systemtheoretischer Ansatz aus Gründen der Konsistenz dazu gezwungen ist, sozio-kulturelle Unterschiede soweit wie möglich zu leugnen, dann ist er für einen Vergleich von Gruppenverhalten in verschiedenen Sozio-Kulturen ebenso ungeeignet wie ein Ansatz in „ungewöhnlicher Abstraktionslage“[10], der sich erst gar nicht die Mühe macht, auf konkrete Sozio-Kulturen einzugehen. Sowohl die Abstraktion als auch die Leugnung von sozio-kulturellen Unterschieden ist darauf zurückzuführen, dass mit einem variationslosen Sozialsystem-Modell gearbeitet wird, welches damit seine Unbrauchbarkeit für die Erfassung sozio-kultureller Unterschiede erwiesen hat. Ob es zur Abstraktion oder zur weitgehenden Leugnung von sozio-kulturellen Unterschieden kommt, hängt allein davon ab, ob man sich die Mühe macht, ein variationsloses Sozialsystem-Modell auf konkrete Sozio-Kulturen anzuwenden oder nicht. Macht man sich die Mühe, wie etwa Fuchs, dann kommt es zur Leugnung von sozio-kulturellen Unterschieden. Unterlässt man es und bestreitet gar die Möglichkeit dazu, dann kommt es zu einer Abstraktion in ungeahnter Höhe, die von jeder konkreten Sozio-Kultur abstrahiert. Beide Alternativen sind ungenügend, sie lassen sich jedoch nicht vermeiden, wenn man, wie die Mehrzahl der operativen Vertreter, von einem variationslosen Sozialsystem-Modell ausgeht.

---

9 Pfeiffer 1998, 24: „Was immer sozial verstanden wird und wie immer im weiteren Kommunikationsverlauf Verstehen kommunikativ problematisiert wird – die beteiligten Bewußtseinssysteme bleiben füreinander intransparent.”

10 Luhmann 1984, 12-13.

Ein Wort zur Verteidigung operativer Ansätze und der damit einhergehenden Leugnung sozio-kultureller Unterschiede: Eine mögliche Motivation, aus der heraus man sich dem Ziel verschreibt, die sozio-kulturellen Eigenarten Japans zu leugnen, ist nur allzu gut verständlich. Zu lange war das im Westen gepflegte Japanbild ein Bild der exotisierten Einseitigkeit. Die Kritik an einem Japanbild, das aus Teehäusern, Tempeln, Zen-Gärten oder ähnlich „traditionellem Japanischen" besteht, ist daher absolut berechtigt. Diese Kritik schießt jedoch eindeutig über ihr Ziel hinaus, wenn sie zur Leugnung jeglicher sozio-kultureller Eigenarten führt. Deutlich zu kritisieren ist daher der von Fuchs gepflegte Eindruck, dass man im systemtheoretischen Jargon über Japan nur eines aussagen kann: die Ununterscheidbarkeit zu anderen funktional ausdifferenzierten modernen Gesellschaften und deren Sozio-Kulturen. Selbst wenn es so wäre, dass sich die Sozio-Kulturen glichen, so müsste doch zumindest die Systemarchitektur die Möglichkeit bieten, genau dies zu untersuchen. Das operative Modell in der Folge von Luhmann und Fuchs bietet jedoch nicht die Möglichkeit dazu, sondern setzt die Invariabilität des Systemmodells als Prämisse voraus. Daher kann es als Grundlage für ein topisch bestimmtes Sozialsystem-Modell nicht in Frage kommen.

2.4.1.2 Möglichkeit 2: Operative Sozialsystem-Modelle sind variabel

In Absetzung von Luhmann und Maturana als den Hauptvertretern des operativen Lagers ist immer wieder versucht worden, operative Systemarchitekturen als variabel zu konstruieren. Die beiden wichtigsten Formen der Variabilität beziehen sich auf die Systemautonomie und den Systemkontakt.

2.4.1.2.1 Graduelle Autonomie der Sozialsysteme

Die von der Mainstream-Diskussion aufgestellte Behauptung, dass die Eigenschaften operativer Systeme stets nur „Alles-oder-Nichts"-Phänomene sind, ist nicht unwidersprochen geblieben. Sowohl Roth als auch Teubner richten sich gegen die von Maturana und Luhmann aufgestellte Behauptung, dass die Autonomie eines selbstreferentiellen Systems stets absolut ist.[11]

---

11 Vgl.: Teubner 1987; Roth 1987c.

Roth kritisiert Maturanas Behauptung, dass die autopoietische Autonomie lebender Systeme spontan auftritt und ein Alles-oder-Nichts-Phänomen ist: „Diese Autonomie lebender Systeme hat sich allmählich ausgebildet. Es ist also insofern unrichtig, wenn Maturana behauptet, daß Autopoiese ein Alles-oder-Nichts-Phänomen ist und spontan auftritt."[12] Am Beispiel lebender Systeme macht er deutlich, dass „... die Autonomie der autopoietischen Organisation der Lebewesen stets eine relative [ist] ..."[13].

Ebenso wie Roth geht auch Teubner von einer graduellen Herausbildung von Autonomie und Selbstreferenz aus, und verdeutlicht dies bei Sozialsystemen:

> „(1) Gesellschaftliche Teilsysteme gewinnen an Autonomie in dem Ausmaß, wie es ihnen gelingt, die Anzahl ihrer Systemkomponenten in selbstreferentiellen Zyklen zu konstituieren.
> (2) Autopoietische Autonomie erreichen sie erst dann, wenn ihre zyklisch konstituierten Systemkomponenten miteinander zu einem Hyperzyklus verkettet werden."[14]

Teubner geht also nicht wie Luhmann davon aus, dass soziale Systeme per definitionem über eine autopoietische Autonomie verfügen, sondern unterscheidet verschiedene Grade der selbstreferentiellen Verkettung in sozialen Systemen. Teubner verdeutlich das am Beispiel des Rechtssystems: Die Autonomie und Selbstreferentialität des Rechtssystems hängt davon ab, in welchem Ausmaß die Richter bei ihren Urteilsbegründungen mit dem „gesunden Menschenverstand" argumentieren und wie sehr sie Bezug nehmen auf alltägliche Kategorien bzw. Themen der gesellschaftlichen Kommunikation. Das Rechtssystem kann daher über unterschiedliche Grade an Autonomie und Selbstreferenz verfügen. Um deutlich zu machen, dass Autonomie und Selbstreferenz keine Alles-oder-Nichts-Phänomene, sind sondern als Eigenschaften stets in Abstufungen vorhanden sind, gebraucht Teubner solche Ausdrücke wie „Autonomisierung"[15] oder „Kumulierung von selbstreferentiellen Zirkeln"[16], die deutlichen den graduellen Charakter von Autonomie und Selbstreferenz betonen.

---

12 Roth 1987c, 264.
13 Roth 1987c, 265.
14 Teubner 1987, 91.
15 Teubner 1987, 114.
16 Teubner 1987, 114.

Deutlicher noch als Teubner betont Kirsch den gradualistischen Charakter von Autonomie und Selbstreferenz, wenn er explizit von einem „gradualistischen Autonomiekonzept“[17] für Sozialsysteme spricht. Laut Kirsch sind stets „verschiedene Grade der Autonomie“[18] zu unterscheiden, und damit verbunden auch verschiedene Grade der Selbstreferenz.

Roth, Teubner und Kirsch sind sich also darin einig, dass operative Systeme über ein unterschiedliches Maß an Autonomie verfügen können. Die Variabilität in der Systemautonomie erlaubt es ihnen, innerhalb der Systemtheorie Unterschiede zwischen verschiedenen operativen Systemen zu machen.

2.4.1.2.2 Graduelle Überschneidungen von sozialem und psychischem System

Eine weitere Möglichkeit, Variationen mithilfe eines operativen Ansatzes zu denken, bietet sich an, wenn man die Forderung nach Typengleichheit aufgibt, wie dies Stark, Münch und Martens in je unterschiedlicher Art und Weise tun.

Martens geht davon aus, dass sich psychisches und soziales System partiell überschneiden, und soziale Systeme nicht nur aus sozialen Operationen, sondern auch aus psychischen und organischen Operationen bestehen: „Bestimmte Operationen, die in erster Linie organischen und psychischen Systemen angehören, sind – so formulierten wir – gleichzeitig Teil von sozialen Systemen.”[19] Die Beziehung zwischen psychischem und sozialem System ist daher als „partielle Überschneidung“[20] zu verstehen, in der psychische Operationen sowohl Bestandteil des psychischen Systems, aber auch zugleich Bestandteil des sozialen Systems sind. Wir haben es also zu tun mit „in mehreren Systemen gleichzeitig fungierenden Operationen“[21]: „Die Interpenetration eines psychischen und eines sozialen Systems bedeutet die Verwendung der gleichen Operationen in zwei Systemen.”[22]

Auch Stark geht davon aus, dass die Interpenetration zwischen psychischem und sozialem System nur als partielle Überschneidung interpretiert

17 Kirsch 1992, 253.
18 Kirsch 1992, 253.
19 Martens 1991, 644.
20 Martens 1991, 143.
21 Martens 1991, 644.
22 Martens 1991, 642.

werden kann: „Interpenetration kann nicht als strukturelle Kopplung autopoietischer Systeme, sondern nur als partielle Überschneidung beschrieben werden."[23]

Auch bei Münch findet sich die Überzeugung, dass operative Systeme sich überschneiden und die gleichen Operationen in zwei verschiedenen Systemen Verwendung finden können. Die Vorstellung von einer Interpenetration mehrer Systeme ist für ihn nur dann logisch haltbar, wenn damit „die Ausdehnung der Reichweite mehrerer Systeme durch Überschneidung"[24] gemeint ist.

Martens, Stark und Münch sind sich daher einig, dass es zu einer partiellen Überschneidung zwischen operativen System kommen kann. Psychisches und soziales System können die gleichen Operationen gebrauchen und sich daher partiell überschneiden. Ist man auf der Suche nach Variationen operativer Systemarchitekturen, dann kann man in dem Grad und Ausmaß der partiellen Überschneidung zweier Systeme eine solche Variationsmöglichkeit sehen. Das Verhältnis von zwei Systemen zu einander kann danach unterschieden werden, wie groß die Teilmenge der gemeinsamen Operationen ist. Die Beziehung zwischen psychischem und sozialem System ist insofern variabel konstruierbar.

2.4.1.2.3 Konsequenzen für die Erfassung sozio-kultureller Unterschiede

Verfolgt man die hier dargestellte unorthodoxe, vom Mainstream der Diskussion abweichende Bestimmung eines operativen Systems, dann können operative Sozialsysteme danach unterschieden werden, wie autonom sie gegenüber anderen Sozialsystemen sind, und in welchem Ausmaß es zu partiellen Überschneidungen mit psychischen Systemen kommt. Damit ist gezeigt, dass sich operative Systeme durchaus variabel konstruieren lassen, und zentrale Eigenschaften operativer Systeme auch Gradabstufungen zulassen. Verwendet man ein derart variables Systemmodell, dann hat man im Gegensatz zu dem von Luhmann und Fuchs verwendeten Modell grundsätzlich die Möglichkeit, sozio-kulturelle Unterschiede von Gruppen in das Systemmodell einfließen zu lassen. Dies kann man wie folgt mit einem

---

23 Stark 1994, 105.

24 Münch 1982, 478: „Logisch haltbar ist das Interpenetrationskonzept nur, wenn Interpenetration die Ausdehnung der Reichweite mehrere Systeme durch Überschneidung bedeutet, wodurch an den Randzonen der Systeme Begrenzungen ihrer Eigengesetztlichkeit entstehen."

Koordinatensystem veranschaulichen. Trägt man das Maß der Autonomie und das Maß des Überschneidungsgrades (von sozialen zu psychischen Systemen) auf zwei orthogonalen Achsen auf, dann spannt sich ein Koordinatensystem auf, in dem man die Sozialsystem-Modelle der Gruppen unterschiedlicher Sozio-Kulturen verorten kann.

Fragt man, wo in einem derartigen Koordinatensystem die Sozialsystem-Modelle für japanische und deutsche Gruppen einzuordnen sind, dann kann man folgende Bestimmung wagen: Besonders die Ausführungen zur Abgeschlossenheit japanischer Gruppen (Kapitel 2.2.1.4.1) legen es nahe, japanische Gruppen als Sozialsysteme zu modellieren, die über wesentlich mehr Autonomie und Selbstreferenz verfügen als vergleichsweise Gruppen in Europa. Die große Rolle, die den Emotionen bei der Selbstbeschreibung japanischer Gruppen zugetragen wurde, legt es nahe, das Maß der Überschneidung von psychischem und sozialem System möglichst hoch anzusetzen. Es ergäbe sich damit folgendes Bild (Abb. 2.4.1.2.3.a).

Koordinatensystem variabler, operativer Systemmodelle
(Abb. 2.4.1.2.3.a)

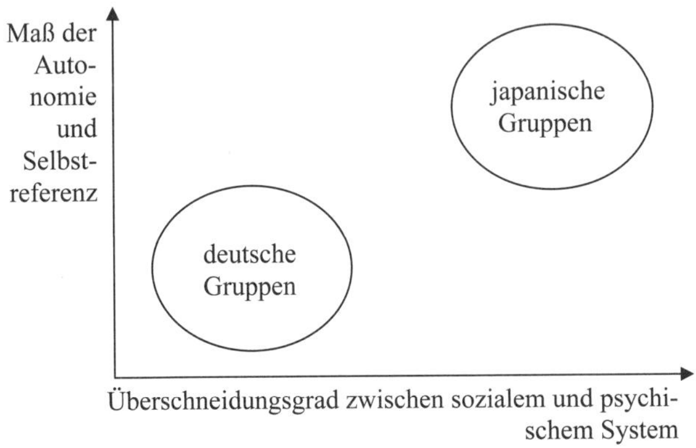

Auch wenn das hier diskutierte variable Modell eines operativen Sozialsystems gegenüber einem variationslosen Sozialsystem-Modell den Vorteil bietet, grundsätzlich Unterscheidungen vornehmen zu können, und damit eine notwendige Bedingung für einen sozio-kulturellen Vergleich erfüllen kann, müssen an dieses Modell einige kritische Fragen gerichtet werden.

1. Zu fragen ist, was von einem operativen Systemmodell noch übrigbleibt, wenn man die Forderung nach operativer Typengleichheit aufgibt. Wenn die Operationen eines Systems aus verschiedenen Typen bestehen, dann besteht die Gefahr, dass die Einheit des operativen Systems nicht mehr hinreichend gedacht werden kann.

2. Kritisch hinterfragt werden muss auch, ob die beiden Achsen des Koordinatensystems tatsächlich ausreichen, oder es nicht noch weitere Achsen mit anderen Unterscheidungsmöglichkeiten gibt, die in einem operativen Ansatz thematisiert werden können.

3. Schließlich muss grundsätzlich gefragt werden, ob selbst eine größtmögliche Anzahl von unterschiedlichen Achsen dazu imstande ist, die als wesentlich erachteten Unterschiede im Gruppenverhalten unterschiedlicher Sozio-Kulturen hinreichend darzustellen, oder ob nicht vielmehr jede Skala mit Gradabstufungen dort versagen muss, wo es gerade darum geht, die unterschiedlichen Maßstäbe, nach denen sich Gruppen in unterschiedlichen Sozio-Kulturen richten, zu erfassen. Welche Relevanz dieses Problem konkret für die systemtheoretische Erfassung der japanischen Sozio-Kultur hat, wird weiter unten noch ausführlich diskutiert werden.

Festzuhalten ist: Selbst wenn man sich an die Grenzen dessen wagt, was mit einem operativen Systemmodell noch vereinbar ist, dürfen Zweifel geäußert werden, ob mit dem operativen Ansatz ein angemessener Vergleich von sozio-kulturellen Gruppenverständnissen durchgeführt werden kann. Unabhängig davon sind operative Systemmodelle deshalb nicht in der Lage, ein topisches Systemverständnis zu begründen, da selbst bei einem variationsreichen Systemmodell kein Wechsel der Systemeigenschaften stattfinden kann, der „topisch" als neues Attribut notwendig macht.

2.4.2 Sozio-kulturelle Unterschiede im retiven Modell

Zu klären ist weiterhin inwiefern retive Systemmodelle in der Lage sind, sozio-kulturelle innerhalb des Systemmodells zu thematisieren. Dazu werden zwei denkbare Variationen des einen retiven Systemmodells unterschieden, bei denen die Berücksichtigung der sozio-kulturellen Unterschiede auf jeweils verschiedene Art geschieht.

2.4.2.1 Variation 1: Fokus auf Elemente oder Relationen

2.4.2.1.1 Graduelle Ausprägungen des einen Netzmusters

Verschiedene Netze können sich darin unterscheiden, wie stark ihre Knoten und Verbindungen ausgeprägt sind. Je nachdem, ob eher die Knoten oder eher die Verbindungen zwischen ihnen das Netzmuster bestimmen, unterscheiden sich Netze erheblich. Ein retives System kann daher unterschiedliche Ausprägungen haben, ohne dass es seinen netzhaften Charakter verliert. Versucht man die unterschiedlichen Variationen eines retiven Systems auf einer Skala aufzutragen, so erhält man folgendes Bild (Abb 2.4.2.1.1a):

Graduelle Unterschiede von Netzen (Abb. 2.4.2.1.1.a)

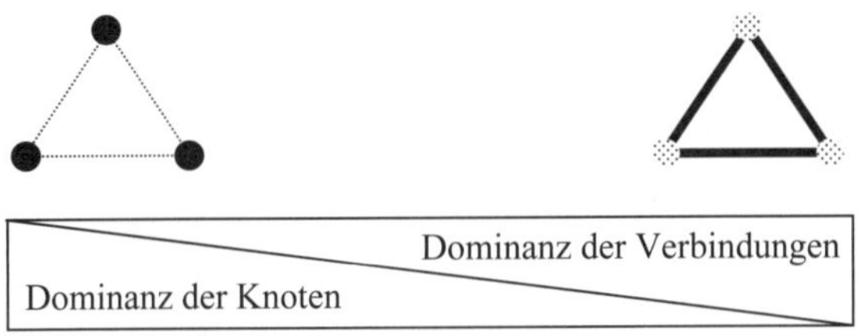

2.4.2.1.2 Belege für die Brauchbarkeit des Modells

Versucht man die verschiedenen Ausprägungen eines Netzes auf retive *Sozial*systeme zu übertragen, dann kann man diese danach unterscheiden, ob eher eine Individual- oder eine Beziehungsorientierung dominiert.

Im folgenden soll nach Anhaltspunkten gesucht werden, die es erlauben, Modelle für das Gruppenverhalten in Japan und Deutschland auf einer entsprechenden Skala einzutragen. Dazu soll mit einigen Beispielen zunächst der Blick auf den jeweiligen Sprachgebrauch gerichtet werden.[25]

- Auf die Frage „Kommen Sie morgen nicht zur Uni?“ sind je nach verwendeter Sprache zwei unterschiedliche Antwortpaare möglich:

Japanisch	„Ja, ich komme nicht.“ (*hai, ikimasen*)	„Nein, ich komme.“ (*îe, ikimasu*)
Deutsch	„Nein, ich komme nicht.“	„Doch, ich komme.“

25 Angelehnt an: Sugitani 1996.

Deutlich wird hier, dass die Bejahung und Verneinung zu Beginn der Antwort im Japanischen und Deutschen jeweils unterschiedlichen Kriterien unterliegt. Im Japanischen ist das Kriterium die Perspektive des Partners, die entweder bejaht oder verneint wird. Im Deutschen geht es um den „Sachverhalt an sich", der unabhängig von der Beziehung der beiden Gesprächspartner in den einzelnen Köpfen existiert. Sachorientierung und Individualorientierung gehen also Hand in Hand.

- Auf die Fülle der Personalpronomen im Japanischen wurde schon hingewiesen. Besonders die Tatsache, dass das Personalpronomen der ersten Person je nach Beziehung zum Gesprächspartner variiert, zeigt deutlich, dass „... das Ich-Pronomen aus der jeweiligen sozialen Rolle, der Beziehung zum Partner entschieden [wird]."[26] Auch die vielen Möglichkeiten und Stufen der Höflichkeit, zwischen denen die japanischen Sprache differenziert, zeigen deutlich, wie wichtig die Beziehungen zwischen den Gesprächspartnern im Sprachverhalten sind: „Das komplexe Honorativsystem setzt bekanntlich die gegenseitige Festlegung von sozialen Beziehungen voraus, um sich über einen Sachverhalt äußern zu können."[27]

Die Beispiele sollten zeigen, dass die japanische Sprache als hochgradig beziehungsorientiert bezeichnet werden kann, wohingegen die deutsche Sprache diese Beziehungsorientierung eher vermissen lässt. Zusammenfassend beschreibt Kishitani:

> „Der Unterschied der Personen, der für die deutsche Sprache so entscheidend wichtig ist, wird bei uns im Japanischen sehr gleichgültig behandelt. Für die Psyche der japanischen Sprache kommt es mehr darauf an, in welcher Beziehung ein Mensch zum anderen steht. Die Beziehung zwischen dem einen und dem anderen ist für uns wichtiger, als die strenge Unterscheidung zwischen dem einen und dem anderen."[28]

Die obige Skala, mit welcher sich die Dominanz von Beziehungs- oder Individualorientierung ausdrücken lässt, kann für die Beschreibung des unterschiedlichen Sprachverhaltens daher sicher als hilfreich eingeschätzt werden.

---

26 Sugitani 1996, 231

27 Sugitani 1996, 231 (Literaturhinweise ausgelassen).

28 Kishitani 1960, 277-278..

Doch nicht nur im Sprachverhalten finden sich Beispiele, die die Brauchbarkeit der obigen Skala für einen Vergleich der beiden Sozio-Kulturen aufzeigen. Um weitere Beispiele zu nennen, die den Unterschied zwischen der dominanten Beziehungsorientierung bei Japanern und der dominanten Individual- bzw. Sachorientierung bei Deutschen verdeutlichen, sollen die Ergebnisse der von Sugitani[29] durchgeführte Studie zu „kritisch“ erlebten Interaktionssituationen zwischen Deutschen und Japanern hier kurz zusammengefasst werden:

Die in Japan übliche Gewohnheit, bei feierlichen Anlässen wie Hochzeiten oder Trauerfällen im Familienkreis sowie bei Geschäftspartnern oder Angestellten, ein „angemessenes“ Geschenk zu überreichen, wurde von Deutschen häufig als Problem empfunden. Eine deutsche Stimme: „Ich verstehe heute, nach vier Jahren in Japan, noch nicht, warum man bei privaten Angelegenheiten wie bei einer Hochzeit, bei Todesfällen von Verwandten oder Familienangehörigen eines Agenten soviel schenken soll, vor allem Geld. Da machen wir nun das Minimum mit.“[30] Japaner auf der anderen Seite haben ebenfalls Schwierigkeiten mit der Art und Weise, wie man in Deutschland mit Geschenken umgeht. Eine Japanerin, von einem kurzen Heimatbesuch nach Deutschland zurückkehrt, gibt folgendes Beispiel:

> „Als ich aus Japan zurückkam, brachte ich dem Nachbar, der während unserer Abwesenheit unsere Blumen gegossen hatte, etwas Wertvolles aus Japan mit. Zu meiner großen Überraschung wurde der Mann misstrauisch und fragte: ‚Warum?‘. In Japan würde man ein Geschenk dankbar annehmen, selbst wenn es einem etwas unangemessen teuer erscheint. Notfalls könnte man das bei anderer Gelegenheit mit einem Gegengeschenk ausgleichen.“[31]

Setzt man hier die Unterscheidung zwischen Beziehungsorientierung und Individualorientierung an, dann kann man diese Äußerungen wie folgt interpretieren: Die in der ausgeprägten Geschenkkultur zum Ausdruck kommende Beziehungsorientierung der Japaner erscheint für den Deutschen in Japan unangemessen und uneinsichtig. Anstatt sich auf ein Beziehungsspiel einzulassen, ist der deutsche Nachbar vorsichtig, und fragt sachorientiert, wieso er als Individuum dieses Geschenk bekommen soll.

---

29 Sugitani 1996.
30 Anonymer Beitrag aus: Sugitani 1996, 237.
31 Anonymer Beitrag aus: Sugitani 1996, 237.

Ein weiteres Beispiel: Ein deutscher Mitarbeiter in einer japanischen Firma stößt sich an der Art und Weise, wie Sitzungen abgehalten werden: „Die Sitzung ist zeitraubend und ineffizient. Außerdem muss man an vielen Sitzungen teilnehmen, selbst wenn man nicht direkt mit der Sache zu tun hat."[32] Der deutsche Mitarbeiter äußert sein Unbehagen, weil in der Sitzung nicht immer sachorientiert und auf eine Entscheidung hin beraten und diskutiert wird. Eine Orientierung an sachlichen Argumenten, die von einzelnen Sachverständigen vorgetragen werden, findet seiner Auffassung nach zu wenig statt. Stattdessen wird es für wichtig erachtet, „... die Beziehungsebene zu berücksichtigen und das ‚Gesicht' der Beteiligten zu wahren."[33] Aus japanischer Sicht könnte das Vorbringen von schlagkräftigen Argumenten dieser Beziehungsebene Schaden zufügen, weshalb dies eher vermieden wird, was wiederum dem deutschen Mitarbeiter zu ineffizient scheint.

Ein ähnliches Beispiel: Eine Japanerin berichtet: „Selbst bei der Diskussion zu Hause spricht mein Studienfreund mit seiner Großmutter wie mit Freunden. Man gibt sich keine Mühe, sich anderen anzupassen. Sie hat mir leid getan."[34] Eine fehlende Beziehungsorientierung im Umgang miteinander, so könnte man interpretieren, bereitet der Japanerin Schwierigkeiten. Sie ist es gewohnt, dass die Art und Weise der Beziehung sich auch in der Art zu Sprechen spiegelt, und nicht, dass die Redeweise trotz unterschiedlicher Beziehung dieselbe bleibt. Es wird daher als unangemessen empfunden, wenn man seinen Redestil nicht auf die Beziehung zum Gesprächspartner abstimmt.

Weiteres Beispiel: Bei Meinungsdifferenzen in der Rangordnung wurde von einer deutschen Mitarbeiterin in einer japanischen Firma folgende Erfahrung gemacht: „Wenn der japanische Vorgesetzte mit etwas vorwirft, habe ich immer versucht, meine Gründe für mein Verhalten anzugeben. Er meinte dann, ich sei nicht gehorsam (‚obedient'), nicht ‚sunao' [unkompliziert]. In Deutschland ist es üblich, in einer ähnlichen Situation, auch unaufgefordert, Gründe zu nennen."[35] Japaner hingegen äußern Schwierigkeiten, spontan die eigene Handlung zu begründen: „Es fällt mir schwer, manchmal sogar unaufgefordert offen meine Gründe zu meinem Verhalten

32 Anonymer Beitrag aus: Sugitani 1996, 239.
33 Sugitani 1996, 239.
34 Anonymer Beitrag aus: Sugitani 1996, 240.
35 Anonymer Beitrag aus: Sugitani 1996, 242.

zu geben."[36] Setzt man auch hier die Unterscheidung zwischen Beziehungsorientierung und Individualorientierung an, dann kann man formulieren: Von deutscher Seite wird als problematisch empfunden, dass Japaner in Konfliktsituationen auf die Benennung von sachlichen Gründen nicht eingehen, sondern stets nur die Beziehung im Auge haben, welche es zu erhalten gilt. Japaner hingegen empfinden in derartigen Situationen die Orientierung an sachlichen Gründen als unpassend und deren individuellen Äußerung als unangemessen.

Die genannten Beispiele sollten zeigen: Ist man auf der Suche nach Situationen, in denen sich die oben eingeführte Unterscheidung zwischen Beziehungsorientierung und Individual- bzw. Sachorientierung als hilfreich und brauchbar erweist, dann wird man durchaus fündig. Die Beispiele zeigen daher, dass die Unterscheidung zwischen Beziehungsorientierung und Individual- bzw. Sachorientierung brauchbar ist, um die sozio-kulturellen Unterschiede im deutschen und japanischen Sozialverhalten zu erfassen. Es bietet sich daher an, japanische Gruppen als retive Sozialsysteme mit starker Beziehungsorientierung und schwacher Individualorientierung zu modellieren, und Gruppen in Deutschland als retive Sozialsysteme mit schwacher Beziehungsorientierung und starker Individualorientierung zu modellieren.

2.4.2.1.3 Nachteile und Kritik

Die bislang behandelten Variationen der Sozialsystem-Modelle basieren auf unterschiedlichen Skalen, in die verschiedene Eigenschaften der Sozialsysteme eingetragen wurden. Operative Sozialsysteme wurden danach unterschieden, wie stark ihre Autonomie gegenüber Einflüssen aus anderen Sozialsystemen ist, und wie sehr sich mit psychischen Systemen überschneiden. Retive Sozialsysteme wurde danach unterschieden, wie stark die Beziehungsorientierung bzw. die Individualorientierung ausgebildet ist. Alles was die systemtheoretische Erfassung von sozio-kulturellen Unterschieden bislang geleistet hat, ist die Einordnung der Sozio-Kulturen Japan und Deutschlands auf einer gemeinsamen Skala, an der die Unterschiede abgelesen werden konnten.

1.) Kritisch anzufragen ist, was mit einer solchen Vorgehensweise überhaupt in den Blick gerät, und was gerade nicht. So wichtig eine gemeinsa-

---

36 Anonymer Beitrag aus: Sugitani 1996, 242.

me Skala ist, an der man sich orientieren kann, so problematisch ist sie, wenn das Operieren mit ihr dazu verführt, auf kulturelle Bedingtheiten der Skala nicht mehr einzugehen und die Universalität des *einen* – wenn auch skalierten – Netzmodells nicht mehr zu hinterfragen. Die bislang thematisierte systemtheoretische Erfassung muss sich daher den Vorwurf gefallen lassen, die eigenen Voraussetzungen nicht genügend zu hinterfragen und nur noch auf Differenzen fixiert zu sein, die sich mithilfe einer graduellen Skala ausdrücken lassen.

2.) Ein weiterer Nachteil einer graduellen Skalierung sozio-kultureller Unterschiede besteht darin, dass die Unterschiede zwischen den Sozio-Kulturen sehr leicht die Form eines Gegensatzes annehmen können. Denn je besser eine Skala auf zwei Sozio-Kulturen abgestimmt ist, wie dies hier am Beispiel Deutschland-Japan versucht wurde, desto stärker erscheinen die graduelle Unterschiede zwischen den Sozio-Kulturen als unvereinbare Gegensätze: Hohe Autonomie/ geringe Autonomie, starke Überschneidungen/ geringe Überschneidungen, starke Beziehungsorientierung/ schwache Beziehungsorientierung, starke Individualorientierung/ schwache Individualorientierung. Die Skalierung sozio-kultureller Unterschiede trägt gerade deswegen zu ihrer Gegenüberstellung als Gegensätze bei, weil man immer bemüht ist, die Skala so zu wählen, dass Unterschiede deutlich sichtbar werden. Die bisherige Darstellung läuft daher Gefahr, in der einen Sozio-Kultur immer das Gegenteil der anderen zu sehen. Interkulturalität wäre damit leicht misszuverstehen als ein Zusammenprall von Gegensätzen, und gelebte Interkulturalität liefe ständig Gefahr, zu einem gelebten Widerspruch zu werden, welcher Konflikte heraufbeschwört.

3.) Ein weitere kritische Anmerkung: Operiert man mit einer Skala, auf der Einteilungen von „stark“ bis „schwach“ zu finden sind, dann läuft man Gefahr, eine „Schwäche“ als Mangel oder Defizit auszulegen und kulturelle Andersartigkeiten mit einer „Sprache des Mangels“[37] zu beschreiben. Insofern besteht die Tendenz, die Sozio-Kulturen Japans und Deutschlands durch ein Defizit gekennzeichnet zu sehen: Japan ermangelt es an starken Individuen und dem Westen ermangelt es an starken Beziehungen. Es wird der Eindruck erzeugt, als wäre das Leben in lediglich einer Sozio-Kultur defizitär und unbefriedigend.

37 Kracht 1980.

Zusammenfassend kann gesagt werden, dass die bisherigen Versuche, sozio-kulturelle Unterschiede auf systemtheoretische Art und Weise zu thematisieren, zwar nicht fehlgeschlagen sind, es aber dennoch wünschenswert wäre, nach einer weiteren Möglichkeit der systemtheoretischen Erfassung zu suchen, mit der die beiderseitige „Sprache des Mangels" überwunden werden, und das Verhältnis zwischen den Kulturen weder als Gegensatz noch als Parallele beschrieben werden kann. Inwieweit die nichtwidersprüchliche Andersartigkeit systemtheoretisch gedacht werden kann, ist Gegenstand des folgenden Kapitels.

2.4.2.2 Variation 2: Die Unterscheidung zweier Netztypen

Der bisherige Versuch, sozio-kulturelle Unterschiede mithilfe eines retiven Sozialsystem-Modells zu erfassen, mündet in der Bemühung, die Unterschiede innerhalb *eines* Netzverständnisses zu thematisieren. Es wurde zwischen starken und schwachen Verbindungen und zwischen starken und schwachen Konten *eines* Netzmodells unterschieden, und somit ein bestimmtes Netzverständnis als universal vorausgesetzt. Damit wurde aus methodischen Gründen hinter eine Grenze zurückgegangen, die eigentlich schon bei der Erörterung des topozentrischen Netzverständnisses in Anlehnung an Shimizu überschritten wurde. Zieht man die Ausführungen zu einem topischen Netzverständnis hier zu Rate, dann bereitet es keine Schwierigkeiten, die Universalität des einen Netzverständnisses in Frage zu stellen und zwischen zwei Netzverständnissen zu unterscheiden. Das bislang als „normal" unterstellte Netzmodell könnte man als „polyzentrisch" bezeichnen, da jeder Knoten für sich zu seinem eigenen Verbindungspunkt wird. Das davon zu unterscheidende Modell soll als „topozentrisch" bezeichnet werden, weil die in den Raum laufenden Verbindungslinien der „Knoten" sich in einem Ort treffen (Abb. 2.4.2.2.a).

Unterscheidung zweier Netztypen
(Abb. 2.4.2.2.a)

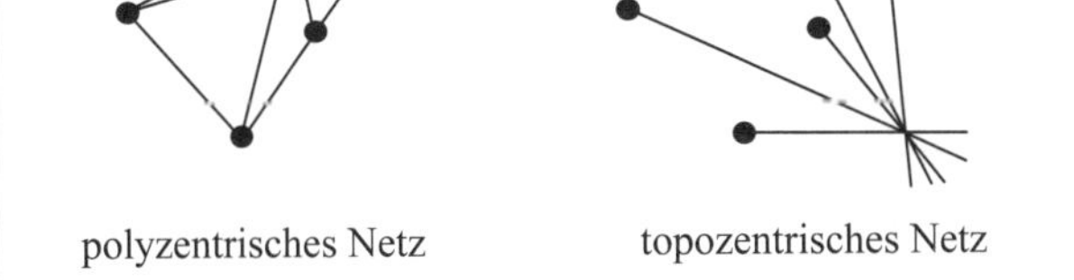

Auch in einem derart topozentrischen Netzmodell muss es erlaubt sein, von Knoten zu sprechen, da es ebenso wie das polyzentrische Netzmodell ein Muster bildet, in dem sowohl Knoten wie auch Verbindungen unerlässlich sind. Wie im Regenschirm-Modell versucht aufzuzeigen, gibt es daher mehrere Knoten in einem topozentrischen Netzmodell, aber nur einen Verbindungsort der Knoten. Es kann festgehalten werden: Im polyzentrischen Netz sind die Verbindungslinien zwischen den Knoten ausgerichtet, in einem topozentrischen Netz sind die Verbindungslinien hingegen in den Raum gerichtet, so dass sie sich an einem Ort schneiden können.

Noch bevor überprüft werden soll, ob die beiden Netzmodelle es erlauben, sozio-kulturelle Unterschiede des Kleingruppenverhaltens zu thematisieren, sollen erst einige grundsätzliche Anmerkungen über die Vor- und Nachteile der hier vorgenommenen Unterscheidung gemacht werden.

Da die hier vorgenommene Unterscheidung zwischen zwei Sozialsystem-Modellen nicht gradueller sondern qualitativer Natur ist, kann gerade diese qualitative Natur zum Anstoß für Kritik werden. Kritisiert werden könnte, dass man sich mit einer derartigen Unterscheidung einreiht in die Bemühungen derjenigen, die an Japan nur das Andersartige und Außergewöhnliche zu sehen versuchen und Japan damit unberechtigterweise exotisieren. Auf diese Kritik soll folgendermaßen geantwortet werden: Wie die Thematisierung unterschiedlicher Modelle mit deren Vor- und Nachteilen gezeigt haben sollte, ist an keiner Stelle der Arbeit intendiert, das eine oder andere Modell als das einzig sinnvolle oder brauchbare herauszustellen. Ganz im Gegenteil soll stets darauf Wert gelegt werden, mit unterschiedlichen Systemmodellen zu operieren, um unterschiedliche Facetten der Wirklichkeit in den Blick zu bekommen. Um es daher zumindest möglich zu machen, dass man zwischen Japan und dem Westen neben graduellen Unterschieden in der Sozio-Kultur auch qualitative Unterschiede wahrnehmen kann, muss es erlaubt sein, auch dafür qualitativ verschiedene Modelle bereitzustellen, wie dies hier mit den beiden Netzmodellen angestrebt wurde und wird. Wem auch dies als vorläufige Entkräftung der Kritik nicht genügt, sei empfohlen, die folgenden Ausführungen nur als konsequente Weiterführung des von Shimizu verfolgten Ansatzes zu lesen, die allein deswegen versucht wird, um ihn zu kritisieren.

Ein weiterer Einwand könnte wie folgt lauten: „Das topozentrische Netzmodell ist nichts anderes als ein verkappter Kollektivismus, den man besser als solchen kennzeichnen sollte!" Darauf folgend die Antwort: Unbestreitbar suggeriert das topozentrische Netzmodell, dass der zentrale Verbindungsort als Kollektiv zu deuten sei, dem sich alle Knoten unterzuordnen haben. Dennoch zeugt eine solche Wahrnehmung davon, immer nur das wahrzunehmen, was man schon kennt, und nicht von dem Bemühen, sich auf etwas neues einzulassen, was man erst kennen lernen möchte. Richtig ist, dass mit der Skizze eines topozentrischen Netzmodells allein nicht gezeigt werden kann, dass es sich hierbei um etwas völlig anderes handelt als um ein kollektivistisches Modell der Vereinigung aller Knoten im „Ort". Aber man würde von einer Zeichnung zuviel erwarten, wenn sie für sich sprechen würde. Es bleibt daher Aufgabe der folgenden Kapitel zu zeigen, wie das topozentrische Netzmodell positiv bestimmt werden kann, und worin der Unterschied zwischen einem polyzentrischen und einem topozentrischen sowie topischen Sozialsystem-Modell letztlich besteht.

2.4.2.2.1 Polyzentrisches versus topozentrisches Netz: Sozialer Ort im sozialen Raum

2.4.2.2.1.1 Treffen in der Er-Welt versus Beziehung zwischen Ich und Du

Versucht man den Unterschied zwischen einem polyzentrischen Netz und einem topozentrischen Netz zu erläutern, dann bietet es sich an, mit der kleinsten analytischen Einheit, der Verbindung zwischen zwei Punkten eines Netzes, d.h. zwei Subjekten, zu beginnen, und den entsprechenden Sprachgebrauch zu erläutern.

In einer Sprache wie der deutschen, in der die kontextunabhängigen Personalpronomen der ersten und zweiten Person ebenso selbstverständlich gebraucht werden wie eine entsprechende Verb-Konjugation, dürfte es ganz natürlich sein, das Grundmuster einer Beziehung in der Verbindung zwischen *Ich* und *Du* zu sehen und diese als lineare Beziehung zwischen zwei Punkten zu denken. Es kann damit zu einem großen Teil der Subjektbezogenheit einer Sprache zugeschrieben werden, dass sich das sprechende und denkende Subjekt als Zentrum erlebt, von dem aus es zu anderen „auf geradem Weg" eine Brücke zu schlagen versucht. Die vielen Zentren, die dies versuchen, schaffen ein Beziehungsnetz, das dadurch seinen polyzentrischen Charakter erhält. Ein Netz also, das der direkten Verbindung von Punkt zu Punkt entspricht.

Anders in einer Sprache wie dem Japanischen, in der die Personalpronomen der ersten Person nur selten und die Personalpronomen der zweiten Person noch seltener bzw. überhaupt nicht verwendet werden. Wie weiter oben ausgeführt, kommen Personalpronomen der zweiten Person im Japanischen so wenig zum Einsatz, dass – wie Kimura andeutet – es Japaner geben mag, die ihr ganzes Leben ohne sie auskommen. Vor diesem Hintergrund dürfte es schwer fallen, bei der Modellierung von sozialen Beziehungen einfach von einem Netzmodell auszugehen, das die zwischenmenschlichen Beziehungen als gerade Linien zwischen Ich und Du modelliert. Hamaguchi wendet sich daher gegen ein solche Vorstellung, wenn er schreibt: „For the Japanese, human relations are not mere temporary reciprocal interactions (give and take based on transactions) in the self/other dyad."[38] Angemessener scheint es hier, sich Gedanken darüber zu machen, wie *anders* man die Verbindung zwischen Netzpunkten denken kann als über eine direkte lineare Verbindung.

An dieser Stelle gilt es den Gedanken der topischen Relation aufzunehmen, wie er in Kapitel 2.3.2.2 u.a. mit Bezug auf Hamaguchi angedeutet wurde. Das Beispiel einer Alltagskonversation wurde herangezogen um zu zeigen, dass man gerade als westlicher Beobachter den Eindruck erhalten kann, als ob bei japanischen Konversationen eine Kommunikation über die Er-Welt geschieht. Versucht man diese Kommunikation räumlich dazustellen, erhält man eine Verbindung zwischen zwei Punkten, die quasi als Umweg erscheint, nämlich als räumlicher Umweg über den Ort. Mit dem Bild einer derartig topischen Relation lässt sich deutlich der Unterschied zu einer direkten, geradlinigen Relation zwischen Ich und Du aufzeigen.

Besonders in Anbetracht der unterschiedlichen sprachlichen Strukturen bietet es sich daher an, von zwei verschiedenen netzartigen Strukturen zu sprechen, welche die sozialen Relationen im jeweiligen sozio-kulturellen Kontext beschreiben. Neben der wohl eingängigen Struktur einer direkten Verbindung der Knotenpunkte, kann eine topische Verbindung gedacht werden, die quasi als räumlicher Umweg über den gemeinsamen Ort läuft, welcher als Er-Welt verständlich gemacht werden kann.

2.4.2.2.1.2 Exkurs: „Hodologischer Raum" bei Kurt Lewin

Die Vorstellung, dass eine effektive Verbindung zweier Entitäten über einen Schnittpunkt als dritten Punkt verlaufen kann und damit der direkte Weg nicht notwendig der effektivste ist, ist in der Sozialwissenschaft nicht neu. Den wohl bekanntesten Versuch hat Kurt Lewin (1890-1947) unter-

38 Hamaguchi 1985a, 311.

nommen, der in Anlehnung an den topologischen Raum der Mathematik von einem „hodologischen Raum“ spricht, welcher sich vom euklidischen Raum dadurch wesentlich unterscheidet, dass an die Stelle der kürzesten Verbindung der „ausgezeichnete Weg“ zwischen zwei Entitäten tritt.[39] In welcher Richtung der ausgezeichnete Weg verläuft unterliegt nicht den Regeln der euklidischen Geometrie, sondern hängt von der jeweiligen Situation und dem Zustand der betreffenden Person ab.[40] D.h. auch wenn der ausgezeichnete Weg von einem externen Beobachter auf Basis der euklidischen Geometrie als Umweg wahrgenommen wird, so kann er doch für die betreffende Person in der jeweiligen Situation der erfolgversprechendste sein. Bollnow greift Lewins Gedanken auf und formuliert:

> „Insbesondre ist zu bedenken, daß die gerade Linie keineswegs die kürzeste Verbindung zwischen zwei Punkten darstellt, dass Umwege notwendig oder zweckmäßig sein können, um ein Ziel zu erreichen. Die wirkliche, lebensmäßige Entfernung muß auch diese Umwege einbeziehen. ... Die konkrete Nähe und Ferne der Dinge kann also nicht nach einem geometrischen Maßstab berechnet werden.“[41]

Ein topozentrisches Netzmodell schließt an diesen Gedanken an, womit Lewins Modelle mit dem Blick nach Japan wieder an Aktualität gewinnen, wie noch zu sehen sein wird.

2.4.2.2.1.3 Monologe in den Raum versus Polyloge

Sucht man nach Möglichkeiten, wie sich eine räumliche Beziehung zwischen den Subjekten eines Sozialsystems veranschaulichen lässt, dann kann man auf die Verfahrensweise bei der traditionellen Zusammenkunft von japanischen Dorfgemeinden (*mura-yoriai*) verweisen, die Sugitani auch für moderne Arbeitstreffen als charakteristisch bezeichnet und wie folgt beschreibt:

> „Bei dieser Sitzung tragen alle, auch diejenigen, die nicht direkt mit der Angelegenheit zu tun haben ... der Reihe nach monologisch ihre eigene Meinung vor. Dabei findet kein direkter Meinungsaustausch zwischen den

---

39 Vgl.: Lewin 1934.
40 Vgl.: Lewin 1934, 286.
41 Bollnow 1963, 192.

Parteien statt. Die Richtung, in der die Meinungen laufen, ist der gemeinsame Raum in der Mitte."[42]

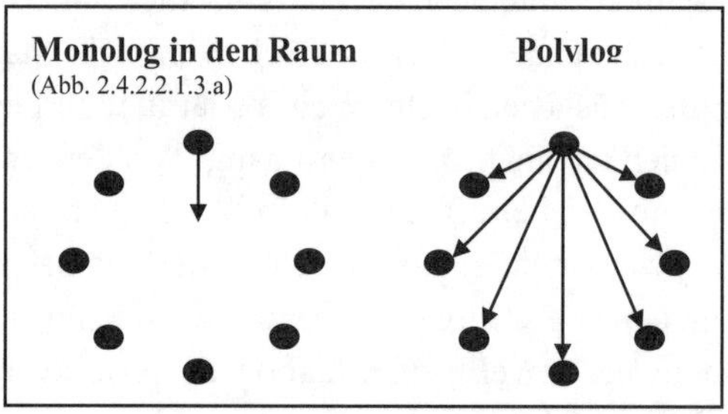

Das Charakteristische dieser Art von Gruppenkommunikation ist daher die Ausrichtung in den gemeinsamen Raum, und nicht die Ausrichtung von Ich zum Du. Kommunikation wird nicht als etwas verstanden, das zwischen Ich und Du praktiziert wird, sondern als etwas, das in den gemeinsamen Raum in der Mitte gerichtet ist, durch den eine Kommunikation zwischen den Mitgliedern der Gruppe erst möglich wird. Zu beobachten sind daher keine Dialoge zwischen zwei oder mehreren Personen, sondern „Monologe an einem gruppenhaften Ort (*ba*)"[43]: „Am Ort des Zusammenkommens existieren nur aufeinanderfolgende Monologe, jedoch keine Dialoge."[44] Monologe deswegen, weil die Äußerungen nicht auf ein oder mehrere Gegenüber gerichtet sind, sondern in den Raum. Diese räumliche Ausrichtung beobachtet Nakano in vielen vergangenen wie auch gegenwärtigen Situationen des japanischen Lebens, wie z.B. an dem Ort (*ba*) des künstlerischen Schaffens, an der Feuerstelle, um die sich die Bauern versammeln, sowie im Wohnzimmer, wenn sich die japanische Familie trifft.[45] Er fasst zusammen:

> „Für die Japaner ist Kommunikation keine *Beziehungen zu Anderen* in der Form von Sprechen oder Hören, sondern etwas, bei der die Einzelnen mit individuellen Gedanken oder schweigendem Herzen *an einem Ort (ba) teilnehmen*. Dort gibt es keine Beziehungen zwischen *Menschen*, sondern Beziehungen zu dem *Ort (ba)*, den die Menschen (das Selbst eingeschlossen) schaffen. Diese charakteristische Eigenschaft findet sich sowohl bei den

42 Sugitani 1996, 240.
43 Nakano 1982, 149 (Übersetzung T.L.): „*shûdanteki no ba de no monorôgu*".
44 Nakano 1982, 149 (Übersetzung T.L.).
45 Vgl.: Nakano 1982, 151.

bäuerlichen Treffen um die Feuerstellen oder den Brunnen, als auch bei dem Gespräch in der Familie, der Unterhaltung mit Freunden, der Konversation im Café, der Unterhaltung in der Kneipe bis hin zu den Diskussionen an öffentlichen Orten (*ba*)."[46]

Nakano verdeutlicht, worum es mit der Unterscheidung zwischen einer polyzentrischen und einer topozentrischen Netzstruktur geht, und dass mit einem topozentrischen Netzmodell einige charakteristische Eigenschaften des japanischen Kleingruppenverhaltens veranschaulicht werden können.

Topische Sozialsysteme können in erster Annäherung bestimmt werden als Gruppen, die eine topozentrische Kommunikationsstruktur haben, d.h. als Gruppen, deren Mitglieder keine Beziehungen nach dem Ich-Du-Muster entwickeln, sondern Beziehungen zu dem gemeinsam geschaffenen räumlichen Befinden, dem Ort. Beziehungen und Kommunikationen in einem topischen Sozialsystem sind daher orthaft und räumlich zugleich. Die Ausrichtung in den gemeinsamen Raum wird zu einer unverzichtbaren Anforderung für die Kommunikation in topischen Sozialsystemen. Ohne einen als gemeinsam erlebten Raum, der es ermöglicht, dass sich die vom Subjekt ausgehenden Kommunikations- bzw. Verbindungslinien an einem gemeinsamen Ort treffen, kann es nicht zu einem Beziehungsaufbau kommen. Topische Sozialsysteme sind auf diesen Raum und die räumliche Ausrichtung ihrer Subjekte angewiesen, denn ohne sie kann es nicht zu einem für das System konstitutiven (Verbindungs-)Ort kommen.

2.4.2.2.1.4 Vergleich: Virtuelle Orte im Cyberspace

Wenn davon die Rede ist, dass man in den Raum kommuniziert und sich an Orten trifft, dann darf auch ein Vergleich mit den Orten nicht fehlen, die im Zuge der informationstechnischen Vernetzung entstehen: gemeint sind die „virtuellen Orte"[47] im Cyberspace.

Um einen Vergleich mit den virtuellen Orten im Cyberspace zu ermöglichen, sei kurz auf die Grundlagen der Chatroom-Kommunikation hingewiesen: Geht man mit anderen Netzteilnehmen eine Verbindung über einen Chatroom ein, dann verzichtet man bewusst darauf, mit den anderen Netzteilnehmern auf direktem Wege per Email zu kommunizieren, sondern

46 Nakano 1982, 151 (Übersetzung T.L., Hervorhebungen im Original).

47 Mitchell 1996, 15: „Virtuelle Orte konkurrieren zur Zeit erfolgreich mit traditionelleren, physischen Schauplätzen darum, Orte des Handels, der Banken, Büros, Orte der Unterhaltung, Bildung usw. zu sein."

teilnehmern auf direktem Wege per Email zu kommunizieren, sondern adressiert seine Nachricht einzig und allein an den Chatroom, d.h. an den Computer, der einen Raum simuliert und die räumliche Verteilung der Nachrichten übernimmt. So kann es sein, dass ich von München aus mit einem Freund aus Frankfurt über einen Chatroom kommuniziere, der von einem Computer in Tokyo dargestellt wird. Kommunizieren wir über den Chatroom, dann gehen unsere Nachrichten nicht von München nach Frankfurt und zurück, sondern sie werden von uns stets in den Chatroom nach Tokyo geschickt, der als Raum die Vermittlung zwischen mir in München und meinem Freund in Frankfurt übernimmt. Die Kommunikation wird also vermittelt durch einen Chatroom, an den beide die Nachrichten senden und über den, mit dem und in dem beide miteinander verbunden sind. Diese Kommunikationsweise entspricht dem topozentrischen Netzmuster, da hier nicht – wie bei einem polyzentrisches Netzmuster – eine lineare Verbindung zwischen München und Frankfurt hergestellt wird, sondern eine räumliche Vermittlung über den Chatroom in Tokyo stattfindet. Alle Teilnehmer am topozentrischen Netz sind darauf angewiesen, dass der Chatroom die an ihn adressierten Nachrichten auch wirklich an alle im Chatroom Befindlichen weiterleitet. Würde man nicht darauf vertrauen, dass der Chatroom dies auch tatsächlich tut, wäre eine Kommunikation via Chatroom unmöglich. Es ist also notwendige Bedingung für die Teilnahme an einer Chatroom-Kommunikation, dass man den Chatroom als vermittelnden Raum wahrnimmt und auf seine vermittelnde Leistung vertraut. Es handelt sich um einen Raum, der kein physischer oder geographischer Raum ist: „Der Raum ist ein kognitiver und sozialer, kein geographischer Raum."[48]

Bei der Kommunikation über Chatrooms tritt also ein Raum in Erscheinung, auf den die Kommunikation ausgerichtet ist – oder besser – in dem sie stattfindet. Die Ausrichtung auf einen gemeinsamen Raum und nicht auf diejenigen, die sich im Raum befinden, entspricht daher ziemlich genau dem, was ein topozentrisches Sozialsystem kennzeichnet. So stellt sich die Frage, ob ebenso in der Chatroom-Kultur dieser Ort des Treffens als „Ort" thematisiert wird. Und tatsächlich: Ebenso wie in der Selbstinterpretation der japanischen Kultur spricht man auch in der Chatroom-Kultur von einem

48 Rheingold 1994, 81.

Ort, einem „virtuellen Ort“[49], an dem man sich trifft und über den man miteinander in Verbindung steht. Es scheint also so, als ob die internationale Chatroom-Kultur ein soziales Phänomen zum Vorschein gebracht hat, das erstaunliche Ähnlichkeit mit einem charakteristischen Merkmal der japanischen Sozio-Kultur aufweist. In beiden Fällen kann davon gesprochen werden, dass die Kommunikation in den Raum gerichtet ist, und nicht auf ein oder mehrere Subjekte. In beiden Fällen wird die Art und Weise der Kommunikation vor allem mithilfe räumlicher Begriffe thematisiert. Im Cyberspace-Jargon gehören die Begriffe „virtuelle Orte“ (artifical places) oder „Chatrooms“ zum festen Inventar. In beiden Fällen kommuniziert man in den Raum und trifft sich im Ort.

Sogar im Sprachgebrauch lassen sich gewisse Ähnlichkeiten zwischen den beiden Formen der sozialen Orte feststellen. Kommuniziert man im Japanischen im Vergleich zum Deutschen etwa mit einem verhältnismäßig hohen Anteil von Bezeichnungen und Namen, so gilt dies entsprechend im virtueller Ort. Bei der Chatroom-Kommunikation hat sich eingebürgert, dass man den Namen nennt, an den die Kommunikation gerichtet ist, wenn denn eine bestimmte Form der personalen Fokussierung notwendig sein sollte. Personalpronomen der zweiten Person sind größtenteils bedeutungslos und werden nur noch gebraucht, da man in der deutschen Sprache aus syntaktischen Gründen ebenso auf sie angewiesen bleibt, wie auf eine entsprechende Konjugation des Prädikats. Ein Beispiel mit der jeweiligen japanischen Entsprechung:

	Chatroom-Kommunikation	**Japanische Umgangssprache**
Max:	Gehst du morgen zur Uni? >*Sabine*	*Sabine* wa ashita gakko e iku no?
Sabine:	Nö. Und du? >*Max*	Ikanai. *Max* wa do?
Max:	Ich geh.	Iku yo.

Nicht nur, dass die Personalpronomen der zweiten Person in einer Chatroom-Kommunikation scheinbar unbrauchbar werden, das gleiche gilt für die Personalpronomen der ersten Person. Denn wenn ich eine Nachricht in den Chatroom sende, dann wird die Nachricht an alle im Chatroom Befindlichen verteilt, an mich inklusive. D.h. auch der Sender erhält seine eigene Nachricht zurück, obwohl er sie doch selbst geschrieben hat. Die

49 Der Ausdruck „virtueller Ort“ ist mittlerweile zu einem geflügelten Wort der Internet-Kultur geworden.

Verwendung von Personalpronomen ist somit unpassend: Bei einer so simplen Frage „Ich möchte gerne von Euch wissen, ...“ ist man beim Absenden das „Ich“ und die Anderen sind das „Euch“, und im nächsten Augenblick, wenn mich die Nachricht wie alle anderen auch erreicht, bin ich mit dem „Euch“ von einem „Ich“ angesprochen. Das Feedback vom Raum verursacht somit eine Sprach- und Sprechsituation, in der es sich anbietet, entweder ganz auf die Personalpronomen zu verzichten, oder stattdessen Namen (bzw. Bezeichnungen) zu verwenden. Angesichts dieser sprachlichen Eigenarten einer Chatroom-Kommunikation könnte man die waghalsige Vermutung aufstellen, dass sich die Sprache in virtuellen Orten einer Sprache annähert, die eingebunden ist in eine Sozio-Kultur, welche sich über das Orthafte bestimmt.

Mit diesem Hinweis auf die Chatroom-Kultur sollte veranschaulicht werden, dass ein topozentrisches Netzmodell, so wie sich zur Beschreibung der japanischen Kleingruppenkultur entwickelt wurde, auch brauchbar sein könnte, um charakteristische Eigenschaften der Chatroom-Kultur zu beschreiben. Trotz aller Ähnlichkeiten darf jedoch keinesfalls unterschlagen werden, dass die Einbindung in eine reale Sozio-Kultur über alle Stufen der Sozialisation einen andere Qualität hat als die freiwillige, temporäre Teilnahme an einer kommunikationstechnisch vermittelten Chatroom-Kommunikation. So besitzt der Begriff „Sozio-Kultur“ im Falle des Cyberspace eine ganz andere Konnotation als bei ‚realen’ Sozio-Kulturen. Ziel des Vergleichs war es, sich der japanischen Sozio-Kultur einmal von einer eher ungewohnten Seite her anzunähern und so dem Leser, dem ein Zugang zur japanischen Sozio-Kultur nicht direkt möglich ist, einen Anreiz zu geben, sich für topische Sozialsystem-Modelle zu interessieren.

2.4.2.2.1.5 Struktur der leeren Mitte

Veranschaulicht man sich den Ort, an dem sich die Verbindungslinien der räumlich ausgerichteten Subjekte treffen, in der Mitte des Systems, dann entsteht eine Struktur, die genau dem entspricht, was Kawai als „Struktur der leeren Mitte“[50] bezeichnet. Tatsächlich ist die gemeinsame Mitte leer, denn der Verbindungs-Ort ist ja ‚nur’ ein Schnittpunkt von Linien, nicht aber etwas, an dem sich etwa ein Subjekt befindet. Eine derartige Netz-Struktur ist also dadurch gekennzeichnet, dass alle Linien in den gemein-

50 Kawai 1982, 57.

Struktur der leeren Mitte
(Abb. 2.4.2.2.1.5.a)

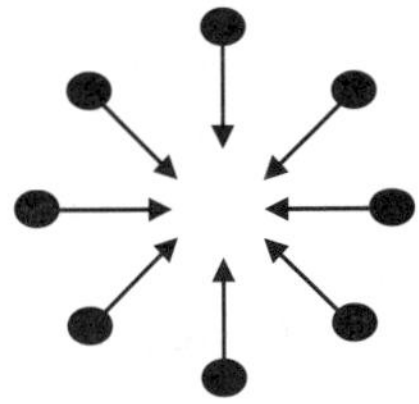

samen Raum in der Mitte zeigen, an der sich eigentlich gar keiner oder gar nichts befindet – eben außer ihrem Verbindungsort. Diese Struktur der leeren Mitte, „... auf die Japan so stolz ist ...“[51], zeigt sich für Kawai in verschiedenen Phänomen des japanischen Soziallebens und zeichnet sich durch charakteristische Vor- und Nachteile aus. Nachteilig wirkt sich zum Beispiel aus, dass Verantwortung in Gruppen und Organisationen leicht in diese leere Mitte abgeschoben wird bzw. als solche erst gar nicht wahrgenommen wird und somit ein „System der Verantwortungslosigkeit“[52] entsteht, das Kawai wie folgt beschreibt:

> „Eine der modernsten Betriebsorganisationen wurde geleitet nach einem Prinzip, dem Zentralisierung fremd ist, so daß Unklarheit darüber herrschte, wo die zentrale Entscheidungsbefugnis und damit die Verantwortung lag – ein Sachverhalt, der aus der Sicht westlicher Länder unbegreiflich erscheinen muß. Es mag so lange mit einem System der Verantwortungslosigkeit einigermaßen gut gehen, als es keine Pannen gibt. Bei einer Katastrophe offenbart sich jedoch mit einem Schlage seine Untauglichkeit. Nicht nur im Kernkraftwerk Tsuruga werden moderne Betriebsorganisationen in Japan von einem System der Verantwortungslosigkeit beherrscht.“[53]

Deutlich wird an den Umschreibungen von Kawai, dass eine topozentrische Struktur eigentlich gar kein Zentrum kennt und der Ausdruck „topo*zentrisch*“ fehl am Platz ist. Dennoch wurde bislang an dem Begriff festgehalten, um ihn mit „polyzentrisch“ zu kontrastieren. Im Folgenden sollen jedoch Gruppen, die *mithilfe* einer topozentrischen Netzstruktur beschrieben werden, als „topische Sozialsysteme“ bezeichnet werden, um jegliche Missverständnisse, die in Richtung Zentralismus gehen, gar nicht erst aufkommen zu lassen. Das Attribut „topisch“ soll andeuten, dass die Unterschiede zu einem polyzentrischen Sozialsystem größer sind, als mit der Frage „Auf welchem Wege wird kommuniziert?“ beantwortet werden kann.

Doch zurück zur Struktur der leeren Mitte, die nicht nur Nachteile hat, sondern auch Vorteile, vor allem dann, wenn die Mitte gar nicht leer ist,

51 Kawai 1982, 66.
52 Kawai 1982, 63.
53 Kawai 1982, 63.

wie Kawai betont: „Diese Struktur ist dann effektiv, wenn die leere Mitte dieser Struktur mit Energie gefüllt ist, also wenn sozusagen sowohl Etwas als auch Nichts existiert."[54] Damit macht Kawai deutlich, dass die Mitte im Vergleich zu den teilnehmenden Subjekten im System zwar ‚Nichts' ist, d.h. subjektlos[55], aber verglichen mit Nichts doch auch Etwas sein kann. Kawai denkt dabei an etwas Räumliches und bestimmt die gefüllte Mitte als „maternellen Ort", d.h. als Metapher für den Schoß der Mutter, an den alle Kinder gebunden bleiben. So kombiniert er seine Strukturbeschreibung japanischer Gruppen und Organisationen mit seiner Unterscheidung von maternellen und paternellen Sozio-Kulturen. Fasst man Kawais Struktur der leeren Mitte als topisches Sozialsystem, das über eine Entsprechung zum maternellen Ort verfügt, dann kann man es einem polyzentrischen Sozialsystem gegenüberstellen, das der Vater quasi aus der Vogelperspektive beobachtet, da ihm daran gelegen ist, dass aus den Kindern einmal verantwortungsvolle Ich-Zentren werden, denen es möglich ist, mit anderen direkte Verbindungen einzugehen. Zur Veranschaulichung: Der Vater beobachtet ein Netz als flächige Landkarte, auf der ein Wegenetz zwischen vielen klar erkennbaren Dörfern und Städten verzeichnet ist. Das (topozentrische) Netz, das die Mutter beobachtet, entspricht hingegen einem (im Raum) aufgespannten Regenschirm, dessen Spitze am Boden steht und alle runden Enden (die Subjekte) des Schirmes miteinander orthaft verbindet. Damit kommt auch hier das Regenschirm-Modell eines topischen Netzes (von Kapitel 2.3.2.2) zur Anwendung.

2.4.2.2.1.6 Paternelle Beziehungen versus Anlehnung an maternelle Orte

Der topozentrische Blick auf die japanische Sozio-Kultur hat maternelle Orte erkannt, *über* die bzw. *in* denen Menschen miteinander verbunden sind. Ein polyzentrischer Blick ist blind für diese Orte und erkennt – ähnlich wie ein Vater, der seine spielenden Kinder bebachtet – nur Individuen, die ihr Zentrum in sich haben und gerade deswegen mit anderen in Beziehung treten können. Ist ein Nebeneinander von orthaften Beziehungen und Beziehungen zwischen Individuen in Japan denkbar?

---

54 Kawai 1982, 64.

55 Unter diesem Aspekt muss es vielleicht weniger befremdlich erscheinen, dass der Ort bei Nishida als Nichts ausgelegt wurde, denn: „Nishidas Ort des Subjekts ist nicht wieder ein Subjekt, er ist subjektlos, somit ein ‚Nichts', das in der ‚Ontologie' nicht thematisch werden kann." (Ohashi 1985, 224)

Kawai bringt als Beispiel einen Verkehrsunfall: „Wenn hier der Schuldige den eigenen Fehler anerkennt und dem Unfallopfer einen Krankenbesuch macht, entsteht zwischen beiden ein ‚Ort'; als Opfer kann man dann schließlich keine Entschädigung verlangen, die das Gleichgewicht in diesem ‚Ort' allzu sehr gefährdete."[56] Doch trotz diesen orthaften Beziehungen zwischen dem Schuldigen und dem Opfer kommt das gewohnte Verfahren in Gang: die Polizei, die Versicherung, die Gerichte beginnen zu arbeiten, und für sie gibt es keinen Ort zwischen den Beteiligten, sondern nur das Opfer und den Schuldigen als ortfreie Individuen. So wird die Versicherung des Opfers versuchen, vom Schuldigen eine stattliche Summe zu verlangen, die das Opfer eigentlich gar nicht will, da er mit dem Schuldigen eine orthafte Beziehung eingegangen ist und somit auch für den Schuldigen mit verantwortlich ist. Das Opfer ist hin- und hergerissen zwischen seiner orthaften Beziehung zum Schuldigen und der Beziehung, die seine Versicherung für ihn zum Schuldigen aufnimmt. Kommt es dazu, dass das Opfer der Versicherung nachgibt und von dem Schuldigen Geld fordert, „... dann kann es sogar vorkommen, daß der Schuldige böse wird, weil er sich denkt: ‚Meinen Fehler habe ich hier eingestanden und mich entschuldigt, trotzdem verlangt der jetzt auch noch Geld.'"[57] Das Opfer hat so die Qual der Wahl: Entweder es verzichtet auf das Geld, um das Gleichgewicht im Ort nicht zu gefährden, der für beide zum Zentrum geworden ist, oder aber es gibt der Versicherung nach, und behandelt den Schuldigen als selbstständiges Zentrum, das seiner Verantwortung gerecht werden muss.

Für Kawai ist dies ein Beispiel, wo es leicht zu „Verwirrungen der Weltanschauungen"[58] im modernen gesellschaftlichen Leben Japans kommt: „Viele der Verwirrungen im gegenwärtigen Japan hängen m.E. damit zusammen, daß die Menschen im Widerstreit von paternellen und maternellen Wertanschauungen für gewöhnlich nicht entscheiden können, woran sie sich orientieren sollen; ..."[59] So kommt es oft dazu, „... daß Verantwortung des Individuums und Verantwortung für den ‚Ort' teils vermischt und teils verwechselt werden."[60] Kawai fordert daher, diese beiden Arten der Beziehungsbildung und Verantwortung deutlicher zu unterscheiden. Dabei

56 Kawai 1990a, 92.
57 Kawai 1990a, 92.
58 Kawai 1990a, 91.
59 Kawai 1990a, 91.
60 Kawai 1990a, 92.

den. Dabei könnte die Unterscheidung zwischen einem polyzentrischen und einem topischen Sozialsystem-Modell Hilfestellung leisten. Die unterschiedlichen Beziehungen, welche Individuen eingehen, können in Shimizus semitopischen Hybrid-Modell plastisch dargestellt werden (Abb. 2.4.2.2.1.6.a).

Semitopisches Hybrid-Modell
(Abb. 2.4.2.2.1.6.a)

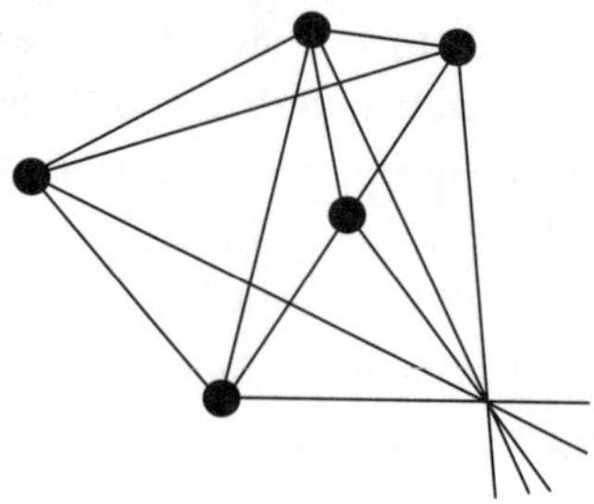

So ist im obigen Beispiel das Opfer mit dem Schuldigen auf zweierlei Weise verknüpft. Einmal über den Verbindungsort der in den Raum ausgerichteten Verbindungslinien, der dem gemeinsamen Ort entspricht, und ein anderes Mal über eine direkte, gerade Linie vom Opfer zum Schuldigen, einer Beziehung, die die Versicherung dem Opfer nahe legt. An diesem Beispiel wird deutlich, dass in einem semitopischen Hybrid-Modell die ganze Last der Vereinbarung beider Beziehungsarten auf den Individuen liegt, die sowohl Knoten eines polyzentrischen wie auch eines topozentrischen Netzes sind.

2.4.2.2.1.7 Reflexion: sozialer und geographischer Ort und Raum

Was ist nun gemeint, wenn davon gesprochen wird, dass man „in den Raum kommuniziert und sich im Ort trifft"? Es sollte deutlich geworden sein, dass der hier thematisierte Ort und Raum nicht geographischer, sondern sozialer Natur sind. Die von Leopold von Wiese (1876-1969) ausgearbeitete und von Kurt Lewin bestärkte begriffliche Trennung zwischen einem physikalischen und einem sozialen Raum ist hier essenziell.[61] Nicht das Zusammenleben an einem geographischen Ort und Raum, sondern das Ausbilden und sich Bewegen in einem erlebten sozialen Ort und Raum kann – als erste Annäherung – als charakteristisches Kennzeichen eines topischen Sozialsystems verstanden werden.

Auch wenn physischer und sozialer Raum getrennt voneinander betrachtet werden können, so stellt sich die Frage, in welcher Abhängigkeit beide zueinander stehen. Am Beispiel des Chatrooms sollte gezeigt werden, dass ein gemeinsamer physischer Raum keine notwendige Bedingung für das Entstehen eines sozialen Raumes ist. Ein sozialer Raum kann sich unabhängig von physischen Räumen bilden.

Wie kann das Verhältnis von sozialem und physischem Raum nun bei japanischen Kleingruppen beschrieben werden? Der soziale Raum in japanischen Kleingruppen kann nur selten auf eine physische Nähe der Gruppenmitglieder verzichten. Die Kopplung zwischen physischem und sozialem Raum ist bei japanischen Kleingruppen besonders stark, d.h. ein sozialer Raum ist ohne physische Nähe der Gruppenmitglieder zwar möglich, jedoch auf Dauer sehr instabil.

Der soziale Raum japanischer Gruppen und der soziale Raum des Chatrooms unterscheiden sich daher wesentlich darin, wie stark sie auf einen physischen Raum angewiesen sind. Dieser Unterschied resultiert aus den wesentlichen Unterschieden zwischen den beiden Phänomenen des sozialen Raums, die bislang zugunsten einer verallgemeinernden Einführung in die Phänomenologie des sozialen Raumes vernachlässigt wurden: Der soziale Raum japanischer Gruppen ist kein sozialer Raum, der erst mithilfe moderner Kommunikationsmittel entstanden und auf eine funktionierende informationstechnische Vernetzung angewiesen ist. Ganz im Gegenteil: Der soziale Raum japanischer Gruppen ist – sofern unserem Aufweis gefolgt wird – eine phänomenale Eigenschaft der japanischen Sozio-

---

61 Vgl.: Wiese 1966, 110: „Unsere dritte Hauptkategorie (neben sozialem Prozeß und Abstand) ist die des *sozialen Raumes* (oder – im gleichen Sinne – der sozialen Sphäre). Der soziale Raum ist das Universum, in dem sich die sozialen Prozesse abspielen. Er ist *vom physischen Raume zu unterscheiden.*" Vgl.: Kurt Lewin 1939, 112: „Ich bin überzeugt, daß es einen sozialen Raum gibt, der alle wesentlichen Eigenheiten eines wirklichen empirischen Raumes besitzt und der genau so viel Aufmerksamkeit von seiten der Forscher auf dem Gebiet der Geometrie und Mathematik verdient wie der physikalische Raum, obwohl er *nicht* physikalischer Art ist."

Kultur inklusive der japanischen Sprache und des japanischen Sprechens. Er ist als erlebter Bestandteil primärer Sozialisation unhintergehbar und hat damit eine grundsätzlich andere Qualität als eine Chatroom-Kommunikation, welche als Freizeitbeschäftigung von bereits primär sozialisierten Menschen mit einer nicht überprüfbaren Identitätsmaske stattfindet. Auch wenn sowohl Chatrooms als auch japanische Kleingruppen als topozentrisches, retives Sozialsystem verständlich gemacht werden können, so bleibt dennoch ein erheblicher qualitativer Unterschied in der Intensität und Realität der sozialen Ort- und Raumerfahrung.

2.4.2.2.2 Vom topozentrischen Netz zum topischen System: Die Rede vom sozialen Feld

2.4.2.2.2.1 Das Feld, das verbindet

Bislang wurden die Verbindungen zwischen den Netzpunkten eines topozentrischen Netzes als in den Raum ausgerichtete Linien gezeichnet, die sich an einem Ort schneiden. Die Verbindung zwischen den Netzpunkten kommt also einzig durch einen Verbindungsort zustande. Außer dem Verbindungsort befindet sich nichts zwischen den Netzpunkten, was wenig verwundert, denn schließlich ist es die Eigenschaft jedes Netzes, dass es „Löcher" aufweist. Doch die Vorstellung eines derartig leeren Zwischenraumes widerspricht einem Großteil der japanischen Selbstinterpretationen, in denen davon ausgegangen wird, dass der Raum „Zwischen Mensch und Mensch" (Kimura) nicht leer ist, sondern – so seltsam dass auch klingen mag – ‚gefüllt'. Sugitani bezeichnet diese Vorstellung als das „Konzept vom ‚gefüllten' Zwischenraum"[62] und erkennt darin einen wesentlichen Unterschied zu westlichen Gruppenmodellen. Die ‚Füllung' des Zwischenraums besteht für Sugitani in einem „sozialen, gemeinsamen Feld"[63]. Sie bezieht sich damit auf das schon angesprochene Modell von Hamaguchi, der sich zwei kreuzende Linien vorstellt, welche ein Feld aufspannen und alle Punkte der Linie in eine feldhafte Wechselbeziehung treten lassen (vgl. Kapitel 2.3.2.2) (Abb. 2.4.2.2.2.1.a).

62 Sugitani 1996, 232.
63 Sugitani 1996, 232.

Topozentrisches Netz: „das Feld, das verbindet“
(Abb. 2.4.2.2.2.1.a)

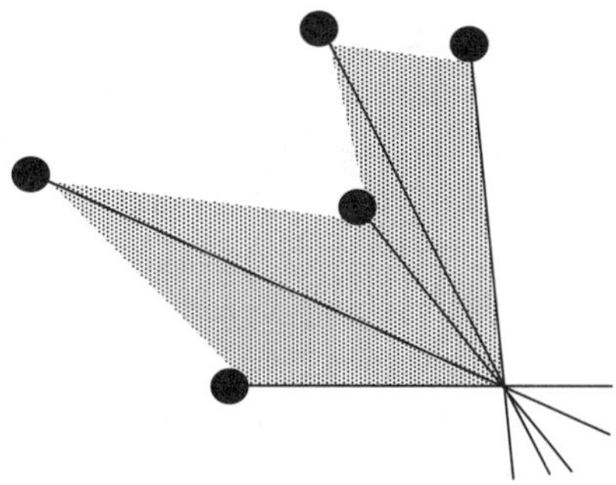

Im Anschluss an Hamaguchi und Sugitani soll die Vorstellung eines zwischen den Linien aufgespannten Feldes in das topozentrische Netzmodell mitaufgenommen werden. Am Modell ist erkennbar, dass die Beziehung zwischen den Netzpunkten nicht nur über den gemeinsamen Schnittpunkt der Verbindungslinien möglich ist, sondern auch über das zwischen den Netzpunkten und den Verbindungslinien aufgespannte Feld. Da die Beziehungen zwischen den Netzpunkten in einem derartigen Modell nicht mehr angemessen mit dem Attribut „topozentrisch“ bezeichnet werden können, welches zu sehr den Ort als punkthaftes Zentrum betont, soll in Anlehnung an Hamaguchi hier von einer „‚feldartigen‘ Verbindung“[64] oder besser von einer „topischen Verbindung“ gesprochen werden, um zum Ausdruck zu bringen, dass im Japanischen zwischen einer orthaften und einer feldhaften Verbindung kein Unterscheid gemacht werden muss, da der von Hamaguchi gebrauchte Ausdruck „*ba*“ sowohl mit „Ort“ als auch mit „Feld“ übersetzt werden kann. Ist im Folgenden daher die Rede von einer „topischen Verbindung“ oder von einer „topischen Beziehung“, dann muss man sich mithilfe des Modells veranschaulichen, was damit gemeint ist: zugleich eine Verbindung über den Ort als auch eine Verbindung über das Feld. Eine topische Verbindung ist orthaft und feldartig zugleich.

64 Hamaguchi 1985b, 119. Ausgelassene Endnote verweist auf Nishidas Philosophie des Ortes.

Mit dem Modell kann nun deutlich gemacht werden, dass sich eine topische Verbindung von einer Verbindung in einem polyzentrischen Netz unterscheidet. Indem Hamaguchi sich einer derart feldartigen Verbindung als Modell bedient, um die für Japan charakteristischen Beziehungen zu denken, grenzt er sie von einem Beziehungstypus ab, den er „social relation“ nennt: „[S]ocial relations are formed on the basis of reciprocal interactions between individuals ....[.] Therefore, the term ‚social relation’ does not encompass the type of relationships that are characteristic of the Japanese.”[65] Hamaguchi nimmt damit eine Unterscheidung vor, die mit der Unterscheidung zwischen einem polyzentrischen und einem topischen System gut veranschaulicht werden kann. In einem topischen System sind es „konkrete, besondere, topische Beziehungen, die sich wie ein Netz um den einzelnen legen“[66], und keine Punkt-zu-Punkt Beziehungen zwischen Individuen: „Es handelt sich nicht um eine Art von Punkt-zu-Punkt-Beziehungen zwischen Individuen, sondern um zwischen einzelnen aufgespannte Felder, situative Felder[.]”[67]

2.4.2.2.2.2 Das Feld, in dem man sich befindet

Bislang hat das topische Systemmodell noch einen unverkennbaren Nachteil, den insbesondere Nishida nicht verzeihen würde: Es kann nicht gedacht werden, dass sich die Einzelnen *im* Ort bzw. *im* Feld befinden. Zwar kann mit dem Modell veranschaulicht werden, dass sich zwischen den Einzelnen ein Feld aufspannt, jedoch nicht, dass sich die Einzelnen auch tatsächlich *in dem Feld befinden.* Es entsteht somit der Eindruck, dass die Elemente eines topischen Systems dem sie verbindenden Feld ebenso gegenüberstehen, wie die Elemente eines polyzentrischen Systems sich untereinander gegenüberstehen. Ein derartiges Systemmodell könnte nicht in Anspruch nehmen, mit der japanischen Lehre vom Ort kompatibel zu sein.

Um dieses „In-Sein“ mithilfe des topischen Sozialsystem-Modells denken zu können, darf also nicht nur davon gesprochen werden, dass sich *zwischen* Einzelnen ein Feld aufspannt, sondern auch davon, dass sich die Einzelnen *in einem Feld befinden.* Für das topische Systemmodell bedeutet dies, dass das Feld so gezeichnet werden muss, dass sich die einzelnen Netzpunkte auch darin befinden und nicht nur daran angrenzen. Nur so

---

65 Hamaguchi 1985a, 310.
66 Pinguet 1991, 56.
67 Pörtner 1993, 5.

kann das Sein der Einzelnen als „Im-Ort-Sein“ verstanden werden, und damit ein Verständnis von Sein an den Tag gelegt werden, auf das in Anschluss an Nishida unzählige Male hingewiesen wurde (vgl. Kapitel 2.3.2.1.1).
Denkt man das „Im-Ort-Sein“, das im Modell als „Im-Feld-Sein“ erscheint, dann kann man sich einem Gruppenmodell annähern, welches sich wesentlich von einem polyzentrischen Modell unterscheidet (Abb. 2.4.2.2.2.2.a).

Topisches Netz: „das Feld, in dem man sich befindet“
(Abb. 2.4.2.2.2.2.a)

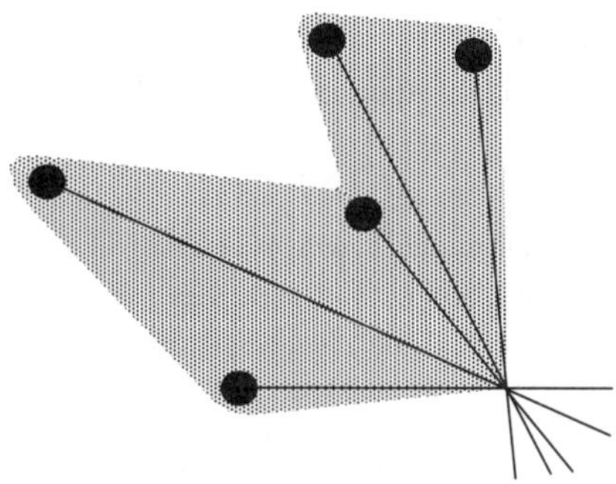

Die Einzelnen in einem polyzentrischen System sind zwar auch *im* System, aber es gibt kein Feld, in dem sie sich befinden und das zu ihrem Zentrum werden kann. Die Einzelnen in einem polyzentrischen Netz fungieren als eigene Zentren, von denen die Beziehungsbildung erst ihren Ausgang nimmt. Davon zu unterscheiden ist das topische Sozialsystem-Modell, das durch ein Feld gekennzeichnet ist, in dem die Einzelnen ihre Position erfahren, noch bevor sie sich als Zentren erleben:

> „[E]rst und nur die Position im jeweiligen Feld verleiht dem einzelnen und der einzelnen seine oder ihre Bedeutung. Formelhaft gesagt: Auf unspektakuläre Weise profitiert das Individuum von der Gruppe und die Gruppe vom Individuum; wobei jedoch die Gruppe als ‚Verrechnungseinheit’ des Individuums fungiert (und nicht umgekehrt).“[68]

---

68 Pörtner 1993, 5.

Auch wenn hier der Verdacht entsteht, das Feld als Kollektiv dem Individuum gegenüberzustellen, muss man sich von einer solchen Versuchung lösen, und nicht aufgeben, mithilfe des Feldbegriffs etwas zu denken, was Elberfeld in Anschluss an Nishida wie folgt formuliert: „Ich und Du befinden sich immer in einer feldhaften Beziehung, ..., in der aber das Ich und Du nicht einfach aufgehen, sondern durchaus selbständig bleiben."[69]

Wie ist angesichts dieser Feldbestimmung das Verhältnis zum Raum zu denken? Das Feld wird hier als etwas verstanden, in dem man sich befinden und mithilfe dessen man das „Im-Ort-Sein" der Einzelnen denken kann. Ein so verstandenes Feld kann mit der Container-Metapher des Raumes nicht eingeholt werden, denn dort erscheint der Raum lediglich als leere Hülle. Nur wenn der Raum als gestaltbares Medium gedacht wird, kann das geforderte „Im-Sein" gedacht werden. Bei Bollnow heißt es zu diesem Denkschritt:

> „Jetzt aber wird der Raum zu einer Art von Medium, in dem ich mich befinde, und erst bei einem solchen Medium kann man sinnvoll von einem Sichbefinden im Raum sprechen. Als ein solches Medium wird der Raum etwas Quasi-Materielles, insofern man sich jetzt wirklich zum Raum und nicht nur zu den Dingen verhalten kann, ohne ihn dadurch zu vergegenständlichen (und ohne ihn auch wieder zu subjektivieren). Als Medium ist er ein Mittleres zwischen ‚Gegenstand' und ‚Anschauungsform', weder ein subjektunabhängiger ‚Behälter', noch ein bloß subjektiver Entwurf." [70]

2.4.2.2.2.3 Das Feld, für das man durchlässig ist

Nachdem nun das soziale Feld als etwas bestimmt wurde, in dem sich der Einzelne befindet, gilt es nachzufragen, wie das im „Im-Feld-Sein" bzw. das „Im-Ort-Sein" nun genauer zu verstehen ist.

Grundsätzlich kann man das „Im-Feld-Sein" eines Einzelnen auf zwei verschiedene Weisen auslegen: Entweder das Einzelne wird von dem Feld umgeben, oder aber das Einzelne wird nicht nur von dem Feld *umgeben*, sondern auch von ihm *durchdrungen*. Es stellt sich die Frage, welches Verständnis des „Darin-Seins" in den Interpretationen der japanischen Sozio-Kultur am häufigsten anzutreffen ist.

---

69 Elberfeld 1994, 69.

70 Bollnow 1963, 274.

Wie im Kapitel 2.3.2.1.2 exemplarisch an den Beispielen von Watsuji, Kimura, Nakamura und auch Shimizu dargelegt, kann das „Darin-Sein“ nur sinnvoll als relative Permeabilität ausgelegt werden. Das erlebte soziale Feld wird nicht als Um-Welt wahrgenommen, sondern als orthaftes Medium, demgegenüber sich der Einzelne im sozialen Leben öffnen kann und sogar muss. Nur wenn das „Im-Ort-Sein“ als „Durchlässig-Sein für den Ort“ ausgelegt wird, sind die sozialen Phänomene erfassbar, von denen insbesondere Kimura in seinem therapeutischen Kontext berichtet. In einem topischen Sozialsystem-Modell müssen die Knotenpunkte des Netzes daher mit einer Permeabilität für das sozial erfahrbare topische Medium ausgestattet sein. Damit muss fortgeführt werden, was sich schon in den letzten Kapiteln abzeichnete: Um das „In-Sein“ zu denken, muss man tatsächlich jede Vorstellung von einem Gegenüberstehen ablegen, und zu einem Vorstellung des „Durchlässig-Sein“ überwechseln. Anders als in einem polyzentrischen System, in dem der (Zwischen-)Raum der Einzelnen belanglos ist, da er ohne weiteres mit einer direkten Punkt-zu-Punkt-Verbindung überbrückt werden kann, stellt sich in einem topischen System dieser Raum als topisches Medium dar, von dem man durchdrungen wird, in dem man sich befindet und über das man miteinander verbunden ist.

Ein topisches Sozialsystem ist dadurch gekennzeichnet, dass der Raum als etwas wahrgenommen wird, an dem man seinen eigenen Anteil hat, wie es die japanische Selbstbezeichnung „*jibun*“ nahe legt:

> „Eine japanische Selbstbezeichung, die zur Explikation des Egosubjektes, zur Selbstreferenz, relativ situationsübergreifend gebraucht werden kann, heißt „Jibun“ (Ich) und bedeutet etymologisch ‚den eigenen Anteil daran‘ (his own share) bzw. ‚den eigenen Anteil an dem gemeinsamen Handlungsraum‘.“[71]

Das Selbst fungiert nicht als abgeschlossene Einheit sondern als Teil des Raumes, in dem es sich befindet: „Es ist weniger etwas fest Umrissenes, sondern mehr ein amorpher Lebensraum, dessen Bildung auf Grund zwischenmenschlicher Zusammenhänge fließend verläuft.“[72] Der eindeutigen, quasi kognitionswissenschaftlich beweisbaren Ich-Abgrenzung in polyzent-

71 Sugitani 1996, 231.
72 Hamaguchi 1990, 143.

rischen Sozialsystemen steht eine „poröse Ich-Demarkation“[73] in topischen Sozialsystemen gegenüber, die eine Permeabiliät für „das konkrete, soziale Feld (‚ba')”[74] ermöglicht. Versucht man die unterschiedlichen Qualitäten des Selbst in einem polyzentrisch-topischen Hybrid-Modell gemeinsam zu denken, so kann die Abbildung (Abb. 2.4.2.2.2.3.a) eine Hilfe sein.

Unterschiedliche Qualitäten des Selbst in einem polyzentrisch-topischen Hybrid-Modell

(Abb. 2.4.2.2.2.3.a)

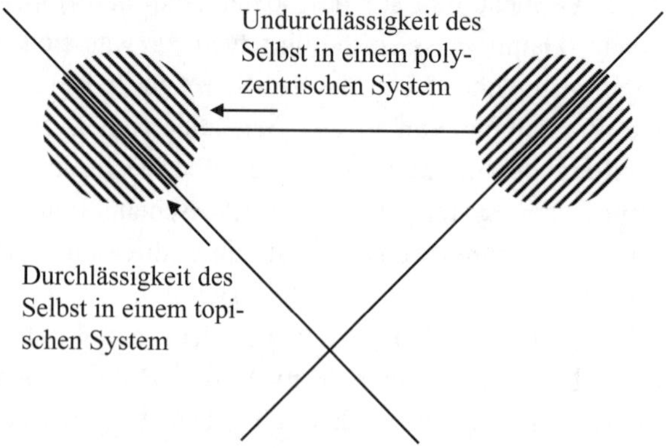

Eine abschließende Bemerkung zum Verhältnis von topozentrischem Netz und topischen System: Die Unterscheidung zwischen einem topozentrischen Netz und einem topischen System ist erforderlich, um deutlich zu machen, an welcher Stelle der Feldbegriff in die Systemtheorie eingeführt wird. Kann ein topozentrisches Netz (im engeren Sinne) noch ohne Feldbegriff gedacht werden (Bsp: virtuelle Orte im Internet) so ist ein topisches Systemmodell auf die Erläuterung durch den Feldbegriff angewiesen. Nur über den Feldbegriff kann das von Nishida geforderte „Darin-Sein“ (*ni oite aru*) gedacht werden.

2.4.2.2.2.4 Beispiel: Sozialphobien

In dem Exkurs „Abgeschlossenes psychisches System oder offenes Selbst“ (Kapitel 2.2.2.2.5) wurde die Möglichkeit aufgezeigt, das japanische Ab-

73 Pörtner/Heise 1995, 301.

74 Sugitani 1996, 231.

schirmverhalten als Beleg für die relative Offenheit des Selbst zu interpretieren. Die in Japan häufig auftretenden Sozialphobien werden in dieser Interpretation verstanden als krankhafte Furcht vor der aufdeckenden Eigenschaft des eigenen Körperausdrucks. Die Furcht, durch den Blick des anderen etwas von sich zu verraten, wird krankhaft übersteigert.

Gemäß dem semitopischen Hybridmodell gibt es für eine so verstandene Sozialphobie zwei grundsätzliche Therapiemöglichkeiten: Entweder man bringt den Patienten dazu, dass er das Angeschaut-Werden nicht als Bloßstellung seines Innersten erfühlt. Oder man bringt den Patienten dazu, dass er die Anwesenheit anderer nicht als Angeschaut-Werden erfühlt. Vor diese Wahl finden sich Therapeuten in der Praxis im Umgang mit Sozialphobien gestellt:

> „Erzieher und psychotherapeutische Berater sehen sich mit der Frage konfrontiert, ob sich der Mensch, den sie gerade vor sich haben, wieder aufrichten läßt, wenn man ihn noch einmal in die ‚ungetrennte Welt', in das absolute Einheitsgefühl von Subjekt und Objekt zurückkommen lässt; oder aber, ob sie sich bemühen sollten, seinen Charakter so zu formen, daß er das ‚Angesehenwerden' ertragen kann, ...“[75]

Angelehnt an das polyzentrisch-topische Hybrid-Modell ist das Charakteristikum dieser Sozialphobien, dass die beiden Verbindungsarten mit ihren jeweiligen Charakteristika nicht gelebt werden können, sondern eine ungesunde Vermengung beider stattfindet. Das polyzentrisch-topische Hybrid-Modell könnte hier helfen, die therapeutischen Alternativen bei Sozialphobien zu veranschaulichen.

2.4.2.2.2.5 Vergleich: Permeabilität für den Cyberspace?

Angesichts der Analogie zwischen japanischer Sozio-Kultur und Chatroom-Kultur muss hier konsequenterweise auch gefragt werden, ob sich die Permeabilität in den Chatrooms und der Cyberspace-Diskussion ebenso wiederfinden lässt, oder ob hier die Grenze des Vergleichs erreicht ist. Wird also auch der Cyberspace zum Feld, für das der Internet-User durchlässig ist?

Ob von Permeablität für den Cyberspace gesprochen werden kann, hängt nicht zuletzt davon ob, wie stark die künstliche Realität als echte

75 Tatara 1990, 118.

Umgebung erfahren wird. Dazu mag das Maß der „Immersion“ hilfreich sein, welches von Psychologen als ein Maß für die Involviertheit in den Cyberspace benutzt wird.[76] Je höher der Immersionsgrad, desto stärker lässt sich der Surfer auf die Realität des Cyberspace ein und desto weniger können ihn Umweltreize aus der physischen Umgebung beeinflussen. Bei entsprechend hohem Immersionsgrad, d.h. wenn das Klingen des Telefons ebenso wenig wahrgenommen wird wie das Murren der Katze, lässt sich plausibel machen, dass es sich hierbei tatsächlich um eine andere Verortung handelt, nämlich um eine Verortung im Cyberspace. Die Verortung im Cyperspace wird zur Permeabilität für ebendiese, wenn man bedenkt, dass die Kommunikationstechnik tatsächlich das Gefühl vermittelt, sich im Web zu befinden, durch etwas zu surfen, von etwas durchdrungen zu sein. Bei entsprechend hohem Immersionsgrad ist es tatsächlich berechtigt, davon zu sprechen, dass der Internet-User vom Cyberspace durchdrungen wird und in diesem Durchdrungen-Sein, der eigentliche Reiz des Abenteuers Cyberspace liegt.

2.4.2.2.2.6 Exkurs: Situationsbegriff

Bei all der Rede von Medium, Feld, Raum und Ort stellt sich die Frage, ob nicht auch der viel eingängigere Begriff der Situation völlig ausreichend wäre, um das geforderte „Darin-Sein“ und „Durchlässig-Sein“ zu denken. Der Situationsbegriff kann eine reichhaltigere Rezeption in der Soziologie und Sozialphilosophie vorweisen, und bereitet weniger begriffliche Probleme als die Rede vom sozialen Feld, Ort und Raum.

Doch der Begriff der Situation versagt genau dort, wo die Semi-Permeabilität gedacht werden muss. Bollnow bringt dies fernab jedes Japanbezugs wie folgt auf den Punkt:

> „Daß der Mensch im Raum inkarniert ist oder daß er im Raum wohnt, besagt mehr als daß er sich dort in einer Situation befindet. Es besagt nicht nur, daß er sich in einem Medium befindet und sich in diesem Medium bewegen kann, sondern daß er selber Teil dieses Mediums ist, durch eine Grenze vom übrigen Teil des Mediums getrennt und doch über sie hinweg mit ihm verbunden und von ihm getragen.“[77]

76 Vgl.: Bente/Otto 1996.
77 Bollnow 1963, 304.

Die Quasi-Durchlässigkeit lässt sich mit dem Situationsbegriff also deshalb nicht denken, weil der Situationsbegriff nur das Darin-Sein denken kann, und bei genauerer Betrachtung auch dieses nur punktuell, ohne die für eine Gruppenidentität so essenzielle soziale Kontinuität. Der Situationsbegriff, auch wenn er wesentlich eingängiger und berechenbarer ist, kann daher die Rede vom Medium, Feld, Raum oder Ort nicht ersetzen. Dass der Situationsbegriff, bei allen Vorteilen, die er mit sich bringt, ebenso wenig den Begriff der sozialen Atmosphäre verdrängen kann, hat Leopold von Wiese schon beschrieben:

> „Die Situation ist kompakter, in ihrer Dinglichkeit leichter umgrenzbar, nahezu als ‚Kostengröße' fast rechnerisch bestimmbar, die Atmosphäre hingegen schwer faßbar, eben ein Fluidum; aber sie ist keineswegs nebensächlich, vor allem aber ist sie kein Bestandteil des Prozesses, sondern der Katalysator; sie muss vorhanden sein, damit er sich vollzieht, geht aber nicht in ihm auf.
>
> Wer das soziale Leben kraftvoll, anschaulich und wahr darstellen will, muß tiefe Atemzüge der gesellschaftlichen Atmosphäre einbeziehen; es ist wichtiger, von ihren Kräften eine ausreichende Vorstellung zu geben, als alle einzelnen Situationsfaktoren zu erschöpfen."[78]

2.4.2.2.2.7 Der Begriff „soziales Feld" in der westlichen Sozialwissenschaft

Sind die Begriffe „sozialer Ort" und „sozialer Raum" vor allem Ausdrücke der neueren sozialwissenschaftlichen Diskussion, die sich mit den Phänomen des Cyberspace konfrontiert sieht, so ist der Begriff „soziales Feld" demgegenüber ein Begriff, der auf eine Geschichte zurückblicken kann, die zumindest bis in die dreißiger Jahre des 20. Jahrhunderts zurückreicht. Bekannt geworden ist der Begriff „soziales Feld" mit den Arbeiten des Sozialpsychologen Kurt Lewin, der er sich zur Aufgabe gemacht hat, den Feldbegriff in die Sozialwissenschaften einzuführen.[79] Doch ob er oder sein Schüler Junius Flagg Brown (1902-1970) zum ersten Mal eine Gruppe als „soziales Feld" bezeichnete, ist heute kaum mehr auszumachen.[80] Einen

---

78 Wiese 1952, 36.

79 Lewin 1963.

80 Bei Lück (1996, 122) heißt es: „[S]o bezeichnet Brown – möglicherweise noch vor Lewin – die Gruppe als ein ‚soziales Feld'." So findet sich bei Brown schon 1936 in seiner Arbeit „Psychology and the social order: an introduction to the dynamic

guten Überblick über den Begriff des „sozialen Feldes“ gibt Harald Mey in seinen „Studien zur Anwendung des Feldbegriffs in den Sozialwissenschaften“[81].

Gemeinsam ist den feldtheoretischen Ansätzen von Brown und Lewin, dass sie sich auf den Feldbegriff der Physik, den Raumbegriff der topologischen Mathematik und den Gestaltbegriff der Gestaltpsychologie beziehen und eine soziale Gruppe als feldhafte, topologische Gestalt beschreiben. Häufig geschieht dies in bewusster Absetzung zu Parsons System-Subsystem-Einteilung (in seinem ‚Social System'), die Brown als „Klassifikationstheorie“ verurteilt, weil sie die Wechselbeziehung zwischen Person und Gesellschaft zugunsten eines einseitigen Prägesystems Gesellschaft-Person aufgibt.[82] Die soziologische Feldtheorie vom Schlage Lewins und Browns fokussiert demgegenüber die Wechselwirkungen zwischen Individuum und sozialem Feld, und verurteilt sowohl individualistische sowie holistische Erklärungsansätze. Kritik am „Elementen-Denken“ sowie am „Organismus“-Gedanken funktionaler Theorien ist für die Feldtheorie der damaligen Zeit daher charakteristisch.

Vergleicht man den Feldbegriff von Lewin und Brown mit dem Feldbegriff des hier vorgestellten topischen Sozialsystem-Modells, dann treten einige Parallelen deutlich zu Tage. Gemeinsam ist den beiden Feldbegriffen, dass sie – im Falle topischer Sozialsystem-Modelle gerade in Abhebung von operativen Systemmodellen Luhmannscher Prägung – primär räumliche und keine zeitlichen Konstrukte sind, wie es Brown betont: „The construct of the social field is a spatial construct.”[83] Von beiden Ansätzen wird darüber hinaus die Auffassung vertreten, dass sich die Mitglieder einer Gruppe *in* einem sozialen Feld befinden und von einem topischen Medium umgeben bzw. durchdrungen werden. Bei Brown heißt es dazu:

---

study of social fields“ ein Kapitel: „Social Groups as Fields“ (S. 63). Er lässt jedoch in einer Fußnote am Ende des Kapitels erkennen, von wem er diese Formulierung übernimmt: „The treatment of the group as a social field is handled by Koffka, Lewin, and Wheeler.” (S. 80-81) Dennoch nimmt Brown für sich in Anspruch: „The present work represents the first attempt at a strictly field-theoretical social psychology.” (S. 81)

81 Mey 1965.

82 Vgl.: Mey 1965, 91.

83 Brown 1936, 62. Browns Zusatz: „Space must be understood in the post-Riemannian sense of the word.” macht deutlich, dass auch er über den euklidischen Raumbegriff hinausgeht.

„The individual in this sense has the character of a *thing*. The space through which the locomotion occurs has the properties of a *medium*. .... In the following, individual point-regions will be considered as things, and the fields in which the locomotions occurs as media. Media have dynamic properties such as fluidity, permeability, cohesiveness, and the like."[84]

Lewin spricht nicht nur von einem sozialen Feld, sondern auch – was an Watsuji erinnert – von einem sozialen *Klima*: „Das soziale Klima, in dem ein Kind lebt, ist für das Kind ebenso wichtig wie die Luft, die es atmet. Die Gruppe, zu der ein Kind gehört, ist der Boden, auf dem es steht."[85] Für Lewin ist die Atmosphäre einer Gruppe ebenso beschreibbare Wirklichkeit wie für Kimura das „Zwischen Mensch und Mensch": „Psychologische Atmosphären sind empirische Wirklichkeiten und sind wissenschaftlich beschreibbare Fakten."[86]

Gemeinsam ist dem Feldbegriff des topischen Sozialsystem-Modells und dem der frühen 30er Jahre auch der Versuch, das soziale Feld durch eine räumliche Beziehung von Punkten zu veranschaulichen. Lewin und Brown machen davon explizit Gebrauch von einer besonderen ‚Lehre vom Ort', der geometrischen Topologie: „Topology is in many ways to be looked on as the basic science of space. With topology geometry becomes truly the science of positional relationships."[87] Gerade wegen dieser Nähe zu relationalen Raummodellen ermöglichen beide Feldbegriffe einen Überstieg zur Systemtheorie, der ihnen versagt wäre, wenn unter einem Systemmodell – wie im operativen Ansatz – primär ein zeitliches Konstrukt verstanden würde. Nur soweit man Systemtheorie mit retiven Systemmodellen identifiziert, kann man daher auch der Aussage zustimmen: „Die Feldtheorie erfüllt alle Kriterien der Systemtheorie; ..."[88]

Die „alten" sozialwissenschaftlichen Feldtheorien vom Schlage Lewins und Browns erfahren so gewissermaßen eine doppelte Rehabilitation: Sie finden Anschluss an die neuere systemtheoretische Diskussion und bieten eine Grundlage für den Feldbegriff, der zur Beschreibung des stark kon-

84 Brown 1936, 55-56.
85 Lewin 1939, 125.
86 Lewin 1963, 273-274 (Literaturhinweis zu empirischen Studien von Lewin ausgelassen).
87 Brown 1936, 477.
88 Irle 1991, 138; Vgl.: Lück 1996, 82. Die von Lück geforderte Klärung des Verhältnisses zwischen System- und Feldtheorie konnte hiermit nur angedeutet werden.

textorientierten Sozialverhaltens in Japan Verwendung findet. Der Blick nach Japan kann somit helfen, sich an die Versäumnisse der Theoriebildung hierzulande zu erinnern und den sozialen Kontext neu zu entdecken:

> „Das Studium von sozialem Handeln und dessen Ontogenese in Japan fordert geradezu die Wiederentdeckung des sozialen Kontextes heraus. In dieser Hinsicht kann das Studium sozialer Phänomene in Japan wichtige Impulse für die sozialwissenschaftliche Forschung geben und dazu beitragen, alte Forderungen an die sozialwissenschaftliche Theoriebildung (vgl. Lewin, 1951) einzulösen."[89]

2.4.3 Resümee: Topisches Sozialsystem

Worin entsteht nun der Nutzen, wenn man ‚typisch japanische' Kleingruppen als topische Sozialsysteme zu verstehen versucht?

2.4.3.1 Alternative zum Terminus „einfaches Sozialsystem"

Ein wesentlicher Vorteil eines topischen Sozialsystem-Modells besteht darin, dass man eine Alternative zu dem Terminus „einfache Sozialsysteme" hat, der von Schubert in Anlehnung an Luhmanns Beschreibung einfachster Gesellschaften verwendet wurde. Der Terminus „einfaches Sozialsystem" betont zu sehr die geographische Gebundenheit von Gruppen, die zwar in Japan deutlich stärker sein mag als anderswo, die aber – wie deutlich werden sollte – nicht als charakteristisches Merkmal von japanischen Kleingruppen angesehen werden kann. Würde man japanische Kleingruppen lediglich als „Gemeinschaft des Ortes"[90] bestimmen und dabei ebenso wie Tönnies primär an einen geographischen Ort denken, dann hätte man das Wesentliche verfehlt. Um den sozialen Charakter des Ortes denken zu können, bedarf es eines Sozialsystem-Modells, das sich von dem Begriff „einfaches Sozialsystem" deutlich abgrenzt. Dazu wurde der Begriff „topisches Sozialsystem" vorgeschlagen. Mit ihm ist man nicht gezwungen, überall dort, wo der Ort bei der Beschreibung von Gruppenverhalten eine Rolle spielt, ihn geographisch im Sinn einer physischen Präsenz am Ort zu verstehen und die Zuschreibung „einfaches Sozialsystem" vorzunehmen.

89 Trommsdorf 1993, 248.

90 Tönnies 1963, 14: „Gemeinschaft des Ortes kann als Zusammenhang des animalischen, wie die des Geistes als Zusammenhang des mentalen Lebens begriffen werden, die letzere daher in ihrer Verbindung mit den frühreren, als die eigentliche menschliche und höchste Art der Gemeinschaft."

Ist diese Zuschreibung nämlich einmal erfolgt, und Schubert lässt sich von Luhmann dazu verleiten, dann ist der Weg nicht mehr weit, auch die japanische Gesellschaft in toto als „einfache Gesellschaft“ zu beschreiben, die als traditionelle ihre „nachholende“ Entwicklung erst noch vor sich hat. Um derartigen Versuchungen im Ansatz zu widerstehen und eine zu stark eurozentrisch geprägte Wahrnehmung der japanischen Sozio-Kultur von vornherein zu verhindern, kann das topische Sozialsystem-Modell eine gute Chance bieten.

2.4.3.2 Vereinbarkeit des sozio-kulturellen Zwiespalts im Hybrid-Modell

Einen wesentlichen Vorteil bietet die Rede von einem topischen Sozialsystem insbesondere auch deswegen, weil der topische Systemcharakter grundsätzlich mit einem nicht-topischen vereinbar ist, und daher ein Modell denkbar ist, in dem beiden Systemarten zugleich realisiert sind (polyzentrisch-topisches Hybrid-Modell). Vorsichtiger formuliert: Der Versuch, das Nebeneinander von polyzentrischer und topozentrischer Eigenschaft zu denken, führt nicht in dem Maße zu Schwierigkeiten, wie der Versuch, ein Systemmodell mit gleichzeitiger Individual- und Beziehungsorientierung zu denken. M.a.W.: Stellt man sich ein Systemmodell vor, das zugleich über starke und schwache Verbindungen sowie über starke und schwache Netzpunkte verfügt, so führt dies zu größeren Veranschaulichungsproblemen als der Versuch, ein Systemmodell zu denken, das sowohl durch eine polyzentrische wie auch eine topozentrische Eigenschaft gekennzeichnet ist. In dem einen Fall muss man einen Gegensatz modellieren, im anderen ‚nur‘ eine Verschiedenheit. Das topische Systemmodell hat also den Vorteil, mit anderen Systemmodellen leichter kombinierbar zu sein. Die Kombinierbarkeit wiederum hat den Vorteil, an die Stimmen anzuknüpfen, die das „Sowohl-Als-Auch“ als typisches Charakteristikum der japanischen Sozio-Kultur verstehen. Auf diese Art widersteht das topische Systemmodell zumindest allen Versuchen, welche einen Hauptunterschied zwischen Japan und dem Westen letztlich geographisch abzuzeichnen versuchen. Das topische Modell kann inhaltliche Unterschiede fernab geographischer Lagen festmachen, was den Vorteil hat, dass Japan hier auch nur als ein Land unter vielen beschrieben werden kann. Das Besondere an Japan wäre daher sozialwissenschaftlich gesehen lediglich, dass es eine Fülle von Phänomen bereithält, die für die Anwendbarkeit des polyzentrisch-topischen Hybridmodells sprechen. Um eine solche Anwendbarkeit zu stützen, ist es ein

Leichtes, an die Diskussion anzuknüpfen, welche innerhalb von Japan sowohl das „Japanische" als auch das „Westliche" findet, und Japan damit gemäß diesem Modell zu einer Hybrid-Kultur macht, wie von Löwith prägnant formuliert: „Der traditionelle Unterschied von Okzident und Orient verteilt sich nicht mehr auf den Osten und Westen, sondern er existiert nun als Zwiespalt im Orient selbst, besonders in Japan."[91] Das topische Systemmodell ermöglicht es also, Japan auch auf der Modellebene als das Land des „Nebeneinander" zu beschreiben, für welches es oft gehalten wird.

2.4.3.3 Eine Alternative zu „Kollektivismus" und „Kontextualismus"

Ein weiterer Vorteil, japanische Gruppen als topische Sozialsysteme zu modellieren, besteht darin, eine Alternative zum Begriff des Kollektivismus zu haben. So richtig die Klassifizierzung „Kollektivismus" in bestimmten gesellschaftlichen Situationen auch sein mag, so sehr ist der Begriff von allzu westlichen Denkkategorien geprägt und nur als Gegenbegriff zum Individualismus zu verstehen. Dem ist bewusst entgegenzuhalten: „Das Paradigma des Ortes ist nicht das Paradigma eines einfachen Kollektivismus."[92]

Doch ohne zugleich damit den Übergang zu dem hier favorisierten topischen Systemmodell zu leisten, muss die Frage gestellt werden, weshalb neben dem Kollektivismus auch andere in der sozialwissenschaftlichen Diskussion auftretende Begriffe in diese Arbeit nicht aufgenommen wurden. Vor allem der von Hamaguchi Eshun vorgeschlagene Begriff „Kontextualismus" (*kanjinshugi*) stünde zur Verfügung, der sich mit damit bewusst von dem im westlichen Diskussionskreis verbreiteten Individualismus als methodologischer Position abwenden will. „*kanjinshugi*" bedeutet wörtlich übersetzt so viel wie „Zwischen-Mensch-Ismus", wird aber gewöhnlich mit „Kontextualismus" übersetzt. Die Bezeichnung geht zurück auf Hamaguchi, dessen Einführung des Ausdruckes „*kanjinshugi*" Sugitani wie folgt kommentiert:

> „Hamaguchi hat unter Bezug auf F.L.K Hsu (1971), R. Iwata (1982), E. Hamaguchi und S. Kumon (1982) sowie B. Kimura (1972) versucht, die starke Orientierung auf interpersonale Beziehungen und die relative Indivi-

---

91 Löwith 1960, 588.

92 Itami 1992, 86 (Übersetzung T.L.)

duumsauffassung von Japanern, die der interpersonalen Situation gegenüber sehr sensitiv ist, mit dem Konzept ‚Kontextualismus' zusammenzufassen (Hamaguchi, 1982a, d).“[93]

Da Hamaguchi mit seinem Begriff „*kanjinshugi*“ weniger eine diffuse Kontextorientierung, sondern eine Orientierung an interpersonalen Beziehungen zum Ausdruck bringen will, stellt die Übersetzung mit „Kontextualismus“ eher eine Notlösung denn eine geglückte Übersetzung dar. Andere Begriffe wie „Relationismus“ oder „Beziehungsorientierung“ stünden ebenso zur Verfügung, werden jedoch als Übersetzung weit weniger favorisiert. Sugitani z.B. stellt zwar dem Ausdruck „Kontextualismus“ häufig den Ausdruck „Beziehungsorientierung“ zur Seite, belässt es aber bei der Übersetzung mit „Kontextualismus“, nicht zuletzt deswegen, weil ein „Ismus“ dem japanischen Original noch am nächsten kommt. So bleibt als Alternative nur der Ausdruck „Relationismus“, der die Beziehungsorientierung wesentlich deutlicher zum Ausdruck bringt als „Kontextualismus“ und ebenso ein „Ismus“ ist. Angesichts des Umstandes, dass sich der Begriff „Kontextualismus“ in der Diskussion bereits weitgehend etabliert hat, scheint es mir, auch wenn gute inhaltliche Gründe dafür sprechen, aber nicht mehr sinnvoll, den Ausdruck „Kontextualismus“ aufzugeben und stattdessen von „Relationimus“ zu sprechen. Trotzdem oder gerade deshalb muss bei jedem Lesen des Begriffs „Kontextualismus“ daran gemahnt werden, die ursprüngliche Bedeutung von „*kanjinshugi*“ („Zwischen-Mensch-Ismus“), soweit möglich, mitzudenken und nicht bei einer einfachen Kontextorientierung stehen zu bleiben.

Dieser Hinweis ist gerade deshalb so wichtig, weil der Begriff „Kontextualismus“ tendenziell dazu neigt, als „Kollektivismus“ missverstanden zu werden, da Kontext und Kollektiv eine ungeheure Anziehungskraft aufeinander haben. Dass mit dem Begriff „Kontextualismus“ (*kanjinshugi*) jedoch gerade eine Abhebung von „Kollektivismus“ versucht werden sollte, darauf macht Sugimoto aufmerksam.

> „Die für Japaner als typisch bezeichnete, beziehungsorientierte Verhaltensweise wird im Gegensatz zum Individualismus oft Kollektivismus genannt und als die Einstellung verstanden, wonach das kollektive Interesse dominanter als das individuelle ist. Diese Einstellung wird oft von dem Stand-

93 Sugitani 1996, 229.

> punkt des Individualismus aus attributiert und durch das autonome Selbstkonzept repressiv verstanden (Hofstede, 1993). Bekanntlich ist der Begriff ‚Kollektivismus' nicht entstanden, um spezifisch japanische oder ostasiatische Verhaltensdispositionen zu beschreiben. Darüber hinaus können dadurch dynamische Prozesse der flexiblen, in manchen Situationen durchaus innovativ wirkenden Gruppenbildung, Konstellationsveränderungen nicht adäquat berücksichtigt werden (Hamaguchi & Kumon, 1982)."[94]

Demgemäß ist Kontextualismus als Beziehungsorientierung deutlich zu unterscheiden von einem Kollektivismus als Ganzheitsorientierung. Die Unterscheidung zwischen der Unterscheidung Teil/Ganzes und der Rede von Knoten und Verbindung ist nicht zuletzt für das systemtheoretische Grundverständnis elementar. Das Unterscheidungspaar Teil/Ganzes ist Ausdruck eines systemtheoretischen Ansatzes, der in dieser Arbeit als mikro-makrologischer Systemansatz gekennzeichnet wurde. Die Rede von Knoten und Verbindungen ist Ausdruck eines systemarchitektonischen Ansatzes retiver Güte. Von Knoten und Verbindungen kann nur dann gesprochen werden, wenn vorgängig ein Netz *als Muster* erkannt wird. Im Gegensatz dazu bezieht sich nur die eine Hälfte der Unterscheidung Ganzes/Teil auf ein Muster, nämlich das als Ganzes erkannte Muster. Dieser Unterschied zwischen einem mikro-makrologischen Systemansatz und einem systemarchitektonischen Ansatz retiver Güte ist daher ebenso elementar wie der Unterschied zwischen „Kollektivismus" und „Kontextualismus". Bringt man den Begriff „Kollektivismus" mit einem retiven Systemansatz in Verbindung, begeht man einen Kategorienfehler. Ein retives Sozialsystem-Modell kann daher nur mit den Begriffen „Individualismus" und „Kontextualismus" (als Beziehungsorientierung) in Verbindung gebracht werden. So weit zur leidlichen aber unumgänglichen Begriffsklärung.

Der Vorteil des topischen Sozialsystem-Modells besteht nicht nur darin, sich von einem kollektivistisch verstandenen Kontextualismus zu distanzieren, sondern von dem Ausdruck „Kontextualismus" überhaupt. Denn auch richtig verstanden soll damit lediglich die Beziehungsorientierung zum Ausdruck kommen. Diese Beziehungsorientierung ist jedoch insofern problematisch, als dass sie einer Individualorientierung nur entgegengesetzt werden kann und damit die beiden Alternativen Gegensätze bilden, die sich

---

94 Sugitani 1996, 229.

nicht ergänzen können. Damit gelten alle die Nachteile, die zuvor für die beiden retiven atopischen Systemmodelle genannt wurden. Im Unterschied zum topischen Systemodell, welches sich auch als Hybrid-Modell komplementär denken lässt, ist die Rede vom „Kontextualismus“, sofern man den Kontext nicht orthaft denkt, daher auch nur als Gegensatz zu individualistischen Vorstellungen denkbar. Genau diese Gegensätzlichkeit gilt es jedoch in der Modellbildung zu verhindern, um nach einem umfassenderen integrativen Modell Ausschau zu halten, für das ein topisches Systemmodell die besten Voraussetzungen besitzt.

2.4.3.4 Anlehnung an die japanische Lehre vom Ort

Schließlich bietet es sich deshalb an, von einem topischen Sozialsystem zu sprechen, um ein enge Verknüpfung mit der japanischen Philosophie herstellen zu können, die sich in Anschluss an Nishida als topische Philosophie versteht. Ein Argument für ein topisches Modell ist sicherlich der dadurch gewonnene Anschluss an die neu entflammte sozialphilosophische Debatte über die Bedeutung des Ortes (*basho*) bzw. Feldes (*ba*). Das hier vorgeschlagene topische Sozialsystemmodell ist daher weniger als empirisch überprüfbares, operationalisierbares Modell zu verstehen, sondern eher als assoziatives Modell, welches in der Lage ist, verschiedene Aspekte der japanischen Sozio-Kultur unter einem einheitlichen erkenntnisgeleiteten Interesse zu beleuchten. Dass ein solches Interesse enttäuscht werden kann, darf prinzipiell nicht ausgeschlossen werden. Jedoch sollte gezeigt werden, dass es berechtigte Gründe gibt, nach weiteren Bestätigungen und Anwendungsbieten für das assoziative Modell des topischen Sozialsystems zu suchen.

3. Abschließende Reflexion

3.1 Vergleich von operativen und retiven Systemmodellen

Ohne die idealtypische Unterscheidung zwischen operativen und retiven Systemmodellen sind die in dieser Arbeit angestellten Überlegungen zu einem topischen Systemverständnis nur schwer nachvollziehbar. Daher soll abschließend diese Unterscheidung noch einmal aus verschiedenen Gesichtspunkten beleuchtet werden.

3.1.1 Nähe zu metaphysischen Positionen

Operative Systemmodelle, also Systemmodelle, die sich am Bild der Ereigniskette orientieren, versprechen eine Nähe zu metaphysischen Ansätzen, die sich auf das Bild des Ereignisflusses stützen. Damit rücken operative Systemmodelle in die Nähe ereignisphilosophischer Ansätze, wie sie vor allem auch in der buddhistischen Philosophie zu finden sind. Das Bild eines Geschehens ohne Akteur, einer Operation ohne Operateur findet sich im buddhistischen Denken zuhauf und lassen Redeweisen wie „die Kommunikation kommuniziert" oder „die Welt weltet" nur allzu verständlich erscheinen. Wie auch im operativen Systemmodell verschwindet und gründet im buddhistischen Denken alles im Fluss der Ereignisse: „Subjekte, Objekte, Akteure und Akte sind nur Phasen des karmischen Flusses und ... das Denken ist, freilich auch im Sinne eines Funktionierens ohne Funktionsträger, die kognitive Seite dieses Flusses."[1] Insofern ist eine deutliche Nähe zwischen operativen Systemmodellen und buddhistischer Philosophie erkennbar, und es verwundert daher wenig, dass viele Anhänger operativer Systemmodelle, wie z.B. Francisco Varela, auch persönlich eine große Affinität zum Buddhismus aufweisen.[2]

Retive Systemmodelle, also Systemmodelle, die sich am Bild eines Netzes orientieren, stehen in ihrem Bezug zu buddhistischem Gedankengut operativen Systemmodellen jedoch in nichts nach. Sie können ebenso an dedizierten Positionen der buddhistischen Lehre anschließen, so zum Beispiel bei der philosophischen Position rund um den japanischen Begriff

---

1 Pörtner/Heise 1995, 135.

2 Vgl.: Varela/Thompson 1992; Varela 1982; Maturana 1990, 20: „Francisco Varela ist ein Buddhist. Das darf ich wohl sagen, denn es ist Ihnen bekannt. Für Francisco ist der Buddhismus von grundlegender Bedeutung."

engi: „Dieses Wort nennt einen zentralen Aspekt der buddhistischen Erfahrung von Welt und Wirklichkeit, demzufolge jedes und alles Seiende nur in wechselseitiger Bezogenheit und durchgängiger Relationalität mit jedem und allen anderen Seienden das ist, was es gerade ist."[3] Die Relationalität wird hier zu einem konstitutiven Moment einer philosophischen Position erhoben, ebenso wie sie auch in dem Netzgedanken retiver Modelle zum Ausdruck kommt. Wie sehr eine relationale Einheit auch als Geflecht gedacht werden kann, haben in der westlichen Philosophie nicht zuletzt Deleuze und Guattari mit dem „Rhizom" gezeigt: „Jeder beliebige Punkt eines Rhizoms kann und muß mit jedem anderen verbunden werden."[4] Damit sollte nur angedeutet werden, dass es vor dem Hintergrund dediziert philosophischer Positionen daher keinen Grund geben muss, die Netzstruktur eines retiven Systems in Richtung der Knoten aufzulösen und eine Verbindung zur klassischen Substanzphilosophie herbeizureden. Operative und retive Systemmodelle können daher gleichermaßen behaupten, an wesentliche Vorstellungen der buddhistischen Philosophie anzuschließen und darin einen Beitrag zum interkulturellen Dialog zu leisten.

3.1.2 Umgang mit dem Modell

Indem die Einheit operativer Systeme nur über den gelungenen Anschluss von Operation und dieser wiederum nur über den gleichartigen Operationstyp (sozial, psychisch etc.) hergestellt werden kann, rücken operative Systemmodelle grundsätzlich in die Nähe klassifikatorischer Ansätze, d.h. das Interesse des Beobachters besteht wesentlich darin, das Beobachtete in vorbereitete Klassen einzuordnen. Denn eine Systemeinheit ist nur beobachtbar, wenn im Modell dafür eine passende Operationsklasse reserviert wird. Operative Systemmodelle unterscheiden daher grundsätzlich zwischen sozialen, psychischen und biologischen Operationstypen, und eine Verknüpfung von Operationen verschiedenen Typs ist in einem operativen Systemmodell per definitionem nicht möglich. Die möglichen Operationsklassen prägen die beobachtete Wirklichkeit daher in starkem Maße und das Operieren mit einem operativen Systemmodell erschöpft sich allzu häufig in dem selektiven Wahrnehmen bzw. der Aufsplittung von Phänomenen in verschiedene Phänomenklassen und den dazugehörigen Operati-

---

3 Weinmayr 1989, 187. Vgl.: Saigusa 1985.

4 Deleuze/Guattari 1977, 11.

onstypen. Über diese einordnende Tätigkeit kann auch nicht hinausgegangen werden, da sich über die Prozesse in einem operativen System nicht vielmehr aussagen lässt, als *dass* sie selbstreferentiell oder autopoietisch sind.

Damit wird deutlich, dass operative Systemmodelle als klassifikatorische Ansätze weniger eine Erklärungsfunktion sondern eher eine (Ein-) Ordnungsfunktion erfüllen. Sie versuchen nicht primär zu erklären, *wie* soziales Geschehen stattfindet, sondern eher *was* das Wesen des Sozialen im Abgrenzung vom Psychischen oder Lebendigen überhaupt ist. Sie rücken damit eher in die Nähe von Sozialontologien als in die Nähe von interdisziplinären Erklärungsversuchen. Ist man auf der Suche nach Erklärungen in einer interdisziplinären und interkulturellen Phänomenlandschaft, dann kann ihr dies deutlich zum Nachteil ausgelegt werden.

Im Gegensatz zu operativen Systemmodellen versuchen retive Systemmodelle nicht, Phänomene gemäß vorbereiteter Operationsklassen aufzusplitten, sondern fragen nach den verschiedenartigen Beziehungen, als deren Aktualisierungen derartige Phänomene erst entstehen konnten. Ereignisse werden nicht als unhintergehbare Systemelemente betrachtet, sondern als Relation- und Lageverhältnisse, die sich in der Aktualität eines Netzwerkes erst ausbilden. Damit kann den Wechselwirkungen zwischen dem situativen Kontext und dem sozialen Geschehen sicherlich besser Rechnung getragen werden als mit klassifikatorischen Ansätzen, welche darauf angewiesen sind, die operationale Geschlossenheit der verschiedenen Operationsklassen hervorzuheben.

Wirft man also den Blick auf den jeweiligen Umgang mit dem Modell, dann drängt sich der Eindruck auf, dass sich in der Gegenüberstellung von retiven und operativen Systemmodellen wieder einmal „der allgemeine Kampf zwischen der Logik der Gattungsbegriffe und der Logik der Relationsbegriffe“[5] wiederhole: Operative Systemmodelle stehen mit bestimmten Gattungen von Operationen bereit, um die Wirklichkeit zu begreifen, retive Systemmodelle hingegen versuchen, die Wirklichkeit als Netzwerk von Relationen abzubilden.

5 Cassirer 1994, 69.

3.1.3 Praktikabilität

Mindestens ebenso wichtig wie die Vor- und Nachteile, die man den beiden Systemmodellen aus theoretischer Sicht zu- oder absprechen kann, sind die Stimmen aus der Praxis, d.h. z.B. die Stimmen der Therapeuten und Berater, die ihr alltägliches professionelles Handeln nach diesen verschiedenen Systemmodellen ausrichten, und damit verbunden Wirksamkeit wie Unwirksamkeit ihrer Handlungen feststellen können. Auch wenn sich hier wieder Fürsprecher für beide Systemmodelle finden lassen, so sollte in Kapitel 2.1.3.2.5 deutlich geworden sein, dass die Mehrzahl der Therapeuten und Berater den operativen Systemmodellen eher kritisch gegenübersteht, nicht zuletzt deshalb, weil die klassifikatorische Trennung von sozialem und psychischem System nicht das thematisiert, was ihnen in ihrer täglichen Praxis widerfährt. Das Bild von einem Beziehungsgefüge, in das man mehr oder weniger erfolgreich interveniert, wird als eingängiger erfahren, und bringt retiven Systemmodellen daher einen wesentlichen Praxisvorteil ein.

Richtet man den Blick auf die Naturwissenschaften und fragt, wie brauchbar operative und retiven Systemmodelle dort sind, stößt man auch hier unweigerlich auf die Nachteile eines klassifikatorischen Ansatzes, der von grundsätzlich verschiedenen Operationsklassen ausgeht. Denn die Forderung, lebende, chemische und physikalische Systeme kategorial zu trennen und sie als gegenseitige Umwelt zu verstehen, kann nur schwerlich Pate gewesen sein für die Bemühungen und Erfolge der interdisziplinären Forschungen in Biochemie und Biophysik. Auch hier scheinen operative Systemmodelle eher das Bedürfnis nach einer modernen Schichten-Ontologie zu erfüllen als nach interdisziplinären Erklärungsversuchen, zu denen die Systemtheorie gerade angetreten ist.

3.1.4 Trend der Zeit, Aktualität

Gerade weil sich operative Systemmodelle dazu eignen, einem Ontologiebedürfnis auf moderne Art und Weise nachzukommen, liegen sie zu Beginn des 21. Jahrhunderts jedoch hoch im Kurs. Die ausgesprochene Abkehr von einer überkommenen Substanzmetaphysik sowie die zahlreichen Entsprechungen mit buddhistischem Gedankengut tragen ihr Übriges dazu bei, dass operative Systemmodelle als der passende Überbau zu den immer mehr Beachtung findenden Selbstorganisationsprozessen Verbreitung finden.

Netzgebilde hingegen erscheinen als Überbau zunächst wenig attraktiv, da man sofort in die Verlegenheit kommt, beschreiben zu müssen, auf welche Weise etwas miteinander verknüpft ist. Das Bezeichnen von bestimmten Sachverhalten mit „selbstreferentiell“ oder „autopoietisch“ ist daher wesentlich einprägsamer und einfacher. Zumindest einfacher als die Mühen einer fundierten Netzwerkanalyse, in der gezeigt werden muss, wie die Relationen im Netzgefüge tatsächlich verlaufen und aktualisiert werden. Operative Systemmodelle sind daher wesentlich einfacher zu handhaben und entsprechen mehr als retive Systemmodelle dem modernen ‚Zeitgeist’, und dies im doppelten Sinne des Wortes, wie noch gezeigt werden soll.

3.1.5 Eleganz, Schönheit

Gerade weil operative Systemmodelle das System nur über den Operationstyp (sozial, psychisch etc.) definieren, und alles weitere als Umweltbedingung aus dem Systemmodell entfernen, sind sie von eleganter Schlichtheit. Im Systeminneren, wenn man denn diese räumliche Bild zulassen darf, befinden sich nur gleichartige, aneinandergekettete Operationen, die ähnlich einer ‚reinen Melodie’ eine schlichte Schönheit ausstrahlen. Im Inneren des Systems ist die Welt in Ordnung, das Chaos existiert nur außerhalb des Systems.

Im Unterschied dazu sind retive Systemmodelle nicht dazu in der Lage, für eine entsprechende Reinheit im Inneren des Systems zu sorgen, sondern sind sogar genötigt, einen Großteil der umgebenden Situation als Qualität der Relationen in ihr Systemmodell mit aufzunehmen. Eine entspreche Eleganz und Schönheit kann daher auch ein Befürworter retiver Systemmodelle nicht unmittelbar erkennen.

Je nachdem, ob man sich für die Eleganz eines Systemmodells begeistern kann, wird man daher Präferenzen für das eine oder andere Systemmodell entwickeln und die Argumente im Für und Wider der unterschiedlichen Systemmodelle unterschiedlich gewichten. Ein erkenntnisleitendes Interesse, das sicher nicht unterschätzt werden darf.

3.2 Raum und Zeit: Philosophische Grundbegriffe der Systemtheorie

3.2.1 Raum und Zeit

Im Folgenden soll gezeigt werden, dass die grundlegende Unterscheidung zwischen retiven und operativen Systemmodellen sowie die zum Teil sehr harsche Kritik an der jeweils anderen Position auf der jeweils bevorzugten philosophischen Kategorie basiert: Raum oder Zeit. Wie sehr die Systemtheorie mit der Philosophie von Raum und Zeit verknüpft ist, soll daher abschließend erörtert werden, vor allem auch, um den Versuch zu unternehmen, die verwendeten Systemunterscheidungen (operativ, retiv, topisch) tiefer zu fundieren und in einen weiteren philosophischen Horizont einzuordnen.

Die Trennung von Raum und Zeit, ebenso wie die von Geographie und Geschichte, Natur und Kultur war geradezu kennzeichnend für das Denken der neuzeitlichen Philosophie.[6] Spätestens mit Descartes begann die mehr oder weniger bewusst vollzogene Trennung von Raum (res extensa) und dem denkenden, zeitlichen Ich (res cogitans). Bei Kant findet die Trennung von Raum und Zeit gerade seinen Höhepunkt, wenn er in seiner „transzendentalen Ästhetik" Raum und Zeit als die inneren Bedingungen der Möglichkeit von Erkenntnis formuliert.

Doch gleichberechtigt werden Raum und Zeit nur selten behandelt. Es ist stets die Zeit, die sich über den Raum erhebt. So zumindest sieht es Gosztonyi[7] in seiner umfassenden Untersuchung zur Geschichte des Raumes in der Philosophie. Er nennt folgende Belege: Kant führt in der „transzendentalen Ästhetik" den „äußeren Sinn", dessen Form der Raum ist, auf den „inneren Sinn" zurück, dessen Form die Zeit ist.[8] Für Kierkegaard ist der Raum nur eine Verräumlichung der Zeit, und damit inhaltslos und ein „Nichts".[9] Heidegger stellt in „Sein und Zeit" das menschliche Sein auf die

---

6 Vgl: Noller 2000, 33.

7 Gosztonyi 1976. Weiter haben sich in der Philosophie mit dem „Raum" befasst: Kaulbach 1960; Kanitscheider 1976; Ströker 1977; Schmitz 1998.

8 Vgl.: Gosztonyi 1976, 438: „Primär ist also die Zeit, weil sie die Form des inneren Sinnes ist und damit die Sukzession der Bewußtseinsabläufe wie der Bewußtseinsdaten und schließlich die einheitliche Synthese ermöglicht, der Raum hingegen ist sekundär."

9 Vgl: Gosztonyi 1976, 865-868.

Zeitlichkeit und leitet die Räumlichkeit davon ab[10]. Henry Bergson setzt auf die Zeit und die Dauer und versucht sich damit von der „Tyrannei der Raumvorstellung“[11] zu befreien. Nicolai Hartmann bekundet offen: „Raum und Zeit sind ontologisch keine gleichwertigen Kategorien: die Zeit ist um vieles fundamentaler als der Raum. Räumlich sind nur die Dinge und die Lebewesen ...; zeitlich aber sind außerdem auch die seelischen und geistigen Vorgänge.“[12] Oswald Spengler begreift in seiner „Philosophie des Werdens“ den Raum als erstarrte Zeit und identifiziert damit Raum und Tod.[13]

Es ließen sich mit Gosztonyi zahlreiche weitere Stellen anfügen, die den Verdacht erhärten, dass in der modernen westlichen Philosophie die Zeit stets den Vorrang vor dem Raum erhält. So lässt sich durchaus behaupten, dass der Raum in der modernen westlichen Philosophie häufig nichts weiter ist als der negativ zu bewertende Gegensatz zur Zeit, zur Evolution und damit zum Leben.

Das mag daran liegen, dass Zeit immer als die eine erscheint, der Raum hingegen immer in ganz verschiedener Weise auftritt. Die Zeit erscheint als das sich selbst vereinende, der Raum hingegen wird stets in verschiedener Weise wahrgenommen und gelangt damit nicht an die Universalität der einen Zeit heran. Für Universalität beanspruchende Modelle und Theorien bietet sich daher die Kategorie der Zeit als Nährboden eher an als die Kategorie des Raumes.

Doch nicht nur in der Philosophie sondern auch in der in der noch relativ jungen Disziplin der Soziologie bekamen zeitliche Bestimmungen den Vorrang vor räumlichen.[14] Vielleicht gerade deshalb, weil die gesellschaftlichen Umwälzungen daraus hinausliefen, dass der Raum, verstanden als natürlicher Rahmen, immer weniger als Bedingung sozialen Geschehens fungiert. Ein so verstandener „Behälterraum“ im Sinne von geographischer

---

10 Heidegger 1993, 369: „Nur auf dem Grunde der ekstatisch-horizontalen Zeitlichkeit ist der Einbruch des Daseins in den Raum möglich.“; vgl.: Gosztonyi 1976, 885-899. Vgl. auch die Kritik von Watsuji an Heidegger.

11 Bergson 1989, 166; vgl.: Gosztonyi 1976, 869-873.

12 Hartmann 1947, 218; vgl.: Gosztonyi 1976, 980-989.

13 Spengler 2000, 224: „Die Zeit gebiert den Raum, der Raum aber tötet die Zeit. ... Dieser Raum *ist*; er steht damit, daß er *ist*, außerhalb der Zeit, von ihr und damit vom Leben abgelöst. In ihm herrscht die Dauer, ein Stück abgestorbener Zeit ...“; vgl: Gosztonyi 1976, 879-885.

14 Ausführliche Analysen finden sich dazu bei: Konau 1977; Läpple 1991; Noller 2000; Löw 2001.

Lage, natürlichen Örtlichkeiten oder Territorien verliert berechtigterweise an Bedeutung für das soziale Geschehen und damit auch für das dahinter liegende soziologische Modell. So ist es vor diesem Hintergrund auch nicht verwunderlich, wenn sich namenhafte Soziologen dafür aussprechen, dass räumliche Aspekte in ihrer Betrachtung bewusst vernachlässigt werden. Berger/Luckmann bekennen offen: „Die Alltagswelt ist räumlich und zeitlich strukturiert. Ihre räumliche Struktur ist für unsere Überlegungen ziemlich nebensächlich. ... Wichtiger für uns ist die Zeitstruktur der Alltagswelt."[15] Parsons bekennt: „While the phenomena of action are inherently temporal ... they are not in the same sense spatial."[16] Auch hier ließen sich leicht weitere Quellen nennen, welche die Schlussfolgerung erlauben, „... dass das Nacheinander und nicht das Nebeneinander, Diachronie (Veränderung, die aus zeitlicher Differenz resultiert) und nicht Synchronie (Veränderung, die aus simultaner Differenz resultiert) die Hauptrichtungen im Denken moderner Gesellschaftswissenschaften prägen."[17]

Wieso diachrone Bestimmungen des Sozialen und damit insbesondere operative Sozialsystem-Modelle im beginnenden 21. Jahrhundert so aktuell sind, mag verschiedene Ursachen haben. Nicht ganz unbeteiligt daran sind daher sicher auch aktuelle gesellschaftlichen Entwicklungen der Informationstechnologie: Auch wenn schon das Telefon dafür sorgte, dass räumliche Hindernisse für soziales Geschehen immer weniger eine Rolle spielten, so hat doch wesentlich erst das Internet dazu beigetragen, diese Form von Raumüberwindung bewusst zu machen. Der Raum erscheint als überwundenes Hindernis, die Zeit als die *eine* universale Zeit, und damit als Gewinner des Globalisierungsprozesses. Gerade die universale Zeit entspricht dem Ideal des wirtschaftlichen Kalküls, es nur noch mit einer einzigen knappen Ressource zu tun zu haben. Anstatt sich mit mehreren Raum-Zeiten zu beschäftigen, kann man sich damit begnügen, die eine universale Zeit zu managen. Es kommt nur noch darauf an, der schnellste zu sein, wo, ist fast schon egal. Der Bedarf nach Orientierung in einem zeitgetriebenen Markt spiegelt sich daher auch zu einem großen Teil in der Rezeption von zeitgetriebenen Bestimmungen des Sozialen: Operative Sozialsystem-Modelle entsprechen damit dem ‚Zeitgeist' eher als raumgebundene Modelle.

15 Berger/Luckmann 1977, 29. Vgl.: Konau 1977, 4.

16 Parsons 1968, 45. Vgl.: Konau 1977, 184.

17 Noller 2000, 34.

Spannt man einen weiten Bogen zwischen Vertretern von räumlichen und zeitlichen Modellen, sowohl in Philosophie als auch in Soziologie, dann können Konflikte zwischen widerspenstigen Theoriemodellen vor diesem Hintergrund vielleicht eine neue Qualität erhalten, wie auch Foucault erkannte: „Vielleicht könnte man sagen, daß manche ideologischen Konflikte in den heutigen Polemiken sich zwischen den anhänglichen Nachfahren der Zeit und den hartnäckigen Bewohnern des Raumes abspielen.“[18]

Wie sehr operative Sozialsystemmodelle sich tatsächlich auf der Grundlage einer zeitlichen Grundkonstruktion befinden, hat insbesondere Nassehi bei Luhmann gezeigt.[19] Als konsequenter Luhmann-Schüler erkennt er, dass Luhmanns Sozialsystem-Konstruktion nur dann Sinn macht, wenn die Zeit als der letzte verbindende Kitt zwischen den einzelnen Operationsketten angenommen wird. Luhmanns eigentliche Leistung besteht demnach darin, von der Substanz auf Zeit als zentrale Größe zu wechseln. Nicht mehr die simultan agierenden Individuen sind als Substanzen Gegenstand der Soziologie, sondern das zeitliche Nacheinander der kommunikativen Operationen. An die Stelle der Identität des invarianten Subjektes rückt er die Differenz von Vorher und Nachher, mit der Luhmann das Phänomen der Selbstreferenz zu erklären versucht:

> „Als *Ergebnis* kann festgehalten werden, daß die Auflösung des Zirkels der Reflexion in der Theorie autopoietischer Systeme von *Substanz* auf *Zeit* umstellt. Während traditionelle Lösungen des Problems *eine invariante Substanz* als Entparadoxierung annehmen, die den Akt der Selbstbeobachtung immer schon enthält, *entparadoxieren sich ereignisbasierte, autopoietische Systeme durch Zeit.*“[20]

Das eigentlich Interessante an operativen Systemmodellen ist aus philosophischer Sicht daher gerade diese Umstellung von Substanz auf Zeit. Kritiken, die in operativen Sozialsystem-Modellen nur den Wiedereintritt des autonomen Subjektgedankens sehen, greifen daher zu kurz.

---

18 Foucault 1990, 34.

19 Nassehi 1993; 2000.

20 Nassehi 1993, 190.

3.2.2 Relationales und topisches Raumverständnis

Doch neben zeitlichen Modellen des Sozialen lassen sich auch räumliche Modelle finden, und zwar solche, die eben gerade nicht den Raum als „Behälter-Raum“ (miss)verstehen. C.F. von Weizäcker bezeichnet ein derartig fortschrittliches Raumverständniss in Abhebung von dem absolutistischen Behälterraum als relativistisch. Zur absolutistischen Tradition des philosophischen Raumverständnisses zählt er solche Namen wie Ptolemäus, Kopernikus, Kepler, Galilei, Newton u.a., zur relativistischen Cusanus, Bellarmin, Leibniz, Mach u.a.[21]

> „Diese unterscheiden sich vor allem in der Einschätzung des Verhältnisses von Materie und Raum. Während Absolutisten einen Dualismus annehmen, d.h. es existieren ihnen zufolge Raum *und* Körper, sind relativistische Traditionen der Auffassung, daß Raum sich aus der Struktur der relativen Lagen der Körper ergibt.“[22]

Ein absolutistisches Raumverständnis geht also davon aus, dass der Raum nur eine Randbedingung des Inhaltes ist, wohingegen ein relativistisches Verständnis davon ausgeht, dass der Raum erst mit dem Inhalt entsteht. Ein absolutistisches Raumverständnis führt nahezu unweigerlich zur Ausklammerung von räumlichen Kategorien aus der Soziologie, denn der Raum, verstanden als leerer Behälter, ist für eine soziologische Betrachtung, die sich mit dem genuin Sozialen beschäftigen möchte, wenig interessant. Erst ein relativistisches Raumverständnis bereitet den Grund, bei sozialem Geschehen nach der Ausbildung von räumlichen Qualitäten zu fragen. Erst wenn man sich vorstellen kann, dass – wie in der Physik seit Einstein bekannt – Materie und Raum nur zugleich entstehen können, wird man danach fragen, welche räumlichen Qualitäten im sozialen Geschehen entstehen.

Gemeinsam ist fast allen relativistisch-räumlichen Modellen des Sozialen die Fokussierung auf den Körper als Leib, denn er allein wird mit seiner physischen Ausdehnung als Garant dafür angesehen, dass räumliche Erfahrungen überhaupt möglich sind. Unterscheiden kann man relativistisch-räumlichen Modelle danach, welche Art von räumlichen Erfahrungen im sozialen Prozess zustande kommen. In Anlehnung an die Unterscheidung

---

21 Vgl.: Weizsäcker 1985, 256; Löw 2001, 17.

22 Löw 2001, 17.

zwischen einem polyzentrischen und topischen Netzverständnis, soll hier zwischen einem relationalen und einem topischen Raumverständnis unterschieden werden.

3.2.2.1 Relationales Raumverständnis: Der Raum als relationale Ordnung

Relativistische Raumverständnisse sind in der westlichen Philosophie stets relational gewesen, d.h. der Raum wird in Abhebung von dem absolutistischen Behälterraum-Modell als Relationsordnung beschrieben. So geschehen bei Leibniz, der sich von Newtons absoluten Raummodell absetzte, indem er den Raum als relationale Ordnung begreift. Leibniz versteht den Raum als „Inbegriff aller erfahrbaren relationalen Lagebeziehungen des gleichzeitigen Nebeneinanders möglicher materieller Stellen“[23], und bildet damit die Basis für ein modernes Verständnis des Raumes als netzartiges Relationsgefüge. In diesem Verständnis entsteht der Raum erst durch die Ausbildung und stetige Aktualisierung eines Relationsnetzes. Diesem Raumverständnis entspricht das Modell eines retiven, polyzentrischen Systems, wie es in dieser Arbeit vorgeschlagen wurde. Polyzentrisch deshalb, da das verbindende Element der netzartigen Struktur die vielen verschiedenen Zentren sind, und Relationen auf direktem Wege zwischen den verschiedenen Knoten stattfinden. Soziologisch haben diese relationalen Raummodelle vor allem in der netzwerkanalytischen Schule Verbreitung gefunden, in der soziales Geschehen als Ausbildung netzartiger Strukturen verstanden wird. Daher wurde die Bestimmung retiver Sozialsysteme auch eng an die Modelle dieser sozialen Netzwerkforschung angelehnt.

3.2.2.2 Topisches Raumverständnis: Der Raum als feldhafte Ordnung

Neben einem relationalen Raumverständnis, wie es für die westliche Moderne kennzeichnend ist, soll auch ein weiteres Raumverständnis mit Blick nach Japan aufgezeigt werden, das im Folgenden als topisches Raumverständnis bezeichnet und als Feld ausgelegt wird.

Wie weiter oben dargestellt, beruht ein topischen Sozialsystem-Modell auf einem sozial erlebbaren Raum, welcher als soziales Feld bzw. Atmosphäre erfahrbar wird. Im Unterschied zum rein relationalen Raumverständnis wird der Raum nicht primär als ein Relationsgefüge verstanden,

---

23 Stekeler-Weithofer 1992, 100.

sondern vor allem als ein durch die Raumpunkte aufgespanntes Feld. Versucht man die Verbindung der Raumpunkte dennoch über Relationen abzubilden, dann erhält man „topische Relationen", die im Unterschied zur direkten gerade Verbindung zweier Raumpunkte „über das Feld laufen" und daher als zwei sich schneidende Geraden visualisiert werden können.

Die Feld-Metapher des Raumes soll verdeutlichen, dass die Raumpunkte selbst vom Raum durchdrungen werden können, d.h. das Verbindende zugleich das Durchdringende ist. Deshalb liegt auch die Schwingungs- und Resonanz-Metapher nahe, denn die Vorstellung, dass Schwingungen Raumpunkte durchdringen, welche damit in Resonanz geraten, ist physikalisch greifbar.

Ein derart topisches Raumverständnis liegt nahe, wenn man die mit dem Begriff „topisches Sozialsystem" beschriebenen Phänomene der japanischen Sozio-Kultur philosophisch reflektiert. Doch umso erstaunlicher ist es, wenn sich auch in der westlichen Tradition Stimmen finden lassen, die ein ähnliches Raumverständnis erkennen lassen.

Gosztonyi fasst nach seiner über tausendseitigen philosophischen Untersuchung über den Raum seine Position gerade in Absetzung zu zahlreichen klassischen Positionen wie folgt zusammen: „Raum ist ‚*reine Konduktivität*'."[24] „Er ist – auch methodisch – von der ‚Schwingung' nicht ‚abtrennbar', das heißt aber, er *ist* ‚Schwingung'."[25] Mit der Schwingungsmetapher versucht auch er deutlich zu machen, dass der Raum zugleich den Menschen durchdringen kann: „... der Raum ... *wirkt* nämlich in ihm – und nicht etwa ‚um' ihn – und zwar als Spannung, der der Mensch ununterbrochen ausgesetzt ist."[26] Fernab jeden Japanbezuges knüpft Gosztonyi gerade in diesem Ausgesetzt-Sein für das Durchdringende an einen explizit topischen Gedanken an, wie er sich z.B. bei Watsuji finden lässt, der topische Elemente als „draußen Seiende"[27], „Hinausgetretene"[28], „Hinausgestellte"[29] versteht, die vom Klima durchdrungen werden. Damit ist deutlich, dass das Raumerlebnis nicht ohne Risiko des Erleidens einer Spannung erfahren werden kann: „Das Raumerlebnis ist ein Getragensein und ein Erfahren –

---

24 Gosztonyi 1976, 1255.
25 Gosztonyi 1976, 1255.
26 Gosztonyi 1976, 1017.
27 Watsuji 1992, 8.
28 Watsuji 1992, 8.
29 Watsuji 1992, 16.

oder genauer: ein Erleiden – einer Spannung ...“[30] Mit dieser Nähe von Gosztonyi zu Watsuji soll nur ein Beispiel genannt sein, wie sehr ein topisches Raumverständnis aus beiderseitigem Bemühen heraus entwickelt werden kann.

Sucht man in der westlichen Soziologie nach Anschlussmöglichkeiten für ein topisches Raumverständnis, dann darf neben dem bereits genannten Kurt Lewin und seinem Schüler Junius Brown sicher auch Pierre Bourdieu nicht fehlen, der mit der Berufung auf den Feldbegriff eine radikale Wendung in der Sozialwissenschaft fordert:

> „Das Denken in Feldbegriffen erfordert eine Umkehrung der gesamten Alltagssicht von sozialer Welt, die sich ausschließlich an sichtbaren Dingen festmacht ... In der Tat: Wie die Newtonsche Gravitationstheorie nur im Bruch mit dem Cartesianischen Realismus, der keinen anderen Modus physischer Aktionen als den Stoß, den direkten Kontakt, anerkannte, zu entwickeln war, so setzt auch der Feld-Begriff einen Bruch mit der realistischen Vorstellung voraus, die den Effekt des *Milieus* auf den der direkten, in einer Interaktion sich vollziehenden Handlung reduziert.“[31]

Gerade weil sich für Bourdieu das Feld nicht auf die darin sich vollziehenden Interaktionen reduzieren lässt, fordert er, das Feld als eigene Wirkungsgröße zu beachten und in den „Mittelpunkt der Forschungsoperationen“[32] zu stellen. Mit dieser Forderung reiht sich Bourdieu ein in das soziologische Bemühen um die Weiterentwicklung eines topischen Raumverständnisses.

Mit den Beispielen von Gosztonyi und Bourdieu sollte nur auszugsweise angedeutet werden, dass es auch in der westlichen Philosophie und Soziologie – wenn auch aus unterschiedlichsten Motiven – Annäherungen an ein topisches Raumverständnis gibt, und somit das Bemühen um ein topisches Raum- und Systemverständnis nicht ausschließlich nur Japaninteressierten vorbehalten bleiben muss. So lässt sich mit Fug und Recht behaupten, dass es auch in der westlichen Welt vielversprechende Ansätze gab und gibt, welche die Grenzen der bisherigen Raummodelle erkannt haben und nach neuen Wegen in Richtung eines topischen Raumverständnisses suchen. Vor

---

30 Gosztonyi 1976, 1024.

31 Bourdieu 1985, 71.

32 Bourdieu in: Bourdieu/Wacquant 1996, 139.

diesem Hintergrund könnte auch die Diskussion um ein topisches Systemmodell eine integrative Wirkung haben und bestehende Kräfte bündeln.

Doch bei aller Vereinnahmung westlicher Ansätze sollte man sich im Klaren sein, dass die genannten westlichen Quellen zum topischen Raumverständnis doch eher eine Ausnahme als die Regel darstellen. So ist in den vorherrschenden westlichen Modellen trotz allem Bemühen um ein angemessenes Raumverständnis die Dominanz zeitlicher Kategorien immer noch unverkennbar. Bei eher schematisierender Wahrnehmung kann man daher bisweilen zurecht den Eindruck erhalten, dass der westlichen Fokussierung auf die Zeit die japanische Raumorientierung gegenübersteht:

> „If Westerners express the world in the form of time, the Japanese tendency toward space is the antithesis of these European concepts. Schematically speaking, it is a way of plotting perception along the axis of 'being and space' instead of 'being and time'."[33]

---

33 Kawakatsu 1999.

3.3 Überblick über die zentralen Begriffe

Nachdem die Unterscheidung zwischen retiven und operativen sowie zwischen zeitlichen und räumlichen Systemmodellen abschließend reflektiert wurde, sollen die in dieser Arbeit vorgeschlagenen Unterscheidungen noch einmal abschließend grafisch dargestellt werden.

Überblick über die zentralen Begriffe
(Abb. 3.3.a)

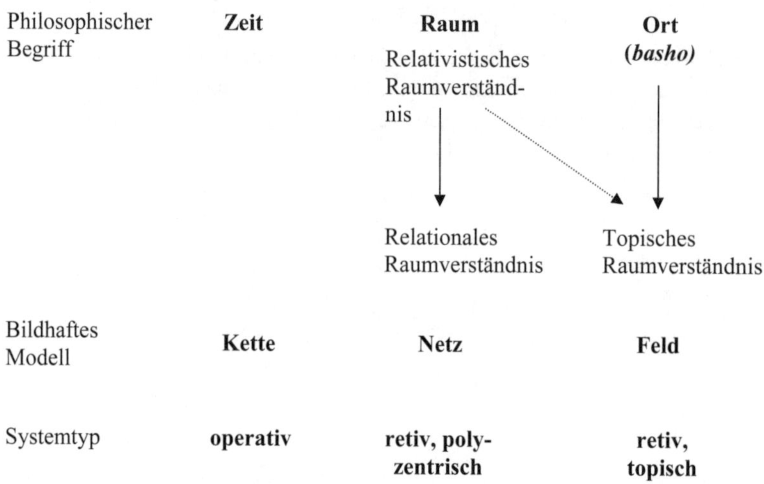

3.4 Zusammenfassung und Perspektiven

Die Arbeit war angetreten mit dem Anspruch, zwei bislang unabhängig voneinander entwickelte Diskussionskreise, nämlich Systemtheorie und japanische Lehre vom Ort, zu verknüpfen, um daraus ein Systemmodell zu entwickeln, welches für die Beschreibung von japanischem Sozialverhalten Anwendung finden kann. Als Modell wurde ein topisches Systemmodell vorgeschlagen, dass sich sowohl von dem operativen Systemmodell Luhmannscher Prägung aber auch von bislang bekannten relationalen Netzmodellen wesentlich unterscheidet. Damit ist ein drittes idealtypisches Systemmodell entwickelt worden, das hilfreiche Dienste im interkulturellen Verstehen leisten kann.

Da mit dieser Arbeit aber auch ein streitbarer Beitrag zur allgemeinen Systemtheorie anvisiert ist, und die Systemtheorie nach dem Generellen im Besonderen sucht, stellt sich die Frage, bei welchen besonderen Phänomen das allgemeine topische Systemmodell noch Anwendung finden könnte.

Sucht man im sozialen Bereich nach etwaigen Phänomenen, dann könnten folgende Beispiele erste Anregungen liefern: Bert Hellinger sorgt mit seinen Familienaufstellungen in der Therapieszene für Aufmerksamkeit. Ziel seines Ansatzes ist es, die eigene Familie mit anderen Personen räumlich so aufzustellen, dass sich die tatsächliche Atmosphäre der Familie herstellen und für therapeutische Zwecke gezielt verändern lässt. Die Atmosphäre wird als „wissendes Feld" beschrieben, zu dem die Stellvertreter aufgrund ihrer relativen räumlichen Stellung zueinander Zugang haben.[34] – Rupert Sheldrake zeigt Experimente, die belegen sollen, dass das Wissen sozialer Gruppen sich in morphischen Feldern manifestiert, und auch Unbeteiligte mit diesem Feld und dem darin gespeicherten Wissen in Berührung kommen können.[35]

Auch im Bereich des Lebendigen lassen sich ebenso streitbare potenzielle Anwendungsfälle für topische Systemmodelle finden: Homöopathische Heilmittel, insbesondere die stark ‚verdünnten' Hochpotenzen, verfügen neben der neutralen Trägersubstanz über kein einziges Molekül des ursprünglichen Heilstoffes, wirken aber nachweißlich trotzdem.[36] Mögliche Erklärung: Die Heilstoff-Information wird als Schwingung an des Feld des Heilmittels und von dort an das Organismusfeld weitergeben, wo es wiederum nur wirksam wird, wenn es dort eine entsprechende Resonanz auslösen kann. – Neuere Ergebnisse der Biophysik legen nahe, dass lebende Organismen von einem Photonen-Feld durchdrungen werden und Zellen daher auch feldhaft miteinander kommunizieren können.[37]

Diese Auflistung der möglichen Anwendungsfälle für topische Systemmodelle soll nicht mehr sein als ein vorsichtiger Hinweis, dass die Beschäftigung mit topischen Systemmodellen möglicherweise von weit größerem

34 Vgl.: Hellinger 2001.

35 Vgl.: Sheldrake 1993; Dürr/Gottwald 1997; Zuber 1998.

36 Schwab 1990, 57: „Als Quintessenz einer Literaturstudie zu bisher durchgeführten Wirkungsnachweisen mit Hochpotenzen läßt sich festhalten, daß die Ergebnisse dieser Forschung schwer zu widerlegende Tatsachen für eine Wirkung und Wirksamkeit homöopathischer Hochpotenzen sind."

37 Vgl.: Inaba 1988; Popp/Li/Gu 1992; Popp/Gu/Li 1994; Gu/Popp 1994; Amano u.a. 1995; Bischof 1995; Chang/Fisch/Popp 1998.

Interesse sein kann, als bisher geahnt. Insbesondere könnte das in dieser Arbeit vorgeschlagene polyzentrisch-topische Hybrid-Modell die Chance bieten, bestehende (*a*topische) Erklärungsmodelle mit topischen zu verknüpfen und damit den Rahmen für eine integrative Sichtweise zu erhalten. Inwiefern es sich bei den obigen Phänomenen tatsächlich um streng überprüfbare Ergebnisse handelt, muss den einzelwissenschaftlichen Untersuchungen vorbehalten bleiben. Es soll jedoch nicht unterschlagen werden, dass ich persönlich als Proband schon mehrmals die Wirksamkeit obiger Phänomene am eigenen Leib erfahren konnte.

Aber auch wenn alle gelisteten oder weitere Phänomene keine sinnvolle Anwendungen eines topischen Systemmodells zulassen sollten, so bleibt der ursprüngliche Anspruch dieser Arbeit unangetastet, mit einem topischen Systemmodell einen bescheidenen Beitrag zur Verständigung verschiedener Denk- und Sozio-Kulturen zu leisten, die mir gerade angesichts der Probleme dieser Welt dringend nötig erscheint.

Literaturverzeichnis

Abe, Masao (1988): Nishida's Philosophy of „Place". In: International Philosophical Quarterly, Vol. 28/4, 12/1988, S. 355-371.

Altmann, Gabriel/Koch, Walter A. (Hg.)(1998): Systems: New Paradigms for the Human Sciences. Berlin; New York.

Amano, T./Kobayashi, M./Devarai, B./Usa, M./Inaba, H. (1995): Ultraweak biophoton emission imaging of transplanted bladder cancer. In: Urological Research (1995), Vol. 23, No. 5, S. 315-318.

Atmanspacher, Harald/Dalenoort, Gerhard J. (Hg.)(1994): Inside Versus Outside: Endo- and Exo-Concepts of Observation and Knowledge in Physics, Philosophy and Cognitive Science. Berlin; Heidelberg.

Bailey, Kenneth D. (1994): Sociology and The New Systems Theory. Toward a Theoretical Synthesis. New York.

Baraldi, Claudio/Corsi, G./Esposito, E. (1997): GLU: Glossar zur Niklas Luhmanns Theorie sozialer Systeme. Frankfurt a.M.

Barben, Daniel (1996): Theorietechnik und Politik bei Niklas Luhmann: Grenzen einer universalen Theorie der modernen Gesellschaft. Opladen.

Barloewen, Constantin von (1998): Der Mensch im Cyberspace: vom Verlust der Metaphysik und dem Aufbruch in den virtuellen Raum. München.

Barloewen, Constantin von/Werhahn-Mees, Kai (Hg.)(1986): Japan und der Westen. Band 1: Philosophie, Geistesgeschichte, Anthropologie. Frankfurt a.M.

Barnes, John A. (1954): Class and committees in a Norwegian island parish. In: Human Relations, Vol. 7, S. 39-58.

Becker, Konrad (1991): Zwischenraum, Hyperraum und darüber hinaus. In: Waffenender, M. (Hg.): Cyberspace: Ausflüge in virtuelle Wirklichkeiten. Reinbeck b. Hamburg, S. 249-253.

Befu, Harumi (1986): The Social and Cultural Background of Child Development in Japan and the United States. In: Stevenson, Harold/Azuma, H./Hakuta, K. (Hg.): Child Development and Education in Japan. New York.

Befu, Harumi/Kreiner, Josef (1992): Othernesses of Japan: historical and cultural influences on Japanese studies in ten countries. München.

Bender, Christiane (1989): Identität und Selbstreflexion: zur reflexiven Konstruktion der sozialen Wirklichkeit in der Systemtheorie von N. Luhmann und im symbolischen Interaktionismus von G. H. Mead. Frankfurt a.M. u.a.

Benedict, Ruth (1989): The Chrysanthemum and the Sword. Patterns of Japanese Culture. Boston. (orig: 1946)

Bente, Gary/Otto, Ingolf (1996): Virtuelle Realität und parasoziale Interaktion: zur Analyse sozio-emotionaler Wirkungen computer-simulierten nonverbalen Kommunikationsverhaltens. Medienpsychologie: Zeitschrift für Individual und Massenkommunikation, 8, S. 217-242.

Benz, Peter-Ulrich/Wagner, Gerhard (Hg.)(2000): Die Logik der Systeme: Zur Kritik der systemtheoretischen Soziologie Niklas Luhmanns. Konstanz.

Berg, Henk de/Prangel, Matthias (Hg.)(1995): Differenzen: Systemtheorie zwischen Dekonstruktion und Konstruktivismus. Tübingen; Basel.

Berg, Henk de/Prangel, Matthias (Hg.)(1997): Systemtheorie und Hermeneutik.Tübingen; Basel.

Berger, Johannes (1987): Autopoiesis: Wie „systemisch" ist die Theorie sozialer Systeme? In: Haferkamp/Schmid (Hg.): Sinn, Kommunikation und soziale Differenzierung, S. 129-152.

Berger, Peter A. (1995): Anwesenheit und Abwesenheit. Raumbezüge sozialen Handelns. In: Berliner Journal für Soziologie, Bd. 5/1, S. 99-111.

Berger, Peter L./Luckmann, Th. (1977): Die gesellschaftliche Konstruktion der Wirklichkeit. Frankfurt. (orig: 1969)

Bergson, Henri (1989): Zeit und Freiheit. Frankfurt a.M. (orig: 1920)

Berque, Augustin (1986): Das Verhältnis der Ökonomie zu Raum und Zeit in der japanischen Kultur. In: Barloewen/Werheahn-Mees (Hg.): Japan und der Westen. S. 21-37.

Berque, Augustin (1992): Identification of self in relation to the environment. In: Rosenberger, N. (Hg.): Japanese sense of self. S. 93-104.

Berque, Augustin (1996a): The japanese thougt of Milieu (*fûdo*): from Peculiarism to the quest of the paradigm. In: Kreiner/Ölschläger (Hg.): Japanese culture and society. S. 61-79.

Berque, Augustin (1996b): Die Zeitlichkeit der japanischen Stadt und die Überwindung der Moderne. In: Hijiya-Kirschnereit, I. (Hg.): Überwindung der Moderne?, S. 194-208.

Berque, Augustin (1997): Japan. Nature, Artifice and Japanese Culture. Northamptonshire.

Bertalanffy, Ludwig von (1968): General system theory. New York.

Beyerle, Matthias (1994): Staatstheorie und Autopoiesis. Frankfurt a.M., Berlin u.a.

Biggart, J./Gloveli, G./Yassour, A. (Hg.)(1998a): Bogdanov and his work. Aldershot u.a.

Biggart, J./Dudley, G./King, F. (Hg.)(1998b): Alexander Bogdanov and the origins of systems thinking in Russia. Aldershot u.a.

Bischof, Marco (1995): Biophotonen. Das Licht in unseren Zellen. Frankfurt a.M.

Bogdanov, Alexander (1926): Allgemeine Organisationslehre: Tektologie, Bd.1. Berlin.

Bogdanov, Alexander (1928): Allgemeine Organisationslehre: Tektologie, Bd.2. Berlin.

Bohnen, Alfred (2000): Handlungsprinzipien oder Systemgesetze: Über Traditionen und Tendenzen theoretischer Sozialerkenntnis. Tübingen.

Bollnow, Otto F. (1963): Mensch und Raum. Stuttgart.

Bornscheuer, Lothar (1976): Topik. Zur Struktur der gesellschaftlichen Einbildungskraft. Frankfurt a.M.

Borwick, Irving (1990): Systemische Beratung von Organisationen. In: Fatzer, Gerhard/Eck, C. D. (Hg.): Supervision und Beratung. Köln, S. 363-387.

Böse, Reimund/Schiepek, Günter (1989): Systemische Theorie und Therapie. Ein Handwörterbuch. Heidelberg.

Botzenhardt, Axel C. (1998): Japan als Netzwerkgesellschaft. München.

Bourdieu, Pierre (1985): Sozialer Raum und „Klassen“. Frankfurt a.M.

Bourdieu, Pierre/Wacquant, Loic J.D. (1996). Reflexive Anthropologie. Frankfurt a.M.

Brieskorn, Norbert (1996): „Ethik“ und „Systemtheorie“ bei Niklas Luhmann. In: Funiok, Rüdiger (Hg.): Grundfragen der Kommunikationsethik. Konstanz, S. 59-72.

Brown, Junius F. (1936): Psychology and the social order: an introduction to the dynamic study of social fields. New York; London.

Brüll, Lydia (1989): Die japanische Philosophie: eine Einführung. Darmstadt.

Brunner, Ewald J. (1987): Vom Nutzen und Nachteil der allgemeinen Systemtheorie für die Familientherapietheorie. In: Schlippe, Artist von/Kriz, Jürgen (Hg.): Symposium Familientherapie. Wildberg, S. 46-53.

Bubner, Rüdiger (1990): Dialektik als Topik. Bausteine zu einer lebensweltlichen Theorie der Rationalität. Frankfurt a.M.

Buchheim, Thomas (Hg.)(1989): Destruktion und Übersetzung: zu den Aufgaben der Philosophiegeschichte nach Martin Heidegger. Weinheim.

Bühl, Achim (1997): Die virtuelle Gesellschaft: Ökonomie, Politik und Kultur im Zeichen des Cyberspace. Opladen.

Buchner, Hartmut (Hg.)(1989): Japan und Heidegger. Gedenkschrift der Stadt Meßkirch zum hundertsten Geburtstag Martin Heideggers. Sigmaringen

Burckhardt, Martin (1994): Metamorphosen von Raum und Zeit – Eine Geschichte der Wahrnehmung. Frankfurt a.M. u.a.

Bußhoff, Heinrich (Hg.)(1992): Politische Steuerung: Steuerbarkeit und Steuerungsfähigkeit. Baden-Baden.

Breuer, Dieter/Schanze, Helmut (Hg.)(1981): Topik. Beiträge zur interdisziplinären Diskussion. München.

Casey, Edward S. (1993): Getting back into place: toward a renewed understanding of the place-world. Bloomington; Indianapolis.

Casey, Edward S. (1996): How to get from space to place in a fairly short strech of time: phenomenological prolegomena. In: Feld, Steven/Basso, Keit H. (Hg.): Senses of place. Santa Fe.

Casey, Edward S. (1997): The fate of place: a philosophical history. Berkeley; Los Angeles; London.

Cassirer, Ernst (1994): Substanzbegriff und Funktionsbegriff. Darmstadt. (orig: 1910)

Castells, Manuel (2001): Bausteine einer Theorie der Netzwerkgesellschaft. In: Berliner Journal für Soziologie, Heft 4/2001, S. 423-439.

Chang, Jiin-Ju./Fisch, J./Popp, F.A. (Hg.)(1998): Biophotons. Dordrecht, Boston, London.

Coleman, James S. (1986): Die asymmetrische Gesellschaft. Weinheim; Basel.

Coleman, James S. (1995): Grundlagen der Sozialtheorie. Bd 1: Handlungen und Handlungssysteme. München.

Coulmas, Florian (1993): Das Land der rituellen Harmonie: Japan: Gesellschaft mit beschränkter Haftung. Frankfurt a.M.; New York.

Cranach, Mario v. (1990): Eigenaktivität, Geschichtlichkeit und Mehrstufigkeit. In: Witte, Erich H. (Hg.), Sozialpsychologie und Systemtheorie, S. 13-49.

Cranach, Mario v. (1992): The Multi-Level Organisation of Knowledge and Action - An Integration of Complexity. In: Cranach/Doise/Mugny (Hg.), S. 10-22.

Cranach, Mario v. (1995a): Über das Wissen sozialer Systeme. In: Flick, Uwe (Hg.): Psychologie des Sozialen. Reinbeck bei Hamburg, S. 22-53.

Cranach, Mario v. (1995b): Reality is the basis of social construction which in turn creates reality. In: Hosking, Dian-Marie/Dachler, Peter H./Gergen, Kenneth J. (Hg.): Management and Organization. Aldershot u.a. S.220-234.

Cranach, Mario v./Doise, Wilhem/Mugny, Gabriel (Hg.)(1992): Social Representations and the Social Bases of Knowledge. Lewiston.

Czayka, Lothar (1974): Systemwissenschaft. Eine kritische Darstellung mit Illustrationsbeispielen aus den Wirtschaftswissenschaften. Pullach bei München.

Deleuze, Gilles/Guattari Félix (1977): Rhizom. Berlin.

Deutschmann, Christoph (1987a): Der „Betriebsclan“: der japanische Organisationstypus als Herausforderung an die soziologische Modernisierungstheorie. In: Soziale Welt, Jg. 38, Heft 2, S.133-147.

Deutschmann, Christoph (1987b): Arbeitszeit in Japan: organisatorische und organisationskulturelle Aspekte der ›Rundumnutzung‹ der Arbeitskraft. Frankfurt a.M.; New York.

De Vos, George (1973): Socialization for Achievement. Essais on the Cultural Psychology of the Japanese. Berkeley; Los Angeles.

Diaz-Bone, Rainer (1997): Ego-zentrierte Netzwerkanalyse und familiale Beziehungssysteme. Wiesbaden.

Diestel, Reinhard (2000): Graphentheorie. Berlin u.a.

Dilworth, David A. (1974): Watsuji Testurô, Cultural Phenomenologist and Ethican. In: Philosophy in East and West, Vol 24, No.1. S. 3-22.

Doi, Takeo (1973): Omote and ura: concepts derived from the Japanese 2-fold structure of consciousness. In: The journal of nervous and mental diseases, Vol. 157, No. 4, S. 258-261.

Doi, Takeo (1982): Amae. Freiheit in Geborgenheit: Zur Struktur der japanischen Psyche. Frankfurt a.M.

Dondl, Peter (1992): Angewandte Wissenschaft und Theorie autopoietischer Systeme. München.

Dürr, Hans-Peter/Gottwald, Franz-Theo (Hg.)(1997): Rupert Sheldrake in der Diskussion. Bern; München; Wien.

Ehmke, Franziska (1986): Individuum und Gesellschaft in Japan. In: Pörtner, P. (Hg.): Japan - ein Lesebuch, S. 262-270.

Elberfeld, Rolf (1994): Kitaro Nishida und die Frage nach der Interkulturalität. (Diss.) Uni Würzburg.

Elberfeld, Rolf (1999a) (Hg.): Logik des Ortes. Der Anfang der modernen Philosophie in Japan. Darmstadt.

Elberfeld, Rolf (1999b): Einleitung. In: Elberfeld, R. (Hg.): Logik des Ortes, S. 1-19.

Entrikin, J. Nicholas (1991): The betweenness of place: towards a geography of modernity. Baltimore.

Esposito, Elena (1991): Paradoxien als Unterscheidungen von Unterscheidungen. In: Gumbrecht, Hans U./Pfeiffer, K.L. (Hg.): Paradoxien, Dissonanzen, Zusammenbrüche. Frankfurt, S. 35-57.

Esser, Hartmut (1994): Kommunikation und „Handlung". In: Rusch/Schmidt (Hg.): Konstruktivismus und Sozialtheorie, S. 172-204.

Exner, Alexander/Königswieser, Roswita/Titscher, Stefan (1988): Unternehmensberatung – systemisch: Theoretische Annahmen und Interventionen im Vergleich zu anderen Ansätzen. In: Zeitschrift für Organisationsentwicklung 7.4, S. 1-33.

Feilke, Helmuth (1994): Common sense-Kompetenz: Überlegungen zu einer Theorie des ›sympathischen‹ und ›natürlichen‹ Meinen und Verstehens. Frankfurt a.M.

Fischer, Hans R. (Hg.)(1991): Autopoiesis: eine Theorie im Brennpunkt der Kritik. Heidelberg.

Fischer-Barnicol, Dora/Okochi, Ryogi (1992): Einleitung der Übersetzer. In: Wastuji, T. (1992), S. VII-XIX.

Foerster, Heinz v. (1985): Sicht und Einsicht. Versuche zu einer operativen Erkenntnistheorie. Braunschweig; Wiesbaden.

Foucault, Michel (1990): Andere Räume. In: Barck, K./Gente, P./Paris, H./Richter, S. (Hg.): Aisthesis. Wahrnehmung heute oder Perspektiven einer anderen Ästhetik. Leipzig, S. 34-46.

Fröhlich, Gerhard (1996): Netz-Euphorien. Zur Kritik digitaler und sozialer Netz(werk)-metaphern. In: Schramm, A. (Hg.): Philosophie in Österreich 1996. Wien, S. 292-306.

Fuchs, Peter (1987): Vom Zeitzauber der Musik. Eine Diskussionsanregung. In: Baecker, D. (Hg.): Theorie als Passion. Frankfurt a.M., S. 214-237.

Fuchs, Peter (1992): Die Erreichbarkeit der Gesellschaft: zur Konstruktion und Imagination gesellschaftlicher Einheit. Frankfurt a.M.
Fuchs, Peter (1993): Moderne Kommunikation. Zur Theorie des kommunikativen Displacements. Frankfurt a.M.
Fuchs, Peter (1995): Die Umschrift: zwei kommunikationstheoretische Studien: „Japanische Kommunikation“ und „Autismus“. Frankfurt a.M.
Fuchs, Peter (1998): Das Unbewußte in Psychoanalyse und Systemtheorie. Frankfurt a.M.
Fuchs, Stephan (2001): Networks. In: Soziale Systeme 7/2001, Heft 1, S. 125-155.
Fujiwara, Sakuhei (1929): kumo. Tokyo.
Galtung, Johann (1983): Struktur, Kultur und intellektueller Stil. Ein vergleichender Essay über sachsonische, teutonische, gallische und nipponische Wissenschaft. In: Leviathan 11/3, S. 303-338.
Galtung, Johann/Nishimura, Fumiko (1984): Struktur, Kultur und Sprachen: Indoeuropäische, chinesische und japanische Sprachen im Vergleich. In: Leviathan 1984/4. S. 478-505.
Gehm, Theo (1995): Selbstorganisierte Untersuchungsdesigns in der Kleingruppenforschung. Oder: Warum nicht Chaos mit Chaos angehen? In: Langthaler/Schiepek (Hg.): Selbstorganisation und Dynamik in Gruppen, S. 3-36.
Gehm, Theo (1997): Zwischen Ich und Wir. Kleingruppenbildung als selbstorganisierter Prozeß. In: Schiepek/Tschacher (Hg.)(1997): Selbstorganisation in Psychologie und Psychiatrie, S. 269-305.
Gergen, Kenneth (1999): An invitation to social construction. London.
Giegel, Hans-Joachim (1987): Interpenetration und reflexive Bestimmung des Verhältnisses von psychischem und sozialem System. In: Haferkamp/Schmid (Hg.): Sinn, Kommunikation und soziale Differenzierung, S. 212-244.
Giesen, Bernhard (1991): Die Entdinglichung des Sozialen. Eine evolutionstheoretische Perspektive auf die Postmoderne. Frankfurt am Main.
Glasersfeld, Ernst von (1987): Wissen, Sprache und Wirklichkeit. Arbeiten zum Radikalen Konstruktivismus. Braunschweig; Wiesbaden.
Gloy, Karen (1990): Vermittlungsmodelle von Einheit und Vielheit - das substanzontologische, das selbstreferentielle und das offen relationale Modell. In: Marquard, O. (Hg.): Einheit und Vielheit. Hamburg.

Gosztonyi, Alexander (1976): Der Raum. Geschichte seiner Probleme in Philosophie und Wissenschaften. I+II. Freiburg; München.
Götz, Klaus (Hg.)(1994): Theoretische Zumutungen: Vom Nutzen der systemischen Theorie für die Managementpraxis. Heidelberg.
Graf, Pedro (1994): Gegen den radikalen Konstruktivismus - für eine kritisch realistische Systemtheorie, in: Zeitschrift für systemische Therapie, Jg12(1), Januar, S.44-57.
Groth, Torsten (1996): Wie systemtheoretisch ist „Systemische Organisationsberatung"? Neuere Beratungskonzepte für Organisation im Kontext der Luhmannschen Systemtheorie. Münster.
Gu, Qiao/Popp, F.A.(1994): Biophoton emission as a potential measure of organizational order. In: Science in China (Series B), Vol. 37, No. 9, September 1994, S. 1099-1112.
Guggenberger, Wilhelm (1998): Niklas Luhmanns Systemtheorie. Eine Herausforderung der christlichen Gesellschaftstheorie. Innsbruck; Wien.
Gumbrecht, Hans Ulrich (1997): Form ohne Materie versus Form als Ereignis. In: Berg/Prangel (Hg.): Systemtheorie und Hermeneutik, S. 31-46.
Gumbrecht, Hans Ulrich/Pfeiffer, K. Ludwig (Hg.)(1991): Paradoxien, Dissonanzen, Zusammenbrüche. Frankfurt a.M.
Haferkamp, Hans/Schmid, Michael (Hg.)(1987): Sinn, Kommunikation und soziale Differenzierung. Frankfurt a.M.
Haken, Hermann (1977): Synergetics, an introduction. Berlin.
Haken, Hermann (1991): Psychologische Verhaltensmuster und deren Übergänge aus der Sicht der Synergetik. In: Kratky (Hg.): Systemische Perspektiven, S. 35-43.
Haken, Hermann (1994): Strukturentstehung und Gestalterkennung in den neueren Selbstorganisationstheorien. In: Heuser-Keßler/Jacobs (Hg.): Schelling und die Selbstorganisation, S. 11-26.
Hall, A.D./Fagen, R.E. (1969): „Definition of System" In: Buckley, Walter (Hg.): Modern Systems Research for the Behavioral Scientist. Chicago. S. 81-92.
Hall, Edward T. (1966): The Hidden Dimension. New York; London.
Hamada, Junko (1994): Japanische Philosophie nach 1868. Leiden; New York; Köln.
Hamaguchi, Eshun (1982): kanjinshugi no shaki nihon. Tokyo.

Hamaguchi, Eshun (1985a): A contextual model of Japanese: toward a methodological innovation in Japan Studies. In: Journal of Japanese Studies, 11:2, S. 289-321.
Hamaguchi, Eshun (1985b): Das Menschenmodell der Japaner. In: Kagami NF, Jg. XII, Heft 1, S. 111-122.
Hamaguchi, Eshun (1990): Ein Modell zur Selbstinterpretation der Japaner. In: Heise, J. (Hg.): Die kühle Seele, S. 138-147.
Hamaguchi, Eshun (Hg.)(1993): nihongata moderu to wa nani ka. Tokyo.
Hamaguchi, Eshun (1996): The contextual model in Japanese studies. In: Kreiner/Ölschleger (Hg.): Japanese Culture and Society, S. 337-357.
Hamaguchi, Eshun/Kumon, Sh. (Hg.)(1982): nihonteki shûdanshugi. Tokyo.
Hardach-Pinke, Irene (1988): Interkulturelle Lebenswelten: Deutsch-japanische Ehen in Japan. Frankfurt a.M.; New York.
Hardach-Pinke, Irene (Hg.)(1990): Japan - eine andere Moderne. Tübingen.
Hartmann, Nicolai (1947): Neue Wege der Ontologie (Teildruck aus: Systematische Philosophie). Stuttgart.
Hartmann, Peter (1952): Einige Grundzüge des japanischen Sprachaufbaus: gezeigt an den Ausdrücken für das Sehen. Heidelberg.
Heidegger, Martin (1985): Gesamtausgabe Bd.12: Unterwegs zur Sprache. Frankfurt a.M. (orig.: 1953)
Heidegger, Martin (1993): Sein und Zeit. Tübingen. (orig: 1927)
Heiden, Uwe an der/Roth, G./Schwegler, H. (1989): Organisation von Lebewesen – Selbstherstellung und Selbsterhaltung. In: Hesch, Rolf D. (Hg.): Endokrinologie, Teil A, Grundlagen. München u.a., S. 203-220.
Heise, Jens (1986a): Psychogramm einer Kultur der Anlehnung. In: Pörtner, P. (Hg.): Japan - ein Lesebuch, S. 277-290.
Heise, Jens (1986b): Das Unüberwindbare der Seele. In: Pörtner, P. (Hg.): Japan - ein Lesebuch, S. 276-286.
Heise, Jens (1989): Nihonron - Materialien zur Kulturhermeneutik. In: Menzel, U. (Hg.): Im Schatten des Siegers: Japan, S. 76-97.
Heise, Jens (Hg.)(1990): Die kühle Seele. Selbstinterpretationen der japanischen Kultur. Frankfurt a.M.
Heise, Jens (1998): Watsuji Tetsurô - Das Klima der Moderne. In: Richter, Steffi (Hg.): Japan-Lesebuch, S. 70-75.

Hejl, Peter M. (1982a): Sozialwissenschaft als Theorie selbstreferentieller Systeme. Frankfurt a.M.

Hejl, Peter M. (1987a): Konstruktion der sozialen Konstruktion: Grundlegung einer konstruktivistischen Sozialtheorie. In: Schmidt, S.J. (Hg.): Der Diskurs des Radikalen Konstruktivismus, S. 303-339.

Hejl, Peter M. (1987b): Zum Begriff des Indiviuums. Bemerkungen zum ungeklärten Verhältnis von Psychologie und Soziologie. In: Schiepek, G. (Hg.): Systeme erkennen Systeme, S. 115-154.

Hejl, Peter M. (1990c): Soziale Systeme: Körper ohne Gehirn oder Gehirn ohne Körper? Rezeptionsprobleme der Theorie autopoietischer Systeme in den Sozialwissenschaften. In: Riegas/Vetter (Hg.): Zur Biologie der Kognition, S. 205-236.

Hejl, Peter M. (1992a): Politik, Pluralismus und gesellschaftliche Selbstregelung. In: Bußhoff, H. (Hg.): Politische Steuerung, S. 107-142.

Hejl, Peter M. (1992b): Die zwei Seiten der Eigengesetzlichkeit. Zur Konstruktion natürlicher Sozialsysteme und dem Problem ihrer Regelung. In: Schmidt, S.J. (Hg.): Kognition und Gesellschaft, S. 167-213.

Hejl, Peter M. (1992c): Selbstorganisation und Emergenz in sozialen Systemen. In: Krohn/Küppers (Hg.): Emergenz, S. 269-292.

Hejl, Peter M. (1993): Kultur als sozial konstruierte Wirklichkeiten: zur Analytik der „dritten Ebene" aus systemtheoretischer Sicht. In: Spiel: Siegener Periodicum zur Internationalen Empirischen Literaturwissenschaft, Jg. 12, Heft 1, Sonderdruck, S. 81-104.

Hellinger, Bert (2001): Ordnungen der Liebe. Heidelberg.

Henrich, Dieter (1985)(Hg.): All-Einheit: Wege eines Gedankens in Ost und West. Stuttgart.

Herlth, Alois/Brunner, E.J./Tyrell, H./Kriz, J. (Hg.)(1994): Abschied von der Normalfamilie? Partnerschaft kontra Elternschaft. Berlin; Heidelberg u.a.

Hijiya-Kirschnereit, Irmela (Hg.)(1996): Überwindung der Moderne? Japan am Ende des zwanzigsten Jahrhunderts. Frankfurt a.M.

Hollstein-Brinkmann, Heino (1993): Soziale Arbeit und Systemtheorien. Freiburg im Breisgau.

Hörmann, Georg (Hg.)(1994): Im System gefangen. Zur Kritik systemischer Konzepte in den Sozialwissenschaften. Münster.

Horn, Elke (1994): Soziologische Systemtheorie und systemische Familientherapie: Einige Anmerkungen zu den Möglichkeiten

eines Dialoges. In: Herlth, A. u.a. (Hg.): Abschied von der Normalfamilie, S. 203-212.
Horster, Detlef (1997): Niklas Luhmann. München.
Hsu, Francis L. K. (1971): Psychosocial homeostasis and jen: concenptual tools for advancing psychological anthropology. In: American Anthropologist, Vol. 73 (1971), S. 23-44.
Hucklenbroich, Peter (1990): Selbstheilung und Selbstprogrammierung. Selbstreferenz in medizinischer Wissenschaftstheorie und Künstlicher Intelligenz. In: Riegas/Vetter (Hg.)(1990a), S. 116-132.
Huschke-Rhein, Rolf (Hg.)(1990): Systemische Pädagogik: ein Lehr- und Studienbuch für Erziehungs- und Sozialwissenschaften. Köln.
Imada, Takatoshi (1986): jiko soshikisei. shakai ronri no fukkatsu. Tokyo.
Imai, Kenichi/Kaneko, Ikuyô (1988): nettowâku soshikiron. Tokyo.
Inaba, Humio (1988): Super-high sensitivity systems for detection and spectral analysis of ultraweak photon emission form biologcal cells and tissues. In: Experientia, Vol. 44, Nr. 7/1988, S. 550-559.
Irle, Martin (1991): Gestaltpsychologie und Utilitarismus: von Lewin zu Heider und Festiger. In: Gestalt Theory, Vol. 13, No. 3, S. 134-147.
Ishida, Takeshi (1989): Konflikte und ihre Beilegung: Omote-ura- und uchi-soto-Beziehungen. In: Menzel, U. (Hg.): Im Schatten des Siegers: Japan, Bd. 1, S. 111-139.
Itami, Keisuke (1992): ba no manejimento josetsu. In: soshikikagaku, Bd. 26.1, S.78-88.
Kampis, George (1991): Self-Modifiying Systems in Biology and Cognitive Science: A new Framework for Dynamics, Information and Complexity. Oxford u.a.
Kaneko, Tohru/Stickel, Gerhard (Hg.)(1987): Deutsch und Japanisch im Kontrast. Band 4: Syntaktisch-semantische Kontraste. Heidelberg.
Kanitscheider, Bernulf (1976): Vom absoluten Raum zur dynamischen Geometrie. Mannheim u.a.
Kastl, Jörg Michael (1998): Die insgeheime Transzendenz der Autopoiesis: zum Problem der Zeitlichkeit in Luhmanns Systemtheorie. In: Zeitschrift für Soziologie, Jg. 27, Heft 6/12, S. 404-417.
Katschnig, Hildegard/Wanschura, Werner (1991): Systemische Familientherapie und ihre Endokritik. In: Kratky (Hg.): Systemische Perspektiven, S. 127-139.

Kaulbach, Friedrich (1960): Die Metaphysik des Raumes bei Leibniz und Kant. Köln.

Kawai, Hayao (1976): boseishakai nihon no byôri. Tokyo.

Kawai, Hayao (1982): Die Krise Japans als Krise der „Struktur der leeren Mitte“. In: Kagami Jg. IX, Heft 1, S. 57-74.

Kawai, Hayao (1990a): Die ‚Ewig Jungen' in Japans materneller Gesellschaft. In: Heise, Jens (Hg.): Die kühle Seele, S. 88-108.

Kawai, Hayao (1990b): Die Krise Japans als Krise der ‚Struktur der leeren Mitte'. In: Heise, Jens (Hg.): Die kühle Seele, S. 121-137.

Kawakatsu, Heita (1999): Imanishi's View of the World. In: URL <http://www.jef.or.jp/en/jti/199903_006.html> (08.04.2002)

Kawamoto, Hideo (1995): ôtopoiêshisu: daisan sedai shisutemu. Tokyo.

Kawamoto, Hideo (2000): ôtopoiêshisu no kakuchô. Tokyo.

Kawamoto, Hideo (2001): ôtopoiêshisu 2001. Tokyo.

Keupp, H. (1987): Soziale Netzwerke. Eine Metapher des gesellschaftlichen Umbruchs? In: Keupp/Röhrle (Hg.): Soziale Netzwerke, S. 11-53.

Keupp, H./Röhrle, B. (Hg.) (1987): Soziale Netzwerke. Frankfurt.

Kimura, Bin (1988): aida. Tokyo.

Kimura, Bin (1995): Zwischen Mensch und Mensch. Strukturen japanischer Subjektivität. Darmstadt.

Kirsch, Werner (1992): Kommunikatives Handeln, Autopoiese, Rationalität. Sondierungen zu einer evolutionären Führungslehre. München.

Kishitani, Shôko (1960): Die Psyche der japanischen Sprache und die europäische Denkweise. In: Zeitschrift für Missionswissenschaft und Religionswissenschaft, Jg. 44, Heft 4, S. 271-281.

Kishitani, Shôko (1985): Die Person in der Satzaussage: Beiträge zur deutschen und japanischen Verbalkategorie. Wiesbaden.

Knyphausen, Dodo zu (1988): Unternehmen als evolutionsfähige Systeme. Überlegungen zu einem evolutionären Konzept für die Organisationslehre. München.

Konau, Elisabeth (1977): Raum und soziales Handeln. Studien zu einer vernachlässigten Dimension soziologischer Theoriebildung. Stuttgart.

König, Eckard/Volmer, Gerda (1996): Systemische Organisationsberatung. Weinheim.

Königswieser, Roswita/Exner, Alexander/Pelikan, Jürgen (1995): Systemische Intervention in der Beratung. In: Organisationsentwicklung 2/95, S. 52-65.

Konopka, Melitta (1994): Das psychische System in der Systemtheorie Niklas Luhmanns. (Diss.) Uni. Bochum.
Koschorke, Albrecht/Vismann, Cornelia (Hg.)(1999): Widerstände der Systemtheorie. Kulturtheoretische Analysen zum Werk von Niklas Luhmann. Berlin.
Kôyama, Iwao (1990): Das Prinzip der Entsprechung und die Ortlogik. In: Ôhashi (Hg.): Die Philosophie der Kyoto-Schule, S. 306-348.
Kracht, Klaus (1980): Über ›Ostasien‹ sprechen: Sprache des Mangels, Sprache des Da-Seins. In: Bochumer Jahrbuch zur Ostasienforschung Band 3 (1980), S. VII-XXIV.
Kratky, Karl W. (Hg.)(1991): Systemische Perspektiven: Interdisziplinäre Beiträge zu Theorie und Praxis. Heidelberg.
Kratky, Karl W./Bonet, Elfriede M. (Hg.)(1989): Systemtheorie und Reduktionismus. Wien.
Kratky, Karl W./Wallner, Friedrich (Hg.)(1990): Grundprinzipien der Selbstorganisation. Darmstadt.
Krawietz, Werner/Welker, Michael (1992): Kritik der Theorie sozialer Systeme. Frankfurt a.M.
Kreiner, Josef/Ölschleger, H. D. (Hg.)(1996): Japanese culture and society: models of interpretation. München.
Kretschmar, Olaf (1991): Sozialwissenschaftliche Feldtheorien - von der Psychologie Kurt Lewins zur Soziologie Pierre Bourdieus. In: Berliner Journal für Soziologie, Heft 4, S. 567-579.
Krieger, David J. (1996): Einführung in die allgemeine Systemtheorie. München.
Kriz, Jürgen (1988): Pragmatik systemischer Therapie-Theorie. Teil I: Probleme des Verstehens und der Verständigung. In: System Familie 1, S. 92-102.
Kriz, Jürgen (1990a): Erkennen und Handeln. Zum besonderen Verhältnis von (konstruktivistisch-systemischer) Theorie und Praxis in der klinischen Psychologie. In: Riegas/Vetter (Hg.): Biologie der Kognition, S. 189-204.
Kriz, Jürgen (1990b): Pragmatik systemischer Therapie-Theorie. Teil II: Der Mensch als Bezugspunkt systemischer Perspektiven. In: System Familie 3, S. 97-107.
Kriz, Jürgen (1992): Grundkonzepte der Systemtheorie. Bd.1: Chaos und Struktur. München
Kriz, Jürgen (1994): Zur systemtheoretischen Konzeption von „Familie". In: Herlth, A. u.a. (Hg.): Abschied von der Normalfamilie?, S. 31-41.

Kriz, Jürgen (1997): Systemtheorie: eine Einführung für Psychotherapeuten, Psychologen und Mediziner. Wien.
Kumon, Shumpei (1982): Some principles governing the thought and behavior of Japanists (contextualists). In: The Journal of Japanese Studies, Vol. 8, No. 1, S. 5-28.
Krohn, Wolfgang/Küppers, G. (Hg.)(1990): Selbstorganisation: Aspekte einer wissenschaftlichen Revolution. Braunschweig u.a.
Krohn, Wolfgang/Küppers, G. (Hg.)(1992): Emergenz. Die Entstehung von Ordnung, Organisation und Bedeutung. Frankfurt a.M.
Krüll, Marianne/Luhmann, Niklas/Maturana, Humberto (1987): Grundkonzepte der Theorie autopoietischer Systeme. In: Z.system.Ther. 5/87, S. 4-25.
Ladeur, Karl-Heinz (1992): Postmoderne Rechtstheorie. Selbstreferenz - Selbstorganisation - Prozeduralisisierung. Berlin.
Lamoen, G. J. van (1991): Von der Bio-Medizin zur Info-Medizin. In: Stacher, Alois. (1991): Ganzheitsmedizin. Wien; München, S. 440-447.
Langthaler, Werner/Schiepek, Günter (Hg.)(1995): Selbstorganisation und Dynamik in Gruppen: Beiträge zu einer systemwissenschaftlich orientierten Psychologie. Münster.
Läpple, Dieter (1991): Gesellschaftszentriertes Raumkonzept. In: Wentz, Martin (Hg.): Stadt-Räume, S. 35-46.
Lebra, Takie S. (1976): Japanese Patterns of Behavior. Honululu.
Lebra, Takie S./Lebra, William P. (1986): Japanese culture and behavior. Honolulu.
Levold, Tom (1984): Einige Gedanken über den Nutzen einer Theorie autopoietischer Systeme für eine klinische Epistemologie. In: Zeitschrift für systemische Therapie, 2/84, S. 173-189.
Levold, Tom (1998): Affektive Kommunikation und systemische Therapie. In: Welter-Enderlin/Hildenbrand (Hg.): Gefühle und Systeme, S. 18-51.
Lewin, Bruno (Hg.)(1969): Beiträge zum interpersonalen Bezug im Japanischen. Wiesbaden.
Lewin, Kurt (1934): Der Richtungsbegriff in der Psychologie. Der spezielle und allgemeine hodologische Raum. In: Psychologische Forschung, 19. Bd., S. 249-299.
Lewin, Kurt (1939): Experimente über den sozialen Raum. In: Lewin, K. (1953), S. 112-127.
Lewin, Kurt (1953): Die Lösung sozialer Konflikte. Bad Nauheim.

Lewin, Kurt (1963): Feldtheorie in den Sozialwissenschaften. Bern; Stuttgart.
Lewin, Kurt (1969): Grundzüge der topologischen Psychologie. Bern; Stuttgart.
Lewin, Kurt (1982): Kurt-Lewin-Werkausgabe: Bd. 4. Feldtheorie. Bern; Stuttgart.
Löw, Martina (2001): Raumsoziologie. Frankfurt a.M.
Löwith, Karl (1928): Das Individuum in der Rolle des Mitmenschen. In: Löwith, Karl (1981): Sämtliche Schriften, Bd. 1: Mensch und Menschenwelt (hg. von Stichweh/Launay). Stuttgart, S. 9-197. (orig: 1928)
Löwith, Karl (1960): Bemerkungen zum Unterschied von Orient und Okzident. In: Löwith, Karl (1983): Sämtliche Schriften, Bd. 2: Weltgeschichte und Heilsgeschehen (hg. von Stichweh/Launay), Stuttgart, S. 571-602.
Ludewig, Kurt (1988): Nutzen, Schönheit, Respekt – Drei Grundkategorien für die Evaluation von Therapien. In: System Familie 1, S. 103-114.
Ludewig, Kurt (1993): Systemische Therapie: Grundlagen klinischer Theorie und Praxis. Stuttgart.
Lück, Helmut E. (1996): Die Feldtheorie und Kurt Lewin: eine Einführung. Weinheim.
Luhmann, Niklas (1980): Gesellschaftsstruktur und Semantik: Studien zur Wissenssoziologie der modernen Gesellschaft, Bd.1. Frankfurt a.M.
Luhmann, Niklas (1981): Soziologische Aufklärung 3. Soziales System, Gesellschaft, Organisation. Opladen.
Luhmann, Niklas (1984): Soziale Systeme: Grundriß einer allgemeinen Theorie. Frankfurt a.M.
Luhmann, Niklas (1987): Die Autopoiesis des Bewußtseins. In: Hahn, Alois/Kapp, V. (Hg.): Selbsthematisierung und Selbstzeugnis: Bekenntnis und Geständnis. Frankfut a.M.
Luhmann, Niklas (1988a): Sozialsystem Familie. In: System Familie 1, S. 75-91.
Luhmann, Niklas (1988b): Frauen, Männer und George Spencer Brown. In: Zeitschrift für Soziologie, Jg. 17, Heft 1, 2/88, S. 47-71.
Luhmann, Niklas (1988c): Neuere Entwicklungen in der Systemtheorie. In: Merkur, Jg. 42, Heft 470, S. 292-300.
Luhmann, Niklas (1989): Gesellschaftsstruktur und Semantik. Band 3. Frankfurt a.M.

Luhmann, Niklas (1990a): Die Wissenschaft der Gesellschaft. Frankfurt a.M.
Luhmann, Niklas (1990b): Sthenographie. In: Luhmann/N. u.a. (Hg.): Beobachter: Konvergenz der Erkenntnistheorien. München.
Luhmann, Niklas (1990c): Die Zukunft kann nicht beginnen: Temporalstrukturen der modernen Gesellschaft. In: Sloterdijk, Peter (Hg.): Vor der Jahrtausendwende: Berichte zur Lage der Zukunft. Band 1. Frankfurt a.M., S. 119-150.
Luhmann, Niklas (1991): „Ich denke primär historisch“: Religionssoziologische Perspektiven. In: Deutsche Zeitschrift für Philosophie, Jg. 39, Heft 9, S. 937-956.
Luhmann, Niklas (1992a): Wer kennt Wil Martens? Eine Anmerkung zum Problem der Emergenz sozialer Systeme. Kölner Zeitschrift für Soziologie und Sozialpsychologie, Jg. 44, Heft 1, 1992, S. 139-142.
Luhmann, Niklas (1992b): Stellungnahme. In: Krawietz/Welker (Hg.): Kritik der Theorie sozialer Systeme, S. 371-386.
Luhmann, Niklas (1994a): Gesellschaft als Differenz. In: Zeitschrift für Soziologie, Jg. 23, Heft 6, 12/94, S. 477-481.
Luhmann, Niklas (1994b): Die Tücke des Subjekts und die Frage nach dem Menschen. In: Fuchs/Göbel (Hg.): Der Mensch - das Medium der Gesellschaft?, S. 40-56.
Luhmann, Niklas (1995a): Soziologische Aufklärung 6. Die Soziologie und der Mensch. Opladen.
Luhmann, Niklas (1995b): Die Kunst der Gesellschaft. Frankfurt a.M.
Luhmann, Niklas (1996): Die neuzeitlichen Wissenschaften und die Phänomenologie. Wien.
Luhmann, Niklas (1997a): Was ist Kommunikation? In: Simon, F. (Hg.): Lebende Systeme, S. 19-31.
Luhmann, Niklas (1997b): Selbstreferentielle Systeme. In: Simon, F. (Hg.): Lebende Systeme, S. 69-77.
Luhmann, Niklas (1997c): Therapeutische Systeme – Fragen an Niklas Luhmann. In: Simon, F. (Hg.): Lebende Systeme, S. 169-189.
Luhmann, Niklas (1997d): Die Gesellschaft der Gesellschaft. I + II. Frankfurt a.M.
Luhmann, Niklas (2000): Die Politik der Gesellschaft. Frankfurt a.M.
Luhmann, Niklas (2001): Aufsätze und Reden (hg. von Oliver Jahraus). Stuttgart.
Mafli, Paul (1996): Nishida Kitarôs Denkweg. München.
Maresch, Rudolf (2001): Die Rückkehr des Raumes.

<http://www.telepolis.de/deutsch/kolumnen/mar/4825/1.html> (03.02.2001)

Martens, Wil (1991): Die Autopoiesis sozialer Systeme. In: Kölner Zeitschrift für Soziologie und Sozialpsychologie, Jg. 43, Heft 4, S. 625-646.

Martens, Will (1992): Die partielle Überschneidung autopoietischer Systeme. In: Kölner Zeitschrift für Soziologie und Sozialpsychologie, Jg. 44, Heft 1, S. 143-145.

Martens, Wil (1995): Der verhängnisvolle Unterschied. In: Zeitschrift für Soziologie, Jg. 24, Heft 3/6, S. 229-234.

Martens, Will (1999): Die eine Struktur ist die andere nicht. In: Greshoff, Rainer/Kneer, Georg (Hg.): Struktur und Ereignis in theorievergleichender Perspektive. Wiesbaden, S. 263-278.

Martens, Will (2000a): Organisation und gesellschaftliche Teilsysteme. In: Ortmann, G./Sydow, J./Türk, K. (Hg.): Theorien der Organisation. Wiesbaden, S. 263-311.

Martens, Will (2000b): Gegenstände und Eigenschaften. In: Merz-Benz/Wagner (Hg.): Die Logik der Systeme, S. 257-302.

Maruyama, Masao (1988): Denken in Japan. Frankfurt a.M.

Matsudo, Yukio (1990): Die Welt als Dialektisches Allgemeines. Eine Einführung in die Spätphilosophie von Kitarô Nishida. Berlin.

Maturana, Humberto R. (1985): Erkennen: Die Organisation und Verkörperung von Wirklichkeit. Braunschweig; Wiesbaden.

Maturana, Humberto R. (1990): Gespräch mit Humberto R. Maturana. In: Riegas/Vetter (Hg.): Zur Biologie der Kognition, S. 11-90.

Menzel, Ulrich (Hg.)(1989): Im Schatten des Siegers: Japan. Bd.1: Kultur und Gesellschaft. Frankfurt a.M.

Merl, Harry (1990): Autopoiese und systemische Familientherapie. In: Kratky/Wallner (Hg.): Grundprinzipien der Selbstorganisation, S. 219-235.

Merz-Benz, Peter-Ulrich/Wagner, G. (Hg.)(2000): Die Logik der Systeme. Zur Kritik der systemtheoretischen Soziologie Niklas Luhmanns. Konstanz.

Metzner, Andreas (1993): Probleme sozio-ökologischer Systemtheorie: Natur und Gesellschaft in der Soziologie Luhmanns. Opladen.

Mey, Harald (1965): Studien zur Anwendung des Feldbegriffs in den Sozialwissenschaften. München.

Meyer, Benno (1994): Analyse und Kritik der Grundlagen der Luhmannschen Theorie sozialer Systeme aus der Sicht der allgemeinen Systemtheorie. (Diss.) Universität Leipzig.

Mingers, Susanne (1996): Systemische Organisationsberatung: eine Konfrontation von Theorie und Praxis. Frankfurt a.M.; New York.
Mitchell, William J. (1996): City of Bits - Leben in der Stadt des 21. Jahrhunderts. Boston u.a.
Moreno, Jacob (1954): Die Grundlagen der Soziometrie. Köln.
Moritz, Ralf (1990): Die Philosophie im alten China. Berlin.
Morsbach, Helmut (1973): Aspects of nonverbal communication in Japan. In: The journal of nervous and mental disease, Vol. 157, No.4, S. 262-277.
Mouer, Ross/Sugimoto, Yoshio (1986/90): Images of Japanese Society. London; New York.
Müller, Klaus (1996): Allgemeine Systemtheorie: Geschichte, Methodologie und sozialwissenschaftliche Heuristik eines Wissenschaftsprogramms. Opladen.
Müller, Rudolf W. (1984): Das sozialwissenschaftliche Japan und der Okzident - Von der Verurteilung zur Anerkennung des Gruppen-Ichs. In: Leviathan 1984/4, S. 506-549.
Müller, Rudolf W. (1989): Tradition und Moderne. Zum Verhältnis von Vorurteil und sozialwissenschaftlichem Begriff. In: Menzel, U. (Hg.): Im Schatten des Siegers: Japan, S. 243-276.
Münch, Richard (1982): Theorie des Handelns. Frankfurt a.M.
Muranaka, Tomoko (1996): rûman riron no kanôsei. Tokyo.
Nadel , Siegfried F. (1957): The theory of social structure. London.
Nakamura, Hajime (1964): Ways of thinking of Eastern peoples: India-China-Tibet-Japan. New York.
Nakamura, Yûjirô (1979): kyôtsû kankakuron. Tokyo.
Nakamura, Yûjirô (1980): Warum Strukturalismus? In: Kagami, Jg. VII, Heft 3, S. 91-98.
Nakamura, Yûjirô (1983): nishida kitarô. Tokyo.
Nakamura, Yûjiro (1987): nishida tetsugaku no datsukôchiku. Tokyo.
Nakamura, Yûjirô (1989): basho (toposu). Tokyo.
Nakamura, Yûjiro (1990): Place and Resonance – Beyond „Logic of the Place“. In: Shimizu, H. (Hg.) (1990c): Biological Complexity and Information, S. 291-304.
Nakamura, Yûjirô (1998): jutsugoteki sekai to seido. Tokyo.
Nakamura, Yûjirô/Shimizu, Hiroshi (1991): „basho“ ni tsuite. In: Holonics, Vol.2, No.2, S.113-130.
Nakane, Chie (1978): tateshakai no rikigaku. Tokyo.
Nakane, Chie (1985): Die Struktur der japanischen Gesellschaft. Frankfurt a.M.

Nakane, Chie (1989): Die japanische Sozialstruktur. Theorie der unilateralen Gesellschaft. In: Menzel, U. (Hg.): Im Schatten des Siegers: Japan, S. 171-207.

Nakano, Osamu (1982): nihongata soshiki ni okeru komyunikêshon to ishikettei. In: Hamaguchi. E./Kumon, Sh. (Hg.): nihonteki shûdanshugi. Tokyo, S. 143-168.

Nassehi, Armin (1992): Wie wirklich sind Systeme? Zum ontologischen und epistemologischen Status von Luhmanns Theorie selbstreferentieller Systeme. In: Krawietz/Welker (Hg.): Kritik der Theorie sozialer Systeme, S. 43-70.

Nassehi, Armin (1993): Die Zeit der Gesellschaft: auf dem Weg zu einer soziologischen Theorie der Zeit. Opladen.

Nassehi, Armin (2000): Tempus fugit? ‚Zeit' als differenzloser Begriff in Luhmanns Theorie sozialer Systeme. In: Gripp-Hagelstange, Helga (Hg.): Niklas Luhmanns Denken. Konstanz, S. 23-52.

Nietzsche, Friedrich (1988): Jenseits von Gut und Böse (KSA 5). München. (orig.: 1886)

Nishida, Kitarô (1940): Die morgenländischen und abendländischen Kulturformen in alter Zeit vom metaphysischen Standpunkte aus gesehen. In: Abhandlungen der Preußischen Akademie der Wissenschaften, Jg. 1939, Nr. 19. Berlin. S. 3-19. [NKZ 7, 429-453]

Nishida, Kitarô (1943): Einheit der Gegensätze. In: Nishida, Kitarô: Die intelligible Welt. Drei philosophische Abhandlungen. Übersetzt von Robert Schinzinger. Berlin, S. 139-216. [NKZ 9, 147-222]

Nishida, Kitarô (1978): nishida kitarô zenshû (NKZ) (Gesammelte Werke). Tokyo.

Nishida, Kitrarô (1989): Über das Gute. Eine Philosophie der reinen Erfahrung [Übersetzt und eingeleitet von Peter Pörtner]. Frankfurt a.M.

Nishida, Kitarô (1990a): Selbstidentität und Kontinuität der Welt [Übersetzt von Elmar Weinmayr]. In: Ôhashi, R. (1990a)(Hg.): Die Philosophie der Kyôto-Schule, S. 54 -118. [NKZ 8, 7-107]

Nishida, Kitarô (1990b): Die Welt als dialektisches Allgemeines. [Übersetzt von Matsudo Yukio] In: Matsudo, Y. (1990), S. 126-246. [NKZ 7, 203-211, 305-428]

Nishida, Kitarô (1999a): Logik des Ortes [Übersetzt und herausgegeben von Rolf Elberfeld]. Darmstadt.

Nishida, Kitarô (1999b): Ort. In: Nishida (1999a), S. 72-139. [NKZ 4, 208-289]

Nishida, Kitarô (1999c): Ich und Du. In: Nishida (1999a), S. 140-203. [NKZ 6, 341-427]
Nishitani, Keiji (1991): Nishida Kitarô. Berkeley; Los Angeles.
Noller, Peter (2000): Globalisierung, Raum und Gesellschaft: Elemente einer modernen Soziologie des Raumes. In: Berliner Journal für Soziologie, 1/2000, S.21-48.
Nonaka, Ikujirô (1990): chishiki sôzô no keiei. Tokyo.
Nonaka, Ikujirô/Takeuchi, Hirotaka (1997): Die Organisation des Wissens: wie japanische Unternehmen eine brachliegende Ressource nutzbar machen. Frankfurt a.M.; New York.
Ôhashi, Ryôsuke (1984a): Zeitlichkeitsanalyse der Hegelschen Logik: zur Idee einer Phänomenologie des Ortes. Freiburg; München.
Ôhashi, Ryôsuke (1984b): Der „Wind“ als Kulturbegriff in Japan. In: Paul, Sigrid (Hg.)(1984): „Kultur“: Begriff und Wort in China und Japan. Berlin.
Ôhashi, Ryôsuke (1985): Hen-Panta in der Philosophie von Nishida in Abhebung von der Hegelschen Philosophie. In: Henrich, D. (Hg.): All-Einheit, S. 220-229.
Ôhashi, Ryôsuke (Hg.)(1990a): Die Philosophie der Kyôto-Schule: Texte und Einführung. Freiburg; München.
Ôhashi, Ryôsuke (1990b): Einführung. In: Ôhashi, R. (Hg.)(1990a): Die Philosophie der Kyôto-Schule, S.11-48.
Ôhashi, Ryôsuke (1995): nishida tetsugaku no sekai. Tokyo.
Ôhashi, Ryôsuke (1999): Japan im interkulturellen Dialog. München.
Ohba, Takeshi (1989): tasha to wa dare no koto ka. Tokyo.
Ohba, Takeshi (1991): kenryoku to wa donata chikara ka. Tokyo.
Ohba, Takeshi (1997): jibun de aru to wa donna koto ka. Tokyo.
Okochi, Ryogo (1976): Sprache ohne Subjekt? Europäische und japanische Denkstrukturen im Vergleich. Manuskript zur Sendung vom 18.1.1976 im 2. Programm des Südwestfunks.
Okonogi, Keigo (1990). Der Ajase-Komplex des Japaners. In: Heise, J. (Hg.): Die kühle Seele, S.30-79.
Otto, Maria A. C. (1992): Der Ort: phänomenologische Variationen. Freiburg im Breisgau; München.
Parsons, Talcott (1951): The Social System. NewYork; London.
Parsons, Talcott (1968): The Structure of Social Action. New York. (orig.: 1937)
Paul, Gregor (1993): Philosophie in Japan: Von den Anfängen bis zur Heian-Zeit. München.
Paul, Gregor (1987): Klischee und Wirklichkeit japanischer Kultur. Frankfurt a.M.

Pfeiffer, Riccarda (1998): Systemtheorie und Philosophie: die Architektonik der Luhmannschen Theorie. (Diss) Wiesbaden.

Pfütze, Hermann (1988): Theorie ohne Bewußtsein: Zu Niklas Luhmanns Gedankenkonstruktion. In: Merkur, Jg. 42, Heft 470, S. 300-314.

Pietschmann, Herbert (1988): Paradigmenwechsel oder Paradigmenvielfalt. In: Stacher, Alois (Hg.): Wiener Dialog über Ganzheitsmedizin. Wien; München, S.19-24.

Pinguet, Maurice (1991): Der Freitod in Japan: ein Kulturvergleich. Berlin.

Piovesana, Gino K. (1997): Recent Japanese Philosophical Thought 1862-1996. A Survey. Richmond.

Pischinger, Alfred (1988): Das System der Grundregulation. Grundlagen für eine ganzheitsbiologische Theorie der Medizin. Heidelberg.

Polanyi, Michael (1985): Implizites Wissen. Frankfurt a.M.

Popp, Fritz-Albert/Gu, Qiao/Li, Ke-Hsueh (1994): Biophoton Emission: Experimental Backround and Theoretical Approaches. In: Modern Physics Letters B, Vol. 8, No. 21 & 22 (1994), S. 1269-1296.

Popp, Fritz-Albert/Li, Ke-Hsueh/Gu, Qiao (Hg.)(1992): Recent Advances in Biophoton Research and its Applications. Singapore u.a.

Pörtner, Peter (Hg.)(1986): Japan - ein Lesebuch. (Konkursbuch 16/17). Tübingen.

Pörtner, Peter (1990): Nishida Kirtarô's Zen no kenkyû („Über das Gute"). Hamburg.

Pörtner, Peter (1993): Zwischen Mutter und Netzwerk: Notizen zu einigen Gründzügen der modernen japanischen Gesellschaft. In: Baum, H./Stiege, T. (Hg.): Japan - Kultur und Recht, S. 3-22.

Pörtner, Peter (1996): How to conflict intelligently: six notes concerning the processing of dissent in Japan. In: Kreiner/Ölschleger (Hg.): Japanese Culture and Society, S. 253-266.

Pörtner, Peter/Heise, Jens (1995): Die Philosophie Japans - Von den Anfängen bis zur Gegenwart. Stuttgart.

Prigogine, Ilya/Nicolis, Grégoire (1977): Self-organization in nonequilibrium systems. New York u.a.

Pye, Lucian W. (1989): Das japanische Rätsel: Die Verbindung von Wettbewerb und Konsens. In: Menzel, Ulrich (Hg.): Im Schatten des Siegers, Bd.1, S. 41-75.

Rapoport, Anatol (1988): Allgemeine Systemtheorie: wesentliche Begriffe und Anwendungen. Darmstadt.

Reckwitz, Andreas (1997): Kulturtheorie, Systemtheorie und das sozialtheoretische Muster der Innen-Außen-Differenz. In: Zeitschrift für Soziologie 26(5), S. 317-336.

Reinmann-Rothmeier, Gabi/Mandl, Heinz (1996): Wissen und Handeln. Eine theoretische Standortbestimmung (Forschungsbericht Nr. 70). Ludwig-Maximilians-Universität München.

Reiter, Ludwig (Hg.)(1986): Theorie und Praxis der systemischen Familientherapie. Wien.

Reiter, Ludwig/Brunner, E. J./Reiter-Theil, S. (Hg.)(1988): Von der Familientherapie zur systemischen Perspektive. Berlin; Heidelberg u.a.

Rheingold, Howard (1994): Virtuelle Gemeinschaft: soziale Beziehungen im Zeitalter des Computers. Bonn; Paris u.a.

Richter, Steffi (1985): Die Herausbildung der Philosophie von Nishda Kitarô. (Diss.) Humbold-Univ. Berlin.

Richter, Steffi (1994): Ent-Zweiung. Wissenschaftliches Denken in Japan zwischen Tradition und Moderne. Berlin.

Riegas, Volker/Vetter, Ch. (Hg.)(1990a): Zur Biologie der Kognition. Frankfurt a.M.

Riegas, Voker/Vetter, Ch. (1990b): Gespräch mit Humberto R. Maturana. In: Riegas, V./Vetter, Ch. (Hg.)(1990a), S. 11-90.

Rohs, Peter (1996): Feld- Zeit- Ich: Entwurf einer feldtheoretischen Transzendentalphilosophie. Frankfurt a.M.

Rohs, Peter (1998): Abhandlungen zur Feldtheoretischen Transzendentalphilosophie. Münster.

Rosenberger, Nancy R. (Hg.)(1992): Japanese sense of self. Cambridge.

Rössler, Otto (1992a): Endophysik: Die Welt des inneren Beobachters. Berlin.

Roth, Gerhard (1987a): Erkenntnis und Realität: Das reale Gehirn und seine Wirklichkeit. In: Schmidt, S.J. (Hg.): Der Diskurs des Radikalen Konstruktivismus, S. 229-255.

Roth, Gerhard (1987b): Die Entwicklung kognitiver Selbstreferentialität im menschlichen Gehirn. In: Baecker, D. (Hg.): Theorie der Passion. Frankfurt a.M.,, S. 394-422.

Roth, Gerhard (1987c): Autopoiese und Kognition: Die Theorie H.R. Maturanas und die Notwendigkeit ihrer Weiterentwicklung. In:

Schmidt, S.J. (Hg.): Der Diskurs des Radikalen Konstruktivismus, S. 256-286.

Roth, Gerhard (1994): Das Gehirn und seine Wirklichkeit: kognitive Neurobiologie und ihre philosophischen Konsequenzen. Frankfurt a.M.

Rusch, Gebhard/Schmidt, S.J. (Hg.)(1994): Konstruktivismus und Sozialtheorie. Delfin 1993. Frankfurt a.M.

Saeki, Mamoru (1999): ‚bashoteki' to iu koto. Tokyo.

Saigusa, Mitsuyoshi (1985): Über „Relationalität". In: Henrich, D. (Hg.): All-Einheit. S. 109-114.

Schattenhofer, Karl (1992): Selbstorganisation und Gruppe: Entwicklungs- und Steuerungsprozesse in Gruppen. Opladen.

Schiepek, Günter (Hg.)(1987): Systeme erkennen Systeme. Individuelle soziale und methodische Bedingungen systemischer Diagnostik. München; Weinhein.

Schiepek, Günter (1989): Selbstreferenz und Vernetzung als Grundprinzipien zweier verschiedener Systembegriffe. In: System Familie 2, S. 229-241.

Schiepek, Günter (1990): Selbstreferenz in psychischen und sozialen Systemen. In: Kratky/Wallner (Hg.): Grundprinzipien der Selbstorganisation, S. 182-200.

Schiepek, Günter/Tschacher, Wolfgang (Hg.)(1997): Selbstorganisation in Psychologie und Psychiatrie. Braunschweig; Wiesbaden.

Schinzinger, Robert (1983): Japanisches Denken: Der weltanschauliche Hintergrund des heutigen Japan. Berlin.

Schlippe, Arist von/Schweitzer, Jochen (1997): Lehrbuch der systemischen Therapie und Beratung. Göttingen.

Schmidt, Siegfried J. (Hg.)(1992): Kognition und Gesellschaft. Der Diskurs des Radikalen Konstruktivismus 2. Frankfurt a.M.

Schmidt, Siegfried J. (1994): Kognitive Autonomie und soziale Orientierung: konstruktivistische Bermerkungen zum Zusammenhang von Kognition, Kommunikation, Medien und Kultur. Frankfurt a.M.

Schmidt, Siegfried J. (1998): A systems-oriented approach to literary studies. In: Altman/Koch (Hg.): Systems. New Paradigms for the Human Sciences, S. 646-667.

Schmitz, Hermann (1998): Der Leib, der Raum und die Gefühle. Ostfildern vor Stuttgart.

Schubert, Volker (1992): Die Inszenierung der Harmonie. Darmstadt.

Schulte, Günter (1993): Der blinde Fleck in Luhmanns Systemtheorie. Frankfurt a.M.; New York.
Schwab, Gerhard (1990): Läßt sich eine Wirkung homöopathischer Hochpotenzen nachweisen? (Diss.) Uni. Freiburg.
Schweitzer, Jochen/Retzer, Arnold/Fischer, Hans Rudi (Hg.)(1992): Systemische Praxis und Postmoderne. Frankfurt a.M.
Schweitzer, Jochen/Weber, Gunthard (1982): Beziehung als Metapher: Die Familienskulptur als diagnostische, therapeutische und Ausbildungstechnik. In: Familiendynamik 1/82, S. 113-128.
Schwertl, Walter/Rathsfeld, Elke/Emlein, Günther (Hg.)(1992): Systemische Theorie & Perspektiven der Praxis. Frankfurt a.M.
Scott, John (1991): Social Network Analysis. London u.a.
Sheldrake, Rupert (1993): Die Wiedergeburt der Natur. Bern u.a.
Shimizu, Hiroshi (1978): seimei o toraenaosu. Tokyo.
Shimizu, Hiroshi (1984a): horon toshite no ningen - baiohoronizumu to ha nani ka. In: Ishii, Takemochi u.a. (Hg.): mikuro-kosumosu he no chôsen. Tokyo, S. 27-80.
Shimizu, Hiroshi (1985): jiko soshikika genshô to soshite no shûkyô. In: Ishii, Takemochi u.a. (Hg.): gendai bunka no potensharu. Tokyo, S.168-196.
Shimizu, Hiroshi (1986): seimei ni jôhô o yomu. Tokyo.
Shimizu, Hiroshi (1987a): seimei shisutemu to jôhô. Tokyo.
Shimizu, Hiroshi (1987b): A general approach to complex systems in bioholonics. In: Graham, R./Wunderlin, A. (Hg.): Lasers and Synergetics. Berlin u.a., S. 204-223.
Shimizu, Hiroshi (1988): baiohoronikusu no ronri. In: gendaishisô 16.1, S. 146-167.
Shimizu, Hiroshi (1989a): tayôsei to chitsujo. In: Uzawa, Hirobumi u.a. (Hg.): iwanami kôza: tenkanki ni okeru ningen, 1: seimei to wa. Tokyo, S. 271-304.
Shimizu, Hiroshi (1989c): seimei shisutemu to horonikku gijutsu no kiso. In: Holonics Vol.1, No.1, S. 5-20.
Shimizu, Hiroshi (1990b): A dynamical approach to semantic communication.- The significance of biological complexity in the creation of semantic information. In: Shimizu, Hiroshi (1990c), S. 145-185.
Shimizu, Hiroshi (Hg.) (1990c): Biological Complexity and Information. Singapore.
Shimizu, Hiroshi (1990d): seimei o toraenaosu. Tokyo. (überarbeitete und ergänzte Auflage von 1978)

Shimizu, Hiroshi (1990e): seimei kagaku to shûkyô. In: Uzawa, Hirobumi u.a. (Hg.): iwanami kôza: tenkanki ni okeru ningen, 9: shûkyô to wa, S.99-138.

Shimizu, Hiroshi (1991b): kankei to basho – seimei kankeiron no kihon kôzô. In: Holonics Vol.2, No.2, S. 91-111.

Shimizu, Hiroshi (1991c): rûru no jikosôsei to seibutsuteki jiritsusei. In: Holonics, Vol.2, No.3, S.173-190.

Shimizu, Hiroshi (1992a): sôsajôhô o jiko sôshutsu suru shisutemu. In: Holonics, Vol.3, No.1, S.15-23.

Shimizu, Hiroshi (1992b): jiko sôshutsu suru shisutemu to sono kôzô. In: Holonics, Vol.3, No.2, S. 49-66.

Shimizu, Hiroshi (1992c): jiko sôshutsu shisutemu. In: Holonics, Vol.3, No.3, S. 139-141.

Shimizu, Hiroshi (1992d): seimei to basho - imi wo sôshutsu suru kankeikagaku. Tokyo.

Shimizu, Hiroshi (1993a): seimei kagaku kara mita seimei. In: Kawai, Hayao u.a. (Hg.): Iwanamikôza: shûkyô to kagaku, 6: seimei to kagaku. Tokyo. S. 1-54.

Shimizu, Hiroshi (1993b): Biological autonomy: The self-creation of constraints. In: Applied Mathematics and Computation, Vol. 56, No. 2&3, S. 177-201.

Shimizu, Hiroshi (1993c): kankei toshite no sei to shi. In: Kawai, Hayao u.a. (Hg.): iwanamikôza: shûkyô to kagaku, 10: ningen no ikikata. Tokyo. S. 33-69.

Shimizu, Hiroshi (1994a): jiko soshiki genshô to seimei. In: Nitta, Yoshihiro u.a. (Hg.): seimei to shisutemu no shisô. Tokyo. S.71-120.

Shimizu, Hiroshi (1994b): ba to wa nanika, soshite ba no kenkyû no igi. In: Holonics, Vol.4, No.1, S.53-62.

Shimizu, Hiroshi (1995a): jôhô o toraenaosu – basho no kenkyû shirîsu. In: Holonics, Vol.5, No.1, S.3-65.

Shimizu, Hiroshi (1995b): „Ba-Principle“: new logic for the real-time emergence of information. In: Holonics, Vol.5, No.1, S.67-79.

Shimizu, Hiroshi (1996a): seimeichi toshite no ba no ronri. Tokyo.

Shimizu, Hiroshi (1996b): Die ordnende Kraft des „Ba“ im traditionellen Japan (aus dem englischen Original von: Jobst-Christian Rojahn), in: Maar, Christa/Pöppel, E./Christaller, T. (Hg.): Die Technik auf dem Weg zur Seele. Reinbeck bei Hamburg.

Shimizu, Hiroshi (1997a): ken to kami – basho no ronri kara sôzô no ronri he. In: Kawai, Hayao u.a. (Hg.): uchi naru mono toshite no shûkyô. gendai nihon bunkaron, Vol.12, S.77-108.

Shimizu, Hiroshi (1997b): sôsakuteki bashoron. In: Kawanami, Akira (Hg.): bashoron no shuju sô. Tokyo, S. 29-84.

Shimizu, Hiroshi (1999): seimei to basho – sôshutsu suru semei no genri. (Neuauflage von 1992d). Tokyo.

Shimizu, Hiroshi/Itami, K. (1986): jôhô renketsutai toshite no kigyô. In: Itami, Keisuke (Hg.): manejimentofairu'90. Tokyo, S. 27-60.

Shimizu, Hiroshi/Maekawa, Masao (1998): kyôsô kara kyôsô e. Tokyo.

Shimizu, Hiroshi/Yamaguchi, Y. (1989): How animals understand the meaning of indefinite information from environments? In: Progress of Theoretical Physics Supplement No. 99, S. 404-424.

Shimizu, Hiroshi/Yamaguchi, Y./Tsuda, I. /Yano, M. (1985): Pattern recognition based on holonic information dynamics: Towards synergetic computers. In: Complex Systems - Operational Approaches in Neurobiology, Physics, and Computers, Proc. International Symp. Synergetics at Schloss Elmau. Berlin u.a., S. 225 - 239.

Shimomura, Toratarô (1990): Mentalität und Logik der Japaner. In: Ôhashi, R. (Hg.): Die Philosophie der Kyôto-Schule, S. 369 – 385.

Simmel, Georg (1992): Gesamtausgabe Band 11: Soziologie. Untersuchungen über die Formen der Vergesellschaftung. Frankfurt a.M. (orig.: 1908)

Simmel, Georg (1995): Soziologie des Raumes. In: Dahme, Heinz-Jürgen/Rammstedt, Otthein (Hg.): Georg Simmel: Schriften zur Soziologie. Frankfurt a.M. (orig: 1903)

Singer, Kurt (1991): Spiegel, Schwert und Edelstein. Strukturen des japanischen Lebens. Frankfurt a.M.

Solle, Reinhold (1969): Der feldtheoretische Ansatz. In: Graumann (Hg.): Sozialpsychologie. 1. Halbband: Theorien und Methoden. Göttingen, S. 133-179.

Spengler, Oswald (2000): Der Untergang des Abendlandes. München. (orig: 1913)

Stark, Carsten (1994): Autopoiesis und Integration. Eine kritische Einführung in die Luhmannsche Systemtheorie. Hamburg.

Steiner, Egbert /Reiter, Ludwig (1986): Zum Verhältnis von Individuum und soziales System: Hierarchie, strukturelle Kopplung oder Interpenetration. In: Familiendynamik 11, S. 325-342.

Steiner, Egbert/Reiter, Ludwig (1988): Der Beitrag der Theorie selbstreferentieller Systeme zur Präzisierung von Forschungsfragen in der systemischen Therapie. In: System Familie 1, S. 115-123.

Stekeler-Weithofer, Pirmin (1992): Artikel zum Eintrag „Raum“: Der mathematisch-physikalische Raumbegriff und seine philosophische Wirkungsgeschichte. – A. 17. bis 19. Jarhundert. In: Ritter, J./Gründer, K. (Hg.): Historisches Wörterbuch der Philosophie, Bd.8, 97-105.

Stichweh, Rudolf (1998): Raum, Region und Stadt in der Systemtheorie. Arbeitspapier Nr. 30, ZWE „Arbeit und Region“, Universität Bremen.

Ströker, Elisabeth (1977): Philosophische Untersuchungen über den Raum. Frankfurt a.M.

Stünzner, Lilia (1996): Systemtheorie und betriebswirtschaftliche Organisationsforschung: eine Nutzenanalyse der Theorien autopoietischer und selbstreferentieller Systeme. Berlin.

Sugiman, Toshio (1998): Group dynamics in Japan. In: Asian Journal of Social Psychology (1998) 1, S. 51-74.

Sugimoto, Yoshio/Maoa, Ross (1980): Nihonjin-Theorien als Ideologie. In: Kagami Jg. VII, Heft 2, S. 25-30.

Sugitani, Masako (1996): Kontextualismus als Verhaltensprinzip: „kritisch“ erlebte Interaktionssituationen in der japanisch-deutschen Begebnung. In: Thomas, A. (Hg.): Psychologie interkulturellen Handelns, S. 227-246.

Tamotsu, Aoki (1996): Der Japandiskurs im historischen Wandel. München.

Tanaka, Yûko (1998): Matsuoka Seigô – Wissen als Netzwerkkommunikation. In: Richter, Steffi (Hg.): Japan-Lesebuch, S. 303- 319.

Tanimoto, Kanji (1993): kigyô shakai shisutemuron. Tokyo.

Tatara, Mikihachirô (1990): Identität und Erziehung in Japan: ‚Sehen’ und ‚Gesehen werden’. In: Heise, J. (Hg.): Die kühle Seele, S. 109-120.

Teubner, Gunther (1987): Hyperzyklus in Recht und Organisation. Zum Verhältnis von Selbstbeobachtung, Selbstkonstitution und Autopoiese. In: Haferkamp/Schmid (Hg.): Sinn, Kommunikation und soziale Differenzierung, S. 89-128.

Thomas, Alexander (Hg.)(1996): Psychologie interkulturellen Handelns. Göttingen u.a.

Thommen, Beat/Ammann, Rolf/Cranach, Mario v. (Hg.)(1988): Handlungsorganisation durch soziale Repräsentation: Welchen Einfluß haben therapeutische Schulen auf das Handeln ihrer Mitglieder? Bern u.a.

Thommen, Beat/Cranach, Mario v./Ammann, Rolf (1992): The organization of individual action through social representations: a comparative study of two therapeutic schools. In: Cranach/Doise/Mugny (Hg.), S. 194-201.

Tominaga, Kenichi (1995): kôi to shakai shisutemu no riron. Tokyo.

Tönnies, Ferdinand (1963): Gemeinschaft und Gesellschaft. Grundbegriffe der reinen Soziologie. Darmstadt. (orig. 1935)

Trommsdorff, Gisela (1993): Besonderheiten sozialen Handelns in Japan. Fragen an die sozialwissenschaftliche Forschung. In: Kornardt, Hans-Joachim/Trommsdorf, G. (Hg.): Deutsch-japanische Begegnungen in den Sozialwissenschaften. Konstanz. S. 227-255.

Trommsdorff, Gisela/Kornadt, H.J. (Hg.)(1996): Gesellschaftliche und individuelle Entwicklung in Japan und Deutschland. Kostanz.

Tschacher, Wolfgang (1997): Prozessgestalten: Die Anwendung der Selbstorganisationstheorie und die Theorie dynamischer Systeme auf Probleme der Psychologie. Göttingen; Bern, u.a.

Tyrell, Hartmann (1988): Systemtheorie und Soziologie der Familie - Ein Überblick. Teil I: Soziologische Systemtheorien und Familie. In: System Familie 1, S. 207-219.

Ueyama, Shunpei (2000): Japanische Denker im 20. Jahrhundert. München.

Umweltrat (1994): Umweltgutachten 1994. <http://www.umweltrat.de/gut94kf1.htm> (17.04.2002)

Varela, Francisco J. (1982): Die Biologie der Freiheit. In: Psychologie Heute, Heft 9, S. 82-93.

Varela, Francisco J. (1991): Über die Natur des Erkennens. In: Dürr/Zimmerli (Hg.): Geist und Natur. Bern u.a., S. 90-109.

Varela, Francisco J./Thompson, E. (1992): Der mittlere Weg der Erkenntnis. Bern, München u.a.

Vogt, Markus (1996): Retinität: Vernetzung als ethisches Leitprinzip für das Handeln in komplexen Systemzusammenhängen. In: Bornholdt, S./Feindt, P. H. (Hg.): Komplexe adaptive Systeme. Dettelbach, S. 159-197.

Wagner, Gerhard (1999): Herausforderung Vielfalt: Plädoyer für eine kosmopolitische Soziologie. Konstanz.

Watsuji, Tetsurô (1992): Fûdo – Wind und Erde. Darmstadt.

Watzlawick, Paul/Beavin, Janet H./Jackson, Don D. (1969): Menschliche Kommunikation. Bern u.a.
Weber, Claudia (1986): Die Zukunft des Clans. Überlegungen zum japanischen Organisationstyp und Managementstil. In: Feministische Studien, Heft 1, S. 124-140.
Weinmayr, Elmar (1989): Aspekte des Übersetzens zwischen Heidegger und Japan. In: Buchheim, Thomas (Hg.): Destruktion und Übersetzung. Weinheim, S. 177-196.
Weinmayr, Elmar (1990): [Anmerkungen in der Übersetzung von Nishida 1990a].
Weinmayr, Elmar (1991): Entstellung: die Metaphysik im Denken Martin Heideggers: mit einem Blick nach Japan. München.
Weinmayr, Elmar (1995): Zur Übersetzung von Kimura Bin, Zwischen Mensch und Mensch. In: Kimura, Bin (1995): Zwischen Mensch und Mensch, S. 173-198.
Weizsäcker, Carl Friedrich v. (1985): Aufbau der Physik. München; Wien.
Welter-Enderlin, Rosemarie/Hildenbrand, Bruno (Hg.)(1998): Gefühle und Systeme. Heidelberg.
Wentz, Martin (Hg.) (1991): Stadt-Räume. Frankfurt a.M.
Werber, Niels (1998): Raum und Technik. Zur medientheoretischen Problematik in Luhmanns Theorie der Gesellschaft. In: Soziale Systeme Jg. 4 (1998), Heft 1, S.219-232.
Wertheim, Margaret (2000): Die Himmelstür zum Cyberspace: Eine Geschichte des Raumes von Dante zum Internet. Zürich.
White, Harrison C./Boorman, Scott A./Breiger, Ronald R. (1976): Social Structure from Multiple Networks. I. Blockmodels of Roles and Positions. In: American Journal of Sociology, 81. Jg., Heft 4, S. 730-780.
Wiener, Norbert (1948): Cybernetics, or control and communication in the animal and machine. New York u.a.
Wiese, Leopold von (1952): Die soziale Atmosphäre. In: Kölner Zeitschrift für Soziologie und Sozialpsychologie, 5.Jg, S. 34-38.
Wiese, Leopold von (1966): System der allgemeinen Soziologie als Lehre von den sozialen Prozessen und den sozialen Gebilden (Beziehungslehre). Berlin. (orig: 1928)
Willke, Helmut (1983): Methodologische Leitfragen systemtheoretischen Denkens: Annäherung an das Verhältnis von Intervention und System. In: Zeitschrift für systemische Therapie 1 (2), S. 23-37.

Willke, Helmut (1984): Zum Problem der Intervention in selbstreferentielle Systeme. In: Zeitschrift für systemische Therapie 2 (7), S. 191-200.
Willke, Helmut (1987a): Strategien der Intervention in autonome Systeme. In: Baecker, Dirk (Hg.): Theorie als Passion. Frankfurt a.M.
Willke, Helmut (1987b): Differenzierung und Integration in Luhmanns Theorie sozialer Systeme. In: Haferkamp/Schmid (Hg.): Sinn, Kommunikation und soziale Differenzierung, S. 247-274.
Willke, Helmut (1988): Systemtheoretische Grundlagen des therapeutischen Eingriffs in autonome Systeme. In: Reiter/Brunner/Reiter-Theil (Hg.): Von der Familientherapie zur systemischen Perspektive, S. 41-50.
Willke, Helmut (1990): Beobachtung, Reflexion, Supervision. In: Systeme, Zeitschrift der österreichischen Arbeitsgemeinschaft für systemische Therapie und systemische Studien, Jg. 4, Heft 2/90, S. 105-118.
Willke, Helmut (1994): Interventionstheorie. Stuttgart.
Willaschek, Marcus (Hg.)(1997): Feld - Zeit - Kritik: Die feldtheoretische Transzendentalphilosophie von Peter Rohs in der Diskussion. Münster.
Williams, David (2000): In Defence of the Kyoto-School. In: Japan Forum 12(2), 143-156.
Wimmer, Rudolf (Hg.)(1992): Organisationsberatung: Neue Wege und Konzepte. Wiesbaden.
Witte, Erich H. (Hg.)(1990): Sozialpsychologie und Systemtheorie. Braunschweig
Wössner, Jakobus (1969): Das soziale Feld: Versuch einer soziologischen Grundkategorie. In: Kölner Zeitschrift für Soziologie und Sozialpsychologie, Jg. 21, S. 16-30.
Yamaguchi, Susumu (1994): Collectivism among the Japanese: A Perspective from the Self. In: Kim, Uichol et al. (Hg.): Individualism and Collectivism. Thousand Oaks, S. 175-188.
Yamanouchi, Yasashi u.a. (Hg.)(1994): shakai shisutemu to jiko soshikisei. Tokyo.
Yoshida, Tamito (1990): jôhô to jiko soshikisei no riron. Tokyo.
Zuber, Ralf W. (1998): Das unbewußte Weltgedächtnis oder die morphogenetische Feldtheorie Rupert Sheldrakes, ihre Implikationen und Konsequenzen besonders für die psychologische Gedächtnisforschung. (Diss.) Uni. Regensburg.

Japanisches Literaturverzeichnis

伊丹敬之、1992、「場のマネジメント序説」、組織科学26．1、p78－88．
今井賢一・金子郁容、1988、『ネットワーク組織論』 岩波書店
今田高俊、1986、『自己組織性：社会理論の復活』 創文社
大橋良介、1995、『西田哲学の世界：あるいは哲学の転回』 筑摩書房
大庭健、1989、『他者とは誰のことか』 勁草書房
大庭健、1991、『権力とはどんな力か』 勁草書房
大庭健、1997、『自分であるとはどんなことか』 勁草書房
河合隼雄、1976、『母性社会日本の病理』 中央公論社
河本英夫、1995、『オートポイエーシス：第三世代システム』 青土社
河本英夫、2001、『オートポイエーシス 2001：日々新たに目覚めるために』 青土社
河本英夫、2000、『オートポイエーシスの拡張』 新曜社
木村敏、1988、『あいだ』 弘文堂
佐伯守、1999、『＜場所的＞ということ』 晃洋書房
清水博、1978、『生命を捉えなおす』 中央公論社
清水博、1984a、「ホロンとしての人間－バイオホロニズムとはなにか－」、石井威望ほか編集『ミクロ・コスモスへの挑戦』ヒューマンサイエンス1　中山書店、p27－80。
清水博、1985、「自己組織化現象とそしての宗教」、石井威望[ほか]編集『現代文化のポテンシャル』中山書店
清水博、1986、『生命に情報をよむ』 三田出版会
清水博、1987a、『生命システムと情報』 日本放送出版協会
清水博、1988、「バイオホロニクスの論理」、現代思想16－1、p146－167．
清水博、1989a、「多様性と秩序」、宇沢弘文ほか編集、岩波講座転換期における人間 1『生命とは』、p271－304．
清水博、1989b、「生物的分散制御の原理1自己不完結性"生命は即興演奏をする"」『Holonics－ホロニック技術研究会誌』Vol.1, 3-20.
清水博、1989c、「生命システムとホロニック技術の基礎」『Holonics』Vol.1, No.1, p5-20
清水博、1990d、『生命を捉えなおす』（増補版）中央公論社
清水博、1990e、「生命科学と宗教」、宇沢弘文[ほか]編集、岩波講座転換期における人間9『宗教とは』、p99－138．
清水博、1991b、「関係と場所－生命関係論の基本構造」『Holonics』Vol.2,No.2, p91-111.
清水博、1991c、「ルールの自己創成と生物的自律性」『Holonics』Vol.2, No.3, p173-190.
清水博、1992a、「操作情報を自己創出するシステム」『Holonics』Vol.3, No.1, p15-23.
清水博、1992b、「自己創出するシステムとその構造」『Holonics』Vol.3, No.2, 49-66.

清水博、1992c、「自己創出システム」『Holonics』Vol.3, No.3, p139-141.
清水博、1992d、『生命と場所－意味を創出する関係科学』 NTT 出版
清水博、1993a、「生命科学から見た生命」、河合隼雄[ほか]編集、岩波講座宗教と科学6『生命と科学』、p1－54。
清水博、1993c、「関係としての生と死」、河合隼雄[ほか]編集、岩波講座宗教と科学10『人間の生き方』、p33-69.
清水博、1994a、「自己組織現象と生命」, 新田義弘[ほか]編集、岩波講座現代思想12『生命とシステムの思想』、p71-121.
清水博、1994b、「場とは何か、そして場の研究の意義」『Holonics』Vol.4 No.1、p53-62.
清水博、1995a、「情報を捉えなおす－場所の研究シリーズ」『Holonics』Vol.5、No.1、 p3-65.
清水博、1996a、『生命知としての場の論理－柳生新陰流に見る共創の理－』中公新書
清水博、1997a、「剣と神－場所の論理から創造の論理へ」、河合隼雄[ほか]編集、岩波書店現代日本文化論12『内なるものとしての宗教』、p77-108.
清水博、1997b、「創作的場所論」、河波昌編著『場所論の種々相－西田哲学を中心として－』北樹出版、p29－84.
清水博、1999、『生命と場所: 創造する生命の原理』 1992d新版、NTT 出版
清水博・前川正雄、1998、「競争から共創へ: 場所主義経済の設計」 岩波書店
清水博・伊丹敬之、1986、「情報連結体としての企業」, 伊丹敬之編『マネジメント・ファイル`90』, 筑摩書房, p27-60.
谷本寛治、1993、『企業社会システム論』 千倉書房
富永健一、1995、『行為と社会システムの理論』 東京大学出版会
濱口恵俊、1982、『間人主義の社会日本』 東洋経済新報社
濱口惠俊編、1993、『日本型モデルとは何か』 新曜社
濱口恵俊・公文俊平編、1982、『日本的集団主義』 有斐閣
中根千枝、1978、『タテ社会の力学』 講談社
中野収、1982、「日本型組織におけるコミュニケーションと意思決定」、濱口恵俊, 公文俊平編、『日本的集団主義』、p143-168.
中村雄二郎、1979、『共通感覚論』岩波書店
中村雄二郎、1983、『西田幾多郎』 岩波書店
中村雄二郎、1987、『西田哲学の脱構築』岩波書店
中村雄二郎、1989、『場所 (トポス)』弘文堂
中村雄二郎、1998、『述語的世界と制度』岩波書店
中村雄二郎・清水博、1991、「場所について」『Holonics』 Vol.2/2, p113-130.
西田幾多郎、1978、『西田幾多郎全集』 岩波書店
野中郁次郎、1990、『知識創造の経営』日本経済新聞社
藤原咲平、1929、『雲』 岩波書店
村中知子、1996、『ルーマン理論の可能性』 恒星社厚生閣
山之内靖ほか編、1994、岩波講座社会科学の方法第 10 巻『社会システムと自己組織性』 岩波書店
吉田民人、1990、『情報と自己組織性の理論』 東京大学出版会